C'ÉTAIT LES ANNÉES 50

DU MÊME AUTEUR

La France en 1968 (avec Serge July), Hoëbeke, 2007.

Nids ethniques (photos de Nicolas Reynard), Hoëbeke, 2006.

Le Pirate du tour du monde (avec Raphaël Dinelli), Anne Carrière, 1997.

Israël, Larousse, 1985.

JEAN-LOUIS MARZORATI

C'ÉTAIT LES ANNÉES 50

l'Archipel

www.editionsarchipel.com

Si vous souhaitez recevoir notre catalogue et être tenu au courant de nos publications, envoyez vos nom et adresse, en citant ce livre, aux Éditions de l'Archipel, 34, rue des Bourdonnais 75001 Paris.
Et, pour le Canada,
à Édipresse Inc., 945, avenue Beaumont, Montréal, Québec, H3N 1W3.

ISBN 978-2-8098-0371-6

À Clara et Léo

Introduction

Qu'il n'y ait pas de malentendu : cet ouvrage n'est ni un recueil de mémoires (lequel ne pourrait intéresser que certains proches de l'auteur), ni un essai de sociologue ou d'historien (à chacun son métier). L'ambition est plus simple. Il y a eu le désir, chez un Français qui avait huit ans en 1950 et donc dix-huit en 1960, de faire revivre une époque à travers des événements, des personnages, des choses qui l'ont marquée. Et pour la faire revivre, à la façon de ces vieux tableaux que l'on décrasse et dont les couleurs recouvrent alors leur vivacité d'origine, il fallait éviter – dans la mesure du possible – de porter sur ces années le regard d'aujourd'hui.

C'est pourquoi, dans la recherche des informations et des témoignages, a été privilégiée la presse – quotidienne et périodique – de cette décennie. Quand on lit le câble de Lucien Bodard sur un accrochage en Indochine, le compte-rendu par Roger Vailland d'un exploit de Juan Manuel Fangio sur le circuit de Monaco ou l'article de François Truffaut défendant Brigitte Bardot contre « l'armée des potineurs », on y est !

Toujours dans ce même souci ont été écartés certains mots et expressions dans leur usage d'aujourd'hui. On ne lira donc pas que Citroën « surfe » sur le succès de la DS, que Zatopek est un « extraterrestre » ou que Kopa a marqué un « but d'anthologie ». De même, le nom du nouveau maître de la Chine s'écrivait « Maotsé Toung » et non « Mao Zedong », comme l'a désormais imposé le chinois romanisé.

Quant aux prix, ils sont indiqués dans ce qu'on persistait à appeler – avant l'euro – les anciens francs.

Restait la question des choix. Il était hors de question de prétendre à une exhaustivité « encyclopédique » et planétaire. On aura donc plus modestement affaire à une « balade » dans les années 1950, avec une large dominante hexagonale. Et quand on se promène, l'attention ne se porte pas sur toutes les personnes et les choses rencontrées. Tout œil est sélectif. Dans ces textes, un peu conçus comme des articles écrits « à chaud », la sélection est revendiquée.

À certains, elle paraîtra sans doute arbitraire.

Surtout pour les personnages, l'accent a été mis sur ceux qui ont « explosé » au cours de cette dizaine d'années, parmi lesquels certains sont peu ou prou oubliés. De là s'explique la quasi-absence des « mythes ». De Gaulle, Mendès-France, Piaf, Montand, Aznavour. Et les autres !

Le contexte

1950. La guerre a pris fin cinq ans plus tôt avec l'écrasement de l'Allemagne nazie et de ses alliés de l'Axe : l'Italie fasciste et le Japon impérial. Au cours de ces cinq années, le monde a changé. Il n'est pas pour autant plus rassurant. Il y a l'ONU, qui remplace la défunte et impuissante Société des Nations. Mais les bombes d'Hiroshima et de Nagasaki ont donné une idée de ce que pourrait être un futur conflit. À Yalta, Russes, Américains et Britanniques se sont, dit-on, partagé le gâteau planétaire. Ils l'ont surtout coupé en deux blocs antagonistes.

1947 a vu l'indépendance de l'Inde et la création du Pakistan dans des flots de sang. Et Gandhi est assassiné en 1948. La même année, un autre nouveau-né, Israël, est, dès sa naissance, en guerre avec ses voisins arabes ; le Yougoslave Tito rompt avec Staline ; les Soviétiques imposent le blocus de Berlin. Ça chauffe et on appelle ça « guerre froide ».

1949 n'est pas mal non plus. Naissance de la République fédérale allemande (RFA), une Allemagne amputée de sa partie orientale, sous régime communiste ; signature du pacte de l'Atlantique Nord (Otan) ; explosion de la première bombe atomique russe. Et triomphe de Mao Tsé-toung en Chine.

Tel est, en raccourci, le visage du monde quand sonnent les douze coups de minuit qui ouvrent l'année 1950. Dix ans plus tard, à l'aube des années 1960, il sera presque méconnaissable, mais tout aussi peu rassurant. La guerre de Corée a failli dégénérer en Troisième Guerre mondiale ; la possession de la bombe H par les deux grandes puissances a instauré l'« équilibre de la terreur » ; les chars soviétiques ont écrasé les révoltes de Berlin-Est et de Budapest ; une nouvelle guerre a éclaté au Proche-Orient (expédition de Suez) ; les militaires américains ont commencé à remplacer, en Indochine, les vaincus de Diên Biên Phù ; le principe de décolonisation s'est imposé, et les pays dits « non alignés » se sont réunis à Bandung afin de se faire une place dans ce monde dominé par les deux blocs. Domination qui s'est exprimée sur un nouveau terrain : l'espace. Avec le Spoutnik, les Russes ont remporté la première manche et comptent bien être les premiers à se poser sur la Lune…

Et en France ? L'après-guerre a plutôt mal commencé. Le 8 mai 1945, jour de la victoire, en représailles au massacre d'une centaine d'Européens dans le Constantinois algérien, le gouvernement provisoire du général de Gaulle envoie chars et avions contre les populations arabes et berbères. Des milliers de morts. L'Empire colonial se craquelle. Comme en Indochine, comme au Maroc, comme en Tunisie, comme à Madagascar où, là encore, on choisit la manière forte pour mater la rébellion. Et comme on s'obstine à ne rien comprendre, on fait l'autruche en jouant les vieilles cartes coloniales : bey de Tunis, Glaoui de Marrakech…

Comment les écoliers de cette période pourraient-ils savoir qu'ils sont parmi les derniers à étudier la géographie des départements d'Algérie, de l'AOF (Afrique-Occidentale française), de l'AEF (Afrique-Équatoriale française) ? À apprendre par cœur le nom de « nos » comptoirs de l'Inde : Pondichéry, Chandernagor, Yanaon, Mahé, Karikal…

En métropole, parallèlement à l'épuration, la IVe République donne la priorité à la reconstruction : des villes comme Caen et Le Havre ont été rasées par les bombardements. Cet effort se fait au détriment du ravitaillement. Nourriture et essence continuent d'être rationnées. L'euphorie de la Libération retombe vite. Des grèves insurrectionnelles sont violemment réprimées par les CRS et l'armée. Malgré tout, la production industrielle retrouve en 1949 son niveau de 1938. L'aide considérable du plan Marshall a des effets immédiats. Les derniers tickets de rationnement – pain, produits laitiers, essence – sont enfin supprimés.

Les Français respirent. Ils veulent à présent consommer. Et leur modèle, c'est l'Amérique. L'Amérique de la voiture, de la machine à laver, du réfrigérateur, de la télévision. L'Amérique des loisirs, des machines à rêves hollywoodiennes.

Les GI's du débarquement ont apporté avec eux les chewing-gums, les Lucky Strike et les Camel. Ils ont surtout raconté comment ils vivaient chez eux. Alors c'est ainsi que les Français aimeraient vivre désormais. Jusqu'aux truands, désormais « gangsters », qui délaissent la Traction pour la Cadillac et le champ' pour le whisky. Le Français honnête se contentera bientôt de frissonner avec Peter Cheyney et le *slang* de la « Série noire », venue piétiner les pelouses du vénérable « Masque ».

Et la France se modernise. Le barrage de Donzère-Mondragon (futur plus puissant d'Europe) est en construction, le gaz de Lacq donne des espérances, l'agriculture fait l'apprentissage de la mécanisation, la première pierre d'un centre atomique est posée à Saclay, un train conduit par une locomotive électrique bat, sur Paris-Bordeaux, le record mondial de vitesse à 131 kilomètres/heure de moyenne.

Le déclenchement, en juin 1950, de la guerre de Corée semble devoir tout remettre en cause. On refait la queue devant les épiceries, on stocke, on a peur d'un conflit atomique. Le mécontentement des Français trouve quelques dérivatifs dans les chansons populaires, les westerns ou des exploits sportifs telle la conquête de l'Annapurna par Lachenal et Herzog.

1951 est la dernière année incertaine. Autant la IVe République paraît avoir fait de l'instabilité politique sa marque de fabrique, autant elle va démontrer une belle vitalité dans les secteurs des réalisations économiques et techniques. Lorsque, le 28 septembre 1958, elle cède la place à son héritière, la cinquième du nom, elle peut présenter un bilan remarquable et de prestigieux emblèmes : le paquebot *France* est sur le point de prendre la mer, la Caravelle vole sous les couleurs de plusieurs compagnies, le pont de Tancarville est pratiquement achevé, les locomotives BB et CC battent record sur record, le pétrole saharien va bientôt couler, le plus haut téléphérique du monde est inauguré à Chamonix, le télescope le plus puissant d'Europe est mis en service à Saint-Michel-de-Provence, l'usine d'extraction du plutonium entre en fonction à Marcoule...

En revanche, quel gâchis politique ! La conduite des affaires d'Indochine a abouti au désastre militaire de Diên Biên Phù, signant la fin de la présence française. Quant au drame algérien, qui ne prendra pas fin avec cette décennie, il est le révélateur de l'incohérence et de l'impuissance de cette IVe République, dont l'acte de décès s'écrit le 13 mai 1958 à Alger. Le général de Gaulle veut bien sauver la république mais pas celle-ci. Il en veut une à sa mesure. La naissance, quelques mois plus tard, de la Ve, c'est aussi, avec un peu d'avance, la fin des années 1950. Les *sixties* sont tellement impatientes !

La quête d'un toit, problème social n° 1

« Je n'admets pas que l'on conçoive des logements où l'évier de la cuisine tiendrait lieu de cabinet de toilette et de douche. » N'admettez pas, M. le ministre de la Reconstruction et de l'Urbanisme, mais en restera-t-il quelque chose ? Parce que pour l'instant, c'est-à-dire en 1950, c'est ainsi que cela se passe pour des millions de Français. La baignoire ou la douche se réduisent à une cuvette d'émail dans l'évier. Avec l'absence de WC à l'intérieur des habitations, c'est ce qui frappe le plus les visiteurs étrangers, les Américains surtout. Comme Stanley Karnow, nommé au bureau parisien de *Time Magazine* et découvrant l'usage très répandu des bains publics, « qui fonctionnaient du jeudi après-midi au dimanche matin et ne coûtaient pratiquement rien. Des familles entières faisaient la queue pour y entrer, leur serviette et leur savon à la main ; certains partageaient la même baignoire. Le reste de la semaine, ils devaient s'en remettre à l'eau de Cologne ». Ou à l'évier.

C'est vrai que la guerre et ses destructions sont encore proches : cinq ans seulement. Cinq années où il a fallu parer au plus pressé, reconstruire les routes, les voies ferrées, les ponts, araser les immeubles bombardés, enlever les décombres. Il a fallu déminer 400 000 hectares de terrains, déterrer et souvent désamorcer – ou détruire – 30 millions d'engins, combler 70 millions de mètres cubes de trous de bombes. Et ensuite, pour la reconstruction – d'où l'existence d'un ministre *ad hoc* –, c'est le charbon qui a manqué, et avec lui tous les matériaux de construction dont la fabrication en dépend : l'acier, le ciment, les briques… Il n'empêche. Dès 1948, la production de cette matière première est redevenue suffisante. Ce sont les choix qui sont mis en cause. Le principe fondamental de la loi de 1946 était le droit du sinistré à une

« réparation intégrale ». On s'est alors mis à reconstruire exactement ce qui avait été détruit, dans les mêmes lieux, et sans en profiter pour changer ce qui était à changer. « Ainsi, comme le remarque un observateur britannique, ce que le temps aurait mis en ruine pour le mieux des cités est systématiquement reconstruit pour des siècles. »

Au 31 décembre 1951, plus de 95 000 immeubles d'habitation sur les 270 000 pulvérisés par la guerre ont pu être reconstitués et, sur les 1 200 000 logements partiellement détruits, 780 000 ont été réparés. Ce qui veut dire qu'on a rétabli des dizaines, des centaines de milliers de logements sans salle de bains ni WC !

Et qu'en plus, ils sont moins nombreux qu'avant la guerre. Il en manque près de 3 millions. On ne s'étonnera donc pas de voir le logement désormais désigné « problème social n° 1 ».

L'état des 13 millions d'habitations qui, ces premières années de la décennie, abritent environ 40 millions de Français fait dire à un spécialiste : « Nous logeons chez nos ancêtres ! » Pas une boutade, un raccourci plutôt lorsqu'on constate l'ancienneté, la vétusté, le défaut d'entretien des immeubles souvent centenaires.

Et leur équipement, leur confort, leur hygiène ne sont pas très éloignés de ce qu'ont connu les aïeux. Rien qu'à Paris – pourtant « en avance » –, la moitié des appartements et des maisons ont les toilettes sur le palier ou dans la cour. 20 % n'ont pas l'eau et les trois quarts, ni salle de bains ni cabinet de toilette. En province, dans les 60 agglomérations de plus de 30 000 habitants, un bon quart des logements n'ont ni eau ni électricité. Dans les communes rurales, ce sont les trois quarts. Quant au tout-à-l'égout, il ne bénéficie qu'à un Français sur quatre.

Et que dire des taudis (plusieurs centaines de milliers), de ces couloirs nauséabonds, de ces baraques sombres et humides où cavale la tuberculose ?

On a vu que le déficit était d'environ 3 millions de logements. Mais alors, où vont les familles sans toit ? La crise en a obligé beaucoup à adopter comme foyer l'hôtel meublé, « spécialité » des villes. Las des démarches infructueuses auprès des offices d'HBM (habitations bon marché) puis d'HLM, elles sont contraintes d'accepter les conditions de vie souvent humiliantes dans ces établissements dont l'équipement et le confort n'ont guère évolué depuis un siècle : ni eau ni gaz dans les chambres. Face aux abus des nombreux Thénardier qui tiennent ces hôtels, le législateur a bien institué un plafond légal, mais également les moyens… de l'augmenter.

À Paris par exemple, un arrêté de police de 1951 permet à l'hôtelier de percevoir divers suppléments : 300 francs pour la possession d'un poste de TSF (encore faut-il qu'il soit autorisé) ; 300 francs pour l'utilisation d'une lampe de plus de 25 watts ; 100 francs – par personne – pour la lessive ; 10 % du loyer pour faire la cuisine… À cela s'ajoutent fréquemment des brimades, comme la défense de se réunir entre locataires, l'interdiction faite aux enfants d'aller et venir dans l'escalier plus d'une fois par jour, la coupure du courant dans la journée et le soir à partir de 22 heures, la non-remise du courrier (parfois même, les lettres sont ouvertes).

Dans une enquête publiée en 1953, la revue *Esprit* évoque le cas d'une famille de cinq personnes (dont un fils apprenti de dix-huit ans) occupant une chambre de 12 mètres carrés dans le Xe arrondissement de Paris. Le salaire du père, chauffeur-livreur (28 000 francs par mois) suffit tout juste à régler le prix de la chambre (660 francs la nuit – avec l'autorisation de faire la cuisine –, soit 19 900 francs – 100 pour l'eau – par mois). Il faut encore compter 4 000 francs pour la lessive et 2 300 francs pour l'alcool du réchaud. Total : 26 200 francs. Le reste et la petite somme que rapporte le fils sont consacrés à la nourriture, essentiellement composée de pommes de terre cuisinées de façon variée. La mère, qui couche par terre sur des couvertures, a mis plus d'un an pour obtenir un petit paravent afin que chacun puisse s'habiller. Les draps et les serviettes ne sont pas fournis, le linge familial pourrit dans le placard à cause d'une infiltration d'eau de pluie, le mobilier est délabré. Et il y a ces brimades répétées. L'hôtelière interdit l'accès de la chambre au payeur des allocations familiales, ainsi qu'à toute personne désirant rendre visite à cette famille. Et elle ne lui a jamais remis le journal de la Fédération des locataires auquel la mère est abonnée.

Ils ont bien de la chance, ces « tôliers » (« hôteliers » est pour le moins présomptueux). Plus de chance que ces petits propriétaires d'un logement à peu près correct, mais dont le loyer est bloqué par la loi, ce qui les empêche d'investir dans leur rénovation. Dans les grandes villes, les jeunes couples qui-démarrent-dans-la-vie n'ont d'autre choix que ces chambres dites meublées. Quand ils peuvent les payer. Sinon, il y a les initiatives extralégales, comme le phénomène des squatters, initié, après la guerre, par le Mouvement populaire des familles (MPF). Les ordres de réquisition en faveur des sinistrés n'étant jamais appliqués, ses militants sont passés à l'acte en occupant, d'abord à Marseille puis dans plusieurs villes de France, des résidences inhabitées. « Dès que nous avons repéré un logement vide, nous le faisons occuper par une famille qui en a le droit », proclame le secrétaire de l'Association des sinistrés. Ils se heurtent à la police, aux juges, mais tiennent bon. « À l'actif, disent-ils : des centaines de familles relogées, des milliers d'enfants sauvés des sanas et des préventoriums. Au passif : de nombreux mois de prison, des milliers de francs d'amende. Le bilan reste donc nettement bénéficiaire. »

Il y a aussi les Castors de France, association d'ouvriers, d'employés qui, après leur journée de travail, retapent ou bâtissent des abris pour sans-logis. « Il faut être journaliste pour croire aux réquisitions », dit l'un deux.

Il y a encore le foyer Emmaüs de Neuilly-Plaisance, fondé par un ecclésiastique, ancien député, l'Abbé Pierre. Avec sa petite équipe de chiffonniers, il héberge, tant bien que mal, et en dehors de la loi, des sans-logis. « Pour que des familles ne restent pas légalement à la rue et que leurs enfants ne meurent pas légalement de froid, on leur donne illégalement un toit. » Achat de terrains vagues (pas chers), construction de petits chalets de bois sur ces terrains de « camping », rafistolage de roulottes de foire et de vieux camions. Précaire certes, mais tout est bon pour sortir ces gens du vagabondage. Dès qu'on le peut, on remplace ces installations de bric et de broc par des maisonnettes en matériaux légers.

Les autorités ne voient pas tout cela d'un œil favorable, mais la personnalité de l'Abbé Pierre, son passé de résistant et de parlementaire freinent les pulsions répressives. « Si les pouvoirs publics s'étaient butés, écrit Yves Goussault dans *Esprit*, et il faut avouer que nous les avons sérieusement bousculés, nous aurions sans doute dû abandonner. Il faut reconnaître que nous avons rencontré de la bienveillance, mais si nous ne nous étions pas obstinés, combien de familles que nous connaissons et aimons seraient maintenant à tout jamais brisées ? » Pour résoudre le « problème social n° 1 », il faudra bien plus que de la bienveillance. La France des années 1950 ne semble pas encore prête à se couvrir de « cités radieuses » comme celle de Le Corbusier à Marseille.

À TABLE

L'amer souvenir des tickets de rationnement alimentaire est encore vivace : ils n'ont été supprimés que dans le courant de l'année précédente, 1949. Pain, lait, viande et chocolat à volonté ! Pas tout à fait quand même. Les temps sont encore durs et l'on ne « gaspille pas le pain ». Si le pain noir de la guerre a heureusement disparu, on a encore quelques – mauvaises – surprises. Dans certains endroits, les gens se plaignent de leur boulanger : la baguette est dure et jaunâtre. La faute à... un traducteur. La France avait demandé aux États-Unis de lui expédier de la farine, et l'interprète a confondu blé et maïs. Mais il n'y a pas que ça. On a, semble-t-il, idéalisé le « bon pain d'avant guerre », ce pain blanc qu'on ne retrouve plus aujourd'hui. Les boulangers admettent que les taux de blutage imposés et l'impossibilité de sélectionner les farines ne leur permettent plus de faire le même pain. Mais est-il moins bon pour autant ?

Dans cette famille méridionale, les garçons ne se font pas prier pour traverser la rue et aller Au bon pain de Provence. De son four au feu de bois sortent des baguettes, des bâtards, des « fendus », des « polkas » odorants et croustillants qu'il est impossible de garder indemnes jusqu'au retour à la maison. Les parents disent que celui-ci est meilleur qu'avant guerre. Alors ? C'est vrai qu'on se régale. Les enfants, c'est surtout le matin, avec les longues tartines trempées dans le café au lait. Le moulin calé entre les genoux, le père ou la mère ont tourné la manivelle, faisant crisser les grains jusqu'à ce qu'ils deviennent assez fins pour être versés du petit tiroir dans la cafetière. Juste avant, le père a emporté le pot de fer-blanc dans lequel l'épicier a versé un litre de lait frais avec une sorte de quart également en métal et muni d'un manche.

Les privations des années noires, et des « grises » qui leur ont succédé, ont laissé des traces dans maints foyers, créé des réflexes. La guerre éclate-t-elle en Corée ? On se précipite afin de faire des provisions. Sucre, farine, pâtes, riz, huile et conserves. Des conserves, les Français en consomment fréquemment. Leur réserve est recommandée par la revue *Arts ménagers*, ne serait-ce que pour « avoir chez vous de quoi faire un repas entier en cas de visite à l'improviste ». « Certaines sont de durée presque illimitée, précise l'article. Plusieurs années de stockage améliorent considérablement les conserves de poissons à l'huile, sardines, thon. Pour les autres conserves, il est préférable de ne pas prolonger le stockage familial au-delà d'une année. Afin d'éviter les oublis, sur chaque boîte, inscrivez la date de l'achat. »

On consomme en revanche les produits frais au jour le jour. En enviant ces Américaines que l'on voit au cinéma dans leur vaste cuisine équipée d'un immense réfrigérateur. La grande majorité des Français se contente pour l'instant d'un petit garde-manger grillagé accroché à l'extérieur. De l'automne au printemps, on y met le beurrier, le fromage, de la charcuterie. L'été, pour ceux qui ont de la place et les moyens, il y a la glacière. Un compartiment accueille le quart ou le demi-pain de glace qu'on est allé acheter chez l'épicier, le marchand de vin ou même le charbonnier reconverti pour la saison. Dans les grandes villes comme Paris, des dépôts assurent les livraisons. On peut alors acheter des vivres pour deux ou trois jours, notamment la viande, laquelle, dans les premières années de la décennie, demeure un luxe pour beaucoup. Mais un luxe de plus en plus revendiqué comme un dû.

Une enquête de *Paris Match*, en 1952, nous explique « Pourquoi la viande est trop chère ». « Dans la grande bataille des prix, peut-on lire, celui de la viande tient la vedette. Il est le premier souci de M. Pinay et de la ménagère. Il est le plus difficile à tenir. Tous les gouvernements depuis la Libération y ont échoué. Après quatre cents ans d'immobilisme, il se passe enfin quelque chose de nouveau sur le marché de la viande. Depuis Henri IV et la poule au pot, la question s'est en effet un peu compliquée : la viande est désormais au menu quotidien de 42 millions de Français. Elle joue un rôle capital dans le calcul des fameux indices. » « Les bouchers tiennent en main toute l'économie du pays, regrette-t-on dans l'entourage du Premier ministre. Il faut aujourd'hui à un ouvrier travailler cinq heures pour acheter 1 kilo de bifteck, contre trois heures en 1914 et deux heures et demie en 1938. » La viande est loin de s'inscrire au menu quotidien de chaque Français. Il n'empêche que la consommation est supérieure d'environ 40 % à ce qu'elle était avant guerre. « C'est un signe de civilisation, d'amélioration du niveau de vie », en déduit l'enquête de l'hebdomadaire, qui en énumère les composantes, c'est-à-dire l'augmentation très forte dans les campagnes, depuis que les bouchers sont motorisés et le fait que les consommateurs ne veulent plus les bas morceaux à bouillir. Or, il n'y a qu'une douzaine de kilos de filet sur un bœuf de 400 kilos ; les femmes, qui sont nombreuses à travailler, n'ont en outre plus le temps de préparer ces bas morceaux ; les recettes de viande en sauce se perdent chez les jeunes. En été, leur mévente est totale. Il y a 52 000 marchands de bestiaux en 1952, ils n'étaient que 28 000 en 1938. L'accroissement de la population crée 250 000 consommateurs de plus par an. Et puis il y a la fraude : sur quatre catégories légales de viande, l'« extra » représente 15 %. Or, tous les bouchers ne vendent pratiquement que de l'extra ! Grâce à un appareil magique : l'attendrisseur. Rien de tel pour faire fondre la semelle la plus rétive. Et le comble, ces machines ne sont pas mises à l'abri des regards. Dans l'*Agenda de la boucherie française*, la marque La Bouchère présente son « attendrisseur à grand rendement, qui, avec ses vingt-six années d'expérience, donne les meilleurs résultats. En service dans le monde entier ». C'est extra…

La note élevée du gaz est aussi une des raisons qui freinent l'achat de bas morceaux. Ils sont les moins chers mais exigent une longue cuisson. Il existe bien des marmites à pression, mais elles pèsent « des tonnes » et inspirent peu confiance. Les frères Lescure, dont la société, Seb, fabrique casseroles, seaux et autres passe-lait, visitent en Grande-Bretagne une fabrique d'autocuiseurs emboutis. Un des fils est totalement convaincu. Et début 1953, la Super-Cocotte Seb est en vente dans toute la France. Une révolution :

faite d'aluminium laminé, matériau pur, léger et résistant, elle possède surtout le couvercle qui va vaincre les craintes de la ménagère, avec sa soupape de sécurité à ressort et son étrier flexible qui se déforme et laisse échapper la vapeur en cas de pression trop élevée. Elle fait immédiatement une entrée triomphale dans les cuisines, avec son slogan « Seb Sebo Sebon ». Trop triomphale sans doute pour les organisateurs du Salon des arts ménagers 1954, qui (sous la « pression » des fabricants de marmites ?) refusent de l'accueillir.

Le génie publicitaire de la famille Lescure et leur connaissance du réseau des quincailliers vaudront largement tous les salons. La femme qui travaille à l'extérieur – et qui continue de travailler à la maison quand elle rentre, pendant que monsieur, qui travaille à l'extérieur, enfile ses pantoufles et lit le journal dès qu'il est chez lui –, la femme, donc, peut désormais laisser à sa Cocotte le soin de mitonner le bon-petit-plat-préféré-de-son-époux. Elle lui doit bien ça : c'est lui qui la lui a offerte ! Lorsque le réfrigérateur fera son apparition dans la cuisine, madame n'aura alors plus aucune raison de se plaindre. Avant d'y prendre sa canette de bière bien fraîche, monsieur aura la délicatesse d'attendre qu'elle en ait sorti les biftecks « extra » ou les darnes de colin pour le dîner.

Le poisson, c'est le vendredi. Le dimanche est le jour du poulet rôti ou du rosbif. Quand il en reste pour le soir, on le mange froid avec de la moutarde, une salade et des pommes frites ou sautées. Ah ! s'il n'y avait pas les patates ! Les grands peuvent bien se gausser des Allemands « qui ne se nourrissent que de *kartoffeln* », la pomme de terre est encore, en 1951, la base de l'alimentation française : une moyenne de 643 kilos par an pour une famille de quatre personnes ! C'est, avec le pain (488 kilos) et le lait (416 litres), le plus gros « poste » alimentaire. Sans oublier un quatrième larron, le vin : 300 litres en moyenne.

Le vin, c'est notre signe de reconnaissance, quasiment notre drapeau. Le boire est « une technique nationale », selon Roland Barthes qui, écrit dans *Les Lettres nouvelles* : « [...] l'absence de vin choque comme un exotisme : M. Coty, au début de son septennat, s'étant laissé photographier devant une table intime où la bouteille Dumesnil semblait remplacer par extraordinaire le litron de rouge, la nation entière entra en émoi ; c'était aussi intolérable qu'un roi célibataire. Le vin fait partie ici de la raison d'État. » La bronca sera plus retentissante encore quand Pierre Mendès France sera vu buvant un verre de lait et, surtout, l'imposera dans les écoles. Un acte de haute trahison pour Pierre Poujade, qui ne manquera pas de souligner le « cosmopolitisme » du président du Conseil : « Si vous aviez une goutte de sang gaulois dans les veines... » CQFD.

D'autres menaces pèseraient sur ce patrimoine sacré : « On ne boit plus assez de vin en France », regrette l'hebdomadaire *Radar* daté du 24 août 1952. Nous consommons en effet 7 millions d'hectolitres de moins par rapport à l'avant-guerre. Mais c'est à contrecœur et parce qu'il est trop cher et moins bon que les Français mettent de l'eau dans leur vin. Lorsqu'on interroge un vieux vigneron sur cette baisse de qualité, la réponse est invariable : « De nos jours, les marchands de vin ou les caves coopératives vendent les vins courants au degré. Il ne s'agit plus de savoir si c'est un bon petit cahors ou un vieux corbières, mais si l'on veut un 10, un 11 ou un 12 degrés ! » De plus, les récoltes sont beaucoup trop abondantes. Et 20 millions d'hectolitres des vendanges précédentes encombrent déjà les chais. Il faudrait en distiller 15 millions (on appelle le résultat de cette pratique « alcool de prestation »), une opération déficitaire de plusieurs milliards qui équivaudrait au brûlage du café excédentaire dans les chaudières des trains brésiliens.

Les vignerons sont évidemment en colère. À l'image du docteur Seynat, député de la Gironde et... vice-président de la Commission des boissons : « Le vin est un aliment qui améliore le rendement humain, physique et cérébral. Il faut transformer notre campagne en croisade d'amélioration de l'homme. » C'est le médecin qui parle. Si tous les consommateurs étaient à l'image de Stanley Karnow et de ses collègues de *Time Magazine* en poste à Paris, le monde viticole se porterait mieux : « De là, nous allons à La Truite ou Chez Madame Albert, ou nous descendons une bouteille de vin chacun en dégustant un menu de quatre plats. »

La France qui mange, qui boit, qui se lave (peu), qui bricole, a ses « petits commerçants ». 720 000 points de vente en 1950. Pour la nourriture, on va « chez l'épicier ». Sa boutique embaume (?) les légumes, les épices, la charcutaille, le fromage frais. Dans des sacs de jute, des haricots, des lentilles, des pois cassés. Dans des bocaux de verre, des friandises, du café en grains. Tout cela est pesé sur la balance Roberval. À l'approche de la fin du mois, l'épicier est souvent obligé de « faire crédit » à ses habitués, qui attendent la paie pour « joindre les deux bouts ».

Il commence un peu à s'inquiéter, l'épicier. Les clients ont l'air de changer. C'est la faute à toutes ces « réclames » dans les journaux, avec ces nouveaux produits tout emballés. À présent, ils commencent à exiger le lait dans des bouteilles capsulées, le beurre protégé dans du papier d'alu (quand ils ne préfèrent pas cette margarine, Astra, qui les débarrasse d'« un préjugé qui leur coûtait cher »). Même les lentilles, les femmes ne les achètent que si elles sont dans du papier transparent ! On ne va tout de même pas se mettre à vivre comme les Américains ! Pas tout de suite, mais les choses vont tellement vite !

Le 14 octobre 1958 est sans nul doute la date la plus importante dans l'histoire du petit commerce à la française ; ce jour-là, dans la nouvelle cité de Rueil-Malmaison, au milieu des barres d'immeubles non achevées, des rues non encore bitumées, l'Express-Marché de la société Goulet-Turpin ouvre ses portes. La première cliente qui se hasarde dans les lieux est incitée à prendre un drôle d'engin à roulettes, un chariot, pour faciliter ses achats. La plupart des clients qui la suivent refusent : ils craignent d'être ridicules. Ils viennent de franchir le seuil du premier supermarché français. L'année précédente, on pouvait lire dans le numéro de mai de *La Nef* : « Nul doute que les fondateurs du premier *supermarket* français ne soient l'objet d'attaques sévères. De telles attaques ont eu lieu pendant dix ans en Amérique, allant jusqu'au sabotage et à la destruction. La lutte prendra sans doute en France un aspect plus conforme aux habitudes d'un vieux pays mais elle n'en sera pas moins âpre. » Voire.

Quand s'ouvre l'Express-Marché, près d'un quart des ménages possèdent enfin un réfrigérateur. En 1950, ils n'étaient que trois sur cent. Le froid – alors considéré comme un luxe – arrive désormais juste après l'eau chaude et la machine à laver le linge dans l'ordre des priorités domestiques. La marque Frigidaire, fabriquée par General Motors, avait pris les devants, inondant de publicités magazines et revues. Sur l'une d'elles, en 1950, une mère debout montre la marque de son réfrigérateur à sa fille, sur fond des Tables de la Loi bibliques : « La loi protège les marques », est-il écrit en plus grand que l'objet de la « réclame ». Et : « Article 1. Nul n'a le droit d'employer le mot Frigidaire pour désigner génériquement des réfrigérateurs d'autres marques. » Ça va se révéler difficile… L'un de ses concurrents, Frigeavia (« la technique aviation » !), a choisi, à peu près à la même époque, une toute jeune cover-girl pour présenter ses modèles « Djinn », « Trident » et « Bretagne » : elle s'appelle Brigitte Bardot. Choix discutable : elle ferait plutôt fondre la glace.

Le « frigo » et le supermarché vont faire bon ménage. D'autant plus que, dans la seconde moitié de la décennie, le pouvoir d'achat a nettement décollé et l'on assiste, semble-t-il, à la naissance d'une société de consommation. Le succès, chaque année, du Salon des arts ménagers l'atteste : on n'y vient plus comme on allait voir un spectacle, rêver devant ces cuisines « américaines » robotisées et toutes ces merveilles inaccessibles ; à présent, on repère pour acheter. Éléments et tables en formica, plats en pyrex, moulins à café électriques, mixers. Et bien sûr – à tempérament –, la machine à laver et le réfrigérateur. Est-ce ça, vivre comme les Américains ?

Vive les vacances !

On a sorti chaises et bancs des salles de classe et on les a mis en rang sous les platanes, comme pour un spectacle. Et c'est bien une sorte de spectacle, la distribution des prix. Pour une fois, enfants et parents (il y a plus de mères que de pères, ces derniers étant « au travail ») sont réunis. Les premiers ont du mal à cacher leur impatience. Pour les cancres, c'est vraiment la journée de trop. De toute manière, ils repartiront les mains vides. En face, entouré du principal, de professeurs et d'un membre des « corps constitués », le surveillant général égrène les prix de chaque classe. D'abord par matières (« Prix de géographie, Michel B. »), puis pour l'ensemble (« Prix d'excellence, François C. »). Remplie de fierté, la maman de l'heureux élu le regarde se diriger vers l'estrade, où on lui remet une pile de livres enveloppée d'un ruban. La sélection correspond souvent plus à l'idée que le donateur anonyme se fait de l'élève qu'aux propres goûts de celui-ci. Mais un bon élève n'est-il pas supposé s'intéresser à tout ?

Bons ou mauvais, quand se termine la cérémonie, tous s'égaillent vers la sortie. Les vacances, enfin ! Fini les tableaux noirs et les craies de couleur, fini les pupitres tailladés au canif et maculés d'encre violette, fini le crissement laborieux de la plume Sergent-Major sur le cahier quadrillé, fini les « piquets » ou les « colles », fini les compositions trimestrielles, fini tout ça ! Place à la liberté et à l'été. L'été qui stimule, qui assainit, qui remplace tous les remèdes : cataplasmes à la moutarde, ventouses au coton enflammé, huile de foie de morue, ampoule au sang de cheval, pastilles Pulmol (celles-là, elles sont plutôt bonnes). Vive le soleil et les vacances !

Elles commencent à la mi-juillet, et la rentrée a lieu en général le 1er octobre. Être en vacances ne signifie pas pour tous partir en vacances. Loin de là : au début des années 1950, c'est encore une majorité qui n'en prend pas. Et, de toute façon, rares sont ceux qui partent pendant tout l'été. Heureusement, même les villes offrent de merveilleux terrains de jeu. Il y a la rue et ses surprises, la rue où les voitures ne sont pas assez nombreuses pour empêcher les courses en patins à roulettes ou sur des chariots à roulements à billes, les parties de foot sur des échasses. Il y a ces immenses terrains envahis par les herbes et les arbustes, des terrains où, paraît-il, on projette de construire des tas d'immeubles. Mais en attendant, c'est un peu la campagne qu'on métamorphose en plaine du Far West afin d'y jouer aux cow-boys et aux Indiens. On y creuse des circuits tarabiscotés pour des parties de Tour de France, chaque bille de terre, d'agate ou de verre représentant un coureur. Cette terre, cette herbe, ces cailloux, quel décor pour les petits soldats de métal qu'on place en ligne ou en embuscade ! Les figurines américaines ont la vedette avec leurs jeeps et leurs GMC kaki frappés de la grande étoile blanche. Et puis il y a les petites voitures : Dinky Toys et Solido sortent les nouveaux modèles aussi vite que les vraies. Les vraies, celles avec lesquelles on aimerait tant s'élancer sur les routes des vacances, comme cette nationale 7 qui file vers la Méditerranée. Mais l'auto est encore inaccessible pour la majorité. C'est en car et surtout en train que les Français partent en vacances. Et c'est souvent une expédition. Les familles nombreuses, chargées de valises boursouflées et de sacs pour les casse-croûte, s'entassent dans les wagons de troisième classe inconfortables. Les tout-petits ont la chance d'être installés pour dormir dans les filets à bagages. À l'arrivée, tout le monde a le visage et les mains noircis par la fumée de la locomotive. Pour certains, ce sont les premières vacances. Comme ces mineurs des Houillères du Nord et leurs familles qui, débarquant, les yeux rougis de fatigue, en gare de La Napoule, encaissent en plein visage le soleil de cette Côte d'Azur qui les faisait rêver et qu'ils découvrent enfin. Ils ne sont pas les seuls.

Le film des années noires, le décor grisâtre de l'après-guerre ont provoqué un formidable appétit de fête et de soleil. Et où trouver les deux ? Sur « la Côte ».

Paradis des riches ? Sans aucun doute : Cannes et Monte-Carlo, leurs palaces, leurs casinos attirent le « gratin ». Mais le « gratin » fascine ceux qui en sont exclus, et la présence des nababs, rois en exil, étoiles du cinéma, c'est cela aussi la Côte d'Azur. Et il y a des lieux où ce grand et ce petit monde se côtoient, le temps d'un verre ou d'une glace : l'indétrônable Juan-les-Pins et ce Saint-Tropez dont on commence à parler.

Si « les riches » en ont pour leur argent, les autres se font, hélas, trop souvent filouter. Dans son reportage sur les coulisses de la Côte d'Azur, l'envoyée spéciale de *Détective* dénonce ce « gang des pensions sordides à 3 000 francs par tête, où l'on couche sur des pierres recouvertes de draps douteux, où le téléphone et la salle de bains sont également inaccessibles, où l'odeur de la cuisine coupe astucieusement l'appétit des plus braves, et où l'humeur des patrons, budgétivores professionnels, est directement influencée par le chiffre des suppléments inscrits au compte de leurs clients ». Les suppléments ! « Nous avons essuyé leurs tirs de barrage, poursuit la journaliste, leurs prix fixes toujours insidieusement truffés d'un petit quelque chose en plus, et leurs cartes farcies de poissons SG. Cela veut dire "selon grosseur". Cela pourrait vouloir dire aussi "sans garantie" d'honnêteté commerciale ; il ne faut jamais manger SG ! »

Comment s'étonner qu'un mistral de révolte commence à souffler sur cette Côte d'« Argent » ? « La côte, d'un bout à l'autre fleurie du vif orange des tentes de camping, exhale, par la bouche des professionnels du coup de fusil, un long gémissement plaintif. Ils ont perdu leur âge d'or et ne semblent pas savoir pourquoi. Cette floraison des toits pointus gagne du terrain et c'est tant mieux. »

Le camping s'est développé à partir de 1936 et des premiers congés payés. Mais à cette époque, « le terme de campeur, lit-on dans *France Illustration* de juillet 1951, désignait une catégorie de sportifs enragés prenant plaisir à singer les trappeurs canadiens, au demeurant gens parfaitement inoffensifs... Ils existent toujours. Mais à côté d'eux, combien de nouveaux venus : clients des magasins de surplus américains, ou propriétaires d'une maison roulante. Plus nombreuses encore, les familles modestes qui ont besoin de cure d'air et de soleil et pour lesquelles le séjour dans un hôtel représente un luxe inaccessible. Le camping n'est plus aujourd'hui un exercice sportif, mais un moyen économique de passer ses vacances. Il y a désormais une "saison du camping" comme il y a une "période des congés payés" et des "trains de vacances". Il y a surtout un problème du camping : 1 800 000 en 1950 contre 700 000 en 1947 ».

On croit comprendre que *France Illustration*, dont les pages de publicité (*Le Parisien*, service luxe d'Air France sur Paris-New York, l'Auvergne et ses six grandes stations thermales...) visent une autre clientèle, n'est pas un ardent défenseur des « villages de toile »... Son chroniqueur veut se rassurer en ressortant un texte officiel « vieux d'un an » : « Le gouvernement, conscient des bienfaits et des inconvénients du camping, procède actuellement à l'étude des dispositions qu'il est devenu indispensable de prendre devant le développement incessant de cette activité. Ces dispositions n'ont pu – pour diverses raisons – intervenir en temps utile pour trouver leur application au cours de l'été 1950. »

Les jours des petites toiles orange sont donc comptés. Raison de plus pour profiter de l'actuelle liberté qui leur permet de s'installer à peu près partout, en bordure de plage, dans les pinèdes (comme celle occupée en partie par un terrain de golf), sur les rochers de l'Estérel.

Il ne faut pas l'ébruiter, mais, alors qu'on vient d'aborder la seconde moitié du siècle, il existe encore, sur la Côte d'Azur, un endroit « fossile », quasiment inchangé depuis les origines. Il s'étend sur une douzaine de kilomètres, du cap Pinet au cap Taillat : le rivage de Ramatuelle, ce village heureux dans les collines couvertes de pins et de chênes-lièges. Ses plages de sable fin et ses criques sont sans nul doute le dernier refuge vierge de Marseille à Menton. Aucune clôture ne barre l'accès à la mer, aucune construction récente ne dénature le paysage, aucun bruit ne couvre le clapotis de la mer. Les lieux n'ont été troublés qu'une fois : par les barges de débarquement en août 1944. C'était pour la bonne cause. Même le bruit des nuits tapageuses de la voisine, Saint-Tropez, ne parvient pas jusqu'ici. En revanche, un autre bruit circule, là-haut, sur la place du village où se dresse l'ormeau planté par Sully trois cent soixante ans plus tôt : les Anglais vont débarquer ! Et cette fois, ce ne sera pas pour libérer le pays, mais pour l'occuper ! Le mot est dans toutes les bouches : « Catastrophe. »

Le maire, Henri Marques, n'est pas le dernier à l'utiliser : « L'un des endroits préférés des Ramatuellois, entre le cap Camarat et le cap Taillat, s'appelle l'Escalet. C'est le plus sauvage et il s'étend sur 180 hectares. À cause de l'absence de communications, seuls les habitués fréquentent ces parages, qui appartenaient jadis à une seule famille. Or, une grande partie de la propriété a été mise en vente il y a quelque temps. Un Parisien en a acquis 50 hectares, le reste, 92 hectares, a été acheté par une société immobilière qui, avec la participation d'un jeune Américain, se proposerait rien moins que de construire sur le domaine de l'Escalet un village de vacances exclusivement réservé aux Anglais ! » Au restaurant L'Ormeau, où le président de la République, Vincent Auriol, est venu déjeuner à plusieurs reprises, il arrive d'accueillir des touristes britanniques. Aucun d'eux n'a évoqué ce projet. Mais la rumeur est insistante. Et puis, on voit bien ce qui se passe un peu partout. « Depuis l'invasion de la côte, la moindre bicoque atteint un prix exorbitant. Où irons-nous quand ils seront là ? Toutes les fois qu'un étranger s'installe sur la côte, c'est fini pour nous. Il bouche tous les accès à la mer ! »

À la préfecture de Draguignan, on affirme qu'aucune demande de permis de construire n'a été adressée. Mais si le « village d'Anglais » n'est qu'un fantasme, les « anciens » de Ramatuelle, comme ceux de toute la région, ont compris que la Côte d'Azur ne sera plus jamais celle qu'ils ont connue jusqu'à présent. Il n'y a qu'à regarder Saint-Tropez, le « petit port de pêche » cher à Guy de Maupassant. C'est aujourd'hui Saint-Germain-sur-Mer. Avec ses bandes de jeunes braillards savamment débraillés, ses belles filles *smart* en pantalon corsaire et chemisette nouée sur le nombril, qu'elles troquent, à la plage, pour un microscopique bikini quand ce n'est pas pour le plus simple appareil ambresolarisé. Soleil et fête. N'est-ce pas ce que beaucoup attendent des vacances ?

Des « belles petites » à la DS

1er janvier 1950. Les automobilistes ne pouvaient rêver plus beau cadeau de nouvel an. La veille, les autorités avaient mis fin aux restrictions sur l'essence et… les pneus. Venant après la suppression du Haut-Commissariat au ravitaillement et la disparition des tickets de rationnement, la mesure est comme la dernière pelletée de terre sur la tombe de ces sinistres années 1940. Les Français vont enfin pouvoir manger à leur faim et prendre les routes de la liberté ! D'autant que la plupart des constructeurs ont, à l'insu des *Verboten* de l'occupant, continué à plancher sur les voitures de l'après-guerre. Paradoxalement, le ralentissement forcé de l'activité industrielle a laissé plus de place et de temps à la réflexion et aux visions à long terme. Après la Libération, ça va donner ces « belles petites », pas très nombreuses encore dans les rues et sur les routes, mais que tous admirent, que tous convoitent. La 4 CV Renault, surnommée « motte de beurre » en raison de ses arrondis compacts et de sa couleur sable (la régie nationalisée a dû puiser dans les stocks de peinture de l'Afrika Korps) ; la déroutante 2 CV Citroën dans sa grise carapace de tôle ondulée ; l'élégante 203 Peugeot et ses airs de sage petite américaine ; la Dyna Panhard, dernier rejeton de la doyenne des marques françaises…

Une véritable métamorphose est en train de s'opérer. L'auto française devient – époque oblige – plus économique, plus légère, plus « rustique ». Pierre Boulanger, patron de Citroën, l'avait annoncé : « Pendant quelques années sans doute, sur les marchés français et européens appauvris par la guerre, beaucoup de gens ne pourront plus se permettre l'achat de grosses voitures. Les usagers rechercheront un simple moyen de transport où la sécurité et le souci d'économie primeront sur les préoccupations courantes de confort et de vitesse. »

Pour l'heure, le parc automobile est encore largement dominé par les véhicules d'avant guerre, les Juvaquatre de Renault, les 202 de Peugeot, les C4 et les Traction de Citroën. Dans les campagnes, on continue de voir ces drôles d'engins bricolés pendant l'Occupation, alimentés par une chaudière au charbon de bois, le gazogène. Quant aux somptueuses Hotchkiss, Salmson, Talbot, Delahaye, rescapées des années noires, elles continuent certes de faire fantasmer, mais elles sont aussi montrées du doigt : leurs opulents propriétaires sont soupçonnés par la *vox populi* – qui ne fait pas dans le détail – de s'être enrichis au marché noir. Si ce n'est plus. Aussi, jusqu'à la fin des années 1940, se sont-ils faits discrets, comptant sur la fameuse « mémoire courte » des Français. Et se consolant avec l'état déplorable d'un réseau routier détruit par les bombardements, les sabotages, les chenilles des chars. Des conditions qui, de toute façon, ne leur auraient pas permis de lâcher leurs chevaux (-vapeur). Alors… C'est au Salon de l'auto d'octobre 1946 que tout prend un tour nouveau. Le premier Salon depuis l'avant-guerre. Il fait un tabac : 800 000 visiteurs. Deux fois plus qu'en 1938. La bonne vieille Traction Avant de la Gestapo et des FFI, l'increvable coursier des gangsters et des inspecteurs de police, cette fringante 11 Légère passée de la IIIe à la IVe République (après un trop long détour par Vichy) continue d'être plébiscitée. Mais la vedette de ce Salon, c'est une petite chose rondelette et beigeasse : 3,50 mètres de long, 500 kilos, quatre places (heu…), 80 kilomètres / heure et 6 litres aux 100 : la 4 CV Renault. Un triomphe. « Si nous avions pu prendre les commandes, nous en aurions vendu 80 000 ! », s'extasie Pierre Lefaucheux, patron de la régie. Les capacités de production sont, hélas ! plus que limitées. 800 voitures en 1947. C'est qu'il faut reconstruire l'usine de Boulogne-Billancourt. Le succès de la 4 CV est le meilleur des stimulants. Soutenu par l'État père, Lefaucheux achète des machines neuves aux États-Unis, auxquelles vont s'ajouter celles conçues d'après un système de production révolutionnaire imaginé (en captivité) et mis au point par un jeune ingénieur, Pierre Bézier : les machines-transfert. Combinaison gagnante. Le 23 janvier 1950, à 16 heures, la 100 000e 4 CV tombe des chaînes !

Un responsable de service a anticipé l'événement en organisant une tombola pour les 45 000 ouvriers et employés de la régie : « À qui la 100 000e ? » Un tirage préliminaire désigne deux femmes et huit hommes qui, le jour prévu de la sortie, sont conviés au magasin d'exposition Renault sur les Champs-Élysées. Là, dans une grande boule, ils déposent un bout de papier sur lequel est écrit leur nom. Le plus jeune apprenti de la firme – quatorze ans – plonge la main, en retire un et lance le nom du vainqueur : Van den Straetem, ouvrier spécialisé, vingt et une années d'ancienneté. Flash des Rolleiflex, interviews. Il est radieux et bien sympathique, M. Van den Straetem, mais… il ne possède pas le permis de conduire. Il se laissera quand même photographier au volant de la « puce » surmontée d'un panneau « 100 000e 4 CV », avant d'en faire cadeau à son fils et de repartir chez lui, rue de Grenelle à Paris, conduit par un chauffeur. Des jours durant, dans le quartier, les gens le désigneront en lançant : « C'est le type à la 100 000e ! »

En ce début des années 1950, la possession d'une 4 CV – qui coûte l'équivalent de trente mois de Smig (il vient d'être créé) – est le rêve de millions de Français, la concrétisation de leurs espoirs d'après-guerre. Journaliste à *Franc-Tireur*, quotidien issu de la Résistance, Jean Ferniot accède à ce Graal : « Mon permis de conduire en poche, ma 4 CV acquise dans l'hiver, nous passons notre premier dimanche sur les routes de la grande banlieue… Je la couve, cette voiture. Pas question qu'elle couche dans la rue, elle a sa niche dans un garage. J'ai l'oreille tendue vers les injonctions de la publicité, sur l'air de "La Marche turque" : "D'un coup de Tumbler, je fais briller mon auto" […]. On est tassé là-dedans, surtout les enfants, genoux repliés dans l'habitacle, mais comme tout le monde est dans ce cas… Ainsi viennent les vacances de 1952 et je me dis que je n'ai jamais compris ce qu'était la liberté avant de prendre le volant. La Provence est à nous. En une journée ! »

La France retrouve des couleurs, la « motte de beurre » également. La couleur sable est réservée à celles qui participent, en

1950, au premier rallye Méditerranée-Le Cap, et qui s'y comportent d'ailleurs fort bien. Les teintes désormais disponibles en série n'appartiennent certes pas à la palette fauve, mais paraissent pimpantes au regard de la majorité des véhicules de couleur noire encore en circulation. Pour ses 4 CV, la police a transigé : noir et blanc, d'où le sobriquet de « voiture pie ».

Pourquoi, après avoir étoffé la gamme avec des version « luxe », « affaire », « décapotable », Renault présente-t-il en novembre 1952 ce modèle baptisé « Service », véritable retour en arrière vers ces années de pénurie dont on commence à peine à sortir et que l'on voudrait bien oublier ? Et pourtant, cette « berline simplifiée », la régie y croit. Elle vise une clientèle aux moyens limités et en quête d'un simple outil de travail. Aucun équipement superflu, une seule couleur – le gris Antoinette –, des sièges spartiates, pas de tapis de sol, des jantes plus étroites, un seul feu arrière, pas d'indicateur de changement de direction (cet « accessoire » n'est pas obligatoire). Pourquoi ? Et si Renault avait ainsi voulu contrer l'arrivée réussie, au Salon 1948, d'une autre star populaire : la 2 CV Citroën ? Cette « deux pattes » qui fait dire aux Britanniques qu'elle est « un *baby* pas joli, mais une grande petite voiture ». Toute jeune et déjà en route pour la légende.

Mais ce fut une longue gestation. Avant guerre, Pierre Boulanger, patron de Citroën, et son « sorcier » André Lefèbvre, créateur de la Traction – tous deux passionnés d'aviation –, envisagent d'adapter à l'automobile des conceptions aéronautiques. Déraisonnable ? Raison de plus pour essayer. Tel est alors l'état d'esprit des ingénieurs du bureau d'études de Citroën. On fait fi des acquis, on tente, on trie et, si ça ne marche pas, on jette à la poubelle. Des génies, mais des génies pas pressés, déconnectés des contraintes industrielles et commerciales. 1939 : le projet TPV (très petite voiture) n'est pas prêt. La France, elle, se croit prête à la guerre. Il y a des priorités…

Le projet n'est pas abandonné pour autant. Dans la clandestinité, puis à la Libération, les chercheurs s'acharnent, rectifient le tir, sont bien obligés de se coltiner le nouvel environnement économique. Cahier des charges : « Un véhicule pouvant transporter deux cultivateurs en sabots, 50 kilos de pommes de terre ou un tonnelet, à la vitesse maximale de 60 kilomètres/heure, pour une consommation de 3 litres aux 100. Elle devra pouvoir être conduite par une débutante et avoir un confort irréprochable. Son prix devra être inférieur au tiers de celui de la Traction 11 CV. L'esthétique n'a aucune importance. »

Et au Salon de l'auto, le 7 octobre 1948, Citroën crée l'événement en présentant la 2 CV. Traction avant, suspension très souple, sièges de toile, toit-capote que l'on peut enrouler jusqu'au coffre, habitabilité exceptionnelle pour une voiture de 500 kilos. Et cette gueule ! Laide ? Sympathique surtout. La presse, qui n'a pas été mise dans le secret, se venge en la « flinguant ». Les visiteurs, même déconcertés par son allure, sont conquis. Il y a chez les Français un tel besoin d'air nouveau ! Ils pressentent une belle histoire d'amour avec ces « quatre roues sous un parapluie ». Plus objective que ses consœurs françaises, une revue automobile suisse célèbre « une nouveauté absolue, une création inédite, un véhicule entièrement différent de tous ceux qui circulent aujourd'hui ».

Les gens ne s'y trompent pas qui se bousculent pour la commander. Mais elle ne sera disponible qu'à compter du printemps 1949. Et encore. Certains devront attendre cinq ans entre le bon de commande et le premier coup de démarreur ! Qu'importe. Rien ne les décourage. Ni les délais, ni le chauffage dérisoire, ni le carburateur qui s'engorge, ni le delco qu'il faut sécher à la flamme d'un briquet après une forte ondée, ni la glace en deux parties de la portière avant (par beau temps, on rabat celle du bas vers le haut en la fixant par un plot de caoutchouc et l'on peut ainsi conduire, décontracté, le bras gauche sur la portière. Mais un coup de frein appuyé, un cahot et la vitre retombe immanquablement sur l'os du coude !).

Qu'il est pourtant lent, le décollage ! 900 exemplaires en 1949, 6 000 au début de 1950. L'année même où Renault fête sa 100 000e 4 CV. Quand on a l'État pour patron, ça aide. Citroën, qui se refuse à financer ses investissements autrement que sur ses fonds propres – et de ce fait, limite sa production –, instaure une sélection rigoureuse. Les concessionnaires doivent renvoyer au siège, quai de Javel, des questionnaires remplis par les acheteurs. Pour être prioritaire, il faut en principe appartenir à une profession ou une catégorie sociale dont l'activité nécessite une automobile : agriculteurs, infirmières, sages-femmes, curés de campagne… Ce système de quotas – apparemment moins contraignant pour la régie nationalisée – ne suffit pas pour autant à freiner l'afflux de commandes, et il faut bien souvent tirer au sort les acheteurs. L'heureux élu reçoit alors, avec sa voiture, un dépliant succinct, format carte postale, ainsi qu'une lettre du patron de Citroën lui recommandant de bien prendre soin de sa 2 CV.

Si la 4 CV est une berline en réduction, plutôt citadine, la rustique 2 CV est, selon ses concepteurs, « la première automobile-outil de travail ». Et, contrairement à sa rivale plus chère, quatre personnes et leurs bagages y tiennent à l'aise. Sa suspension en fait un véhicule tout-terrain qui séduit les jeunes aventuriers partant à l'assaut des pistes africaines et les paysans. La France connaît désormais une nouvelle ligne de démarcation : d'un côté, les conducteurs de 2 CV, de l'autre… les autres. La « Deuche » gris plomb a éclipsé au Salon 1948 le lancement par Peugeot d'un nouveau modèle de berline inspiré de l'aérodynamisme des « américaines » : la 203. Snobant la 2 CV, la presse a salué la Peugeot comme la voiture de série la plus moderne. Ses lignes sont très séduisantes, sans aspérités, et son moteur est de conception ultramoderne : il est supercarré, et on peut aisément en augmenter la puissance, ce qui fera le bonheur des pilotes de rallye ou des 24 Heures du Mans (en 1953, une 203 Darl'Mat y roulera à 170 kilomètres/heure). Mais il s'agit avant tout d'une auto familiale, légère, facile d'entretien. Commercialisée en 1949, « la voiture de luxe économique », comme le proclame la publicité, devient vite l'un des chouchous des Français. Un très beau coupé en 1951 sera suivi l'année d'après d'une décapotable deux portes qui fera un malheur auprès des élégantes. « À Renault, les ouvriers ; à Citroën, les ruraux ; à Peugeot, les cadres », dit-on. Et les autres ?

Un quatrième larron va rejoindre le trio triomphant : Simca. La firme de Nanterre, dont le logo s'orne d'une hirondelle, présente en 1951 l'Aronde (« hirondelle » en vieux français !). Avec son moteur de 1 200 centimètres cubes et ses 45 chevaux qui lui permettent d'atteindre 130 kilomètres/heure, elle se révèle une redoutable concurrente pour la 203 et… la Traction 11 Légère, toujours là en attendant la nouvelle « arlésienne » de Citroën. Après dix-sept mois de production, la 100 000e Aronde sort des chaînes. Un succès largement dû à Henri Pigozzi, un homme au passé contesté (il a échappé de justesse à l'épuration), aux méthodes sociales musclées (en 1952, il licencie brutalement 2 000 ouvriers et employés) et aux coups médiatiques (en août 1952, une Aronde parcourt 50 000 kilomètres à 117 kilomètres/heure de moyenne sur le circuit de Montlhéry).

Avec ce nouveau modèle, Pigozzi émancipe définitivement Simca de la tutelle de Fiat. Simca, qui gagne à présent beaucoup d'argent, va même devenir le premier constructeur privé. Avant de racheter, en 1955, Ford et son usine de Poissy, où seront désormais fabriquées les Aronde. Et la paix sociale est maintenue grâce à un syndicat maison soudé derrière « un seul chef ».

Euphoriques donc, les constructeurs français en cette première moitié des années 1950. La demande est tellement forte que les arrhes versées pour des voitures encore virtuelles constituent un formidable trésor de guerre. Est-ce bien raisonnable ? *Paris Match*, dans son numéro d'octobre 1952 consacré au 39e Salon de l'auto, évoque la question : « Les constructeurs sentent surtout qu'il est pour eux le dernier Salon de la douceur de vivre. Il est le premier en effet où va se poser un problème absolument inattendu : vendre ! Il est le premier où l'on pourra vraiment acheter des voitures. Voilà l'événement. Les années écoulées ont été pour les firmes une sorte de paradis, elles vendaient des automobiles qui n'étaient même pas construites. Certains se faisaient même payer d'avance. C'était le monde renversé. Les voitures augmentaient de prix en vieillissant. Aujourd'hui, les choses rentrent dans l'ordre. La prime à la voiture neuve a disparu en un an. Il va falloir tenir compte d'un facteur nouveau, presque insensé : celui de la concurrence. » Avis partagé par le mensuel *Sciences et Avenir.* Sous le titre « Le 39e Salon de l'automobile sonne le glas du vendeur roi », son spécialiste Gérard Lefebvre salue cette évolution : « Demain, c'est-à-dire dès le début de 1953, la quasi-totalité des voitures de série pourra être achetée du jour au lendemain, et nous rencontrerons de nouveau à domicile ou au bureau, les démarcheurs de toutes les marques. Un tel événement qui s'est fait attendre douze ans constitue une véritable révolution qui va avoir sur l'évolution du domaine de l'automobile des répercussions infiniment plus profondes que les innovations techniques les plus sensationnelles. » Le fait doit effectivement être de taille pour qu'un chroniqueur scientifique privilégie à ce point l'économique.

Ce 39e Salon est également un avis de décès : « L'industrie de la voiture de luxe est moribonde, écrit *Paris Match.* L'État impose les "chevaux" et il est devenu infiniment plus compromettant d'avoir une Salmson ou une Talbot que de porter des diamants ou un manteau de vison. » Et si c'était en partie leur faute ? se demande le spécialiste de *Sciences et Avenir.* « 1952 aura vu la mort de Salmson, de Talbot, une crise tragique de Hotchkiss. Des commandes militaires, baptisées de "providentielles" par la presse spécialisée, ont renfloué *in extremis* Delahaye. La grosse voiture est donc bien malade. À quoi est due la soudaineté de cette crise ? Apparemment à l'excellente gestion commerciale de Ford depuis trois ans. La Vedette, après un très mauvais début, a bénéficié, outre ses améliorations techniques incontestables, d'un service de vente hors pair. Tous les clients à pouvoir d'achat suffisant ont été visités ; les arguments commerciaux des vendeurs étaient excellents : "Nous vous offrons une voiture de luxe pour le prix d'une voiture de série." Le client comprenait vite que la différence entre la Vedette et une voiture plus puissante n'était pas suffisante pour accepter de payer cette dernière deux ou trois fois le prix de l'auto très soignée qui sortait des chaînes de Poissy… Renault se met d'ailleurs aujourd'hui sur les rangs en présentant sa Frégate à un prix pratiquement égal à la Vedette. »

Un an plus tard. 40e Salon au Grand Palais. Tonalité plus sereine. Mais peu d'enthousiasme. « Le progrès ne saute pas aux yeux », titre la luxueuse revue *Plaisir de France.* « Le temps n'est plus où, chaque année, les visiteurs du Salon se pressaient pour assister à des révélations ou à des révolutions. » Fin de l'histoire d'amour entre les Français et la voiture ? Certes non. Mais l'automobile étant entrée dans la production de masse, elle n'a plus l'attrait de la rareté. D'autant que les nouveautés n'ont pas manqué les années précédentes. Alors, plutôt que d'innover, on perfectionne et on présente la 203 modèle 1954, la 4 CV modèle 1954, la Frégate Amiral modèle 1954, l'Aronde modèle 1954… Il y a quand même une nouveauté, plutôt réussie et remarquée : la Dyna Panhard 1954. Annoncée pour six places, sa carrosserie ultralégère en Duralinox lui permet d'atteindre 130 kilomètres/heure. Si le progrès « ne saute pas aux yeux », il semble pourtant bien là : dans l'évolution de la carrosserie. Les alliages légers (Dyna Panhard) et les matières plastiques (Rosengart, Marathon) remplacent la tôle. Du moins le croit-on. Deux ans plus tard, Panhard fait marche arrière. La Dyna est trop difficile à fabriquer, la peindre est un casse-tête et elle est… quasiment irréparable. Fini le Duralinox, retour à l'acier. 150 kilos de plus, adieu cette légèreté qui était son principal atout. N'innove pas qui veut.

Les voitures de demain seront-elles électriques ? Le journaliste de *Plaisir de France* ne s'est sans doute pas arrêté devant le stand de la Symetric. Ce prototype – provisoirement carrossé en bois – dispose d'un moteur à essence entraînant une dynamo qui fournit le courant à quatre petits moteurs électriques placés dans… les moyeux. « Ma Symetric est la première voiture électrique du monde qui soit rentable », affirme son créateur, Casimir Loubière, qui l'a conçue avec son frère dans son garage du XVe arrondissement à Paris. La Défense nationale s'est montrée intéressée, ce qui fait écrire à *Paris Match* : « L'armée a choisi la voiture révolutionnaire. » C'est à voir.

Une année de plus… Octobre 1954. Alors, quoi de neuf ? Depuis des lustres, la question vise surtout Citroën. Javel va bien finir par trouver une remplaçante à cette chère Traction ! Mais non. Au 41e Salon, la vedette est… la future héritière de la Vedette : la Versailles, son allure et sa calandre américaines. Son carnet de commandes va ressembler à un bottin mondain. Une vingtaine d'ambassadeurs et Louison Bobet, champion du monde depuis août, qui l'a choisie parce qu'il peut mettre douze vélos en pièces détachées dans la malle ! « Je n'ai plus besoin d'une voiture américaine. »

Faute d'autres grandes nouveautés à livrer à ses lecteurs, *Paris Match* a fait le choix de présenter les stars du Salon en compagnie de stars du cinéma. Danielle Darrieux et François Perier et la Versailles, Dany Robin et la 2 CV, Bernard Blier et la 203, Simone Renant et l'Aronde « Grand Large », Cécile Aubry et la Dyna, Maurice Chevalier et la Frégate, Paul Meurisse et la DB Panhard, voiture de course en plastique. À grande dame, grande auto : Michèle Morgan est associée à la prestigieuse Talbot « Grand Sport », 190 kilomètres/heure et 2 775 000 francs. La plus chère du Salon. Talbot, la « moribonde », fait de la résistance.

Quant à Michel Auclair, au volant de la Traction 15 CV, il déclare : « Elle reste la voiture des ministres. » Jusqu'à quand ? Au fait, sa suspension arrière est hydropneumatique. C'est nouveau, ça...

Citroën déconcerte, déjoue depuis des années tous les projets qu'on lui prête. Et on lui en prête. De la firme qui a construit des voitures révolutionnaires comme la Traction, puis la 2 CV, on attend beaucoup. On attend l'héritière de la Traction. Et depuis le début de la décennie, on attend, on suppute, on rêve.

« Que la 11 CV soit nettement dépassée, écrivait un chroniqueur en 1952, il n'y a personne pour soutenir le contraire, quai de Javel. Selon une formule très dure d'un journaliste spécialisé : "La Traction Avant est une voiture qui avait dix ans d'avance il y a vingt ans !" Tout le monde est d'accord pour la remplacer par un nouveau modèle, mais lequel ? » Et cet auteur s'était risqué à un pronostic : « Ce ne sera pas la voiture en avance de quinze ans qu'avait rêvée le quai de Javel pour renouveler l'exploit de la Traction Avant, mais ce sera sans doute une excellente voiture qui aura cependant deux ou trois années d'avance sur le reste de la construction française. » *L'Auto-Journal*, créé par Robert Hersant, soutenait au contraire – plans « volés » à l'appui – qu'il s'agirait d'un véhicule révolutionnaire. Mais pour quand ?

Plaisir de France s'interrogeait également et avait sa petite idée : « L'habituelle discrétion ayant régné autour des projets de Citroën, tout porte à croire que dans les mois à venir, les fabrications resteront axées sur les modèles 11 et 15 "Six" auxquels est adjointe une "familiale" très demandée par certains clients. Ces modèles pourront être livrés en quatre couleurs : le noir ne sera donc plus l'uniforme. Mais les amateurs de l'excellente et sûre mécanique du quai de Javel attendent toujours "le" nouveau modèle dont le lancement a été annoncé il y a un an et demi – ce qui suscita un procès en détournement de documents. Quelle que soit la décision prise par Citroën, il ne saurait être question pour le client de disposer du modèle attendu et naturellement révolutionnaire avant milieu 1954 ou mieux, 1955. »

Chez Citroën, cela fait des années que le bureau d'études gamberge sur ce projet. Depuis la Libération ! Pierre Boulanger imaginait plutôt une sensible évolution du concept « Traction ». Sa mort en 1950, dans un accident de la route, laisse les mains libres à Pierre Bercot, qui veut au contraire produire un véhicule hors du commun. Et il asticote le bureau d'études dans ce sens. Surtout, que les commerciaux ne s'en mêlent pas ! « Leur laisser la définition du produit serait une erreur parce qu'ils demandent le produit qui se vend le plus aisément le soir même. Or, il faut que la voiture se vende dans cinq ans, dans dix ans, dans quinze ans. » André Lefèbvre a le feu vert pour parvenir à cette perfection technique qui, pour lui, tient en trois mots : aérodynamisme, légèreté et tenue de route.

4 octobre 1955. Les portes du Grand Palais s'ouvrent aux visiteurs du 42e Salon de l'automobile. Sur le stand Citroën, une housse de tissu dissimule une masse allongée et arrondie. Des collaborateurs de la firme montent sur le stand et, délicatement, dévoilent… la DS 19 ! Elle ne ressemble à aucune autre auto.

Un tonnerre d'exclamations accueille l'apparition. Le stand est pris d'assaut par la foule, que la police a du mal à contenir. Un employé fait démarrer la « chose », qui se redresse, comme si elle était vivante, révélant ses étonnantes suspensions aux curieux fascinés. Et un vendeur d'annoncer : « Nous recevons les commandes pour ce modèle livrable dans un an. » En trois quarts d'heure, 749 commandes sont prises ! À la fin du Salon, on en comptera 12 000. Du jamais vu. Citroën a encore épaté. En dehors des concurrents, les seuls à faire grise mine sont les gens de *Paris Match*. Citroën leur avait accordé l'exclusivité, pour le numéro qui devait sortir la veille du Salon. En couverture, une star confirmée – Gina Lollobrigida – se montrait au volant de la nouvelle star des routes. Et dans les pages intérieures, c'était encore l'actrice italienne qui la faisait découvrir sous toutes ses facettes, posant ainsi devant « ses » douze valises faisant « la démonstration du coffre miracle ». Las ! Une grève a empêché la parution de ce numéro choc qui aurait sans doute battu les records de vente. Du coup, *Paris Match* passe son reportage au *Figaro*. Énorme colère de Pierre Lazareff, le patron de *France-Soir*, qui va – paraît-il – mettre un malin plaisir à monter en épingle incidents et accidents impliquant une DS !

Dans son numéro suivant, l'hebdomadaire revient cependant sur ce scoop manqué. « Jeudi, à 8 heures, le gardien du garage souterrain du quai de Javel, où sont rangées les nouvelles Citroën, a déclenché la manœuvre du rideau de fer électrique. La DS19 n° 13 est apparue en haut de la rampe. Elle sortait pour la première fois sans se cacher. *Paris Match* était à son bord. Nos reporters ont assisté pour vous à sa première promenade publique. Pendant deux heures, un directeur commercial l'a conduite sur un circuit de 5 kilomètres qui traverse le bois de Meudon. À plusieurs reprises, des automobilistes curieux ont mis leur voiture en travers de la route pour obliger la DS à s'arrêter. » La vue d'une soucoupe volante ne provoquerait pas plus d'effet. Elle a effectivement quelque chose d'extraterrestre, dans ses formes et dans ses entrailles. « La nouvelle Citroën tombe manifestement du ciel dans la mesure où elle se présente d'abord comme un objet superlatif », écrit Roland Barthes dans *Les Lettres nouvelles*.

La ligne époustouflante, le pare-brise et les vitres, les feux arrière, le volant à une branche et ce système hydropneumatique remplaçant l'élasticité des ressorts d'acier par celle d'un gaz comprimé ! C'est LA voiture de la décennie et peut-être de la prochaine. Tous pays confondus, aucune automobile ne provoque autant d'intérêt et d'enthousiasme. Dès l'ouverture du Salon de Copenhague, 150 000 personnes se ruent vers le stand Citroën. Quand un bémol se fait entendre, c'est le plus souvent : « Pour les réparations, il faudra être polytechnicien ! » Presque. Certains des 12 000 fans qui l'ont achetée les yeux fermés ont le sentiment d'avoir joué les cobayes. Citroën reçoit, les premiers mois, plusieurs dizaines d'appels de clients mécontents. Problèmes de suspension, de boîte de vitesses... Et la plupart des garagistes spécialisés en sont encore à la Traction ! Quant à l'étranger... Un Grenoblois, heureux d'étrenner sa DS sur les routes espagnoles, tombe en panne. Une fois le capot ouvert, un mécanicien perplexe finit par déceler un problème de pompe à eau. Pas question bien sûr d'en trouver une. Il se résout quand même à accomplir un geste sacrilège : souder l'axe de pompe de cette voiture de science-fiction. Tout en conseillant au touriste de la faire remplacer à son retour en France. Ce que celui-ci ne fera pas : la réparation a tenu, et elle tiendra encore des dizaines de milliers de kilomètres ! Quand sera mis en place un réseau d'après-vente formé de mécanos spécialisés, la DS sera vraiment la déesse de la route. Aucune autre firme – française ou étrangère – ne peut alors se vanter d'avoir, en moins de dix ans, mis sur le marché deux autos exceptionnelles : la 2 CV puis la DS 19. À l'extérieur de nos frontières – que le traité de Rome commencera à entrouvrir en 1957 –, seule la Mercedes 300 SL et ses surprenantes portes en ailes de papillon a peut-être provoqué un choc comparable. Mais c'est une voiture de prestige et de compétition que peu pourront voir « en vrai ». Quant à l'Amérique, qui possède les trois quarts du parc mondial, elle est plus dans la surenchère exhibitionniste que dans l'innovation. La tendance est aux *fins*, ces ailerons arrière d'année en année plus impressionnants. Et aux chromes tapageurs. C'est sûr que pour des Français sortant de dix années de guerre et de privations, les voitures *made in USA*, ces Cadillac, ces Buick, ces Pontiac, grandes comme des salons, aux couleurs acidulées, font rêver. Mais elles sont surtout associées au cinéma américain, à ses stars, à ses excès. Et, sur les routes de France, on en voit peu. Et quand on en voit, les personnages qui sont au volant ne sont pas toujours recommandables : au mieux des parvenus, au pire des gangsters qui commencent à être influencés par la « Série noire ».

Seule, chez nous, la gamme des Versailles, Régence, Trianon, Chambord, Beaulieu, aux noms on ne peut plus traditionnels, n'est apparemment pas insensible aux influences d'outre-Atlantique. Le « bon goût français » est en général réfractaire à tant d'ostentation. Ce n'est sans doute pas un hasard si l'automobile américaine la plus élégante – la Studebaker – est conçue par un Français : Raymond Loewy !

Et il y a l'Italie, sa nouvelle vague d'acteurs et d'actrices aussi mutines que pulpeuses. L'Italie qui a aussi d'autres « belles petites » que son cinéma a rendu populaires hors de ses frontières : les Fiat 600, puis 500, icônes du boom économique de la péninsule et véritables « voitures du peuple » de ces années.

Nul n'étant prophète en son pays, même en Italie, la géniale Isetta, « L'œuf », dont la porte avant s'ouvre en déplaçant la colonne de direction et le volant, doit attendre d'être rachetée par la firme allemande BMW pour connaître un vif succès. En France, elle sera produite sous licence par Velam qui, en 1957, en fait une version carénée s'adjugeant, sur l'anneau de Montlhéry, sept records du monde pour la catégorie inférieure à 250 centimètres cubes ! Et que dire de la Vespa 400 ? Non, ce n'est pas un scooter, bien qu'ayant été conçue par le même Piaggio. Cette starlette est quasiment la révélation du Salon 1957 à… Paris. Elle est en effet non seulement destinée aux seuls acheteurs français pour concurrencer la Fiat 500, lancée cet été-là en Italie, mais elle va être construite dans la Nièvre. Prise de court (« Le secret avait été bien gardé »), la presse automobile estime que « cette voiture-jouet est le prototype du véhicule de la ville du futur ». En France, les dernières années de la décennie seront – pour l'automobiliste – moins fécondes, moins surprenantes. Peugeot remplace peu à peu la 203 par la 403 ; Renault, la 4 CV par la Dauphine, laquelle, sous des lignes entièrement nouvelles et plutôt séduisantes, n'est qu'une extrapolation de la première (elle roule bien mais un peu trop souvent sur le toit) ; Simca continue de conjuguer la gamme Versailles, avec l'Ariane en 1957 et la Présidence en 1958 (modèle spécial réservé à l'hôte de l'Élysée) ; Citroën se contente d'avoir « quinze ans d'avance ». Ah ! Retour à Billancourt. Il s'y mijote quand même quelque chose. L'énorme succès de la 2 CV agace et stimule les ingénieurs de la régie. Pourquoi ne sortiraient-ils pas, eux aussi, une voiture pratique, à la fois citadine et rurale, mais « moins moche » que la Citroën ? 1958 : Pierre Dreyfus donne le feu vert au « projet 350 ». Ce sera la 4 L.

ET L'ON REPREND LA ROUTE…

Rouler librement ! Enfin presque. Cela fait bientôt cinq ans que la circulation ne se fait plus sous le joug des *Feldgrau* et des *Ausweis*, mais, en ce tout début des années 1950, les traces de la guerre sont encore nombreuses et ses conséquences se font encore sentir. Ainsi l'essence et les pneus ne sont-ils en vente libre que depuis… le 31 décembre 1949. On ne se sort pas si aisément de tant de destructions. On ne reconstruit pas à la baguette magique les 6 000 ponts détruits, dont 140 rien que sur la Seine et la Loire. (À la fin de 1950, 4 500 sont achevés.) On ne répare pas en quelques mois les milliers de routes endommagées par les bombardements, les mines, les milliers et les milliers de chars. On ne reconstitue pas d'un claquement de doigts un parc automobile exsangue et délabré.

À la Libération, le tableau des tâches à accomplir est impressionnant. Et les moyens, inversement proportionnels. Manque d'argent, de matières premières, d'essence. Plus des trois quarts des 90 000 pompes de l'avant-guerre ont disparu.

Si la relance de l'industrie automobile est assez rapide, la production ne répond pas aux besoins (l'État, afin de faire entrer des devises, impose des quotas à l'exportation) et les délais de livraison se chiffrent en années. Alors, on roule avec ce qu'on a, une voiture d'avant-guerre souvent rafistolée ou l'un de ces 90 000 véhicules mis sur le marché par l'armée américaine après leurs bons et loyaux services sur les routes de la victoire. Rodés au système D pendant l'Occupation, les Français sont contraints de le perpétuer. Tel ébéniste transforme sa C4 Citroën en camionnette, avec plateau et ridelles, pour le transport de ses billes de bois et de ses meubles. Tel maçon scie en deux une 202 Peugeot condamnée et, avec la partie arrière, fait une remorque.

On répare soi-même, on se rend service. Un automobiliste, la tête plongée dans le capot ouvert de son véhicule arrêté sur le bord de la route, n'attendra pas longtemps avant qu'un autre conducteur stoppe et lui demande : « Vous avez besoin d'un coup de main ? » Souvent, un tour de manivelle suffit.

La réfection et le développement des routes ne suivent pas le rythme de la reconstitution progressive du parc automobile. L'arrivée des 4 CV, 2 CV, 203 souligne davantage les insuffisances d'un réseau routier mal préparé à les accueillir : entretien déplorable et absence de politique d'ensemble. Tout le monde est mécontent. En premier lieu, les ingénieurs en chef des départements privés de crédits. Mais surtout les automobilistes et les transporteurs routiers, qui ne cessent d'appeler au secours. Ça finit par payer. Le 30 décembre 1951, le Parlement vote la loi créant le Fonds spécial d'investissement routier. Pas l'une de ces mesures « rideau de fumée » destinées à calmer les impatiences. Non, une vraie révolution qui multiplie d'un coup par dix les moyens pour la modernisation des routes. Il était temps. Évidemment, il faut bien trouver l'argent. On va le prélever sur les taxes intérieures du carburant... Sur cinq ans, il est prévu : l'aménagement des « grands itinéraires » comme Paris-Lyon ou Paris-Normandie ; l'équipement routier des grands centres urbains et industriels ; la suppression des passages à niveau, « autres que ceux des grands itinéraires » ; la reconstruction des ponts « vétustes ou insuffisants ».

Les travaux sont en tout cas entrepris *fortissimo.* En peu de temps, ce développement des infrastructures routières va – entre autres – avoir pour effet un volumineux transfert de populations vers les villes, lesquelles vont se trouver rapidement congestionnées. « Baromètre » implacable de ce phénomène : la vitesse moyenne des autobus diminue régulièrement à partir de 1952.

Production automobile de masse, modernisation accélérée de la circulation. Entrons-nous enfin dans les belles années de la voiture et de ses conducteurs ? Les marques font assaut de superlatifs et de mots nouveaux dans les publicités dont elles inondent les magazines. Les « belles petites » ne sont certes pas encore accessibles à tous mais tous sentent, tous espèrent qu'elles le seront bientôt. En 1955, il y a une auto pour dix-sept Français. Deux ans plus tard, il y en a une pour huit ! Alors, roule, ma poule ! Plus de 70 % des véhicules sont des petits modèles, mais qu'importe ! Même si – comme l'écrit un journaliste grincheux qui a dû connaître des jours meilleurs – « on peut regretter le temps où l'on pouvait entrer dans une voiture autrement qu'à plat ventre ou en courbant l'échine », les propriétaires sont heureux.

Prendre le volant, c'est être libre. Les réglementations ? On en a assez souffert « pendant la guerre ». Les panneaux de signalisation ? Rapidement appris pour le permis, beaucoup sont aussi vite oubliés. La vitesse n'est pas limitée, un seul feu rouge arrière suffit, indicateurs de direction et feux de stop ne sont pas obligatoires (pour tourner à gauche, on tend le bras à la portière, pour la droite… on compte sur le passager). On se gare où l'on veut. On « fait conduire le petit », sur les genoux. Sur la route des week-ends ou des vacances, la bouteille de Préfontaines ou de Gévéor n'est pas réservée qu'aux seuls passagers… (à l'occasion des fêtes de fin d'année, dans certaines régions, il est d'usage, pour les conducteurs, de s'arrêter devant le plot sur lequel un gardien de la paix règle la circulation d'un carrefour, et de lui déposer une bouteille de mousseux ou d'apéritif).

Le grand truc, même avec la famille au complet, c'est « la moyenne ». « J'ai fait 65 de moyenne entre Grenoble et Nice… » Cette liberté a évidemment un prix. En 1952, alors que ne circulent que 2 millions d'autos, 5 000 tués. Dans son numéro où il dresse le bilan du week-end du 14 juillet 1952, *Paris Match* énumère, en les déconseillant, « les huit fautes qui ne pardonnent pas » et qui sont responsables de la moitié des 41 600 accidents de l'année. Et afin de décourager les automobilistes inconscients mais « attachés à leurs sous », l'hebdomadaire fournit la liste des infractions et leur tarif éventuel :

– Attendez que vos enfants soient en âge de conduire pour leur confier le volant.

– Ne doublez jamais dans un virage. 1 800 francs.

– Ne doublez jamais dans un carrefour. 1 800 francs.

– Ne doublez pas en troisième position. 1 800 francs. (Ceux qui prennent ce risque sont surnommés les « requins de la route ».)

– Ne dépassez pas en haut d'une côte. 3 000 francs. (C'est la cause d'accident n° 1.)

– Ne doublez jamais en traversant un village et ralentissez même avec de bons freins.

– La « conduite voluptueuse » (expression gendarmesque).

– Méfiez-vous des troupeaux non gardés. (600 accidents graves.)

Ces recommandations sont prodiguées par « le maître de la route », un commandant de gendarmerie dirigeant le dispositif de sécurité routière situé boulevard Latour-Maubourg à Paris. Au mur, une carte d'Afrique du Nord et de métropole et des épingles de couleur localisant les 203 brigades motocyclistes.

Confrontée à la reprise de la circulation, la gendarmerie a repris… une initiative des autorités de Vichy en 1941, en créant des brigades motorisées. La « copie » s'arrête heureusement là : les motards de la IVe République se consacrent uniquement à la police de la route. Ouf ! Quand répression il y a, elle frappe les automobilistes coupables d'infraction et non d'idées subversives…

Au début des années 1950, ces brigades pâtissent d'une disette de matériel. L'une d'elles ne dispose en tout et pour tout que d'une vieille René Gillet des années 1930. Le rapport de force est donc pour l'instant favorable aux « fous du volant ».

« Le gendarme 1952, déclare leur chef, doit être un guide, un protecteur, un secouriste. Il ne doit plus être le croque-mitaine de jadis, mais un conseiller. » C'est beau. Mais *quid* de la fameuse « peur du gendarme », qui transforme, paraît-il, un loup en mouton ? Autre perle dans le « code de la prudence » édité par le bureau technique de la gendarmerie nationale : « La prudence a inventé le frein. C'est l'orgueil qui a inventé l'accélérateur. »

Les belles paroles ne remplacent pas les moyens que les pandores motorisés vont continuer à réclamer afin de ne pas être totalement submergés par l'amplification du trafic routier et ses conséquences : 4 000 morts en 1950, 7 000 en 1953. Il faudra attendre les années 1957, 1958 – avec la création d'un Conseil permanent de la sécurité routière – pour constater un changement majeur.

En attendant, l'automobiliste découvre, au fil des ans, qu'il est de moins en moins seul sur les routes et dans les rues. C'est le règne de la « bagnole ». La bagnole en l'honneur de laquelle on commence à scier les platanes qui ont l'outrecuidance de la percuter. La bagnole pour laquelle on prépare des voies royales : des autoroutes. « Solution de l'avenir de la circulation routière ? », interroge *Sciences et Avenir*. C'est qu'en France, on ne lui accorde pas le même rôle qu'aux États-Unis, en Allemagne ou en Italie. Là où les *highways*, *Autobahnen* et *autostrade* sont conçues comme voies de liaison rapide entre plusieurs villes, chez nous, on considère l'autoroute surtout comme voie de dégagement des villes. On n'en possède d'ailleurs en 1952 que 20 kilomètres, mais on prétend qu'ils sont « admirés du monde entier ». Il s'agit de l'autoroute de l'Ouest, commencée en 1937, terminée en 1949, et qui dégage la sortie ouest de Paris. Elle rejoint à une vingtaine de kilomètres les grandes routes nationales, « suffisamment bien aménagées pour les longs parcours ». Ces 20 kilomètres de béton et leurs 36 ouvrages d'art sont magnifiés par la presse comme s'il s'agissait de Versailles ou de la tour Eiffel. Le plus important d'entre eux, le tunnel de Saint-Cloud, est une merveille d'architecture et de technologie. En février 1952, le record du 5 juin 1951, à 19 h 20, n'a toujours pas été battu : 4 250 véhicules/heure. Et l'on s'extasie sur ses 832 mètres, sur sa chaussée faite de pavés mosaïque, sur les deux lignes centrales équipées de plots lumineux pouvant être éclairés à volonté en lumière blanche ou rouge, sur la ventilation et ses moteurs dont la mise en route est décidée par les ingénieurs « d'après le nombre de voitures et non d'après la teneur en oxyde de carbone », sur le réglage automatique par cellules photoélectriques, sur l'éclairage et ses 480 hublots. Ah ! l'éclairage. Il y en a trois sortes : un permanent, un « temps sombre » et un « temps lumineux ». Eh bien oui : pour les automobilistes, il ne faut pas que la transition soit trop brutale entre la luminosité extérieure et leur entrée dans le tunnel.

Comme pour toute petite merveille, on insiste sur les obstacles et les difficultés qu'il a fallu surmonter pour imposer cette « autoroute ». Extraction de 36 000 souches, inondations, effondrements… Mais ça en valait la peine : « L'autoroute de l'Ouest a complètement modifié la circulation dans la banlieue ouest de Paris [...]. Le trafic est maintenant si important que l'on a interdit aux poids lourds de l'emprunter les samedis et dimanches. De tels faits montrent que l'autoroute de l'Ouest est finalement rentable malgré son prix de revient élevé. Il est intéressant de faire cette constatation au moment où de nouvelles autoroutes vont être construites au sud et au nord de Paris. »

La plus avancée est l'autoroute du Nord. Un premier tronçon de 17 kilomètres, dont la fonction est de décongestionner le sud de Lille, sera terminé en 1954. Par la suite, le tronçon de la sortie nord de Paris sera aménagé et « alors seulement sera envisagée la jonction entre les deux ». La première autoroute française de liaison sera, à ce moment-là, longue de 210 kilomètres. Quand ? Pas avant la moitié des années 1960, dit-on.

La France commence donc à s'inspirer des philosophies autoroutières américaines et allemandes. L'axe Paris-Méditerranée croule sous les projets. C'est le tropisme mythique, celui de la nationale 7, « Qui fait d'Paris un p'tit faubourg d'Valence / Et la banlieue d'Saint-Paul de Vence », comme le chante Trenet. « L'autoroute du Sud, dit un technicien en 1952, se justifie par l'importance exceptionnelle de la circulation sur la route d'Orléans et de Fontainebleau. De plus, l'extension de l'aérodrome d'Orly rendrait immédiatement nécessaire l'amélioration du réseau routier de cette région. » Le départ du tracé ? On l'envisage sérieusement place Denfert-Rochereau, puis dans l'axe de l'avenue du parc Montsouris et la traversée du parc « en tranchée ouverte absolument invisible des promeneurs »...

On avance par petits bouts. Ainsi le tunnel de la Croix-Rousse à Lyon, inauguré en 1950, sera-t-il un élément de la future voie. Mais c'est un ingénieur en chef de l'Yonne, Roger Renault, qui fait faire un bond majeur au projet. En faisant approuver en 1955 un tracé inédit entre Auxerre et Avallon. La future autoroute Paris-Lyon semble être sur... de bons rails. En 1956 est créée la société concessionnaire Estérel-Côte d'Azur, puis, en 1957, celle de la vallée du Rhône.

Les audacieux l'ont emporté sur les frileux affolés par la valse des milliards et pour lesquels ces grands travaux sont du « suréquipement ». L'automobiliste, quant à lui, paraît prendre goût à rouler sur ces rubans où dépasser ne relève pas du sport ou de la loterie.

Il découvre simultanément l'importance qu'il commence à prendre dans l'économie nationale en y tenant, pense-t-il, le rôle de « vache à lait ». En 1956, Pierre Dreyfus, patron de Renault depuis la mort sur la route de Pierre Lefaucheux, s'inquiète : « On rejette sur l'automobile toutes les fautes possibles. On dit qu'elle a pompé les matières premières et la main-d'œuvre des autres industries, qu'elle pratique des salaires trop élevés. Tout cela est absurde, mais les conclusions qu'on en tire, c'est de taxer systématiquement l'automobile. » Et de fait, nos grands argentiers, dont il faut noter la constante imagination, ont créé une panoplie fiscale confondante : TVA des produits de luxe, imposition en fonction de la cylindrée, prix record des cartes grises...

Et l'essence ! Tout est bon pour justifier son envolée. La crise de Suez à l'automne 1956 ? L'essence « française » devient la plus chère du monde ! Un mauvais coup ne chassant pas l'autre, le ministre des Finances invente en 1956 la vignette. Une taxe que tout propriétaire d'une auto doit désormais payer pour... alimenter le Fonds national de solidarité, officiellement destiné aux personnes âgées. Promis, juré, il s'agit d'une mesure provisoire... Pourquoi s'arrêter en si bon chemin quand on est en état de grâce inventif ? Alors on rend l'assurance obligatoire avec une taxe sur chaque contrat. L'automobiliste commence à regarder sa « belle petite » comme une danseuse, certes désirée, mais un peu trop prodigue. « De toute façon, constate un Pierre Dreyfus résigné, on ne peut guère atteindre plus l'automobile qu'elle l'est aujourd'hui. » Cela reste à voir. S'il n'y avait que l'État ! Parallèlement au phénomène de masse de l'automobile, on a vu naître une presse spécialisée. Logique. Mais de l'avis des constructeurs, ces magazines seraient plus enclins à chercher la petite bête mécanique qu'à louer les qualités réelles de leurs petites merveilles. Et surtout à jouer les OSS 117, en partant à la chasse au prototype pour en publier les détails et les photos avant la présentation officielle du modèle. L'ennemi public n° 1, c'est *L'Auto-Journal*, créé en 1950 par Robert Hersant, et dont le rédacteur en chef est Jean-Marie Balestre. En 1952, il publie les esquisses top secrètes d'un moteur qui pourrait être celui de la future Citroën ! Il n'empêche que cette presse, dont les journalistes sont souvent de très bons techniciens, passionne la « tribu » des automobilistes. Les essais très poussés d'un nouveau véhicule les aident souvent dans leur choix. Hommage de la vertu (offensée) au vice (supposé), des constructeurs s'inspireront parfois des procédés de ces périodiques pour leurs campagnes de promotion.

On peut ainsi voir dans un numéro de *Paris Match* de mars 1957 une pleine page sur l'essai de la nouvelle Ariane de Simca… par un des pilotes maison. Personne n'est dupe, mais « ça fait plus vrai » qu'une publicité classique. Et puis, l'article contient une vraie info. On lit : « Connaissez-vous Oscar ? Non ? Nos ingénieurs ont établi, d'après les mensurations de dizaines de milliers d'individus, le gabarit idéal du Français. Ariane a été construite "autour" d'Oscar : hauteur 1,72 m, largeur d'épaules : 0,44 m, poids : 71 kilos. »

« Dans le poste »

Quand on a dix-huit ans à la fin des années 1950, on peut s'estimer membre d'une espèce révolue : la dernière génération sur laquelle l'influence de la radio n'a pas encore été submergée par celle de la télévision. Aussi loin que remonte le souvenir des grands événements, il a été transmis par le « poste ». Il en est de même pour les chansons et chansonnettes qui continuent de « trotter dans la tête ». Mais il est vrai que la puissance d'évocation des commentaires et reportages nous a fait « voir » les drames, les batailles, les exploits, décrits dans un style flamboyant par les journalistes radiophoniques. Un garçon de onze ans en 1953, en écoutant le reportage de Georges Briquet, « voit » Louison Bobet s'échapper en solitaire dans l'Izoard. Et ces sons – à l'aune, bien entendu, de l'importance de l'événement – restent gravés comme s'il s'agissait d'images.

Alors qu'il allait sur ses huit ans, le Radiola familial en bakélite lui avait imprimé des airs indéfectibles des années 1940 qui venaient de se terminer : « C'est une fleur de Paris », « Dans les plaines du Far West », « On boit l'café au lait, au lit »... Et quelques temps forts – ou qui devaient l'être, puisque les parents se figeaient en les écoutant, étaient tendus ou brusquement enthousiastes. Il se souvient ainsi d'avoir entendu que « de Gaulle s'en allait » ; il se souvient – et c'était plus récent – que « Gandhi a été assassiné ». Peu de temps après, il avait vu les photographies de ses obsèques dans *France Illustration* et ça l'avait écœuré au sens propre, car une photo (autant qu'il s'en souvienne) montrait le corps recouvert de fleurs qu'on installait sur un bûcher. Et c'est l'association improbable de ces effluves – fragrance douceâtre des fleurs et odeur de chair grillée – qui l'avait dégoûté.

Ah ! il y a aussi cette nuit de septembre 1948. C'est sans doute son souvenir radiophonique le plus intense de ces années-là : son père avait mis le réveil à 4 heures du matin pour écouter la radio. Il avait fait du café après l'avoir moulu à la main et sorti la poudre de son tiroir pour la mettre dans la cafetière. Le voisin du dessus était descendu. Comment les enfants auraient-ils pu dormir ? On leur avait dit qu'on allait entendre une voix venue d'Amérique et que cette voix allait « raconter » un grand match de boxe avec notre héros, Marcel Cerdan, qui voulait devenir champion du monde. Il paraît que, dans la France entière, des millions de personnes s'étaient également réveillées pour écouter la retransmission. Tout le monde avait pris soin de régler le curseur du poste sur la bonne fréquence. On entendait alors la voix de Pierre Crenesse et un brouhaha insensé. C'était du délire. Et lorsque le père et le voisin bondirent de joie, on comprit que ça y était, Cerdan était champion du monde !

Un an plus tard, les voix du poste avaient des intonations funèbres : Marcel Cerdan était tué dans le crash, aux Açores, du Super Constellation d'Air France qui le conduisait aux États-Unis où l'attendait Édith Piaf, dont le déchirant et prémonitoire « Hymne à l'amour » allait alors concurrencer sur les ondes le « Petit Papa Noël » de Tino Rossi.

En 1950, il y a en France près de 6 millions de récepteurs. Du petit en bakélite ou autre matière plastique au monumental en ébénisterie. Du simple au mixte (radio et pick-up). Du « métropolitain » au « tropicalisé pour les colonies ». On les achète généralement à tempérament. Le choix n'est pas facile tant les marques sont nombreuses et foisonnent dans les pages de publicité des magazines. « Le monde entier chez vous avec Régal » ; « Skymaster, champion des postes portatifs avec ses huit lampes miniatures américaines » ; « Une invention française qui fait le tour du monde : Méga » ; « Pour moi toute seule, j'utilise mon Philips à ma guise. Un petit poste élégant et coquet assorti à la couleur de ma chambre » ; « Mes parents ont leur poste. Moi, j'ai ma Radiolinette Radiola » ; « Entendre tous les reportages avec Schneider » ; « L'Amérique surclassée : Brand Spread, le poste des cinq continents. 300 stations reçues avec la précision du radar » ; « Le poste de l'an 2000 : le Glob Tester Universel. Les cinq continents dans une valise ».

Et cette liste de noms plus ou moins mystérieux sur OC, PO et GO : Léopoldville, Bolzano ou Montbéliard, on connaît peu ou prou. Mais Hilversum, Demünster, Droitwich, Kauna ?

Six millions de postes de radio pour 3 000 récepteurs de télévision. On continue de vivre un certain temps au rythme de la radio, de ses rendez-vous. Pour le garçon évoqué précédemment, et qui vit sur la Côte d'Azur, le réveil est provoqué peu avant 7 heures par les premières mesures en leitmotiv de... l'hymne monégasque. Qui éclate en entier à 7 heures pile. On est sur Radio-Monte-Carlo. Si l'on désire être sorti du lit par « La Marseillaise », il faut se brancher sur le Poste national, mais c'est à 6 h 30 ! Encore ensommeillé, l'écolier de huit ans saisit des bribes de phrases, des mots, des noms : Corée, 38e parallèle, Truman, bombe H, Laurent Dauthuille, cortisone, ennemi public n° 1, Ionesco, marquis de Cuevas... Après, heureusement, il y a des chansons. Encore la « Cabane au Canada » ! Si on ne la connaît pas par cœur, c'est qu'on est sourd !

Dix ans plus tard, quand la décennie 1950 prendra fin avec la catastrophe du barrage de Malpasset à Fréjus, le lycéen de terminale se souviendra des émotions, des rires, des enthousiasmes, de cette ambiance de veillée autour du poste.

Il se souviendra de Carmen et La Hurlette, les deux clochards de « Sur le banc » interprétés par Jane Sourza et Raymond Souplex. Les deux compères s'invitent chaque jour à l'heure du déjeuner et évoquent à leur manière l'actualité et les potins. Causticité, tendresse et bon sens entrecoupés de gros rouge. Chaque émission se termine invariablement par la question : « Qu'est-ce qu'on mange ? »

Il se souviendra, toujours à l'heure du déjeuner, mais le dimanche chez « mamie » – qui avait préparé un lapin aux olives ou des gnocchis à la sauce aux noix –, du « Grenier de Montmartre » et de ses chenapans, des chansonniers Edmond Meunier, André Rochel, Maurice Horgues, Robert Rocca, Françoise Dorin... « Qu'est-ce qu'ils leur mettent, aux ministres, aux députés et au percepteur ! » Et à la fin, rituellement, et en chanson : « Pour informer le monde avec la voix des ondes, il y a, il y a, il y a les chansonniers. Au revoiiiir, au revoiiiir, notre émission est terminée et nous fermons notre Grenier… »

Le mercredi soir, on prend – presque – les mêmes pour « Le club des chansonniers » sponsorisé par une marque d'apéritif (« Avec Martini, Martini, Martini, le monde entier chante et sourit… »).

Il se souviendra de l'emblématique feuilleton quotidien « La famille Duraton ». De 19 h 45 à 19 h 55, les discussions cessent autour de la table familiale, couteaux et fourchettes sont également condamnés au silence pour cette grand-messe radiophonique suivie par la France entière. Ded Rysel est le père Duraton, Jean-Jacques Vital, le fils, Jacqueline Cartier (la journaliste des « Potins de la commère » à *France-Soir*), sa femme. Leur fille Lisette est fiancée à Paul, le voisin de palier, joué par Jean Carmet. Et tout ce petit monde fait ce que fait une majorité de Français « moyens » : ils parlent de tout et de rien, des choses de la vie quotidienne et des événements. Râlant comme il se doit contre les députés (sans étiquette politique) et le fisc. C'est comme si chaque Français s'écoutait lui-même ou écoutait sa femme, ses enfants.

Il se souviendra de « La Coupe interscolaire », grand jeu de questions arbitré par « Monsieur Champagne », surveillant général du lycée Condorcet de Paris. Et de ces rengaines selon les réponses : « Merci, merci, Monsieur Champagne, vous nous avez bien renseignés » ou « Zéro, zéro, Monsieur Champagne, vous nous avez mal renseignés. »

Il se souviendra de Jean Nohain, dit « Jaboune », et de sa « Reine d'un jour », où les annonceurs dotent richement une auditrice choisie pour ses malheurs. Sa gentillesse fait passer les gaffes de cet hyperactif : « La plus jeune de mes filles est enceinte à quinze ans, sans savoir de qui. — Mais alors, vous allez être grand-mère. Vous êtes contente ? » Il se souviendra aussi du Jean Nohain de « 36 chandelles », mais c'est à la télévision. « Jean Nohain, la plus grande vedette française, écrit *Paris-Presse L'Intransigeant*, plus que Michèle Morgan, plus que Jean Gabin. »

Il se souviendra du « Radio-Circus » patronné par L'Oréal, de ses trois émissions-vedettes : le « Crochet radiophonique » et le gong qui, à l'insistance du public, interrompt et condamne le chanteur amateur qui lui déplaît ; « Emportez-le avec vous » (un candidat, les yeux bandés, doit trouver le nom d'un objet placé devant lui) ; « Quitte ou double » enfin, présenté par Zappy Max, le grand animateur radio de ces années 1950.

Il se souviendra de cette porte qui couine dans la musique (géniale trouvaille d'André Popp) du générique des « Maîtres du mystère », dont les histoires au suspense remarquablement entretenu font frissonner chaque mardi soir, de préférence dans le lit, lumière éteinte et à l'abri des couvertures.

Il se souviendra de cette petite voix inimitable, celle de Mireille, qui, sur une idée de Sacha Guitry, a produit « Le Petit Conservatoire de la chanson », où elle repère avec un flair inouï les talents prometteurs.

Il se souviendra de « La minute du bon sens » de Saint-Granier juste avant le journal parlé du Poste parisien.

Il se souviendra des « Libres propos » de George Delamare dans les « Actualités de midi », chronique quotidienne des préoccupations – grandes et petites – des Français : les bourreaux d'enfants, l'alcoolisme, le franc, la paperasse administrative, la voiture…

Il se souviendra de Geneviève Tabouis et de ses « Dernières nouvelles de demain » annoncées sur le ton de ne-le-dites-à-personne. Il y a à boire et à manger dans ses « révélations », mais on pardonne beaucoup à une femme qui avait été surnommée « Tante Mensonge » par Hitler…

Il se souviendra des « Écoute, écoute… » de Roger Nicolas, du « Canard était toujours vivant » de Robert Lamoureux, de « Qui c'est ? C'est l'plombier » de Fernand Raynaud, des bégaiements de Darry Cowl, du « Car pour Caen » de Raymond Devos…

Et le jeune homme se souviendra, alors qu'il passait, pendant l'été 1954, des vacances linguistiques dans une famille allemande, d'avoir écrit à ses parents : « Vous savez, ils ont la télévision. Mais je préfère la radio, je trouve que c'est mieux. »

La bise à Zappy et l'Abbé Pierre

« En France, il faut toujours qu'on s'plaigne
Que le dernier but est manqué
À croir'que les essais d'Montaigne
N'ont jamais été transformés.
Eh bien moi, je pense le contraire
Que nous somm'en plein'volupté.
Si Mauriac est trop littéraire
Et Montherlant trop distingué…
On s'en fout… On a Zappy Max. »

Zappy Max ! L'homme ainsi célébré par le chansonnier Jean Marsac a les yeux les plus célèbres de France, de véritables billes qui tourneboulent dans les orbites et qui sont surmontées de sourcils noirs épais comme la jungle. Depuis la Libération, il a touché à tout, aux claquettes, à la chanson fantaisiste dans l'orchestre de Jacques Hélian, au cabaret, à la radio (« Jeu des gages », « Tour de France de l'accordéon », « Emportez-le avec vous », « Le Martini Club », « Ploum Ploum »). Il savait faire le clown mais ne l'avait jamais fait dans l'endroit *ad hoc* : le cirque. C'est pourtant ce décor qui va en faire l'un des personnages les plus populaires de la décennie.

Tout commence vers la fin des années 1940, lorsqu'un administrateur de cirque suggère à Louis Merlin, de Radio Luxembourg, d'utiliser sa piste pour des émissions. Merlin, c'est l'inventeur, avant guerre, du parrainage des productions radiophoniques (« Le Kiosque à musique Persil », « Le Petit Déjeuner Banania »). Pourquoi pas, se dit cet homme plein d'idées et d'initiatives, un programme de cirque normal, suivi d'émissions retransmises à l'antenne sous un chapiteau itinérant ? Original. Ce sera « Radio-Circus » ! Et la chance de Zappy Max puisque Saint-Granier, présentateur du « Crochet radiophonique » avant guerre, décline la proposition.

Dès la première représentation, le 31 mars 1949 à Melun, le chapiteau familial de 1 200 places ne peut accueillir en totalité les auditeurs de province qui se précipitent pour assister à des émissions jusque-là réservées aux Parisiens. Deux ans plus tard, L'Oréal, qui patronne l'opération, l'installera sous un immense chapiteau de 4 000 places. C'est que le succès a largement dépassé les espérances et fait taire les grincheux, tel ce cadre de la radio trouvant « plutôt déplacé le mélange de crottin de cheval avec la dignité de Radio Luxembourg »...

La « mise en bouche » débute invariablement à 18 heures par la « Parade ». Juchés sur la plate-forme aménagée d'un autocar, Zappy Max et ses collaborateurs présentent un spectacle gratuit et évidemment publicitaire. Le jeu Philips consistant à trouver, après la diffusion à l'antenne d'un message-énigme, un objet du cirque dissimulé dans la ville-étape. Le découvreur se voit offrir un poste de radio de la marque. Mais la véritable attraction de cette « Parade », c'est Zappy Max, sa faconde, ses talents de bonimenteur qui font reprendre en chœur par la foule le refrain publicitaire du produit de L'Oréal : « Dop ! Dop ! Dop ! Adoptez le shampoing Dop ! Dop ! Dop ! Dop ! Tout le monde adopte Dop ! » Il s'agit sans aucun doute de la « réclame » la plus célèbre de l'époque. Les gens la fredonnent dans la rue ou chez eux comme une chanson à succès.

La « Parade » terminée, l'animateur doit encore procéder aux éliminatoires des dizaines d'inscrits au « Radio-crochet », avant d'entrer en piste vers... 23 heures pour près d'une heure et demie d'émissions. C'est au cours d'un « Crochet » qu'il a imaginé faire la bise aux candidates, et la « Bise à Zappy » va désormais faire partie de son image, la gent féminine n'hésitant pas à la lui réclamer, même en dehors du chapiteau. C'est la gloire. Quarante semaines durant, sur le parcours du « Radio-Circus », son portrait s'étale sur des affiches géantes. « On ne peut pas prendre un virage sans se retrouver en face de vous », lui confie en riant un chauffeur routier qui, à l'instar de ses collègues, a surnommé la nationale 7 « la Zappy ». Son courrier est celui des stars, « un excellent célébromètre », dit-il lui-même.

Cela ne fait pourtant que commencer. Une nouvelle émission va faire exploser le « célébromètre » du « joyeux phénomène de la radio ». Au retour d'un de ses voyages aux États-Unis, où radio et télévision le fascinent, Louis Merlin lui téléphone : « Zappy, je vous attends demain dans mon bureau. J'ai un truc terrible pour vous. » Le truc, c'est *« Double or nothing »* (« Double ou rien »), gros succès de la télé américaine. Merlin est emballé. Zappy Max lui rappelle qu'avant la guerre un jeu existait déjà sous le nom de « Quitte ou double ». Il suffit de reprendre le nom et de l'adapter. Avec lui comme animateur, un candidat et un « monsieur tiroir-caisse ». C'est le tiroir-caisse qui inquiète le plus Eugène Schueller, numéro 2 de L'Oréal. Et si un candidat devenait « trop dangereux », faisait « sauter la banque » ? Mais l'enthousiasme l'emporte sur les craintes. Va donc pour « Quitte ou double », nouvelle émission-vedette du « Radio-Circus » 1950 !

L'Oréal reçoit alors le concours d'un nouvel annonceur, l'hebdomadaire *Radar, Le Tour du monde en 150 images*. Un périodique, format « quotidien », dont la une est toujours illustrée par un dessin « expressionniste » sur l'actualité, avec une prédilection pour les faits-divers (« *Radar* était là ! »). C'est le magazine qui va à l'avenir récompenser d'un billet de 5 000 francs le gagnant du nouveau jeu de la « Parade » imaginé par Pierre Dac, « La course au trésor ».

Et « Quitte ou double » se hisse très rapidement en tête des jeux radiodiffusés. Le fameux tiroir-caisse est tout simplement tenu par « Monsieur Tiroir », rassuré qu'aucun candidat ne réussisse à « faire sauter la banque ». Une dactylo de la région parisienne sera la première à emporter la somme de 128 000 francs en trouvant l'origine du mot « cravate » (la bande de toile dont s'entouraient, paraît-il, des soldats croates au service de Louis XIII), et un sellier non seulement gagnera 512 000 francs, mais se représentera l'année suivante en provoquant une affaire retentissante. Ayant répondu « Palestine » à une question dont la réponse, sur le bristol de Zappy Max, était « Syrie », il refusera la sanction, s'attirera la sympathie de milliers d'auditeurs et l'hostilité de milliers d'autres, et contraindra les organisateurs à annuler la question litigieuse et à lui permettre de reprendre le questionnaire au point où il avait gagné 128 000 francs. Tout ça pour lancer « Quitte ! » et partir avec cette somme !

Vers le début de 1952, un prêtre se recommandant d'un de ses proches est reçu par Louis Merlin dans son bureau de Radio Luxembourg : « Il faut que votre station fasse quelque chose pour les sans-abri qui meurent de faim et de froid. »

On l'appelle l'Abbé Pierre. Ancien curé de village, ancien maquisard du Vercors, ancien député à la Libération, ce personnage, vêtu d'une soutane usée, d'une veste de cuir élimé et d'un vieux béret, a fondé en 1949 Les Chiffonniers d'Emmaüs, association qui accueille et aide les laissés-pour-compte. « Faire quelque chose », dans son esprit, c'est que Radio Luxembourg évoque le cas de ces malheureux et lui permette peut-être de lancer un appel à l'aide.

Merlin a une autre idée : pourquoi ne pas le faire venir à « Quitte ou double » ? Oui, mais s'il perd ? Impossible. Impossible aussi de truquer l'émission. Alors ? D'autant que le gars est carré. L'idée de « faire le guignol pour vendre un shampoing » n'est pas son genre. La perspective d'amasser une jolie somme pour ses malheureux et d'avoir une tribune face à plus de 10 millions d'auditeurs l'emporte toutefois. Mais il veut être traité comme les autres candidats et passer les épreuves de sélection. Louis Merlin et Zappy Max trouvent la solution. En conversant longuement avec l'Abbé, en le faisant beaucoup parler, commenter l'actualité, que cet ex-parlementaire semble bien connaître, on peut imaginer un questionnaire fondé sur les éléments de cette conversation. Ce n'est pas vraiment tricher. Et Dieu saura reconnaître les siens…

Le 29 mars, l'Abbé Pierre, au volant de sa camionnette fatiguée, arrive à Chantilly, où est dressé le chapiteau du « Radio-Circus ». Il est retenu parmi les trois sélectionnés, et c'est lui qui doit passer en dernier. L'arrivée, devant le micro, de ce frêle ecclésiastique mal fagoté surprend un peu. Il choisit « les questions d'actualité, ce sont les seules qui comptent ». Et il prouve qu'il les connaît bien. Il sait que les couleurs des drapeaux français et luxembourgeois sont les mêmes, que Staline n'a pas rencontré Roosevelt à Casablanca, que l'Indonésie est le nouveau nom de l'Insulinde, que Malraux a pour l'instant écrit six livres, que Georges Bidault a signé le traité de Bruxelles, que le sigle OECE signifie Organisation européenne de coopération économique, qu'il y a 627 députés contre 612 avant guerre, que l'Hindoustan est bouddhiste et le Pakistan, musulman, que l'armistice a été signé par Foch, Wemyss et Erzberger, que la France a eu deux gouvernements en 1952...

Il a déjà gagné 128 000 francs lorsque Zappy Max lui demande : « Pour 256 000 francs... Quitte ou double ?

— Double !

— Que signifient les initiales "FAO" ?

— J'ai connu son fondateur ! C'est la Food and Agriculture Organisation.

— 256 000 francs ! lance Monsieur Tiroir.

— Arrêtez ! Quitte ! hurlent les 4 000 à 5 000 spectateurs effrayés à l'idée de le voir tout perdre.

— Le public a raison. J'arrête. Quitte ! »

Zappy Max, qui, dans sa présentation de l'Abbé Pierre, avait volontairement omis de fournir les raisons de sa participation, lui permet à présent de l'expliquer. « Je ne suis pas venu ici pour m'amuser. » Et il parle d'Emmaüs, des conditions de vie des sans-abri, du camion qu'il va pouvoir acheter avec les gains de cette soirée. Et il s'adresse à la foule (et aux millions d'auditeurs !) : « La dernière question, c'est moi qui vais vous la poser. Comment allez-vous m'aider ? Combien allez-vous me donner pour acheter des terrains et bâtir des maisons, pour offrir un toit aux malheureux sans logis ? » Les chapeaux se remplissent aussitôt de billets. Le grand jeu radiophonique préféré des auditeurs se transforme pour un soir en œuvre de bienfaisance. « Quitte ou double » et Zappy Max ont fait connaître l'Abbé Pierre à la France entière. Bien au-delà, même.

Deux ans plus tard, le 1er février 1954, c'est une nouvelle fois Radio Luxembourg qui lui ouvrira son antenne. Pour un appel encore plus dramatique : « Mes amis, au secours ! Une femme vient de mourir, gelée, cette nuit à 3 heures, sur le trottoir du boulevard Sébastopol, serrant sur elle le papier par lequel, avant-hier, on l'avait expulsée. Chaque nuit, ils sont près de 2 000 recroquevillés sous le gel, à la rue, sans toit, sans pain, plus d'un presque nu… » En quelques heures se déclenche un élan de générosité comme il ne s'en était jamais vu. À minuit, 2 000 personnes et 500 voitures bloquent la place du Panthéon, lieu de rendez-vous quotidien fixé par l'Abbé. Tout l'hiver, les dons affluent, les initiatives se multiplient, l'armée prête ses camions. « C'est l'insurrection de la bonté », s'écrit l'Abbé, les larmes aux yeux. Une insurrection dont les prémices s'étaient fait sentir deux ans plus tôt à l'issue de l'émission du « joyeux phénomène de la radio », Zappy Max.

Naissance d'une station : Europe n° 1

Novembre 1954. « À 300 kilomètres de Paris à vol d'oiseau, en Sarre (Allemagne), Europe n° 1, la station privée la plus importante du monde, va naître avec l'année nouvelle. » Diable ! Charles Michelson a du culot, de la brutalité et du flair. Créateur de la société Images et Son, l'homme est passionné de radio et sans doute encore plus de télévision. Quand il fait cette annonce solennelle (présomptueuse pour beaucoup), cela fait longtemps qu'il prépare son coup. Un an plus tôt, au cours d'un réveillon-surprise qui se déroule chez lui, il a fait la connaissance de Maurice Siegel, « patron » des informations générales à *France-Soir*. À la fin de la fête, il l'a pris par l'épaule et lui a dit : « Vous me plaisez. Je prépare une énorme affaire. Vous en serez. » Dix mois plus tard : « Maurice, j'ai besoin de vous. Il faut que vous quittiez *France-Soir* immédiatement. » Voilà pour le personnage. Il se montre persuasif puisque Siegel et d'autres journalistes, dont Pierre Sabbagh, l'« inventeur » du journal télévisé, le rejoignent. Tous sont excités par l'aventure, bien que dans le flou : Michelson parle de radio, mais l'on sait que son ambition, c'est une grande télévision privée. En tout cas, on s'installe dans un ancien hôtel particulier de la rue François-Ier à Paris. Pierre Delanoë, parolier du débutant Gilbert Bécaud, Louis Merlin, transfuge de Radio Luxembourg, et Lucien Morisse, encyclopédiste de la musique, sont chargés des programmes. Siegel, du journal.

Il n'a, pour ainsi dire, jamais vu un micro. Entouré de Claude Terrien enlevé au *Populaire*, quotidien socialiste, et de Jean Gorini, venu de l'hebdomadaire *Radar*, il a une façon bien particulière de recruter des journalistes. Tout individu souhaitant faire de la radio peut se présenter, écrire un article qu'il doit ensuite lire au micro, puis improviser une interview de « vedettes de l'actualité », en l'occurrence Siegel, Sabbagh, Gorini ou Terrien jouant le rôle d'Eisenhower, Picasso, Gabin... « Je n'ai jamais fait de radio, s'inquiètent des postulants. — Parfait, nous voulons des hommes neufs, à présent, allez-y ! » Trouver un langage direct, le langage de tous les jours, compris de tous et sans vulgarité, voilà ce que veulent obtenir Siegel et ses complices. Ils vont jusqu'à confier un marteau au chef électricien, avec mission de tapoter sur la table chaque fois que les journalistes – dont eux-mêmes – oublient ses consignes de clarté et de simplicité. Les « toc ! toc ! toc ! toc ! » répétés les remettent vite sur la bonne longueur d'onde. De maquettes en essais, Europe n° 1 se met en place. Et il s'agit bien (pour l'instant ?) d'une station de radio !

Lancement prévu le 1er janvier 1955, à 7 heures. Et à 7 heures pile, Micheline Francey lance : « Bonjour l'Europe ! » Un disque de Bécaud, les premières infos... « Puis à 7 h 10, raconte Maurice Siegel, les premiers coups de téléphone s'abattent sur la rue François-Ier : nos émissions brouillent le radiophare de l'aérodrome de Genève-Cointrin, les avions ne peuvent ni décoller ni atterrir. Nous essuyons ensuite les protestations d'un hôpital : nous perturbons en effet le fonctionnement d'une couveuse pour enfants prématurés. La Suède fait aussi savoir que nous gênons l'émetteur de Malmö. C'est la catastrophe. » Pour « la station privée la plus importante du monde », c'est effectivement mal parti. Et ça en réjouit plus d'un... Mais l'éclectisme de ces « ennemis » rend service à Europe n° 1. Quand on est attaqué par les autres radios (de bonne guerre), mais également par les communistes, qui vous traitent de suppôts de l'atlantisme, et par les démocrates-chrétiens, qui vous considèrent comme des pirates, ça vous rend sympathique et, surtout, ça vous fait connaître. Même si vous n'avez pas de longueur d'onde !

Alors, si la station reprend ses émissions le 3 janvier, c'est sur une longueur d'onde « baladeuse », ce qui n'empêche pas un nombre croissant d'auditeurs de la chercher sur les bandes de leur poste. C'est qu'ils y découvrent un ton, des formules, des reportages, de la musique et des chansons qu'ils ne trouvent pas ailleurs.

Ces premiers mois, la faiblesse des moyens a stimulé l'inventivité de l'équipe. La musique, quel merveilleux « bouche-trou » ! Et s'il y en a un qui connaît la musique, c'est bien Lucien Morisse. « Pourquoi ne pas diffuser plusieurs fois par jour le disque qui vient de sortir ? Le journal répète bien la même nouvelle plusieurs fois. Une nouvelle et bonne chanson, c'est agréable à réécouter. » Aussitôt dit… Bécaud, dont le parolier (« Mes mains », « Quand tu danses ») est dans la maison, devient la vedette… maison. Les Claveau et autres Mariano prennent un coup de vieux. À l'image des autres radios, qui ne se risquent pas à passer « Gare au gorille » de Brassens. Europe n° 1, si. De plus en plus de jeunes auditeurs « se mettent » sur sa fréquence aléatoire.

Comme on est pauvre, on ne peut pas se payer les immenses cars de reportage des autres radios. Alors on est les premiers à acheter des Nagra, ces magnétophones professionnels portatifs qui, du coup, raccourcissent considérablement les délais de diffusion. Vers la mi-janvier, tandis que se poursuivent les « tâtonnements dans l'espace hertzien » (Siegel), la Seine déborde à Paris, dans la banlieue, et provoque de sérieux dégâts. Équipés de Nagra et de bottes, les reporters de la jeune station « grillent » tous leurs confrères prisonniers du cordon ombilical de leur véhicule d'enregistrement ! Les auditeurs d'Europe n° 1 sont avec eux, ont l'impression, comme eux, d'être menacés par les flots en colère, ils sont avec les riverains affolés, ceux qui ont perdu des biens. Du reportage ! Souvent capté dans la rue, car, avec le Nagra, une autre nouveauté vole au secours de la radio moderne : le transistor. Il remplace progressivement le vieil appareil de TSF à lampes et a l'avantage d'être lui aussi portable. De collective, l'écoute devient peu à peu individuelle. Il faut donc que chaque auditeur ait l'impression que le journaliste s'adresse à lui, personnellement. Et pour ce faire, il faut changer le langage radiophonique. Au musée les speakers et leur ton guindé !

C'est le 3 avril qu'auront lieu les vrais débuts, sur une « vraie » fréquence. (« Il s'agit quand même de ne pas perturber les pêcheurs d'Islande et de ne pas glisser trop à l'est, où nous trébucherions sur la station de Berlin-Est grandes ondes. ») « Ici Europe n° 1 », annonce André Rabs. La petite nouvelle, déjà célèbre, est enfin sur orbite. Ses journaux du matin, ses « Europe midi » et ses « Europe soir » sont plébiscités : plus vivants, plus libres. En pleine guerre-qui-ne-veut-pas-dire-son-nom (l'Algérie), cette liberté en fait enrager plus d'un. Et certaines de ses émissions, dans des genres très différents, feront un triomphe. Le feuilleton quotidien délirant « Signé Furax », de Pierre Dac et Francis Blanche, aura même les honneurs d'Edgar Morin dans *La Nef*, mensuel « intellectuel » : « "Signé Furax", écrit le sociologue, est une œuvre totale, aussi pleinement satisfaisante pour l'esprit humoristique que *La Phénoménologie de l'esprit* de Hegel pour l'esprit philosophique. » Excusez du peu.

Et, à partir de 1959, le feu d'artifice de « Salut les copains », comme pour saluer, en même temps que la décennie finissante, l'entrée dans une époque complètement différente de celle de « La famille Duraton ».

Télévision : des pionniers en liberté

10 000. Il ne s'agit pas d'un gain au « Quitte ou double » de Zappy Max, mais, en ce début d'année 1950, du nombre de récepteurs de télévision en France. Reconnaissant que « c'est un chiffre très faible », un chroniqueur se console en précisant que « pour chaque poste, il y a une moyenne de huit téléspectateurs. La télévision est un spectacle de famille et une bonne émission est, pour le possesseur d'un poste de télévision, l'occasion d'inviter des amis ». En faisant le même calcul pour les États-Unis, les 6 millions de postes alors en service représentent 48 millions de téléspectateurs. « Pourquoi la télévision tarde-t-elle à prendre son essor en France ? », tel est le titre d'une enquête très dense de la revue mensuelle *Sciences et Avenir.* « Comment se fait-il, se demande Gilbert Delcros, que le pays qui a vu naître la télévision en soit réduit aujourd'hui à piétiner, au désespoir de ses techniciens qui assistent impuissants à son effarant essor à l'étranger. Pourquoi ce peuple, à qui est faite la réputation universelle de posséder sur le plan de la qualité la "meilleure télévision du monde", se détourne-t-il d'elle, sans se laisser prendre au même engouement qu'outre-Atlantique ou aux îles Britanniques ? »

Ces – bonnes – questions obligent à un rapide retour en arrière. Pour être honnête, l'invention a d'abord vu le jour en Grande-Bretagne, en 1926, sous le nom de « *televisor* » (des chercheurs installés sur la butte Montmartre réussissent même à capter sur un écran de 4 centimètres sur 3 des images ayant traversé la Manche). Et les Anglais prendront vite de l'avance dans son application. Pour autant, en technologie pure, la France n'est pas en reste. Avec l'ingénieur René Barthélemy, chargé en 1932 de monter la première station de « radiovision » au ministère des PTT. Avec Henri de France qui, depuis l'émetteur de Paris-Normandie, réussit à transmettre des images de Toulouse au Havre et crée la Compagnie générale de télévision. On est pour l'heure entre initiés.

Pour le public, la découverte se fera à l'Exposition universelle de 1937, dont elle sera l'attraction principale. Thompson effectue des démonstrations sur 455 lignes, définition qui devient le standard officiel de la France. Par la suite, des émissions régulières ont lieu à partir de la tour Eiffel, mais la télévision ne peut se regarder que dans quelques lieux publics. En 1939, à la veille de la guerre, on ne compte que 300 récepteurs individuels. Et en juin 1940, l'émetteur de la tour Eiffel est saboté pour éviter son utilisation par l'occupant allemand.

Avec les chars à croix gammée, les Parisiens voient arriver des cars de reportage qui ont servi à diffuser en 1936 les images des jeux Olympiques de Berlin. Les Allemands occupent et veulent donc aussi s'occuper. Leur station Paris-Télévision, située dans un bloc d'immeubles au 15 de la rue Cognacq-Jay, diffusera surtout des programmes pour les blessés de la Wehrmacht répartis dans les hôpitaux de la capitale. Jusqu'au mois d'août 1944. Kurt Hinzmann, l'officier responsable, n'est pas, comme son Führer, un fanatique de la terre brûlée, et en pliant bagage devant l'arrivée des chars à croix de Lorraine de Leclerc, il laisse les clés et des locaux intacts. Les émissions « libres » reprennent dès 1945, mais, par manque d'argent, à raison d'une heure par jour. En revanche, les techniciens français font des prodiges. Ils mettent au point des appareils de haute définition de 800 et même plus de 1 000 lignes. C'est en ce sens qu'on peut dire que la « télévision française est la meilleure du monde » (mais pour combien de privilégiés ?).

En 1948, le secrétaire d'État à l'Information s'appelle François Mitterrand. Notre pays est en avance sur la haute définition ? Il faut donc l'adopter officiellement en vue de s'assurer les marchés futurs. Et de signer le décret du 10 novembre spécifiant que le 819 lignes mis au point par Henri de France sera désormais la norme française. Oui, mais les constructeurs non seulement ne sont pas encore prêts à fabriquer les nouveaux récepteurs, mais ils y sont opposés : ça déroute le public, ça désorganise le marché…

Et les possesseurs de l'actuel 441 lignes, qu'en fait-on ? Eh bien, on « amende » : l'émetteur 441 lignes de Paris sera conservé jusqu'en… 1958. La dualité bien française – progrès / conservatisme – se retrouve dans cette « guerre des lignes » qui ne concerne pour l'instant que 2 000 à 3 000 possesseurs de postes !

Les idées d'avenir n'empêchent pas celles plus terre à terre. Surtout chez les gouvernants, en quête permanente de recettes. Jusqu'en 1949, la télévision n'a pas de budget propre : elle est financée par la redevance radio. Ce qui devait arriver arriva donc : la loi du 30 juillet instaure la redevance télévision. Le montant est le triple de celui de la radio et il comprend trois tarifs : réception privée (3 000 francs), réception publique gratuite (6 000), réception publique payante (12 000). Rares et chers, les récepteurs sont principalement installés dans les salles des cafés et des restaurants. Et le prix du spectacle n'est pas toujours compris dans le prix du p'tit blanc ou du bœuf bourguignon.

Quel spectacle, au fait, à l'orée des années 1950 ? Depuis 1947, la programmation est passée à une douzaine d'heures par semaine. Plus si l'on compte les moments passés à regarder… la mire. Quand on allume le poste en dehors des heures d'émissions, apparaît en effet sur l'écran – après quelques secondes de « chauffage » – cet élément technique visuel destiné à vérifier la qualité de la transmission et de la réception. Sa « présence » a quelque chose d'à la fois fascinant, rassurant et valorisant : « On a la télévision. » Et comme cette image fixe n'est pas muette (pendant la mire sont diffusés les programmes de la radio nationale), beaucoup aiment écouter la radio « avec » leur récepteur allumé. Si l'on se réveille dans la nuit, après s'être endormi en regardant une émission, on ne voit en revanche sur l'écran qu'une sorte de « neige ». Pas de mire aux heures de sommeil. Depuis 1946, Jacques Chabannes et Roger Féral (frère de Pierre Lazareff) présentent chaque jour, en direct de Cognacq-Jay, « Paris-Cocktail », un magazine d'actualité politique, artistique et littéraire. En 1947, avec l'arrivée de deux cars de reportage (français), on sort des studios. Pour tourner en extérieur, dans la rue, dans les lieux et bâtiments publics. Cette année-là, pour l'anniversaire du débarquement en

Normandie, un spectacle de variétés est diffusé en direct du Théâtre des Champs-Élysées. Venus du cinéma, des réalisateurs comme Stellio Lorenzi et Claude Barma commencent à monter des dramatiques.

On crée des magazines : « L'histoire du cinéma français » (Georges Charensol et Pierre Brive), « Puisque vous y êtes » (Maïté Célérier de Sannois).

En 1948, le direct devient presque banal. C'est l'arrivée du Tour de France au Parc des Princes, commentée par Jacques Sallebert, c'est la cérémonie du 11 Novembre, c'est la messe de minuit depuis Notre-Dame (aucune autre télévision au monde n'avait encore eu l'idée de retransmettre la cérémonie de la nuit de Noël).

Et arrive 1949 ! L'année d'une révolution annoncée... en quelques lignes intérieures par *Le Monde* du 30 juin : « À partir de ce soir mercredi et jusqu'au 24 juillet, la télévision française présentera, de 21 heures à 21 h 15, chaque jour à l'exception du mardi et du dimanche, une émission magazine intitulée “Le journal télévisé”, et constituée par des reportages filmés. » Pierre Sabbagh a gagné. Ce journal est le « bébé » de ce « saltimbanque », ancien comédien, ancien marionnettiste, ancien photographe, ancien journaliste de radio qui ne se sépare jamais de sa pipe. Il a convaincu Wladimir Porché, le directeur de la RDF (Radiodiffusion française : le T va bientôt remplacer le D), et a débauché de la radio Pierre Dumayet (autre amateur de « bouffarde »), Georges de Caunes, Pierre Tchernia, Claude Darget (la pipe, encore)...

La chance est décidément avec Sabbagh. Deux ou trois jours avant, il a fait un essai. Aux Invalides, il est monté à bord d'un ballon avec le cameraman Michel Wakhévitch. Près d'Orly, l'aérostat heurte une ligne électrique et retombe sans faire de blessés. Wakhévitch saute de la nacelle et continue de filmer. Ce sera le morceau de bravoure du premier journal, avec un Sabbagh à la fois « inventeur » et acteur. Autres thèmes de cette édition historique : un sujet de Michel Droit sur « La kermesse aux étoiles », un reportage sur les élections en Belgique, un autre à la piscine des Tourelles à Paris. Commencé la veille du Tour de France, le rodage se poursuit ainsi jusqu'au 24 juillet. Ensuite, vacances.

2 octobre. À présent, c'est du sérieux : le journal télévisé devient quotidien (biquotidien dès novembre) et la machine ne doit plus jamais s'interrompre. Mais les moyens ne suivent pas pour autant. Un petit tour du propriétaire à Cognacq-Jay ? Bienvenue dans le monde des pionniers et des bouts de fil de fer ! On voit vite que ce n'est pas l'Amérique. Un seul studio et ses rangées de fauteuils au fond, deux caméras fixes, trois caméras de reportage 16 millimètres « muettes », une petite cabine de speaker dans laquelle les journalistes lisent en direct leurs textes sur les images qui défilent. Dumayet et Tchernia ont pris l'habitude de les pimenter (si l'on peut dire) de clichés, du genre « C'est une belle réalisation française ». Il arrive que les sujets montés ne soient pas suffisants pour nourrir les quinze minutes du journal. On pioche alors dans les bandes d'actualités étrangères des bouche-trous anecdotiques et souvent ridicules comme le championnat de mangeurs de boudin ou le record du monde d'endurance à l'harmonica.

En réalité, l'enfilade des sujets ressemblerait à celle des actualités cinématographiques s'il n'y avait la périodicité quotidienne alliée au talent et au ton de certains journalistes qui tentent d'éviter le style, les accents ampoulés dont se gobergent les commentateurs du grand écran. Fort heureusement, l'attrait de la nouveauté pour les (encore rares) téléspectateurs compense les évidentes faiblesses.

Quant aux reportages… Le jour de ses débuts, Pierre Tchernia et le cameraman André Michel prennent le bus 92 pour aller « faire » un dépôt de gerbe à l'Arc de triomphe. Le journal télévisé ne dispose en effet que de deux véhicules. Et cependant, il fait des miracles. Il y a le fait que Pierre Sabbagh a été un excellent reporter et qu'il connaît les réalités du terrain. Et il y a l'enthousiasme et le système D. « La télévision remporte chaque jour une étape contre la montre », titre *Paris Match* à propos de la couverture du Tour de France 1950. « L'exploit unique au monde réalisé chaque jour par la "TV" française : dix-huit heures après le passage du Tour dans la ville-étape, l'image des coureurs passe sur tous les écrans. Ils sont quatre hommes à suivre le Tour. Huit heures par jour, sur leur moto ou sur leur Jeep. Huit bobines de trente minutes de film (dix minutes de spectacle). Et une course contre la montre en train, en avion, en voiture. 3 heures du matin à Paris. Montage. 12 h 30 : tout est prêt. »

Un jour, Sabbagh obtient même qu'un chasseur de l'armée de l'air apporte les bobines à Paris. Pour assurer un direct, on ne peut pour l'instant guère sortir de la capitale et de sa périphérie. Les millions de Français qui se passionnent pour le Tour continuent donc d'écouter à la radio les passages au sommet des cols et de s'arrêter devant les cafés qui affichent chaque jour, sur une ardoise ou sur leur vitrine, les premiers de l'étape et le classement général.

En ce début de décennie, tout est encore à inventer. Et c'est d'autant plus facile et excitant que, l'impact des images étant modeste, les hommes politiques n'y trouvent pas leur compte et s'en désintéressent. Quelle chance pour les « pionniers » : ils sont totalement libres ! Bémol : l'argent. C'est vrai qu'on manque d'argent, mais on a les speakerines. Et ce n'est pas parce qu'elles apparaissent à côté d'un pot de fleurs (on a les décors qu'on peut) que ce sont des potiches. Pas des journalistes non plus, certes. Leur rôle est particulièrement ingrat car leur charme et leur aisance sont là pour faire oublier les nombreux aléas de cette télévision débutante. « En raison de l'arrêt de travail de certaines catégories de personnel... », ou « Par suite d'un incident... ». Elles sont là – trop souvent – pour présenter des excuses, mais aussi pour présenter les programmes et établir un lien avec le téléspectateur. Et ça marche. On s'y attache. On aime ses speakerines. Certain(e)s, beaucoup, fantasment.

Première élue : Jacqueline Joubert en 1949. Véritablement élue puisqu'elle est nommée à l'issue d'un concours en direct, au cours duquel cette comédienne blonde aux yeux émeraude a survolé les épreuves d'interview, de récitation et de lecture de mots imprononçables (le nom de la chorégraphe Mallika Sarabhai par exemple). Sa vivacité et son sens de l'improvisation la rendent immédiatement populaire. « Elle représente l'essence féminine de la télévision », écrit un journaliste. Tellement féminine que son « Faites de beaux rêves » qui, chaque soir, ponctue suavement la fin de sa présentation, tracasse un peu la direction de la

RTF (le « T », enfin). Les mœurs ont toujours été en retard sur la technique.

L'année suivante arrive Catherine Langeais. Fiancée pendant la guerre à François Mitterrand, elle sera (ça n'a rien à voir) surnommée « la fiancée des Français » avant d'épouser... Pierre Sabbagh. Plus réservée, plus stricte que sa consœur, elle est recrutée comme présentatrice spécifique du nouveau réseau national 819 lignes, celui décidé par... Mitterrand et qui va être diffusé par une station émettrice logée à l'Hôtel de Ville. On s'y retrouve ?

1950, c'est aussi l'année où la télé s'émancipe de la tutelle parisienne. L'émetteur de Lille entre en service le 10 avril. Il ne se passe désormais guère de semaine sans l'annonce d'un développement, d'une nouveauté. En 1951, les choses s'accélèrent encore. Coup dur pour la France (819 lignes) et la Grande-Bretagne (405 lignes) : c'est le 625 lignes qui est adopté comme norme européenne ! Coup dur pour les constructeurs français (c'est ainsi en tout cas qu'ils le perçoivent) : la firme américaine CBS présente à Paris des récepteurs couleur. Et les sempiternels pleureurs hexagonaux de hurler à la catastrophe économique : l'annonce de la couleur va arrêter net la vente des postes existants, qui vont paraître démodés auprès d'un public déjà déstabilisé par la « guerre des lignes »... Leurs peurs, une fois de plus, seront infondées. Tout au long de ces années 1950, ils n'en verront pas... la couleur.

Ils ont plus de souci à se faire avec la faiblesse des ventes (15 000 récepteurs fin 1951), due au prix et plus encore à l'insuffisance de l'équipement en amont. « Avoir la télé » demeure un privilège. L'arrivée d'un poste à la maison est un événement, et les voisins moins chanceux sont conviés à venir l'admirer. D'aucuns achètent même l'antenne, peu coûteuse, bien avant le poste. Que de chemin entre le désir et l'acquisition de l'objet du désir ! Tout le monde veut « regarder la télévision ». Mais le Monsieur Tout-le-monde français, avec son faible niveau de vie, n'est pas le Monsieur Tout-le-monde américain qui, comme l'écrit le rédacteur de *Sciences et Avenir*, « a assuré le démarrage foudroyant de ce huitième art aux USA ». Alors ? Un instituteur de l'Aisne a eu une idée : pourquoi ne pas se cotiser, acheter un récepteur et l'installer dans une école, une salle commune de la mairie, afin que tous profitent de cette « étrange lucarne », comme va l'appeler *Le Canard enchaîné*? Le premier « télé-club » est né. Et la vogue va se répandre. Plus particulièrement en milieu rural, comme version moderne de la veillée. Une institutrice confie à Pierre Tchernia : « Le poste de télévision est à l'école, il fonctionne pour les grandes émissions du soir, mais quand je veux montrer les émissions du jeudi après-midi aux enfants, ils sont obligés d'apporter chacun une bûche pour faire marcher le poêle parce que le maire ne veut pas payer de chauffage un jour de congé. »

En 1951-1952, quelles sont donc les émissions dont parle cette enseignante ? Outre le journal, il y a les magazines : « Le magazine des explorateurs », présenté par Pierre Sabbagh en personne, « La femme chez elle », de Maïté Célérier de Sannois, « La vie des animaux », de Frédéric Rossif, avec les commentaires piquants de Claude Darget, « Quelques souvenirs », portraits de policiers célèbres. Pour les variétés, « Le club du jeudi » (émission pour enfants), de Bernard Hecht, « X, Y, Z », d'Henri Spade, « Chester Folies », de Gilles Margaritis, « Les amoureux de la tour Eiffel », de Pierre Tchernia, les très populaires « 36 chandelles », animé par Jean Nohain en direct de l'Olympia, et « La joie de vivre » d'Henri Spade et Robert Chazal en direct de l'Alhambra.

Et les dramatiques, nombreuses. Alternent œuvres classiques (Molière), originales (Adamov), étrangères (Dickens)... Et le sport, donc ! La retransmission en direct, dans le journal télévisé, des Six Jours cyclistes du Vél' d'hiv (commentés par Georges de Caunes) est considérée comme un exploit. En mai 1952, c'est la finale de la Coupe de France de football qui est retransmise pour la première fois dans son intégralité. Le même de Caunes, en alternance avec ses compères Claude Darget et Roger Couderc, commence également à assurer le succès des matchs de catch, qui relèvent plus des variétés que du sport pur, avec ses homériques combats entre l'Ange blanc et le Bourreau de Béthune.

Plus du tiers du temps d'antenne (en tout, une trentaine d'heures hebdomadaires) est cependant consacré au télécinéma. Beaucoup moins cher que les reportages et les spectacles. Toujours ces fieffés problèmes de budget ! Des parlementaires commencent d'ailleurs à s'en inquiéter. Constatant – estimant ? – que l'État ne peut assurer seul le développement de la télévision, ils proposent de créer une société d'économie mixte qui serait entre autres chargée de gérer l'introduction de la publicité sur le petit écran. Le gouvernement n'y serait pas opposé « à condition qu'elle ne soit pas envahissante ». Ce ne sont, de toute façon, que des projets. Si la presse quotidienne et périodique publie de nombreux sujets sur la nouvelle passion des Français (parfois pour s'en inquiéter), la place qu'elle consacre à ses programmes est bien riquiqui. Prenons par exemple un numéro du *Monde*, celui daté du dimanche 3 et lundi 4 août (vingt-quatre heures avant le triple crime de Lurs qui va captiver l'opinion). En page 6, une colonne titrée « La radiodiffusion et la télévision ». Sont détaillées « les principales émissions du lundi 4 août ». Celles du Programme national (radio), du Programme parisien (radio), de Paris Inter (radio). Et, en quatre lignes, celles de la télévision (819 et 441 lignes) – 20 h 30. *Marie des angoisses*, de Michel Bernheim, avec Françoise Rosay et Pierre Dux (réservé aux adultes). Suivent quelques lignes pour la BBC (service français), Radio Luxembourg et Radio-Monte-Carlo.

Dans *France-Soir*, « les » programmes télé n'existent que sous la tutelle d'une têtière « Radio-Radio-Radio-Radio »... Le petit écran n'est pas mieux servi par des magazines tels que le catholique *Radio Cinéma Télévision* (le dernier mot en très petits caractères !). La télé fait rêver, mais c'est la radio qui règne. 1953 va ébranler son trône.

Tout commence le 8 juillet 1952 par des grandes manœuvres. Ce jour-là à 19 h 40, une image sautillante, grisâtre et noire, apparaît sur les écrans de télévision de tout le territoire britannique. Cette image un peu déformée est celle du fronton de l'ambassade de Grande-Bretagne à Paris. On distingue assez bien les armes de la Couronne. Ce que Hitler et avant lui d'autres conquérants n'avaient pas réussi à faire – envahir l'Angleterre –, la télévision vient de le réaliser. Mais de la plus belle façon qui soit : pacifique, émouvante, fusionnelle. Après l'Entente cordiale, l'entente cathodique.

On apprend alors que, les mois précédents, des essais ont été effectués en secret entre Londres et Paris. Et que cette image symbole de la présence anglaise en France est le coup de starter d'une semaine spéciale organisée par la RTF et la BBC à destination des 5 millions de téléspectateurs du Royaume-Uni. C'est ainsi que, du 8 au 14 juillet, nos amis d'outre-Manche (on les imagine tous enfoncés dans leur fauteuil club, une tasse de thé ou un verre de scotch à la main) découvrent la tour Eiffel, les caves « existentialistes » de Saint-Germain-des-Prés, les quais de la Seine, le Vél' d'Hiv, le Moulin-Rouge, la basilique Saint-Denis (le Westminster français)… Et le tout, en direct ! Rappelons-nous que les images ne dépassent pas un rayon de 100 kilomètres, que les définitions standard des télévisions française et britannique ne sont pas les mêmes, ne comportent pas le même nombre de lignes. Comment ont-ils donc fait ?

Il a d'abord fallu établir entre Paris et Londres tout un système de relais : à partir de la station émettrice au sommet de la tour Eiffel, *via* Villers-Cotterêts, Sailly-Saillisel, Lille, Cassel, Alembon, près de Calais. Et là ? Les images françaises arrivent en 819 lignes. De l'autre côté du Channel, 405 lignes les attendent !

Impossible n'est pas anglais : la BBC a spécialement mis au point un convertisseur de standards. En franchissant la Manche, les images prennent alors la « nationalité » britannique et le tour est joué ! Le procédé fonctionne en outre dans l'autre sens.

Grâce à ces prouesses techniques de l'été 1952, la télévision française peut commencer son véritable essor. En 1953, les programmes prennent plus de volume, s'enrichissent de nouveaux collaborateurs et de nouvelles émissions. Jacqueline Caurat fait ses débuts de speakerine, Claude Mionnet lance « La séquence du spectateur », le comédien Georges Adet présente « Les recettes de monsieur X. », Pierre Dumayet, Pierre Desgraupes et Max-Pol Fouchet pilotent le magazine littéraire « Avez-vous lu ? », qui va devenir « Lectures pour tous ». Et depuis le 19 janvier, le journal télévisé est introduit par un bulletin météorologique.

Mais l'événement, cette année-là, est la retransmission du couronnement de la reine Élisabeth II. Sans la semaine expérimentale de l'été précédent, elle n'aurait pas été possible. Les deux complices de l'expérience sont, pour l'occasion, rejoints par les Pays-Bas, l'Allemagne et la Belgique. Il va donc s'agir de la première coopération télévisuelle européenne, une « eurovision » avant l'heure. On y a pris goût : on va d'abord se refaire une petite semaine d'essais préalables. Ainsi, dans la soirée du 25 avril, les téléspectateurs français ont la surprise de voir leur programme interrompu pour faire place à une émission en anglais ! Il s'agit de « Continental Café », la plus populaire des variétés d'outre-Manche. Afin que le pays de la baguette et du béret basque n'y voie pas un nouveau coup de « la perfide Albion », l'icône tricolore, Maurice Chevalier, se produit dans cette émission de quatre-vingt-dix minutes. L'honneur est sauf. Le succès, immense.

Précédé de quatre jours de reportages retransmis de Grande-Bretagne en France, le grand événement du 2 juin peut commencer. Dix-sept caméras ont été disposées par la BBC dans les principaux lieux de Londres. Pour les commentaires en français, le journal télévisé a envoyé ses commandos d'élite : Darget, Tchernia, Sallebert, Lalou, Debouzy et ce maniaque du verbe (subjonctif compris) Léon Zitrone. Sa maîtrise de la langue anglaise (entre autres) et du direct (sur les champs de courses) a convaincu Pierre Sabbagh. Il ne sera pas déçu pas l'ancien émigré russe, fort à son aise devant la pompe des cérémonies, les ors du carrosse royal (et, bien entendu, les chevaux qui le tirent, ainsi que les horse-guards qui l'entourent).

C'est de toutes les manières une réussite. Et un formidable révélateur de l'appétit télévisuel des Français. Les quelque 50 000 possesseurs de poste se découvrent un tas d'amis qui veulent à tout prix « voir ». Devant les vitrines des magasins spécialisés, les foules de curieux s'agglutinent, fascinées. Les cafés équipés de la boîte magique font le plein. Des salles de cinéma retransmettent les cérémonies en direct et sur leur grand écran. « Le jour du couronnement, observe *Paris Match*, a été un grand jour pour l'Angleterre, mais il a été LE grand jour de la télévision. Elle avait ses titres de gloire ; elle a maintenant ses lettres de noblesse. Une reine les lui a données. »

« Toute la France veut la TV », titre l'hebdomadaire, qui constate : « Le couronnement a provoqué un rush qui s'est traduit autant par la location que par la vente des appareils : on a loué dans les quartiers riches ; on a acheté à tempérament dans les autres. La vente tourne actuellement autour de 4 000 à 5 000 postes par mois. » Le distinguo entre « quartiers » reflète effectivement les différentes dispositions à l'égard de ce nouveau média. Ceux qui peuvent aisément l'acquérir sont ceux qui le regardent du bout des cils, avec un certain mépris. En revanche, le « bon peuple » est prêt à s'endetter pour acquérir l'objet de ses nouveaux rêves d'évasion.

Mais alors, se demande *Paris Match*, « pourquoi l'écran ne s'anime-t-il que quatre heures par jour ? ». Réponse : « Le manque de crédits. » Antienne (avec un « i ») bien de chez nous. Mais pas fausse au demeurant. Le fond du problème est en fait l'absence de statut de la télévision française. Qui doit nourrir ce fulgurant appétit d'images : l'État (c'est nous) ou la publicité ? Secrétaire d'État à l'Information, Émile Hugues, notaire à Vence dans le « civil », a tranché : « On est venu me proposer d'équilibrer mon budget de télévision par la publicité sur une chaîne de radiodiffusion ; on y mettait des conditions. J'ai refusé, je n'accepterai jamais. Ce serait tôt ou tard remettre les programmes entre les mains des annonceurs, ouvrir la voie aux intérêts privés. » Et de rester également intraitable sur cet autre point : « Pas d'augmentation des heures d'émission pour l'instant. Qualité d'abord. »

Les 8, 9 et 14 décembre 1953, la télévision a donc pour la première fois les honneurs d'un débat au Parlement. Un homme – qui n'est pas député – en attend beaucoup : Marcel Bleustein-Blanchet, le « capitaine de la publicité ». La France résonne de ses slogans : « Un meuble Lévitan est garanti pour longtemps. »

Il connaît les chiffres – astronomiques – de la publicité télévisée aux États-Unis. Ça fait rêver. Mais il y a cet Émile Hugues ! Et il se bat, le bonhomme. « Les auditeurs de la radio représentent en puissance la grande masse des futurs téléspectateurs. Ils sont 8 millions. Je leur demande 275 francs de plus par an, en gros le prix de trois paquets de Gauloises, 15 sous par jour. » Cette légère augmentation sera épaulée par un emprunt lui aussi raisonnable.

Exaspéré par les joutes parlementaires, le secrétaire d'État se dresse face aux travées : « Il faut donner une conclusion à ce débat ! Que représentent 25 francs de plus ou de moins sur la taxe radiophonique, si c'est le prix du développement de la télévision ? » Il est 18 heures ce 14 décembre. L'Assemblée a voté. Au « perchoir », le président Le Troquer annonce : « Le texte de la Commission des finances, portant augmentation de la taxe radiophonique de 1 270 à 1 450 francs, est adopté par 373 voix contre 239. » Émile Hugues se détend. La télévision a enfin un budget pour 1954. La nouvelle reine d'Angleterre a indirectement donné un coup de pouce à la République. Le maître ès réclames, Bleustein-Blanchet, voit quant à lui son rêve s'envoler.

C'est donc avec un malin plaisir que l'équipe du journal télévisé va couvrir à Versailles l'élection du président de la République. C'est une première pour des caméras. Les Darget, Perrot et Debouzy seront servis par les aléas d'un scrutin qui va s'échelonner sur une semaine avant de désigner René Coty, l'avant-veille de Noël. Ils se voyaient déjà réveillonner chez Louis XIV !

Un couronnement, une élection présidentielle. La télévision fait désormais partie des meubles de la vie publique. Au sens propre comme au figuré. Cela n'est pas sans provoquer quelques inquiétudes. « Ça y est, avertit Pierre Sabbagh, les hommes politiques ont découvert la télévision. Ils ne vont plus nous lâcher. » Et François Mitterrand dans *L'Express* : « On imagine les conséquences qu'aura sur notre vie publique le démontage permanent du mécanisme parlementaire lorsque les citoyens pourront à tout moment examiner et vérifier la façon d'être de ses élus. » Et alors ?

La fusée cathodique est lancée. En 1954, la télévision française fait moins pitié. Quatre cars de reportage à trois caméras télécommandées, treize studios, huit caméras 819 lignes, cinq de 441, nouvelles stations de Marseille et de Lyon .. Et pour la première fois, elle ne prend plus de vacances : pendant l'été, les programmes continuent. Des programmes (quarante heures par semaine) qui se sont encore enrichis : « Face à l'opinion », première émission de débat entre un homme politique et des journalistes ; « La piste aux étoiles » de Gilles Margaritis ; « Télé Match », le premier jeu imaginé par André Gillois, Jacques Antoine et Pierre Bellemare – et dont l'une des séquences, « La tête et les jambes », va s'émanciper ; « En direct de la médecine » d'Igor Barrère et Étienne Lalou.

Grande nouveauté enfin au journal télévisé : il est présenté par… un présentateur bien visible.

Paralysée dans son lit, Colette peut assister à la première de *Gigi*, première pièce télévisée en direct du Théâtre des Arts. « Baylot (le préfet de police) offre à la TV son premier fait divers », titre *Paris Match*. Explication : « Une heure a suffi à la télévision française, samedi dernier, pour prouver qu'elle pouvait être plus rapide que la presse. À 19 heures, l'opérateur Michel Wakhévitch rapportait rue Cognacq-Jay le film qu'il venait de tourner pendant le cambriolage tragique de la maison où mourut André Gide. »

1954, c'est encore et surtout la naissance de l'Eurovision, inaugurée par « Le mois européen ». « Plusieurs milliers de techniciens, écrit *Paris Match*, ont ressuscité de colline en colline, avec des tours de relais TV, le réseau centenaire du télégraphe Chappe (France, Angleterre, Belgique, Hollande, Allemagne, Italie, Suisse et Danemark). Une chaîne de 6 000 kilomètres, composée de 44 émetteurs, 94 relais et de convertisseurs. Le centre de l'immense toile d'araignée restera situé dans le beffroi de Lille. » Cocorico ! Commencé en douceur, le 6 juin, avec la retransmission de la fête des narcisses à Montreux (une belle réalisation helvétique…), ce « Mois » se termine en apothéose avec la Coupe du monde de football et son incroyable finale Allemagne-Hongrie retransmise depuis Berne.

1954, c'est encore le lancement de la première télévision privée : Télé-Monte-Carlo. Le prince Rainier a dû négocier avec l'armée française une parcelle de terrain au-dessus de la principauté. Les Méridionaux, de Menton à Marseille et à Ajaccio, sont contents : ils ne reçoivent pas encore la « télévision des Parisiens » (il leur faudra attendre l'érection du relais du pic de l'Ours dans l'Estérel). La Côte est encore plus pauvre en récepteurs que le « Nord » et les émissions y sont regardées dans les lieux publics.

Les enfants y ont parfois leur place. Comme dans ce café du « quartier des casernes » à Grasse, qui leur réserve ses chaises tous les mercredis soir pour le grand film de Télé-Monte-Carlo. Les plus jeunes n'ont guère plus de six, sept ans. Ceux qui en ont les moyens (le couple de tenanciers italiens n'oblige pas à consommer) sirotent un Vérigoud orange ou un diabolo menthe. Sur l'écran du poste surélevé défilent les images d'un film comique ou d'un film d'action (en général, une histoire d'Indiens et de cow-boys). Et chaque rebondissement, chaque réplique font bruyamment réagir l'assemblée juvénile. Télé-Monte-Carlo n'aura précédé que de deux mois la création, le 23 janvier 1955, de la seconde chaîne privée, Télé Luxembourg.

Cette année voit aussi la sortie du premier vrai périodique exclusivement consacré à la télévision : *Télé Magazine.* Georges de Caunes suit l'actualité quotidienne du Festival de Cannes (Palme d'or à *Marty*, de Delbert Mann), les chansonniers Robert Rocca et Jacques Grello puisent leur insolence dans « La Boîte à sel », François Chalais et Frédéric Rossif abordent les sujets sensibles dans « Édition spéciale », Jean-Marie Drot vulgarise la création artistique avec « L'art et les hommes », tandis que Bernard Gavoty et ses « Grands interprètes » introduisent la musique classique dans les foyers. Et des jeux, encore des jeux : « Échec au public » d'Henri Kubnick, « Oui ou non » d'André Gillois.

Comparée à celle de nos voisins européens, la télévision française est celle qui combine le plus éclectisme et qualité. Mais elle a encore beaucoup à faire pour combler son déficit en équipement et en diffusion. En 1957, 50 % des Français ne peuvent pas recevoir les programmes. Et un foyer sur seize possède un récepteur. Cela suffit néanmoins pour que les responsables politiques éprouvent de plus en plus le besoin d'y mettre leur grain de sel... comme ils le font à la radio. Les belles et grisantes années de liberté pourraient bientôt appartenir au passé. Les « événements » d'Algérie ne favorisent pas la transparence. Le Premier ministre Guy Mollet, qui a enfin compris l'importance de ce média, prend goût à ses entretiens politiques. Mais fronce les sourcils quand interviennent des gens qui ne goûtent guère sa politique ou qui, simplement, en rendent compte.

On continue de créer : « La caméra explore le temps », de Lorenzi, Castelot et Decaux, « Les Cinq Dernières Minutes », avec Raymond Souplex, l'inspecteur Bourrel (« Bon sang, mais c'est bien sûr ! »), « Discorama » de la délicieuse Denise Glaser. Mais on sent bien que le temps des pionniers se termine. Et si cette fin correspond en 1958 avec celle de la IVe République, ce n'est pas qu'une coïncidence. Avec un général de Gaulle grand maître de la médiatisation, la télévision sera désormais sous contrôle.

À quoi reconnaît-on, dans un pays démocratique, que l'information est plus ou moins grossièrement bridée ? Quand, par exemple, on va s'extasier sur le « courage » de tel sujet – notamment sur l'Algérie – présenté par « Cinq colonnes à la une », le grand, le formidable magazine d'actualité du quintet Lazareff / Desgraupes / Dumayet / Barrère / Éliane Victor, lancé le 9 janvier 1959. Ou lorsque, la même année, disparaît des écrans « La Boîte à sel ». Convoqués par le ministre de l'Information, Louis Terrenoire, les impertinents – et inoffensifs – chansonniers s'entendent conseiller de rester dans les « limites de la correction ». Message reçu : l'émission suivante débute sous un écriteau « Maison de correction Louis-Terrenoire ». Sommés cette fois d'enregistrer leurs prestations et de les soumettre au regard bienveillant des autorités, Rocca, Grello et Tchernia choisissent le sabordage, « plutôt que d'être conduits à en discuter le contenu avec des censures uniquement inspirées par le respect des institutions ».

Génération cabaret

Ce 31 décembre 1949, comme il était attendu ! Symboliquement certes, mais quand même. On va guetter le compte à rebours des aiguilles de la pendule familiale ou de la montre, et lorsque vont sonner les douze coups de minuit, c'est la fin des sinistres années 1940 qui va être célébrée. Alors le moral remonte. Et tout au long du réveillon, on va fredonner avec un peu plus d'allant les dernières chansons à la mode écoutées à la radio et souvent apprises dans les petits formats, ces fascicules à prix modique portant sur la couverture la ou les photos des interprètes et, à l'intérieur, la partition et les paroles de la chanson choisie.

Accompagné par l'orchestre de Ray Ventura, Henri Salvador chante « Clopin-clopant », Félix Paquet, « Joseph est au Brésil » (« qui danse la samba ») ; Yves Montand, Jacqueline François, Cora Vaucaire et Juliette Gréco ont chacun leur interprétation des « Feuilles mortes », dont les paroles sont signées Jacques Prévert ; le même Yves Montand chante par ailleurs deux autres succès populaires : « Maître Pierre » (« Il fait bon chez vous maître Pierre / Il fait bon dans votre moulin / Le froment vol' dans la lumière / Et partout ça sent bon le grain ») et « Parce que ça me donne du courage » (musique de Mireille, paroles de l'animateur Jean Nohain). Il y a également la désopilante « Tactique du gendarme » de Bourvil.

En cette fin de décennie, deux chansons sont vraiment sur toutes les lèvres. « Ma cabane au Canada », énorme succès de Line Renaud. À tel point que celle-ci a été la vedette du podium du Tour de France 1949 et s'est déplacée dans la caravane à bord d'une voiture transformée en… cabane. Et puis « Étoile des neiges » (rien à voir avec le Canada), un refrain américain traduit, adapté puis interprété d'abord par Jacques Hélian et son orchestre, ensuite par André Claveau, Patrice et Mario et Line Renaud. « Étoile des neiges / Mon cœur amoureux / S'est pris au piège / De tes grands yeux / Je te donne en gage cette croix d'argent / Et de t'aimer toute la vie, je fais serment. » Quant au splendide et bouleversant « Hymne à l'amour », qu'Édith Piaf a dédié à son amant / le boxeur Marcel Cerdan, tué en octobre dans un accident d'avion, il n'est pas, à proprement parler, fredonné : il est à la fois prière et catharsis : « Si un jour la vie t'arrache à moi / Si tu meurs, que tu sois loin de moi / Peu m'importe que tu m'aimes / Car moi je mourrai aussi. »

1949 est mort, vive donc 1950 et ses nouvelles chansons à succès : « Cerisier rose et pommier blanc » (André Claveau), « Une chanson douce » (Henri Salvador), « Papa, maman, la bonne et moi » (Robert Lamoureux), « Si tu t'imagines » (Juliette Gréco), « Petite Église » (Tino Rossi)… Des nouvelles chansons (il y en a toujours eu), mais *quid* des nouveaux talents ? Avant guerre, dans les grands music-halls parisiens, on applaudissait Charles Trenet (le seul à être l'auteur de ses chansons), Tino Rossi, Édith Piaf, Maurice Chevalier, Jean Sablon, Georges Guétary. À la Libération, on a pris les mêmes et on a recommencé. Avec une poignée de débutants prometteurs : Juliette Gréco, les duettistes Roche et Aznavour, Henri Salvador, Francis Lemarque… Et en ce début de nouvelle décennie ? Eh bien, on reprend les mêmes et on recommence ! Bobino, L'ABC, L'Étoile, ces grandes scènes de la capitale demeurent réservées aux Chevalier, Trenet, Piaf, Rossi, Montand. En dehors de ces temples pour « grands », il s'est fort heureusement passé quelque chose de nouveau dans un quartier de Paris : Saint-Germain-des-Prés. Un précipité provoqué par l'immense soif de liberté et le cocktail jazz / existentialisme / littérature : la chanson rive gauche. Elle a une muse – Juliette Gréco, grand prix de la Sacem avec « Je hais les dimanches » (paroles d'Aznavour) –, un « parrain » – Jean-Paul Sartre (parolier de « La rue des Blancs-Manteaux ») – et un trompettiste-chanteur-écrivain – Boris Vian. D'une cabane canadienne aux caves germanopratines, il y a… un océan.

Et, en plein règne des interprètes de music-hall, éclôt, dans l'exiguïté du Tabou, de La Rose rouge, de L'Écluse, de L'Échelle de Jacob, une nouvelle génération d'artistes, des créateurs qui savent tout faire – écrire, composer, chanter. Commencent à sortir du lot Léo Ferré, Cora Vaucaire, Francis Lemarque (parolier de « Rue de Lappe » et interprète de « Bal, petit bal »). Les grandes salles les ignorent ? Ils ont désormais les cabarets. Car la vague née sur la rive gauche va inonder Paris. Catherine Sauvage débute au Bœuf sur le toit, un moustachu timide, Georges Brassens, Chez Patachou.

Saint-Germain-des-Prés a été le creuset. Jacques Canetti sera le synthétiseur de cette fermentation. Avant guerre, ce génial découvreur de talents avait déjà contribué à lancer Trenet et Piaf. Replié sur Alger, où il organisait les programmes de la radio, il avait ouvert et animé, avec les chansonniers Pierre-Jean Vaillard, Georges Bernardet et Christian Vebel, le cabaret Les Deux Ânes.

De retour à Paris, l'éclosion des caves de Saint-Germain le convainc de poursuivre l'expérience algéroise et de l'adapter à l'air du temps. Il loue un ancien dancing près du boulevard de Clichy, le remet à neuf, l'appelle d'abord Théâtre de Montmartre, puis, inspiré par la nostalgie, Les Trois Baudets.

Le cabaret va devenir la plaque tournante, le passage obligé des ACI (auteurs-compositeurs-interprètes), leur tremplin pour la célébrité. *39° 5*, spectacle de Pierre Dac, révèle ainsi des inconnus comme le pianiste Darry Cowl, le Canadien Félix Leclerc, déniché au Québec par Canetti, et qui impose « Le p'tit bonheur », « Le train du Nord » et « Moi, mes souliers », qui « m'ont porté de l'école à la guerre / J'ai traversé sur mes souliers ferrés / Le monde et sa misère ». Sur la pochette de son premier disque, Pierre Mac Orlan écrira : « De tels disques appartiennent à la librairie. On doit les acquérir comme on achète des biens essentiels. » Tous les représentants de ce que l'on appelle alors « la bonne chanson française » passent par Les Trois Baudets. À l'exception d'un paradoxe vivant : Charles Aznavour. Auteur reconnu, qui depuis une décennie fournit des titres à succès aux interprètes de renom – de Piaf à Montand –, il reste un chanteur méconnu, décrié pour sa voix (on le surnomme « La laryngite » ou « L'enroué vers l'or », parmi d'autres gentillesses), copieusement sifflé – mais soutenu par Piaf, sa « petite sœur du pavé », et Trenet –, il croit en lui, se voit « en haut de l'affiche ». Mais comment y parvenir quand le « pape » Canetti vous met à l'index et confiera : « Aznavour voulait travailler avec moi, mais sa voix m'horripilait. Je lui ai alors donné deux adresses de professeurs de chant en Amérique. Il est parti comme secrétaire de Piaf et a pris des leçons là-bas. Il en est revenu avec la voix transformée. Piaf m'avait appelé pour me le recommander, mais décidément, je n'accrochais pas. »

Canetti, qui est en outre directeur artistique des disques Philips et Polydor, va le regretter. Car le « petit » Charles, le créateur de « J'aime Paris au mois de mai », « Je hais les dimanches », « Quand tu dors près de moi », « Rien de rien », « Et bâiller et dormir », « Moi j'm'en fous », « Viens au creux de mon épaule », ce fils d'émigrés arméniens – qui, dixit Maurice Chevalier, « ose chanter l'amour comme on le ressent, comme on le fait, comme on le souffre » –, eh bien, il va enfin commencer à exister sur scène – l'Olympia, que Bruno Coquatrix rouvre en 1954 – avec « Sur ma vie ». Qu'importe si la critique – reconnaissant la qualité de la chanson – persiste dans une agressivité *ad hominem* : « Nous avons eu la primeur d'une apparition de Quasimodo et des *Mystères de Paris*. En voyant et en entendant ce M. Aznavour, nous nous sommes demandé : "Pourquoi ne pas chanter avec une jambe de voix ?" » Qu'importe, puisque le public lui réserve une ovation. On est en 1955. Son énorme talent aura eu raison du clan des critiques et du « faiseur d'idoles », Jacques Canetti.

Ce dernier, en revanche, va se vanter d'être le découvreur de ceux qu'il appelle les « trois B » : Brassens, Brel, Béart.

Georges Brassens ? On verra plus loin qu'il a été lancé par Patachou avant d'être annexé par Canetti.

Jacques Brel ? Venu de La Rose noire, le cabaret bruxellois de ses premiers essais, il débarque en 1953 aux Trois Baudets et triomphera à Bobino en… 1959. Les critiques – une fois de plus – mettront du temps, beaucoup de temps pour le reconnaître. Et une fois de plus, ils seront à la remorque du public. Contre la presse, contre Philips, Canetti défend son poulain. Premier disque : un flop. Deux passages à Bobino : de l'indifférence. Tournées en province et en Algérie : l'accueil est un peu plus chaleureux. Deuxième disque en 1957. Avec un superbe titre phare, « Quand on n'a que l'amour ». Une grande chanson enfin récompensée par le grand prix de l'académie Charles-Cros. Mais un échec commercial !

Et puis il y a cette soirée de novembre 1959, où il chante notamment « Ne me quitte pas » (dont 500 000 disques vont être vendus en quelques jours), « La valse à mille temps » et « Les Flamandes », et qui est ainsi rapportée par le critique de *France-Soir* : « Le nouveau programme qui débutait hier à Bobino était marqué par l'accession d'un nouveau chanteur à la vedette. Jacques Brel, auteur et interprète français, belge de naissance, passait, avec dix chansons écrites par lui, un difficile examen devant un public expert et sévère. Il se vit décerner, en six rappels, ses étoiles de tête d'affiche. Jacques Brel, le prêtre-ouvrier de la chanson, bien mis dans son costume bleu marine de soirée de famille, la cravate rouge pour marquer l'audace, la dent longue, les oreilles interminables, le visage tranchant, détaille avec beaucoup de maîtrise des poèmes et des musiques dont on est étonné qu'ils ne soient pas plus souvent des succès. » Il n'est jamais trop tard pour faire son autocritique... Ces rudes années 1950 ont confiné Brel dans une ingrate demi-pénombre. Qui doute désormais qu'il sera une star de la décennie suivante ? Il est heureux, en tout cas, qu'il n'ait pas suivi les conseils de cet autre critique bienveillant : « Nous signalons à M. Brel qu'il existe d'excellents trains pour Bruxelles. »

Et Guy Béart, le troisième « B » de Canetti ? Là encore, l'empereur du cabaret s'est glorifié d'une découverte au moins partagée. En 1955, ce jeune ingénieur spécialiste en béton armé, mais également diplômé de l'École nationale de musique, travaille le jour dans un bureau d'études, et la nuit, de cabaret en cabaret, essaie de chanter en dépit de sa voix voilée et d'un trac paralysant. Un trac qu'il refoule pour frapper à la loge de Georges Brassens, lui faire écouter quelques-unes de ses œuvres ciselées, simples et précises, et se voir récompenser par l'enthousiasme de l'auteur du « Gorille », qui le recommande chaudement.

Patachou reprend son « Bal chez Temporel » ; Juliette Gréco, « Qu'on est bien » (« … dans les bras / D'une personne du sexe opposé ») et c'est alors qu'apparaît Jacques Canetti, qui lui fait enregistrer son premier 45 tours. On connaît très vite par cœur ses chansons faciles à mémoriser, mais la célébrité, c'est « L'eau vive » qui la lui apporte en 1958. C'était, à l'origine, une commande pour le film du même nom dont le scénario et les dialogues, écrits par Jean Giono, avaient pour thème la construction du barrage de Serre-Ponçon, sur la Durance. Film présenté au Festival de Cannes et plutôt boudé par le grand public. La chanson, en revanche, quel tabac ! « Ma petite est comme l'eau / Elle est comme l'eau vive / Elle court comme un ruisseau / Que les enfants poursuivent. »

Tout le monde la chantonne. Et la salle de Bobino, sous le charme, la reprend, ce 27 novembre 1958, alors que Béart partage l'affiche du music-hall avec les Trois Ménestrels et le chansonnier Maurice Horgues. « Puisque le public connaît les paroles par cœur, lance l'auteur sur scène, je vais remettre au goût du jour un principe longtemps en vogue dans les cabarets et tombé en désuétude au début des années 1900. Je demanderai aux spectateurs de chanter le refrain avec moi. » Une habitude qu'il va entretenir.

À la même époque, un autre directeur artistique de cabaret fait lui aussi une trouvaille prometteuse. Francis Claude découvre que le pianiste qui se produit tous les soirs au Milord l'Arsouille écrit aussi des partitions et des textes de chansons. L'une, « Le poinçonneur des Lilas », retient son attention et il demande à son auteur, Serge Gainsbourg, de l'interpréter sur la scène. Pour l'écrire, celui-ci a « interviewé » un vrai employé du métro – « Un gars qu'on croise et qu'on n'regarde pas / Y a pas d'soleil sous la terre / Drôle de croisière », un gars qui fait « des trous, des p'tits trous, encor'des p'tits trous / Des trous d'seconde classe / Des trous d'première classe ». Ses débuts comme auteur-compositeur-interprète sont assez concluants puisqu'il va continuer. Il est rapidement remarqué par Yves Montand, par Boris Vian, par d'autres chanteurs et chanteuses (Gréco) qui lui demandent des œuvres.

Et par l'écrivain Marcel Aymé, qui « postface » son premier disque : « Serge Gainsbourg est un pianiste qui est devenu compositeur de chansons, parolier et chanteur. Il chante l'alcool, les filles, l'adultère, la pauvreté, les métiers tristes. Ses chansons inspirées d'une jeunesse que la vie n'a pas favorisée, ont un accent de mélancolie, d'amertume, surtout la dureté d'un constat. » Le jeu des rythmes et des mots, la finesse de la composition, la rigueur d'écriture, tout cela, au lieu de lui attirer les faveurs des critiques, attise leur hargne (décidément...). Il est, comme Brassens, victime des « braves gens qui n'aiment pas que / L'on suive une autre route qu'eux ».

L'anarchiste monégasque Léo Ferré, auteur de « Paris Canaille » (refusé par Montand, mais formidablement interprété par Catherine Sauvage), est lui aussi victime des « braves gens ». Jean-Paul Lacroix écrit dans *Franc-Tireur* : « Ferré est l'un de nos plus authentiques poètes, s'il est vrai que la mission du poète est d'éveiller, d'inquiéter son époque... Les amateurs de digestion béate n'ont rien à gagner à écouter Léo Ferré, courbé sur son piano, blême, tout en noir, avec son profil d'épervier, son rire sardonique. » En 1955, à Nice, il recevra le prix Citron pour « L'homme », « la chanson la plus acide de l'année ».

Mouloudji, le « funambule des arts », le délicat interprète de « Comme un p'tit coquelicot », s'attirera également les foudres des bien-pensants en étant le seul à accepter de créer, le 8 mai 1954, au Théâtre de l'Œuvre, « Le Déserteur » de Boris Vian. Le jour même où le camp retranché de Diên Biên Phù tombait aux mains du Viêt-minh !

Au lieu de « prévenez vos gendarmes que j'emporte mes armes et que je sais tirer », il avait quand même pris la précaution de chanter « prévenez vos gendarmes que je n'aurai pas d'arme et qu'ils pourront tirer ». La chanson n'en a pas moins été immédiatement interdite sur les ondes de la radio nationale « pour risque de troubles au sein de l'armée ».

Et n'oublions pas les Frères Jacques. Inclassables certes, mais pur produit de cabaret. Après la Libération, dans leurs collants noirs, justaucorps de couleur et gants blancs, ces athlètes, ces danseurs, ces mimes ont fait pendant cinq ans les belles nuits de La Rose rouge. Leur jeu de scène méticuleux est indissociable de leurs chansons tout aussi travaillées et pleines de fantaisie. Mais qui leur a permis de quitter la cave germanopratine et d'élargir leur horizon ? L'inévitable Jacques Canetti. Avant de découvrir les trois « B », le patron des Trois Baudets débusque les quatre « J », dont deux seulement sont frères. C'est lui qui leur obtient les musiques de Joseph Kosma et convainc un Jacques Prévert réticent (ça en fait des Jacques !) de leur céder ses textes. L'auteur de *Paroles* ne regrettera pas de les voir à la fois chantées, dansées, jouées. Les hommages pleuvent. Et non des moindres. Marcel Achard : « Ils déchiffrent une chanson comme un incunable et ils l'illustrent comme on enluminait les missels. » Le sociologue Edgar Morin – sous un pseudonyme dans *France Observateur* : « Ce quatuor a atteint la perfection. [...] On peut dire que les Frères Jacques ont inventé un mode d'orchestration visuel de la chanson. »

« L'Entrecôte », « La Queue du chat », « La Marie-Joseph », « La Confiture » (« La confiture ça dégouline / Ça passe par les trous d'la tartine / Pourquoi y a-t-il des trous dans l'pain »)... Des classiques, à peine sortis.

Lady Patachou

« Moi j'aime le music-hall
C'est le refuge des chanteurs poètes
Ceux qui se montent pas du col
Et qui restent pour ça de grandes vedettes. »

Dans cette chanson, « Moi j'aime le music-hall », de 1955 (l'année également de « Nationale 7 »), les goûts du « vieux » Charles Trenet lui font choisir des chanteurs « à texte ». Mais dans ce secteur, on peut faire confiance au « fou chantant ». Après avoir rappelé la pérennité des « anciens » (dont lui-même), Trenet ouvre sa liste des « contemporains » avec le nom de Patachou. Ce n'est pas seulement pour les besoins de la rime. Patachou, c'est une histoire à part dans l'univers de la chanson de ces années. Un roman.

Dimanche de juillet 1946 sur la butte Montmartre : par nostalgie, un jeune couple – Henriette et Jean Billon – revient voir la façade du vieil appartement, rue du Mont-Cenis, où ils ont vécu juste après leur mariage, mais qu'ils ont par la suite revendu pour se lancer dans des affaires qui se sont révélées désastreuses. Coup de cafard. Les reconnaissant, leur ancienne concierge leur dit que l'atelier d'un sculpteur qui vient de mourir est à vendre. Il est en capilotade mais vaste. Henriette et Jean n'ont plus rien à perdre, achètent, abattent les cloisons, éjectent des brouettes et des brouettes de gravats, rafistolent le bas pour en faire une boutique, le haut pour leur logement. Oui, mais quelle boutique ? Dans le quartier, il n'y a ni poissonnerie ni pâtisserie. Va donc pour les gâteaux, c'est moins astreignant que les poissons. Ils embauchent un chef pâtissier, Henriette se chargeant plus spécialement de la pâte à chou. Tant et si bien que les riverains de la butte finissent par la surnommer « Mme Patachou ». Toute la famille va y passer, le mari et bientôt l'enfant qui va naître, « le petit Patachou ». On va désormais « chez Patachou ». Et le succès est là, avec l'argent.

Un local attenant au magasin se libère. Pourquoi ne le louerait-on pas pour en faire un restaurant ? On a déjà les desserts ! Chiche. Mais attention, un restaurant pour les gens qui veulent dîner paisiblement. Dans les lieux à la mode ou simplement touristiques, comme Montmartre, se sont multipliés les établissements avec musiciens ou attractions. Pas de ça chez les Patachou ! L'ennui, c'est que les gens qui sortent – une minorité en ces temps austères d'après guerre – veulent à la fois manger, boire et se distraire. Alors, devant les tables vides, le couple se résigne à jouer le jeu en engageant deux musiciens. Pas très convaincant. Jusqu'au jour où un groupe de clients de fort belle humeur se met à entonner des chansons à boire et à faire rougir Mme Patachou. Encore plus lorsqu'ils la persuadent de chanter avec eux, elle, la petite fille sage de Ménilmontant élevée très strictement. Et voici que sortent de sa bouche des chansons de corps de garde ! « Vous devriez chanter ça tous les soirs, lui dit l'un des convives, un médecin : les gens viendront. »

Chanter ? Elle se souvient bien qu'à dix-huit ans, alors qu'elle poussait la chansonnette, seule dans son bureau de dactylo chez un éditeur de musique, était entré un grand blond qui lui avait lancé : « Mais vous avez une voix magnifique ! » C'était Charles Trenet. Cette fois, elle n'est plus seule dans un bureau, et les refrains qu'on lui suggère ne sont pas pour les jeunes filles. Elle va pourtant se lancer. Malgré la honte et le trac. Mais ça plaît. De plus en plus. En quelques mois, le restaurant est devenu l'endroit le plus connu de Montmartre, celui où il faut se montrer. Et elle se prend au jeu, chantant, dansant, entraînant les convives, les obligeant à chanter eux aussi, et à danser. Mme Patachou est à présent une vedette de cabaret, la plus connue, la plus extravagante.

Un soir, un industriel refuse de danser le french cancan avec elle et se fait huer. L'un des clients ayant emprunté une paire de ciseaux à la caisse coupe la cravate du coincé. À l'aube, des dizaines de cravates sont accrochées comme des trophées. On vient désormais chez Patachou pour se faire cisailler la cravate ! C'est du dernier chic. *France-Soir* titre : « Charlie Chaplin s'est fait couper… la cravate chez Patachou ! Gary Cooper aussi ! Mais pas l'Aga Khan, parce qu'il n'en avait pas ! » Grand fêtard, le roi Farouk a un geste… royal : il dénoue sa cravate, la tend à Patachou, en tire une autre de sa poche et la met en lui disant en riant : « Veuillez m'excuser, chère amie, mais le protocole l'exige. »

Elle est devenue célèbre dans le monde entier. Les guides touristiques égrènent les hauts lieux de la capitale : « Tour Eiffel, Notre-Dame, Patachou… »

Une soirée va bouleverser sa vie. Un autre monument, Maurice Chevalier, est dans la salle. Et sa présence lui fait brusquement sentir la vulgarité de ses chansons et de ses gesticulations. Ils vont se revoir, se promener à Ménilmontant, « leur village ». Amitié ? Amitié amoureuse ? Plus encore ?

Toujours est-il qu'au début de 1951 elle ferme son cabaret et part en tournée avec le chanteur français le plus célèbre au monde, qui la surnomme « Lady Patachou ». Genève, Bruxelles, Londres, Montréal, New York. Huit mois au cours desquels elle se dépouille progressivement de ses rengaines osées, de ses gestes de « Parigote ». Pygmalion, Chevalier a fait du beau travail. Elle peut, elle doit maintenant affronter Paris.

Un soir d'octobre 1951, dans son cabaret qui a rouvert, et devant un Tout-Paris stupéfait, puis bouleversé, elle chante sept chansons. De « Bal, petit bal » (« où je t'ai connu, souviens-toi »), de Francis Lemarque, à « Mon homme », vieux succès de Mistinguett. Un triomphe. « À 2 heures du matin, jeudi, écrit Georges Reyer dans *Paris Match*, le bruit courait déjà à Montmartre que la plus extravagante des hôtesses de la butte – renonçant à couper les cravates de ses clients et à faire danser en tutu les vieux messieurs – venait de se "saborder". Paris m'apprit quelques heures plus tard qu'au cours de la nuit était née l'une des plus grandes artistes d'aujourd'hui. »

L'année suivante, c'est elle la première qui interprétera les chansons d'un débutant que des amis lui ont présenté : Georges Brassens.

L'OURS ET LE GORILLE

« Installez-vous », dit Patachou au gros ours moustachu et hirsute qui semble plutôt n'avoir qu'une envie : fuir. Mais il ne peut pas faire ça à ses copains qui, ce 24 janvier 1952, l'ont traîné quasiment de force dans le cabaret le plus célèbre de Paris. Un véritable commando composé du dessinateur humoristique Victor Laville, son ami depuis l'enfance sétoise, et de deux journalistes de *Paris Match*, Roger Thérond (un autre Sétois) et Pierre Galante. Ce dernier, qui connaît bien la « reine » de la butte, s'est laissé convaincre par Laville de lui présenter ce Georges Brassens, auteur de chansons hors du commun. Les quatre hommes s'installent à une table pour assister au spectacle donné par Patachou. Il est près de 2 heures du matin lorsque celle-ci propose à ce garçon tout tremblant de chanter à son tour. La scène éclairée lui fait peur et c'est assis sur une chaise, suant à flots, qu'il interprète sans souffler près d'une trentaine de ses créations.

Subjugués, les musiciens du cabaret l'accompagnent spontanément. Patachou est emballée. À double titre. Elle sent instantanément qu'il y a, dans le répertoire de ce garçon, de merveilleuses chansons pour elle, des chansons qui devraient sublimer la palette de son spectacle. Et elle sent aussi qu'il doit lui-même interpréter ses œuvres et que le meilleur endroit c'est ici, chez Patachou. Comment concilier les deux ?

Elle n'est plus la Patachou des chansons paillardes, encore moins subversives, et certaines, dans celles qu'elle vient d'écouter, comme « Le Gorille » (« Le gorille est un luron / Supérieur à l'homme dans l'étreinte / Bien des femmes vous le diront ») peuvent mériter ce label. Alors, elle trouve rapidement la solution. « Écoute, Georges, des chansons comme "Le Gorille", "La Mauvaise Réputation",

"Corne d'aurochs", "Le fossoyeur", ce ne sont pas des chansons pour moi, c'est toi qui vas les chanter après le spectacle. »

En quarante-huit heures, elle apprend celles qui lui conviennent et, le 8 mars, un peu avant minuit, elle annonce au public : « Je vous ai chanté "La prière", "Les bancs publics". Je vous ai dit que c'était d'un nommé Brassens. Il est là, Brassens. Il ne sait pas tellement chanter, il ne sait pas tellement bien jouer de la guitare, il ne sait pas tellement bien se tenir en scène, visiblement, il n'aime pas ça, mais si vous voulez passer un moment agréable, restez. » Georges attaque alors avec « Le Gorille », « Hécatombe »... et reçoit une ovation des convives, dont beaucoup ressemblent aux personnages qu'il brocarde. Masochisme de la bourgeoisie qui s'encanaille.

Dans les jours qui suivent, la presse est dithyrambique. *Paris Match* : « Il s'appelle Georges Brassens. Un nom à retenir. Parce qu'il explose. Son éditeur, depuis deux mois, le retient. Il a peur que la déflagration ne soit trop brutale. Brassens en effet, avec sa silhouette de bonne brute, compose et chante des chansons "pas comme les autres", des chansons qui n'ont peur de rien, pas même de l'insuccès. C'est ce qui fait leur violence et leur charme. Mais si Philips n'ose pas encore lancer sur le marché "Le Gorille" ou "La Mauvaise Réputation", il publie néanmoins "Les Amoureux des bancs publics" et "Brave Margot". » On notera en passant le fair-play – et, bien entendu, le flair professionnel – de Jean-Jacques Gautier, l'impitoyable critique du *Figaro* : « Georges Brassens est plus qu'un chanteur, c'est un poète : il n'y a qu'à le voir pour en être sûr. » Quelques mois plus tard, quand il débutera aux Trois Baudets, dans le spectacle *Montmartre 81-98,* Henry Magnan écrira dans *Le Monde* : « Je n'ai jamais rien entendu d'aussi surprenant depuis l'après-midi de 1938 où Charles Trenet m'est apparu sur la scène de L'ABC. »

À présent, tous veulent savoir qui est ce phénomène qui « ressemble à la fois à Staline, à Orson Welles, à un bûcheron calabrais, à un Wisigoth et à une paire de moustaches » (dixit son ami René Fallet), qui est ce génial pourfendeur des « gens qui voient de travers », des « gens bien intentionnés », ces « braves gens » qui « n'aiment pas qu'on suive une autre route qu'eux ».

Des échotiers aux flâneurs salariés de la grande presse, tous veulent tout connaître de Brassens. L'enfance à Sète, où il commença effectivement par avoir mauvaise réputation ; la distribution des prix au collège, présidée par Paul Valéry ; la « montée à Paris » dans le XIVe, où il écrit chanson sur chanson ; un STO plutôt relax en Allemagne dans un camp de l'usine BMW, où il dévore les livres et se lie avec celui qui va devenir son plus fidèle ami et son précieux factotum : Pierre Onteniente, un jeune Parisien employé aux impôts ; la permission à Paris (délivrée par les autorités du camp !) et la décision de « déserter » ; l'installation, en 1944, chez Jeanne, une couturière quinquagénaire, amie de sa tante, qui ne fait pas que lui ouvrir la porte de sa petite maison sans chauffage, sans eau courante, sans tout-à-l'égout, au 7 de l'impasse Florimont, dans le quartier Alésia. Elle a un mari, Marcel, qui dort dans une cahute à côté du poulailler…

Georges a alors vingt-trois ans et il se sent bien chez eux. C'est là qu'il vit encore, huit ans plus tard, lorsque la chance, enfin, le révèle chez Patachou. Ces lieux décrépits et leurs personnages chaleureux lui inspirent plusieurs succès : « La Cane de Jeanne », « La Chanson pour l'Auvergnat » (dédié au mari, « qui sans façon, m'a donné quatre bouts de bois, quand dans ma vie il faisait froid »), « L'arbre » (« Auprès de mon arbre »…) qu'il aperçoit de sa fenêtre. Il y vivra dans la dèche, lisant, écrivant, collaborant au *Libertaire*, organe de la Fédération anarchiste (là, il peut libérer sa haine de l'ordre établi et de ses représentants), rendant visite à ses copains Laville et Onteniente qui, pour lui, ont toujours table ouverte. Ces derniers sont inquiets. Ils sont convaincus du talent de Georges mais angoissés par son insouciance. Vivre, pour lui, semble se limiter à écrire des chansons, à les chanter pour les copains, à ne pas manquer de tabac pour sa pipe, et à se réchauffer au poêle de l'amitié. Ses chansons, qu'il compose sur un piano ou sur une guitare, on finira bien par les lui prendre… mais pas question de « s'emmerder » à faire du porte-à-porte. Ce sont les copains qui s'en chargent et qui le bousculent un peu. Espérant le déclic.

C'est ainsi qu'un de ses amis le recommande au chansonnier Jacques Grello, qui le reçoit, l'écoute, est séduit, et l'emmène

– presque de force – au Caveau de la République, puis dans d'autres cabarets. « J'étais à ma table, écrit Brassens à un ami, Jacques Grello m'a dit : "Vas-y." Et le calvaire a commencé. J'ai chanté trois trucs, voilà. On m'a applaudi, sans plus. On n'a pas goûté vraiment mes trucs, car l'allant était de sortie. Mais ne t'en fais pas, on s'y attendait. Tout le monde en est passé par là. » Oui, mais il n'est pas tout le monde. S'il accepte, de mauvais gré, de chanter « pour ces cons », dans les cabarets, c'est dans l'unique espoir de dénicher un interprète pour ses œuvres. Il n'imagine pas un seul instant faire une carrière de chanteur. Jusqu'à cette soirée du 6 mars et sa rencontre avec Patachou.

Tout va alors aller très vite. Il est repéré par Jacques Canetti, le « faiseur » de vedettes, qui lui fait enregistrer ses deux premiers 78 tours. Pas facile. Les dirigeants de Philips refusent d'abord d'associer leur vénérable marque à ces « obscénités ». Voilà pour la morale. Pour l'argent, il y a Polydor, racheté par la firme hollandaise. Brassens sortira donc son disque sous ce label. Honneur et intérêts sont saufs. De nombreux disquaires refusent cependant de les placer dans les rayons et les radios de les diffuser. « Le Gorille » fait peur. Pensez donc : il ne se contente pas de violer un juge, mais « Le juge, au moment suprême / Criait "maman !", pleurait beaucoup / Comme l'homme auquel le jour même / Il avait fait trancher le cou »… Les censeurs étant les meilleurs publicitaires, tout le monde (enfin, presque) fredonne les exploits de l'anthropoïde.

Les Trois Baudets, la Villa d'Este, Bobino… La dèche, c'est fini. Il se décidera à acheter une Vespa pour faire la navette entre ces différentes scènes où il côtoie Henri Salvador, Juliette Gréco, Mouloudji, Raymond Devos, Philippe Clay, Darry Cowl, Catherine Sauvage, les Quatre Barbus, des débutants pour la plupart… Mais il reste dans sa bicoque du XIVe, où il va tout de même faire installer l'eau, le gaz et l'électricité avant de l'acheter.

Une guitare, une chaise, une contrebasse – celle de Pierre Nicolas, « piquée » à Patachou. La qualité et l'originalité des chansons font oublier l'extrême simplicité de sa présence sur scène. Le marginal bougon est en train de devenir l'idole d'une génération. Putain de lui !

100 000 VOLTS SUR SCÈNE

5 février 1954. L'Olympia retrouve sa vocation première en redevenant un music-hall. Il avait été le premier du genre à ouvrir à Paris en 1893, boulevard des Capucines. Puis était devenu un cinéma. Bruno Coquatrix – compositeur, imprésario, producteur – a décidé d'en faire le passage obligé du spectacle populaire, de la chanson en particulier. Aussi cette soirée d'hiver constitue-t-elle un grand événement parisien dont les plâtres sont essuyés avec succès par l'estimée Lucienne Delyle et son mari, le chef d'orchestre Aimé Barelli. Coquatrix va ce soir-là faire coup double. Événement dans l'événement, un Toulonnais de vingt-six ans, qui passe en première partie, se déchaîne sur scène, tyrannise son piano, bondit sans cesse du clavier au micro, et électrise littéralement les deux mille spectateurs, s'attirant dès le lendemain le surnom de « Monsieur 100 000 volts ». Nom : Gilbert Bécaud.

Il aurait pu faire le quatrième dans le jeu de découvertes de Jacques Canetti. Le quatrième « B », aux côtés de Brassens, Brel et Béart. Mais ce jeune homme hyperactif n'a pas tout à fait le profil « cabaret », ce qui ne l'empêche pas de s'y produire. À vrai dire, il n'aime pas se laisser enfermer dans un genre, joue sur plusieurs registres, mixe textes de qualité et rythmes de jazz, attendrit et provoque, fait rire et pleurer. Et, désormais, va inlassablement déchaîner l'enthousiasme.

Si le public ne le découvre que ce 5 février 1954, il est déjà un professionnel confirmé et compose des chansons depuis une douzaine d'années.

Très doué pour la musique, le jeune François Silly a la chance d'être encouragé par sa famille, qui l'envoie, à l'âge de dix ans, au conservatoire de Nice (où ses professeurs ne le prennent pas trop au sérieux car il joue Mozart sur les rythmes de Trenet), puis à Paris. À vingt-deux ans, excellent pianiste, il est engagé par le chanteur Jacques Pills (futur ex-mari d'Édith Piaf) pour ses tournées aux États-Unis. *Silly* signifiant « stupide » dans la langue de Faulkner (prix Nobel cette année-là), il en profite pour adopter le pseudonyme qu'il va garder : Bécaud. Dans cette Amérique qui fascine, il s'imprègne des tendances musicales, des gestuelles scéniques. De retour à Paris, il continue de composer (« Je t'ai dans la peau » pour Piaf), se lie avec Aznavour (ils signent ensemble « Me que me que », « Viens », deux succès) et veut à présent chanter.

Il a de la chance. Chance de rencontrer, pour régler la question du service militaire, Louis Amade, un préfet poète, donc compréhensif, chance de croiser la route d'un… inspecteur des impôts, Pierre Delanoë, qui aime surtout écrire des chansons et qui va très vite lui en proposer (1953) de merveilleuses, dont « Mes mains » (« Mes mains dessinent dans le soir / La forme d'un espoir qui ressemble à ton corps ») et « Les Croix » (« Mon Dieu, qu'il y en a des croix sur cette Terre / Croix de fer, croix de bois / Humbles croix familières »). Et c'est l'engrenage de la célébrité. *Paris Match* consacre un cahier spécial aux « cinq révélations de la chanson française 1953 : Odette Laure, Nicole Louvier, Gilbert Bécaud, Georges Brassens et Philippe Clay ». Présentés par Martine Carol et Michèle Morgan aux spectateurs du Théâtre des Champs-Élysées, ils sont, dans les pages suivantes, montrés dans leur environnement privé et professionnel. On y voit Gilbert Bécaud et sa femme, Monique, dans leur maison de Meudon, qui « n'est pas entièrement installée. Bécaud veut aménager dans la cave un cabaret réservé à ses amis ». On y apprend que « Monique ne quitte jamais son mari » et on la voit effectivement à ses côtés quand il répète, partir avec lui pour un gala et l'écouter chanter à la Villa d'Este. « Il est déjà le plus demandé des chanteurs nouveaux, lit-on. Cette semaine, il passait chaque soir dans trois endroits différents : à 11 heures, il était au Concert Pacra (neuf chansons), à 0 h 30 au Liberty's (cinq chansons), à 1 h 30 à la Villa d'Este (sept chansons). Il va ajouter à ce palmarès le Moulin-Rouge et l'Olympia, redevenu music-hall. » Ce numéro de l'hebdomadaire sort seulement quelques jours avant le triomphe du 5 février dans le nouveau temple de Bruno Coquatrix.

En quelques mois, Gilbert Bécaud est devenu l'idole des jeunes. Son jeu de scène syncopé, sa façon de marteler son piano (légèrement incliné, à sa demande, par un ébéniste afin de lui permettre de mieux voir la salle), son costume bleu électrique, sa cravate à pois fétiche, sa main portée à l'oreille sont autant de signes de reconnaissance pour ses fans. Au grand dam d'Eugène Ionesco, pour qui « sa voix ne vient ni de la tête ni de la poitrine, mais de très bas, du ventre ou du gros intestin ». En l'occurrence, le dramaturge, au lieu d'être chauve comme sa cantatrice, aurait mieux fait de rester muet.

Un an après la révélation de l'Olympia, il y revient, cette fois en tête d'affiche. On a eu l'imprudence d'annoncer que la première représentation serait gratuite, et cinq mille jeunes survoltés tentent de forcer l'entrée de la salle. Le soir, le public payant ne se montre pas moins enthousiaste. Au point de casser des fauteuils, comme dans certains concerts de rock'n'roll en Amérique. Monsieur 100 000 volts, le nouveau fou chantant », interprète ce soir-là, dans une atmosphère... électrique, une vingtaine de chansons, dont « Quand tu danses », qui lui a valu son premier grand prix du Disque, et l'audacieux « Je veux te dire adieu », écrit avec Aznavour, et où l'on sent la patte de ces deux briseurs de tabous : « Et puisque d'autres mains / Sur ton corps impudique / Sont venues prendre place / Où mes doigts ont couru / [...] Puisque tes reins se cambrent / Aux nouvelles étreintes / Et que ta peau frémit / Sous un souffle nouveau [...] Je veux te dire adieu. »

L'irruption de Bécaud représente une révolution musicale qui coïncide avec celle du transistor et la création d'une toute nouvelle station de radio, Europe n° 1, qui fait de Monsieur 100 000 volts son premier chanteur-vedette. « La pauvreté des débuts rend inventif, dira son créateur Maurice Siegel. N'ayant pas grand-chose à glisser dans l'oreille des auditeurs, nous diffusons de la musique ; des disques, encore et toujours des disques. »

Le « mariage » Bécaud-Europe n° 1 connaîtra son apothéose en 1958. Cette année-là, le premier crée une chanson, « Salut les copains », immédiatement reprise par la station comme titre d'une nouvelle émission pour les jeunes.

« Si je touche les jeunes, avait déclaré Bécaud après son premier triomphe à l'Olympia, c'est peut-être parce que je parle le langage de leur âge et compose des musiques en adéquation avec leur époque. » Europe n° 1 l'a compris. Et, lorsqu'un débutant de vingt ans, Richard Anthony, chante, en septembre 1959, « Nouvelle vague » (l'expression a été inventée par la journaliste Françoise Giroud), la radio de la rue François-Ier la « matraque » et le disque se vendra à plus de un million d'exemplaires. L'époque des jeunes et celle des « grands » sont rarement en adéquation. En politique, la « nouvelle vague », en ce mois de septembre 1959, est incarnée par… le général de Gaulle, 68 ans, premier président de la Ve République à l'issue du référendum du 28.

Le soleil les fait chanter

« Mexicooo, Meexiiiiiiiiico ! » Slogan nationaliste ? Vivats de stade de football ? Non. Ce cri de gorge, dont l'écho résonne et investit cette fin d'année 1951, est une « parole » de la chanson interprétée par Luis Mariano, vedette de l'opérette *Le Chanteur de Mexico*, qui enflamme le public du Châtelet. Et qui, en quelques semaines, grâce à la radio, est fredonnée à tue-tête dans la France entière.

« On a chanté les Parisiennes / Leurs petits nez et leurs chapeaux / On a chanté les Madrilènes / Qui vont aux arènes / Pour le torero / On prétend que les Norvégiennes / Filles du Nord, ont le sang chaud / Et bien que les Américaines / Soient les souveraines / Du monde nouveau / On oublie tout / Sous le beau ciel de Mexico / On devient fou au son des rythmes tropicaux... »

Les rythmes tropicaux. Loin, très loin de la chanson rive gauche souvent introvertie, ils sont l'antidote idéal à la grisaille de l'après-guerre. Soleil, palmiers, couleurs, danses, joie de vivre. Exotisme facile mais ô combien efficace. Et le porte-voix incontesté de ce genre musical, le bel-hidalgo-dents-blanches-cheveux-noirs, s'appelle Luis Mariano. Célèbre depuis « La Belle de Cadix » qui « a des yeux de velours », qui provoque le fantasque « chica chica chic ay ay ay ! », et « Andalousie », il est ovationné dans *Le Chanteur de Mexico*, composé, comme les deux précédents titres, par Francis Lopez.

Et là, les critiques ne font pas la fine bouche. *Le Figaro* salue « une belle réussite. Un spectacle d'une qualité supérieure à ce qu'on nous présente d'ordinaire en fait d'opérettes à grand spectacle. Mariano chante à ravir, poussant la note jusqu'à faire se pâmer les spectatrices ». *L'Aurore* conseille de diriger au Châtelet les délégations de l'ONU, « au lieu de leur offrir des soirées de gala » rituellement soporifiques. Et *France-Soir* est émerveillé par « le tourbillon de lumières, de satins, de dentelles, de couleurs et de sons qui, trois heures durant, vous emporte, vous roule, vous étourdit ». Sûr qu'à côté de « Je hais les dimanches » et des pulls noirs de Gréco…

Au milieu de la décennie, Luis Mariano a accumulé d'autres succès. Que ce soit sur la scène ou sur l'écran (une vingtaine de films entre 1945 et 1958, dont *Violettes impériales, Ramuntcho…*). L'hebdomadaire *Détective* le définit comme « marchand de bonheur » et insiste sur son rôle de séducteur. « Dans l'authentique ferme qu'il vient d'acheter à 2 kilomètres de la frontière espagnole, le facteur lui apporte des milliers de lettres d'admiratrices dont certaines lui parviennent en dépit des adresses les plus fantaisistes. Celle-ci par exemple : « M. Luis Mariano, *cantante* (chanteur) à Mexico. » Le magazine nous apprend aussi que « Luis vient de signer la 20 000e carte de membre actif de son "club marianiste" (la mode, pour nos vedettes du théâtre ou de la chanson, étant décidément aux clubs de fanatiques, avec ou sans uniforme, mais les membres sympathisants connus atteignent 800 000 ! La plus âgée, quatre-vingt-onze ans, a fait récemment 460 kilomètres en voiture pour venir embrasser son ténor. "De mon temps, lui a-t-elle dit, les hommes n'étaient pas si gentils.") ».

Sur scène, à côté d'une telle star, difficile de briller, de se faire remarquer. Dans la troupe du *Chanteur de Mexico*, il y a un certain Dario Moreno qui, comme son nom ne l'indique pas, est d'origine turque. La mode étant aux espagnolades et au folklore tropical, ce personnage excentrique, gominé, qu'une corpulence loukoumisée n'empêche nullement de danser avec une étonnante légèreté, a fait comme beaucoup en prenant un pseudonyme dans l'air du temps. De retour à Paris en 1948, après une tournée internationale dans un orchestre américain, il enregistre un premier 78 tours, un boléro – « Quizás, quizás, quizás » – et est en passe de devenir un spécialiste de la musique latino-américaine. Il accentue le trait avec des costumes colorés et une Cadillac turquoise. Son exubérance, sa gaieté – et son talent – le rendent vite très populaire. Jacqueline Cartier, la « commère » de *France-Soir*, écrit : « Il parvient à conjuguer – fait unique – la trépidation d'Aznavour, l'exotisme d'Yma Sumac, la clownerie de Salvador, la moustache de Clark Gable, les pectoraux d'Armendáriz, la puissance, enfin, d'une sirène de remorqueur. »

Le mambo torride qu'il exécute avec Brigitte Bardot dans *Et Dieu créa la femme* laisse la gorge sèche... Il chante principalement des adaptations de boléros, mambos, sambas. « Por favor », « Quand elle danse », et surtout « Si tu vas à Rio », un formidable succès, une chanson sur un rythme de samba qui fait danser la France de 1958, encore friande d'exotisme. Et tout le monde chante : « Si tu vas à Rio / N'oublie pas de monter là-haut / Dans un petit village / caché sous les fleurs sauvages / Sur le versant d'un coteau / C'est à Madureira / Tu verras les Cariocas / Sortir des maisonnettes / Pour s'en aller à la fête / À la fête des sambas »... Même le placide et inaltérable Tino Rossi – qui a joliment relancé sa longue carrière avec *Méditerranée*, une nouvelle opérette de Francis Lopez – enregistrera « Si tu vas à Rio ».

Il y a une jeune femme, dans cette veine exotique – un filon, devrait-on dire –, qui a également changé son nom. Elle arrive pourtant de Barcelone, sa ville natale. Mais quand on s'appelle Rosa María Alejandra Pilar Inés Gloria Coscolín et que l'on désire chanter, il faut bien prévoir l'espace sur les affiches et les pochettes de disque. Quant aux critiques... Alors elle a opté pour Gloria Lasso. « Je cherchais un nom qui symbolise mon désir de capturer le public comme la corde attrape les animaux. L'idée a jailli en voyant, au cinéma, Gary Cooper en train de lancer un lasso. » À Paris, où elle arrive en 1954, elle commence comme interprète dans des cabarets espagnols et, au culot, n'hésite pas à chanter à la sortie. Sa voix aux étonnants roucoulements, qui vont lui valoir le surnom de « Rossignol madrilène » (tant pis pour les Catalans), est vite repérée. Rapide également le succès. « Hola que tal » en 1954, « Amour, castagnettes et tango » en 1955, et le phénoménal triomphe d'« Étrangère au paradis » en 1956. Cocktail a priori improbable : une danse – adaptée – du compositeur russe Borodine, des paroles en français écrites par Francis Blanche, une voix espagnole. Et, du jour au lendemain, une immense vedette qui sera, en France, la première artiste de music-hall à vendre 1 million de disques ! C'est l'aventure exotique la plus fulgurante de la décennie.

Arrivée du Caire la veille de Noël 1954, la jeune Italienne Yolanda Gigliotti compte bien, elle aussi, tenter l'aventure parisienne. Mais elle, c'est le cinéma qu'elle vise. Ses formes valorisées par une démarche chaloupée et une sensualité naturelle, ses longs cheveux noirs caressant les épaules lui ont valu d'être élue Miss Égypte, d'être remarquée par un réalisateur français qui l'engage dans son film sur Toutankhamon et qui la convainc de faire carrière en France sous son pseudonyme : Dalila. Des miss, Paris n'en manque pas. Et même si les belles brunes italiennes sont à la mode, il est difficile de passer après Gina Lollobrigida et Silvana Mangano. Surtout quand on refuse farouchement les promotions canapé et que l'imprésario qu'on vous a conseillé se révèle inefficace. Du moins a-t-il une idée : « La mode est aux voix à accent, pourquoi n'essaies-tu pas la chanson ? » Et il la confie à un professeur de chant un peu tyrannique mais qui sent que cette fille « a quelque chose ».

Elle commence alors à faire la tournée des cabarets et finit, après plusieurs mois d'échecs, par arracher un petit contrat à la Villa d'Este, dans le quartier des Champs-Élysées. Oh, il ne s'agit que d'un lever de rideau, mais ses charmes et le timbre de sa voix commencent à faire leur petit effet. Et le lieu est fréquenté par des gens connus. L'un d'eux, un scénariste, lui conseille de changer son nom en Dalida au lieu de Dalila, qui évoque trop la « coiffeuse » de Samson. Oui, mais un nom, ça ne suffit pas pour rencontrer la gloire, et la jeune fille commence à penser qu'elle s'est trompée, qu'elle devrait peut-être – idée qu'elle rejetait violemment – rentrer en Égypte.

Au début du printemps 1956, une chance se présente. Bruno Coquatrix, qui a rouvert l'Olympia l'année précédente, a créé, en coopération avec Europe n° 1, « Les numéros 1 de demain », une émission en direct du music-hall et destinée à dénicher les nouveaux talents. Jacques Paoli, patron de la Villa d'Este, lui recommande de programmer Dalida. La chance aime la chance : dans la salle se trouve Lucien Morisse, le directeur artistique d'Europe n° 1, qui a entraîné avec lui (en jouant la décision aux dés) un jeune producteur réticent : Eddie Barclay. À peine la chanteuse a-t-elle attaqué les premières paroles d'« Étrangère au paradis », le grand succès de Gloria Lasso, que les trois hommes se regardent. Ils tiennent un nouveau talent ! Et ces trois-là ne sont pas du genre à tergiverser. Chacun, dans son domaine, est un précurseur pragmatique et pressé, « en adéquation avec son époque ». Coquatrix veut être le premier à faire connaître sur sa scène les talents émergents ; Morisse, dont le flair est sûr – et qui est en outre sensible aux charmes de l'Italienne –, a besoin d'alimenter en voix fraîches la jeune radio de la rue François-Ier ; Barclay, pour sa part, est sur le point de lancer sur le marché le nouveau format en vogue : le microsillon super-45 tours. Et il aimerait bien frapper un grand coup. Les deux premiers disques enregistrés à la hâte ne sont pas grandioses, mais le matraquage des titres, en premier lieu « Madonna », qui passe en boucle sur les ondes d'Europe n° 1, fait connaître Dalida au grand public.

C'est en Amérique du Sud, en Espagne et en Italie que sont les gisements musicaux d'où vont jaillir les futurs « tubes » exotiques. Et c'est donc au Festival de la chanson napolitaine qu'un « prospecteur » de Barclay débusque « Guaglione », un air de Marino Marini, chanteur « du soleil » également populaire en France. Signifiant « gamin » en napolitain, « Guaglione » devient « Bambino ». On est au tout début de 1957. Eddie Barclay rêvait de frapper un grand coup. « Bambino » propulse Dalida à des hauteurs où l'on ne se bouscule pas. 200 000 disques vendus les premières semaines. Éclipsée Gloria Lasso, dépassée l'exigeante Jacqueline François, qui, après le succès des « Lavandières du Portugal », était sur le point de battre un record avec « Que sera, sera ». En dépit de rares attaques dont celle de Paul Giannoli assenant que « la première agression de Nasser contre la France, ce n'est pas le canal de Suez, c'est Dalida », le coup de soleil de

« Bambino » illumine les Français. Et les jeunes soupirants se font chambrer par leurs copains avec les mots de la chanson : « Je sais bien que tu l'adores / Et qu'elle a de jolis yeux / Mais tu es trop jeune encore / Pour jouer les amoureux. » Les filles, de leur côté, copient la coiffure de la chanteuse, sa façon de se vêtir, se maquillent comme elle : khôl charbonneux et rouge à lèvres généreux.

La petite Yolanda de Choubra, ce quartier populaire du Caire où Juifs, Grecs, Français et Italiens partagent la même pauvreté ensoleillée, est devenue « Mademoiselle Bambino ». Et cette demoiselle a pris de l'assurance. Au point d'envoyer paître Bruno Coquatrix lorsque celui-ci lui propose de chanter à l'Olympia en première partie de Georges Guétary. Or, ce dernier, qui se fait gloire d'avoir joué avec Gene Kelly dans *Un Américain à Paris*, et a été la vedette de la célèbre comédie musicale *La Route fleurie*, veut chanter « Bambino » !

Son « Bambino ». Autant lui arracher le cœur. D'autant que les succès se sont accumulés : « Gondolier », « Tu n'as pas très bon caractère », « Come Prima »... Et qu'elle peut se flatter d'avoir déjà vendu 7 millions de disques.

Il ne lui manque que le « haut de l'affiche ». Ce sera Bobino, en octobre 1958.

Et lorsque, devant les 1 300 fans de la première, elle chante « Tu m'étais destiné » – adaptation française d'un titre de Paul Anka –, c'est comme si elle adressait un clin d'œil à la célébrité.

Faut rigoler

Ce qu'il y a de bien, tout au long de cette décennie, c'est que chacun peut trouver chanson à son oreille. Populaire, sentimentale, avant-gardiste, exotique. Et l'humour dans tout ça ? Il saupoudre par-ci par-là plusieurs genres et n'est pas systématiquement mis à l'index par les interprètes « sérieux ». Quand Montand chante « Le chat de la voisine » ou « Sir Godfrey » (« Il est snob à plus d'un titre / À son ch'val il donne des huîtres »), le registre est carrément fantaisiste. Idem pour « Le bricoleur », écrit par Brassens et chanté par Patachou (« Mon Dieu quel bonheur / Mon Dieu quel bonheur / D'avoir un mari qui bricole »). Certains, comme Henri Salvador – souvent aidé de son complice Boris Vian –, se plaisent aux navettes acrobatiques. La même année (1950), Salvador crée la chanson la plus tendre qui soit, « Le loup, la biche et le chevalier » (« Une chanson douce / Que me chantait ma maman / En suçant mon pouce / J'écoutais en m'endormant ») et se déchaîne sur les paroles de Vian avec « C'est le be-bop » (« Savez-vous ce qu'il faudra écouter / Sans arrêter, toute l'année / C'est le be-bop / Il faudra laisser tomber les chanteurs / Pleins de douceurs et de candeur / Pour le be-bop »).

Chanteur et comédien, Bourvil ne répugne pas non plus aux grands écarts (en 1958, son interprétation, tout en délicatesse et en nuance, de l'émouvante « Ballade irlandaise » marquera même un tournant dans sa carrière d'amuseur). Fantaisiste, Bourvil l'est assurément. C'est même sa carte de visite depuis ses débuts, juste après la guerre. En 1946, l'hebdomadaire *Quatre et Trois* assurait : « Bourvil est le seul comique vraiment drôle de la radio française. » Des « Crayons » (« Elle vendait des cartes postales / Puis aussi des crayons ») à « La tactique du gendarme » (« Un gendarme doit avoir / De très grands pieds / Mais c'est pas tout / Mais c'est pas tout »), il s'est forgé une image de paysan idiot qu'il n'est nullement dans la vie quotidienne. Mais que la presse entretient. Ne le présente-t-elle pas comme un pauvre agriculteur monté tenter sa chance à Paris ? Yvan Audouard lui-même le comparera à un « Danny Kaye rural ». Bourvil n'est pas dupe et, après tout, le succès est là…

1952 : « Voilà. Nous venons vous proposer un rôle dans une opérette de M. Guétary. » Ils sont trois, venus le voir dans sa loge du Palais des festivals à Cannes, où il vient de chanter : Francis Lopez, Raymond Vincy et Georges Guétary. Les deux premiers sont le duo gagnant de *La Belle de Cadix*, d'*Andalousie*, du *Chanteur de Mexico*. Les rois de l'opérette. Guétary est, lui, l'une des grandes vedettes du music-hall international, connu aux États-Unis, où il a notamment côtoyé un duo improbable, Bing Crosby et Bob Hope. Un chanteur de charme et un comique à égalité. C'est à ça que pensent les trois compères en rendant visite à Bourvil. Ils lui proposent un rôle dans *La Route fleurie*, une œuvre de conception nouvelle proche de la comédie musicale. Guétary sera Crosby, Bourvil, Bob Hope. Ce que n'avait pas prévu le trio de Cannes, c'est que le « faire-valoir » (car c'était cela leur arrière-pensée) volerait la vedette au grand Guétary. Dès qu'il entre sur scène, Bourvil déclenche les rires. Et lorsque le charmeur entame une chanson d'amour, les rires redoublent ! Le pompon, c'est quand le fantaisiste chante « Les Haricots » : « On doit prôner ce que l'on aime / Exalter tout ce qui est beau / C'est pour cela qu'en un poème / Je veux chanter les haricots… » Chaque fois, c'est du délire, la salle croule de rire. Et malgré sa promesse de ne pas faire d'ombre à Guétary, pendant que celui-ci chante, sa seule présence monopolise l'attention des spectateurs… et des spectatrices, que le crooner français fait d'ordinaire se pâmer. Et, galvanisé par la salle, Bourvil ne peut s'empêcher de laisser libre cours à son inspiration du moment : « Vous pouvez aller boire un coup ! Il va chanter ! » Agacé, sinon mortifié, Georges Guétary se montrera plutôt beau joueur, confiant, à la fin de leur aventure (en juin 1956) : « Ce sont les années les plus heureuses et les plus gaies de ma carrière. » Dans l'équipe de *La Route fleurie* s'est en outre révélée une jeune Belge, Annie Cordy, dont l'humour et la gaieté ne sont pas les dernières qualités.

Bourvil est désormais le comique français n° 1. Sur la scène et sur l'écran.

S'il est un autre fantaisiste qui colle parfaitement à l'esprit de ces années 1950, c'est bien Robert Lamoureux. Plus comédien à sketchs que chanteur, cet escogriffe se fait connaître en 1950 par une chanson, morceau de choix d'un spectacle désopilant « cuisiné » sur la scène des Trois Baudets (*of course*) par les champions du genre, Pierre Dac et Francis Blanche. « Papa, maman, la bonne et moi » « Casse la baraque ». En raison d'abord du pouvoir hilarant de son auteur (il en a écrit les paroles et la musique), qui interrompt régulièrement son interprétation par des loufoqueries (« Remarquez, je suis quand même sorti d'une grande école... à coups de pompe »), mais aussi parce que le texte est un miroir assez fidèle (à l'exception de la bonne) de la vie quotidienne du Français « moyen ». (« Papa, maman, la bonne et moi / Des gens comme nous y'en a des tas / On achète à tempérament / Papa, maman, moi et la bonne. ») Ou encore : « Quand on est gênés en fin d'mois / On pense qu'il y a des millions d'gens / Qu'ont sûrement les mêmes embêtements / Et cette façon d'voir prouve qu'en somme / Papa, maman, moi et la bonne / On est bien français cent pour cent. »

De son côté, la « petite Belge » de *La Route fleurie*, Annie Cordy, grandit vite. Alternant comédies musicales et music-hall, la pétulante fantaisiste enregistre disque sur disque, brûle les planches, crève l'écran (le grand et, bientôt, le petit). « C'est un soldat et le plus joli petit clown que j'ai rencontré », dit Chevalier.

« Les trois bandits de Napoli » – sa première chanson – donne le *la*. Il va y en avoir beaucoup d'autres. Dont la fameuse « Fleur de papillon » : « Au milieu de la surpris'party / Sans prévenir, grand-père est parti / Mais il est revenu tout aussitôt / Avec un vieux phono [...] Jolie fleur de pa pa pa / Jolie fleur de papillon / Dit un'voix dans l'apa pa pa / Dans le pavillon. » Le texte est une satire gentillette des producteurs et des chroniqueurs spécialisés : « Un éditeur me happa / M'offrit un million / De ma fleur de pa pa pa / Qui devint un succès fou [...]. Le triomphe de cette œuvre hermétique / Fit se pâmer nos plus grands critiques / Jusqu'à Saint-Trop on le trouve sensass'. »

On y sent aussi la patte musicale très rythmée de Jean Constantin, merveilleux compositeur et fantaisiste irrésistible. « Mets deux thunes dans l'bastringue » (« Histoir'd'ouvrir le bal / Mets ton cafard sur l'zinc / Et t'auras du bonheur pour tes 10 balles »). « Les pantoufles à papa » (pour les Frères Jacques), « Mon truc en plume » (pour Zizi Jeanmaire), « Mon manège à moi » (pour Piaf, mais Montand le mettra également à son répertoire). C'est une bête de scène, toujours de bonne humeur, et qui fuit quasiment les studios : « Je rate tous mes disques parce que ça ne m'intéresse pas vraiment. »

Sans être à proprement parler un fantaisiste, l'immigré américain Eddie Constantine, après le passage obligé de l'accueillant lit d'Édith Piaf, interprète des succès d'une certaine drôlerie. « Et bâiller et dormir », « Ah ! Les femmes », « Cigarettes, whisky et petites pépées », « Ça bardait » (« Chez Mémère à Chicago : c'est un coin très rigolo / M'avait dit un d'mes copains / Vas-y donc c'est plein d'entrain / Et pour les joyeux lurons / Pas besoin d'hésitation / Ça bardait, ça bardait / On n'avait jamais vu un truc comm'ça »).

Philippe Clay, dont le visage émacié et la longue silhouette décharnée firent dire au scénariste Henri Jeanson qu'il était « le squelette d'Yves Montand », n'est pas non plus un humoriste. Mais lorsqu'il chante « On n'est pas là pour se faire engueuler », de Boris Vian, ou « Le chanteur de charleston », le registre est bien celui de la drôlerie : « Ce gentleman dans son frac / Disait : poupée, si je claque / Je veux qu'ce soit dans un lac / Un lac d'cognac. »

Dans quelle case faire entrer « Tout ça parce qu'au bois de Chaville » ? Son parolier, Pierre Destailles, est chansonnier au Caveau de la République. Et donc facétieux. Mais si l'humour affleure dans cette chanson, il se trouve en compagnie de la tendresse, de l'ironie et de la charge politico-sociale. Sa poétique et – très, très légère – grivoiserie (« Au mois de mai, dit le proverbe / Fais ce qu'il te plaît / On s'est allongés sur l'herbe / et c'est ce qu'on a fait / Comme nous étions sous les branches / Bien dissimulés : *Samedi soir* et *France Dimanche* / N'en ont pas parlé ») touchent le cœur des Français en cette année 1953, et la chanson va s'imposer comme l'« hymne » du 1er Mai. Ses paroles sont autant de fléchettes lancées contre l'ordre établi (plus particulièrement contre le système parlementaire de la IVe République) et là, on est en plein dans le registre « chansonnier » : « On t'apprendra le code civique / Et la probité / Si tu les mets en pratique / Tu seras exploité / Par contre si tu t'en balances / Tu seras respecté / Et selon toute évidence / Tu seras député. »

Chez Ricet Barrier, en revanche, pas d'ambivalence. Fantaisiste il rêvait d'être, fantaisiste il est. Et des plus « gaulois ». Une soirée (en spectateur) dans le bouillon de culture des… Trois Baudets (triple haro), et ce jeune prof de gymnastique exécute le grand écart. Premier élève au « Petit Conservatoire » de Mireille, il va, à l'avenir, davantage travailler sa voix que ses abdominaux, et écrire également pour les autres (les Frères Jacques lui prennent neuf chansons dès leur première rencontre). Son œuvre phare est – de loin – « La servante du château ».

Ainsi que le signent ensemble Henri Salvador et Boris Vian, « Faut rigoler » : « Nos ancêtres les Gaulois / Cheveux blonds et têt's de bois / Long'moustaches et gros dadas / N'connaissaient que ce refrain-là… » Et de fait, la IVe République sera enterrée dans la bonne humeur, avec les pommes et les poires de « Scoubidou », du guitariste de jazz Sacha Distel.

C'EST QUOI, CETTE « NOUVELLE VAGUE » ?

À en juger par la somme d'articles et d'enquêtes qui leur sont consacrés, deux phénomènes passionnent et intriguent l'opinion dès le début de la décennie : les soucoupes volantes et… les jeunes. Les questions que l'on se pose au sujet de ces derniers sont telles qu'on pourrait penser qu'il s'agit d'extraterrestres débarqués des premières ! On dit d'ailleurs « les jeunes », comme on dit « les Martiens ». Avec – presque – le même cocktail d'interrogation et d'inquiétude. Car bien sûr, si la presse s'intéresse tant à cette génération, c'est d'abord par le biais de faits divers prétendument emblématiques. Et notamment l'affaire des J3.

Pendant l'Occupation, les J3 étaient les plus jeunes bénéficiaires des cartes d'alimentation, ceux dont la croissance exigeait un peu de « rab ». Oublié avec la Libération, le terme refait surface en 1948 à l'occasion du « drame de Melun ». Claude Panconi, dix-huit ans, tue un de ses camarades avec la complicité du fils d'un inspecteur de police qui avait dérobé l'arme du crime à son père. L'ouverture du procès des « J3 criminels » en 1951 captive la France.

Les journaux y envoient des ténors : Armand Gatti pour *Le Parisien libéré*, Joseph Kessel pour *Paris-Presse*… Ce dernier, qui, dans la foulée, réunira ses notes sous le titre *Le Procès des enfants perdus* (Julliard), écrit dans la préface : « Quand le journal *Paris-Presse* m'a demandé de suivre, aux assises de Melun, les débats sur le meurtre d'Alain Guyader, le mouvement qui me poussa à accepter était d'ordre général : drame du demi-siècle, mal de la jeunesse, funeste influence de la littérature, disait-on. Tout cela, comme il arrive si souvent, était exagéré. »

Et dans le prologue, le journaliste-écrivain précise : « Une nouvelle s'était répandue dans les bureaux de police, les cabinets des juges, les salles de rédaction, qui avait pour source les révélations faites par Guyader lui-même à ses camarades et qui cernait la victime d'un halo fantastique et brutal. Trafic d'armes et de drogue, millions en francs et en dollars, sociétés clandestines, exécutions impitoyables, maîtresses fatales et secrètes, insignes hitlériens, espionnage et contre-espionnage – bref, les données les plus grossièrement fascinantes des romans et des films de grande consommation – ont paru, tout d'abord, composer le caractère essentiel du meurtre et, en même temps, la trame ordinaire de leur vie pour quelques jeunes gens qui préparaient leur baccalauréat, rue des Bleuets, dans la modeste institution George-Sand. »

C'est évidemment toute cette fantasmagorie qui permet de tenir la France en haleine. Mais, conclut Kessel, à l'issue du procès : « L'affaire du bois de Malnoue, décantée, dépouillée, dénudée, s'est trouvée réduite à un tout chétif, tout misérable squelette. Un collégien en avait tué un autre sur les conseils d'un troisième parce qu'il voulait s'enfuir à l'étranger avec une collégienne qu'il aimait et que sa victime courtisait également. » Il est vrai que Kessel en a vu d'autres ! Des guerres, des massacres, des révolutions. Alors, cette affaire criminelle... Mais il est bien l'un des rares à ne pas s'être fait piéger par la mayonnaise émotionnelle dont se repaissent ses compatriotes.

André Cayatte est, lui, un limier des phénomènes de société. Et en 1953, il adapte, en la romançant, l'affaire des J3. La sortie d'*Avant le déluge* provoque un... déluge de protestations dans les milieux bien-pensants : associations familiales, jeunesses catholiques et, comme il se doit, représentants au Parlement de cette mouvance : les députés MRP. Ces derniers exigent l'interdiction d'un film « qui constitue une insulte à l'immense majorité restée saine de la jeunesse française ». Jean Médecin, le député-maire de Nice, en prohibe la projection sur les écrans de sa ville, dont la rigueur morale, comme celle de toute la Côte d'Azur, n'est pas à démontrer.

Ce qui dérange en fait ces cerbères de la vertu, c'est que les héros ne sont pas des marginaux, mais des enfants de leur

« monde ». On y voit la très jeune Marina Vlady interpréter une « fille à papa » devenue J3. Cinq ans après les faits, deux ans après le procès, l'affaire continue donc d'alimenter les passions. Et permet à un terme des années noires – avec l'aide de journalistes friands de clichés – de poursuivre une carrière inattendue.

« Brusquement, on reparle des J3 », écrit Georges Belmont dans *Paris Match*, à propos d'un nouveau fait divers impliquant des jeunes. Décor : « Près du Palais-Royal, un "club" comme il y en a tant aujourd'hui – une cave pseudosurréaliste, beaucoup de fumée de cigarettes, beaucoup de jeunes, garçons et filles, plus de Coca-Cola que de fine ou de whisky. Quand la porte s'ouvre, des relents de jazz s'échappent dans la rue. Mais parfois, la porte s'ouvre sur une tragédie, et c'est un garçon qui roule dans la nuit au volant d'une 4 CV… Alors ? Il arrête la 4 CV sous des arbres… Une détonation… Erik Malan, fils de famille, dix-neuf ans, élève de philosophie qui avait moto et VéloSolex et pouvait rouler, s'il en avait envie, dans la voiture de son père, ou dans celle de sa mère, s'affaisse sur le volant de la 4 CV qu'il avait volée. »

Et si l'on reparle alors des J3, c'est que « l'affaire ne conduit pas seulement à l'un des lycées les plus "bourgeois" de Paris, où l'on découvre que des adolescents de quinze à seize ans mêlent étrangement à la préparation des examens le trafic des cigarettes blondes et des revolvers… Avec elle, c'est tout le dossier de la jeunesse française que rouvre une opinion inquiète ». Diable ! Mais oui, « démontre » le journaliste : « Si le crime et le vice gagnent le milieu social où la jeunesse a tout pour être heureuse, c'est que le mal est plus grave et plus profond qu'on ne le pensait. » Et pourtant, ce « fait div » n'est que le *lead* d'un long article destiné à prouver le contraire, comme l'annonce le titre : « Contre un fait divers de J3, les chiffres révèlent : la jeunesse française est la plus saine du monde » ! Sains, délinquants, perdus. Vrai ou faux problème. Invention médiatique ? Toujours est-il qu'on se rue sur les jeunes. Pour les mettre en scène, les condamner, les justifier, les étudier. À Robert Kanters et Gilbert Sigaux, auteurs de la première enquête importante (*Vingt ans en 1951*, Julliard), un adolescent jette : « Nous n'y voyons plus clair, il y a trop de monde devant nous, trop de vieux qui ne laissent pas leur place. » La même année, un numéro spécial de *La Nef* se penche sur « Le mal du siècle ». Un étudiant de l'Institut national d'études politiques y déclare : « Il est impossible à un jeune de ne pas être angoissé. Nous ne savons pas si demain nous serons russes, américains ou si nous pourrons rester français. »

Sous le titre « Attention, la vague des jeunes arrive ! », Alfred Sauvy – qui publiera en 1959 *La Montée des jeunes* chez Calmann-Lévy – joue les Cassandre dans *L'Express* du 25 juin 1955 : « Chaque année, la jeunesse, un peu renforcée, réclame le droit de vivre. Demain, ce sera le droit de travailler. Si ces droits lui sont étroitement mesurés, à la phase passive succédera la phase active. »

En 1957, ce sont Jean-René Huguenin et Renaud Matignon qui, pour l'hebdomadaire culturel *Arts*, scrutent cette génération… dont ils font partie. *Les Nouvelles littéraires* concurrentes publient de leur côté l'étude d'Henri Perruchot sur « La France et sa jeunesse ». Parodiant Pierre Lazareff, patron du « seul quotidien vendant plus de 1 million » (il s'agit bien sûr de *France-Soir*), on serait en droit de dire « les jeunes, c'est bon, ça, coco ».

Ça va surtout être bon pour *L'Express*. L'hebdomadaire « moderne » de Jean-Jacques Servan-Schreiber (provisoirement rappelé à ses obligations militaires en Algérie) et de Françoise Giroud ne pouvait ignorer un tel phénomène de société. Mais comment éviter la caricature, le lieu commun, le procès ou au contraire l'angélisme paternaliste ? Et si on lançait un sondage d'opinion, se dirent les têtes bien pleines du « journal des cadres » ? N'ont-ils pas été parmi les premiers de la presse française à faire appel à cette méthode dans le dessein de « photographier » certains aspects de la vie politique et notamment tester la popularité de leur ami Mendès France ? Pourquoi ne pas essayer sur une question de société, en s'adressant à l'Institut français d'opinion publique, gage « scientifique » ?

Vaste programme. « La fraction des Français qui est en train de s'engager dans le présent et sur laquelle se fonde l'avenir de la nation, écrit Françoise Giroud, se compose d'environ 8 millions d'hommes et de femmes de dix-huit à trente ans. » Vingt-quatre questions pour se faire une opinion sur leurs idées, leurs envies, leurs frustrations, leurs espoirs…

Le résultat de l'enquête est tel que *L'Express* publie ce qu'il appelle le « document de l'année » sur deux numéros, les 5 et 12 décembre 1957. Son retentissement est d'autant plus grand que derrière les réponses des représentants de la « nouvelle vague » (le terme est une trouvaille de Françoise Giroud), c'est le portrait de la France qui se dessine. Et l'impact est renforcé par l'immense courrier des lecteurs que le sondage a généré : 15 000 lettres !

Avalanche épistolaire que Giroud sélectionne et commente l'année suivante dans la collection « L'air du temps » (dirigée par Pierre Lazareff !) chez Gallimard. Alors, ces jeunes ? Et d'abord, estiment-ils avoir de la chance de vivre à cette époque ?

« Oui, parce que c'est une époque troublée, répond curieusement un étudiant en médecine, une époque de décadence qui évoque la fin de l'Empire romain. Je pense que je verrai de mon vivant s'écrouler cette civilisation. »

« Nous sommes à l'époque des réponses fondamentales aux problèmes posés par l'homme », espère cet autre. Un « haut fonctionnaire » de… vingt-quatre ans joue les cyniques : « Comment ne pas trouver passionnante une ère où l'on a deux chances sur trois de ne pas mourir dans son lit ? » Un écrivain de vingt-neuf ans qui, « en 1944, à l'âge de seize ans, a appartenu à un mouvement collaborationniste » (les « collabos » de la dernière heure furent moins nombreux que les résistants du même carat), trouve que « c'est une extraordinaire aventure que de vivre à l'époque actuelle ». Mais il n'a pas renoncé à ses espérances de première jeunesse quand il assène : « L'important est que notre époque verra la fin de la démocratie […]. Un monde technique comme est le nôtre, et comme le monde de demain le sera plus encore, ne peut être qu'un monde essentiellement aristocratique, où le pouvoir sera concentré entre les mains d'une très petite élite. » Certes non, semble lui répondre ce technicien radio de vingt-quatre ans : « Je crois qu'il y a une chance à vivre à l'heure actuelle, car ce n'est pas une époque où l'on vivote, mais où l'on découvre et où l'on progresse. En fait, où s'intéresser n'est plus l'apanage de privilégiés. »

« J'ai plutôt de la chance, confirme un ouvrier. Il y a du travail pour tout le monde et pas de conflit international. » (La guerre d'Algérie est, il est vrai, un conflit franco-français...) Pour ce jeune cantonnier, c'est « une chance formidable, car [j']espère ainsi pouvoir aller voir la Lune et la planète Mars ». Même enthousiasme chez cet employé de la SNCF : « Hier, c'était encore l'archaïsme. Actuellement, j'ai l'impression que nous changeons de siècle tous les dix ans. Je vis dans l'émerveillement de la science. »

Et pour les femmes ? « De la chance, reconnaît une étudiante de dix-huit ans. À cause de la liberté dont jouissent les femmes. » Avis partagé par cette autre étudiante, « parce qu'il est normalement admis que la jeune fille lutte pour son avenir personnel, professionnel, comme le jeune homme ». Employée de bureau de dix-neuf ans, celle-là exprime la même satisfaction en parlant de « nous les filles, qui ne nous complaisons plus à attendre le prince charmant et préparer l'avenir en restant au coin de feu ». Idem pour cette ancienne de Sciences-Po devenue femme au foyer à vingt-quatre ans : « Ce devait être horrible d'être considérée comme des êtres inférieurs ou comme des poupées ! » Un bémol, toutefois : « L'ennui, c'est qu'il est indispensable qu'une fille ait "un métier" mais que dans la plupart des cas, elle soit obligée de l'abandonner après son mariage. » Il y a encore cette jeune femme travaillant dans une maison d'édition et qui se trouve chanceuse « parce que nous nous rapprochons de plus en plus de la vérité. La psychiatrie, la psychanalyse nous permettent d'être plus lucides vis-à-vis de nous-mêmes et – ce qui est plus important – plus conscients ».

Une ouvrière « sur machines » dans la métallurgie est plus prosaïque : « De la chance, oui, au point de vue avantages sociaux, ce qui nous permet de voyager un tout petit peu. » Cette prof de lettres, enfin, heureuse de vivre à une époque « où nous sommes en partie débarrassés de l'omnipotence du clan familial, libérés de beaucoup de tabous sociaux. C'est peut-être ce qui produit l'anarchie des mœurs, mais aussi cela ouvre un certain nombre de portes ».

Vivre dans cette seconde moitié des années 1950 n'est pas considéré comme un privilège par tous les jeunes. Loin de là. Elle a vingt ans en 1957 et, pour elle aussi, de toute évidence, ce n'est pas le plus bel âge de la vie : « De toutes les inventions modernes, aucune ne me satisfait. Elles tendent toutes à affaiblir l'homme physiquement et moralement [...]. Le cerveau humain devient une monstrueuse machine à calcul [...]. Notre vie est une entreprise industrielle. La ville où nous vivons ? Une usine avec air conditionné et relents d'essence [...]. Les jeunes sont élevés dans un esprit de lâche compétition. »

Mère, sans le désirer, à dix-huit ans (« je me suis brûlé les pieds avec des bains de farine de moutarde, fait une injection d'eau savonneuse, sans obtenir le résultat espéré »), un mari mobilisé en Algérie, battue par sa mère « catholique très pratiquante », cette jeune femme de vingt-deux ans n'a guère de raisons d'être heureuse dans son époque : « La guerre d'Algérie me révolte. C'est un crime pour la société bourgeoise de pratiquer l'avortement, mais elle tue des jeunes de vingt ans. » Quant à cette infirmière, elle « regrette le temps dit "facile" de l'entre-deux-guerres » et « éprouve une sorte d'envie agressive contre ceux dont la jeunesse s'est déroulée à cette période et qui ont pu connaître pendant quelques années un peu d'insouciance ». Une autre jeune femme « au foyer » reproche à son époque d'aller « trop vite ». « Nous ne savons plus apprécier un coucher de soleil. »

Il a vingt et un ans, il écrit : « Je suis fasciste » (tout en étant contre la guerre d'Algérie, œuvre d'« hommes de gauche ») et il pense que « c'est une malchance de vivre à une époque où tout avenir est obscurci par la menace d'une guerre atomique. Notre malchance est encore plus grande en tant que Français, nous qui avons le malheur d'être les citoyens d'un pays décadent ». Sans doute possède-t-il des informations sur la capacité de l'arme nucléaire de faire le tri entre décadents et non-décadents...

Un élève d'une école hôtelière est péremptoire : « Nous serons de plus en plus esclaves de la mécanique. L'individu sans certificat, sans fortune, sans connaissances techniques, ne possédant que son bon sens d'homme, ne pourra plus se faire valoir. » « Plutôt de la malchance » pour ce jeune médecin de campagne. « Malchance encore d'être à un âge de progrès scientifique (du satellite russe, des antibiotiques, voire du CinemaScope) tout en restant à un certain moyen âge politique (questions raciales de Little Rock, affaires algériennes, luttes d'influence américano-soviétiques). »

Pour un étudiant en médecine de vingt-deux ans, la malchance consiste à vivre dans une société où... « un coiffeur gagne quatre fois plus d'argent qu'un professeur, et ainsi des patrons de bistrot, des bouchers et autres intermédiaires florissants qui roulent en Versailles à côté de capitaines en VéloSolex »... Heureusement qu'il n'a pas en face de lui ce commis crémier, qui a à peine dépassé le quart de siècle et qui se lamente : « Ah ! C'est de la malchance de vivre à l'époque actuelle. Vous vous rendez compte : quatre enfants à nourrir et à habiller. Il faut se lever à 4 h 30 du matin tous les jours pour aller au boulot. Le dimanche, on fait des tournées sur les marchés. Tout ça, juste pour joindre les deux bouts. Tout passe dans les impôts. Bien sûr, je fais des économies, en vue de la boutique que je veux acheter, mais on n'est sûr de rien. On peut dévaluer le franc. D'ailleurs, la Caisse d'Épargne, les banques, ce n'est plus sûr. Aujourd'hui, faut économiser, mais pas avec des billets, vous m'avez compris. » Pas question pour autant, afin de mettre du beurre (œufs, fromage) dans les épinards, que son épouse ait une activité à l'extérieur : « Si toutes les femmes travaillaient dehors, qui c'est qui ferait les gosses ! » Le client rêvé pour Pierre Poujade.

Et les agriculteurs français ? Celui-ci vit « au sud de la Loire » : « La situation du paysan français, vivant sur lui-même, incapable de participer aux progrès économiques ou de profiter un peu des nouvelles techniques, est aberrante. Depuis cinquante ans, on sacrifie l'agriculture systématiquement au profit de l'industrie. » Qu'on ne s'avise pas à lui dire que c'est une chance de vivre à cette époque.

Ce sont sans doute les réponses à la question sur les conditions de vie matérielles qui fournissent la radiographie la plus précise de la vie quotidienne de ces jeunes Français. En tête des choses dont ils se sentent privés, dans l'ordre : les vacances, un moyen de transport personnel, les distractions, les appareils ménagers, le logement. Signe que le temps des restrictions n'est plus qu'un souvenir, la privation de nourriture n'est ressentie que par 2 % d'entre eux. Avec toutefois cette réserve que, si le questionnaire ne s'est pas limité aux lecteurs de *L'Express* et a été diffusé dans des usines, des magasins, des facultés, a été publié dans *France-Soir* et *Paris-Presse*, on peut penser que les plus défavorisés ont été moins nombreux à répondre et surtout à écrire à l'hebdomadaire.

Mais que d'informations sur les grandes difficultés et les petites satisfactions de la vie de tous les jours ! Ces morceaux choisis évitent, pour des raisons évidentes, les témoignages de ceux qui ne manquent de rien.

« Matériellement, confie un étudiant en histoire-géo, il m'a toujours manqué de tout un peu. J'allais écrire le superflu. Mais où commence le superflu ? Bien sûr, je fais un crochet devant les librairies et les magasins de disques pour ne pas voir leurs devantures, mais je n'ai jamais eu à faire un crochet devant une boulangerie parce que j'avais faim. Bien sûr, en fin de mois, je décide de remettre une fois sur deux dans le paquet la cigarette que je viens d'en extraire ou d'emprunter *L'Express* au lieu de l'acheter, mais tous les soirs, je retrouve un lit, avec un plafond au-dessus. »

Ce jeune « adjoint de direction administrative » estime qu'il lui manque « peu de choses essentielles », mais quand il les énumère… « J'éprouve d'énormes difficultés à habiller mon petit monde et moi-même (la nourriture, le gaz, l'électricité, le charbon sont trop chers). Nous nous privons de spectacles, voyages, livres. Nous aimerions acheter une machine à laver pour soulager la maman et une voiture pour le plaisir de papa et des gosses. »

Un enseignant relativise : « Je crois que je suis obligé de me priver… d'habits. Je ne fais pas mes cours en haillons, mais j'aimerais une élégance que m'interdisent d'autres besoins plus impérieux (nourriture, logement, livres). Mais enfin, ce n'est pas très grave. »

« Je ne possède ni radio, ni télévision, ni voiture », écrit cet employé d'hôpital, qui a surtout du mal à se priver de disques et de livres à « prix prohibitifs ». Mais « le jour où je pourrai m'offrir réfrigérateur et voiture, fasse le ciel que le besoin de culture ne me fasse pas défaut ! ».

« Je me prive (et ma femme aussi), se plaint un fonctionnaire, de distractions, de viande, de dessert, de recevoir… d'une foule de choses. » Pour cet ingénieur mécanicien de la marine marchande, « ce qui me manque le plus sur le plan matériel, c'est un bon logement. Je suis obligé de me priver de vêtements et continue à porter un costume usé ». Fin – relative – des restrictions ne signifie pas, on le voit, société d'abondance.

« Je me sens surtout privé d'une auto, sans conteste, regrette un libraire débutant. Mais on vit à une époque où l'on est obligé de plus en plus de faire tout soi-même : d'où une machine à coudre, une machine à laver, une machine à tricoter sont indispensables. » Quand il dit « on est obligé », ce jeune homme parle selon toute vraisemblance de son épouse…

La longue réponse d'un ajusteur synthétise assez bien la vie matérielle et les envies des jeunes ouvriers. Lui et sa femme enceinte, dans une seule pièce « avec eau, gaz, électricité, radio », précise-t-il. « Le logement devrait être le principal souci de nos députés. La situation est lamentable… Je voudrais bien devenir propriétaire d'un logement à Paris, mais pour un ouvrier, c'est inabordable ; j'y consacrerais volontiers 15 % de mon salaire. Nous projetons l'achat d'un petit réfrigérateur, mais les projets sont limités faute de place… Les changements par rapport à la génération de mes parents ? C'est surtout le progrès. Il y avait moins de cinémas, moins de distractions, moins de machines. Mais par contre, eux, ils avaient une maison. Ils pensaient d'abord à leur intérieur. Maintenant, on pense surtout à sortir, pour la bonne raison qu'il n'y a pas de logement. »

Différentes, mais pas plus reluisantes, sont les conditions de vie des jeunes agriculteurs, à l'image de ce Breton : « Quand nous sommes arrivés, la ferme était encore en terre battue ; maintenant, nous avons installé un plancher. Le puits est à 6 mètres. Nous n'avons pas d'eau courante, bien sûr… Pour les loisirs, nous sommes allés une fois à la foire-exposition de Brest. En 1956, nous avons acheté une quinzaine de disques : du folklore breton, des Compagnons de la chanson, du grégorien. Nous avons un électrophone. » Cette ouvrière de vingt-deux ans, comme les nombreuses

« victimes » de l'exode rural, n'est en revanche pas fâchée d'avoir dit adieu à la terre : « Ce n'est pas marrant, mais c'est mieux que la ferme d'où je viens. Ma piaule est pas reluisante, mais enfin, j'y dors pas avec les bêtes... Et ici, au moins, j'ai une chance de me marier avec un qui m'épousera pas pour que je donne à manger aux cochons. » Une autre, vingt ans, qui est restée travailler à la ferme familiale, n'est pas très exigeante. « C'est à tout le monde, je crois, qu'il manque quelque chose. Moi, c'est des vacances, car je ne suis jamais allée en vacances et c'est certainement pour ça que je trouve ça magnifique. »

Elle a vingt-cinq ans, un fils, un mari métallurgiste, ils habitent à Paris une petite chambre d'hôtel. « Je suis ménagère, femme d'intérieur, mère de famille, appelez ça comme vous voudrez. Ce qui me manque le plus ? Avoir au moins 5 000 francs d'avance en cas de maladie, pour la tuile inattendue... On a beau faire, on n'y est jamais arrivé [...]. Ce qui pâtit le plus : les chaussures. Quand on a vingt-cinq ans, les escarpins qui bâillent [...]. On y arrive en supprimant chaussures, cinémas, gâteaux [...]. » Vingt-cinq ans, femme de vétérinaire, elle « y arrive » mieux. Mais : « Sur le plan matériel, peu de choses me manquent, si ce n'est un appartement plus grand (nous avons deux pièces minuscules et pas de WC). »

Cette provinciale, femme de représentant à Saint-Nazaire, n'est pas non plus vraiment à plaindre, même si « nous ne pouvons nous payer qu'un manteau tous les quatre ans. Nous aimerions une 403, mais gardons notre 203. Je me prive de coiffeur, de bas, de livres, de disques. Mon grand rêve serait d'aller une fois par an quelques jours à Paris... Mais je n'arrive même pas à aller à Nantes visiter son musée ».

La hiérarchie et la variété des privations sont, chez cette jeune prof d'enseignement technique, plus originales, voire excessives : « Nous nous privons de vin (deux bouteilles de rouge le dimanche et dans les grandes occasions), de pâtisseries, de hors-d'œuvre, de primeurs, de coiffeur (j'ai des mèches raides, ce n'est pas agréable), d'un manteau d'hiver (le mien va faire sa septième saison), de meubles, de livres, de disques, de spectacles (même le cinéma revient trop cher avec le transport et la garde des enfants), de voyages, de voiture ! Mieux vaut ne pas en parler. » Et de quoi faut-il parler ?

De cette jeune enseignante de province ? « Dans une petite ville, un professeur doit "tenir son rang" (c'est-à-dire être décemment vêtu). Il est obligé neuf fois sur dix de prendre ses repas au restaurant et de donner son linge au blanchissage (les propriétaires aiment bien louer à des professeurs, mais ne tiennent pas à ce que ces dernières lavent, cuisinent ou reçoivent…). Alors, faites vous-même le calcul. » Elle doit beaucoup calculer, la « nouvelle vague ». D'autant plus qu'elle commence à être sollicitée par les nouveaux modes et produits de consommation « à l'américaine » : réfrigérateurs, machines à laver, postes de télévision…

Hors ce – difficile – univers matériel et un contexte géopolitique inédit, cette « nouvelle vague » est-elle si différente de « l'ancienne » ? À cette question de l'Ifop, 76 % ont répondu non ! À rapprocher peut-être des 69 % qui estiment encore que la « meilleure orientation pour une femme » est de « se consacrer à son foyer ». Si l'Algérie est le « problème national n° 1 » pour une petite majorité (28 %), ils sont 38 % à croire qu'ils verront « de leur vivant, une nouvelle guerre mondiale » et se partagent (27 et 28 %) entre ceux qui pensent que « la société française se transformera dans l'avenir en société socialiste » et ceux qui pensent le contraire. La manière dont les gens se sont comportés pendant la dernière guerre ? 60 % y accordent de l'importance. Et ce qui va bien en France en cette année 1957 ? Trio gagnant : les PTT, la liberté, la SNCF. Ce qui va mal ? La politique, le régime, la situation économique, le logement, les débouchés pour les jeunes. Ils ne sont malgré tout que 20 % à croire qu'ils seraient plus heureux s'ils vivaient ailleurs qu'en France.

Du jazz au rock'n'roll

1950. Cela fait cinq ans que, la guerre terminée, et avec elle le couvre-feu, une partie de la jeune génération de Paris et d'ailleurs respire à sa façon l'air de la liberté en s'engouffrant chaque soir dans des caves enfumées pour y écouter, tout en dansant, les musiciens héritiers du Storyville de La Nouvelle-Orléans. À l'instar du clarinettiste Claude Luter, qui « chauffe » les soirées du Lorientais. Be-bop et boogie-woogie acrobatiques importés par les GI's de la Libération continuent d'alimenter les sarcasmes et les indignations de la presse « bourgeoise », bien ingrate à l'égard des « existentialistes » et des excentricités de Saint-Germain-des-Prés, qui constituent pour elle un filon. Jusqu'à quand ? L'apparition d'une petite chose ronde de 17 centimètres de diamètre, en matière plastique, est en effet en voie de chambouler les habitudes ludiques de ces jeunes avides de bonheurs immédiats : le microsillon 45 tours. Un titre par face. Vers la fin des années 1940, aux États-Unis, la firme Columbia avait lancé le 33 tours de 30 centimètres, fossoyeur immédiat du lourd et fragile 78 tours. Mais c'est sa concurrente RCA et son disque miniature qui sont plébiscités, d'abord par les *teenagers* américains, puis par leurs « cousins » européens. En France, l'engouement pour le 45 tours explose véritablement à partir de 1953. C'est l'année où Pathé-Marconi (entreprise française immortalisée par l'image du chien et du phonographe, « la voix de son maître ») frappe un grand coup en créant le même format, mais avec quatre titres ! Et un trou central permettant d'empiler près d'une dizaine de disques sur l'axe d'un électrophone à changeur automatique.

C'est tout un nouvel univers musical qui se répand, s'impose et révolutionne les loisirs des jeunes. Tout nouvel air, toute nouvelle chanson franchit ces balises : radio, juke-box, disquaire, tourne-disque (de préférence portatif comme l'emblématique Teppaz). Nul besoin désormais de s'encaver pour écouter et danser sur ses morceaux de jazz préférés quand on peut se réunir chez soi, dans un local ou même dans la nature. Tout est bon, au son des « Hey-ba-ba-re-bop » de Lionel Hampton, pour mimer la chorégraphie spectaculaire du Tabou ou de La Huchette : l'atelier d'ébénisterie paternel, à Grasse, nettoyé de son matelas de copeaux pour la surboum du dimanche et ce « Only You » des Platters si propice aux « travaux d'approche » ; l'arrière-cour du petit hôtel familial de Port-Navalo où cousins et cousines s'exercent aux voltiges du be-bop...

En déplaise aux puritains chroniques de l'Amérique blanche, et à leurs relais tricolores un peu moins excessifs, ces gesticulations sont bien innocentes. Et les goûts musicaux des jeunes Français, dans cette première moitié de la décennie, n'ont rien de subversif. Jazz et chansons françaises. Georges Brassens, pour son anticonformisme, et Gilbert Bécaud, pour son tonus, sont les plus « asociaux ». C'est dire. Mais tout va s'emballer en 1955. Que s'est-il donc passé en trois mois cette année-là pour que d'un (sage) « Week-end chez les rois du jazz » (*Paris Match* d'août), on passe à un (menaçant) « Raz de marée du jazz sur le monde » (*Paris Match* d'octobre) ? Compte-rendu du premier événement : « Newport (État de Rhodes Island) a été pendant trois jours la capitale du jazz. Dans un terrain de football, la plus grande *jam-session* du monde eut lieu. Aux côtés du vieux roi Armstrong, les *soli* de Coleman Hawkins, de Roy Eldridge firent hurler de joie le public qui débordait le service d'ordre. La musique, "ce bruit le plus cher du monde", mérita son surnom : vingt minutes de Louis Armstrong furent payées 250 dollars (860 000 francs), Ellington, qui toucha la même somme, ne joua pas : il fut le maître de cérémonie du jazz. » Une photo montre des jeunes – en majorité blancs, mais visiblement pas racistes – paisiblement installés sur des chaises. « Quand Armstrong joua "Les Saints", dit la légende, 10 000 personnes crièrent d'une seule voix : "Go !" » Sur une autre, une poignée de « fans en extase ». Debout. Veste et cravate pour les garçons, robe, cardigan, foulard pour les filles. Des jeunes gens plutôt sages… Le calme de l'été avant la tempête de l'automne.

Car à la rentrée, ces jeunes-bien-sages semblent s'être métamorphosés. « Trois chahuts, presque trois émeutes, simultanément à des milliers de kilomètres », titre *Paris Match*, qui évoque l'« ampleur de la maladie du jazz ». « Paris. À l'Olympia, 5 000 adolescents survoltés par la clarinette de Sidney Bechet ont saccagé la salle sous les yeux hagards de Bruno Coquatrix. Le concert était gratuit : Bechet l'offrait pour fêter son millionième disque. Los Angeles. 25 000 fans ont contraint Big Jay McNay à jouer épuisé jusqu'à l'évanouissement. Hambourg. Les admirateurs de Louis Armstrong se sont jetés sur l'orchestre et ont brisé les instruments. »

Un peu plus tard, c'est Amsterdam qui est gagnée par la « maladie du jazz ». Le directeur du vénérable Concertgebouw, où n'ont jusque-là résonné que les accords d'un des meilleurs orchestres symphoniques d'Europe, a pris l'audacieuse initiative d'inviter Lionel Hampton. Si la première partie du programme se passe dans les règles classiques du jazz – *yeh* d'approbation, balancements rythmés, applaudissements et sifflets admiratifs entre les morceaux –, l'atmosphère change brusquement lorsque Hampton se tourne vers l'orchestre et annonce « Flying Home ». C'est le tissu rouge brandi sous le nez du taureau. En une minute, la scène est envahie par les jeunes qui se mettent à danser, assiègent avec dévotion le vibraphone du maître, qui continue de jouer avant… d'être encadré par deux policiers surgis de la salle qui l'évacuent et l'enferment dans sa loge !

Dans *Science et Vie*, Jean Vincent observe ces « malades » avec plus de hauteur : « Si ces manifestations ont donné du papier aux journalistes et l'occasion aux jérémies de lever les yeux au ciel en murmurant : "Quelle jeunesse !" ou "Pauvre France !", elles ont aussi éclairé un phénomène musical, social et psychologique tout à fait unique : l'emprise du jazz sur un public étonnamment large, qui oublie de profondes différences culturelles, nationales et raciales au son de la musique la plus controversée du monde. »

Phénomène musical unique, musique la plus controversée du monde… Que dire alors de cet autre rythme né lui aussi aux États-Unis, et qui commence à bourrasquer le trop-plein d'ordre moral, l'hystérie maccarthysme et la ségrégation raciale : le rock'n'roll. Cocktail de blues, de country music, de rythm and blues, de folk music, de gospel, de boogie-woogie, il est en train de s'imposer comme « la » musique que les jeunes attendaient. Chez nous, en cette année de la « rage du jazz », seuls des initiés l'évoquent. Mais la pandémie est en route. Sa date de naissance est en revanche plus incertaine.

En 1951, un disc-jockey de Cleveland, Alan Freed, jouant pour une audience multiraciale, aurait été le premier à appeler « rock'n'roll » cette « musique du diable » aussitôt condamnée par la bonne société. Le profane retiendra surtout deux dates de la même année 1954. En mai, un certain Bill Haley et son groupe, The Comets, enregistrent « Rock Around the Clock ». Peu d'écho… En juillet, un garçon de dix-neuf ans, originaire du Mississippi, se présente aux studios Sun de Memphis afin d'enregistrer une bluette pour sa mère. Le patron des studios, Sam Phillips, qui avait dit « Donnez-moi un Blanc qui chante comme un Noir, et je gagnerai un million de dollars », « sent » immédiatement l'oiseau rare chez ce brun un peu canaille, à la dégaine suggestive et qui, par-dessus tout, est un familier des grands noms du blues et « chante comme eux » ! Il chante surtout comme… lui. Son nom : Elvis Presley.

Mais c'est cette fameuse année 1955 qui, une fois de plus, va donner le signal. Passé quasiment inaperçu, « Rock Around the Clock » est choisi comme bande sonore principale du film *Blackboard Jungle* (*Graine de violence* dans la version française de 1956). Et c'est l'explosion ! Le gentil et joufflu Bill Haley, qui ressemble plus à un employé de bureau inoffensif qu'à un rebelle débraillé, est propulsé au sommet des hit-parades américain et britannique. « Rock Around the Clock » devient le premier tube de l'histoire du rock'n'roll. Et le détonateur d'un mouvement qui, de la musique, va influencer la mode, le langage, le cinéma, la littérature. L'antithèse de ce qui sied à tout bon conservateur.

Aux États-Unis, l'éruption du rock'n'roll coïncide en effet avec une poussée des tensions raciales et des manifestations contre la ségrégation dans les écoles et les services publics. Le rock'n'roll, en combinant musique noire et musique blanche, provoque inévitablement de violentes réactions. Le grand magazine *Life*, référence du reportage photographique, est obligé de tenir compte de la véritable haine que son fondateur, Henry Luce, porte à Elvis Presley. Celui qui va très rapidement devenir « The King » y est qualifié, au mieux, d'« excité congénital bizarroïde qui ne fait que hurler », au pire, de « menace morale qui rend folles les jeunes filles sans protection ». Dans ses prêches, un révérend de Des Moines accuse « l'esprit du presleyisme [*sic*] d'avoir aboli toute morale ».

L'interprétation de Presley, en 1956, de « Hound Dog » sur la chaîne de télévision CBS décuple sa sulfureuse réputation. Ses déhanchements provocateurs déchaînent à tel point ses détracteurs qu'il sera désormais interdit de le filmer en dessous de la ceinture… Le juge Marion Gooding de Jacksonville (Floride) ira même jusqu'à le menacer de plainte pour « obscénité ». « Ne sous-estimez pas l'intelligence des *teen agers* en matière sexuelle, lui lance Son Honneur, ils savent faire le tri. » Elvis rencontre le juge, lui promet de « se tenir » et, le soir même, rend hystériques les jeunes filles de Jacksonville par sa voix mais également ses gestes suggestifs. Elles ont fait le tri…

En France, il faut attendre la sortie, en 1956, de *Graine de violence* pour assister au déferlement du rock'n'roll, peu apprécié par les « vrais » amateurs de jazz. Dont Boris Vian, Henri Salvador, Michel Legrand, qui s'amusent à le caricaturer par des chansons aux paroles ridicules comme « Rock'n'roll mops » ou « Rock hoquet ». Salvador estime plus prudent de prendre à cet effet le pseudonyme de Henry Cording.

Avec certes moins de virulence qu'en Amérique, la France des passéistes grincheux réserve un accueil hostile à cette « musique de sauvages ». Sous le titre « Une caricature du jazz : le rock'n'roll », un certain Philidor signe dans un numéro du *Monde* d'octobre 1956 une méchante attaque : « La lèvre pendante, le corps en Z, les mains tremblotantes, ainsi se présente aujourd'hui l'amateur de rock and roll [*sic*] en action. Ce n'est pas la première fois que le jazz provoque chez les moins de vingt ans des manifestations d'anthropoïdes. Pour nombre de potaches, les forces instinctives que libère la nouvelle musique sont un précieux philtre destiné à désarticuler la respectabilité [...]. Nous n'avons rien contre cette gymnastique en chambre [...]. Pratiquée en public, elle est d'un goût plus contestable. Un homme impose à son voisin, qui n'est peut-être pas arrivé encore à cet état de transe, une gesticulation envahissante. Le spectacle peut être aussi pénible que celui de l'ivresse. » Après avoir rappelé ce qu'il appelle les « ravages collectifs » qui lui font écrire qu'« avec le rock and roll il semble qu'on risque gros », le journaliste masqué, qui assimile ce rythme à du « jazz dégradé », pose la question qui en taraude plus d'un : « Que diable se cache-t-il dans cette musique ? » « Le jazz n'est conçu ici que comme un excitant, il n'est plus la musique du peuple noir des États-Unis, mais une entreprise d'abrutissement rythmique [...]. Le halètement des instruments n'a plus rien de naturel. On y décèle un érotisme vulgaire. » Philidor ne désespère pourtant pas : « Nous n'avons pas une vocation d'ancêtre. Le vrai jazz sera toujours défendu dans ces colonnes. Mais cette piteuse caricature qui a nom rock and roll ne dépassera pas, souhaitons-le l'audience d'une oisive jeunesse, à tout asservie. » En 1958, le préfet de police Maurice Papon, dont on a oublié le palmarès ferroviaire pendant l'Occupation, va même jusqu'à envisager l'interdiction du rock'n'roll. Les jeunes Français, comme ceux d'autres latitudes, n'ont cure de ces « croulants » qui, d'ailleurs, ne savent même pas faire la distinction entre jazz et rock. Ils se reconnaissent dans cette musique « sensass », dans l'énergie syncopée qu'elle contient et qu'elle leur transmet. Ils se jettent sur tout ce qui est rock'n'roll. Ils écoutent les fréquences radio des bases américaines qui diffusent allègrement les disques de Presley, de Buddy Holly, d'Eddie Cochran, de Gene Vincent, de Jerry Lee Lewis, de Little Richard, ou encore de la toute jeune Brenda Lee, seule fille à atteindre ce panthéon, avec son tube « Dynamite ». Ils attendent avec fébrilité le dernier 45 tours de leur idole.

Faire la connaissance d'un militaire américain basé en France est une activité rentable : les PX, ces magasins de l'US Army, reçoivent, avant les distributeurs français, le dernier Presley. À Cannes, où le porte-avions *Forrestal*, navire amiral de la septième flotte, a le bon goût de mouiller régulièrement, les jeunes guettent sur les quais le débarquement des permissionnaires en tenue et à bob blanc pour leur demander s'ils ont le dernier disque de Duane Eddy ou de Johnny and the Hurricanes.

45 tours, juke-box, transistor, électrophone, blue-jean, tels sont les mots clés du vocabulaire rock'n'roll. Avec ces simples termes, tous les jeunes de la seconde moitié des années 1950 se comprennent. En Amérique, ils les aident à oublier les tensions raciales et un étouffant conformisme ; en France, ce qui les attend tous – ou presque : la guerre d'Algérie. Les sociétés trouvent toujours le moyen d'assagir les rebelles. Elvis Presley lui-même endosse en 1958 l'uniforme pour un exemplaire service militaire en Allemagne. Et enregistre « GI's Blues »…

La bataille de Coca-Cola

Janvier 1950. Cette fois, ils vont résister, se battre. « Ils », ce sont les viticulteurs et les bouilleurs de cru, défenseurs désintéressés du bien-boire à la française. Et ils ne sont pas seuls. Le puissant Parti communiste français sonne l'appel à la mobilisation générale de ses militants contre cette invasion qui menace le pays. L'ennemi ? Une petite bouteille remplie d'un liquide brunâtre, sucré et pétillant, le Coca-Cola *made in USA*. Le 5 décembre précédent, l'avant-garde motorisée de la firme d'Atlanta avait fait sa percée dans Paris : une douzaine de camions avaient commencé à distribuer le pernicieux breuvage. Accueil ombrageux et dédaigneux des maîtres du comptoir peu enclins, avec ce produit qui a « un goût de médicament », à contrarier la cirrhose rampante de leurs clients, portés sur le p'tit blanc et le pastis. En revanche – par snobisme ou par goût –, les jeunes des caves de Saint-Germain-des-Prés et d'autres lieux à la mode se laissent, semble-t-il, séduire et commencent à lancer : « Garçon, un Coke ! » La France et sa jeunesse sont donc en danger. Il faut réagir. Allié objectif des producteurs et tenanciers, le PCF est animé d'autres motivations que la santé publique. Cinq ans après la Libération, les héros de Normandie et ceux de Stalingrad ne sont plus dans le même camp. Ils sont désormais engagés dans la guerre froide et les communistes ont tout naturellement choisi le « grand frère soviétique » contre le « Yankee impérialiste ». Ce qui vient d'Amérique est alors « excommunié ». Honni donc le plan Marshall « entreprise de colonisation de l'Europe », honni le GI « qui se conduit en occupant ». Les excès de certains d'entre eux, de plus en plus mêlés à des faits divers violents (« Chicago-sur-Seine », titre un jour *France-Soir*), viennent conforter l'animosité idéologique. Alors, ce Coca-Cola, quelle aubaine ! Les orgues de Staline de *L'Humanité* et de *Ce Soir* s'abattent sur ce poison de l'« hégémonie yankee », dont les fabricants sont des « auxiliaires de la CIA » : « Accepterons-nous d'être cocacolisés ? », « Un trust américain veut nous mettre au régime cocacolique ». Des manifestants défilent à Paris aux cris de « À bas la cocacolonisation ! ».

La bataille de Coca-Cola devient une affaire nationale. La « dame au fourreau sombre » (allusion à la forme et à la couleur de la bouteille) est l'objet d'un débat animé à l'Assemblée nationale, où le lobby du vin et de l'alcool compte de nombreux séides. C'est d'ailleurs un texte proposé par le MRP, parti peu suspect d'antiaméricanisme primaire, qui propose de réglementer, « après avis du Conseil supérieur de l'hygiène et de l'Académie de médecine, la fabrication et la vente de tout liquide contenant des produits végétaux ». Le ministre des Finances, Maurice Petsche, n'est pas le dernier à s'inquiéter. Mais l'habile ambassadeur des États-Unis à Paris, David Bruce, lui rappellera qu'« aux termes de son contrat, Coca-Cola a obligation de partager ses bénéfices avec ses partenaires français, Pernod et Les Glacières de Paris ». Les dirigeants de la firme se veulent tout aussi rassurants : « Nulle part au monde, la diffusion de notre boisson n'a entravé la vente du café, du thé, du lait, des eaux minérales, des boissons gazeuses, de la bière, du vin ou des spiritueux. Partout le Coca-Cola s'est fait son marché sans nuire aux marchés d'autrui. En France comme ailleurs, il se taillera une clientèle entièrement nouvelle qu'elle trouvera surtout dans la jeunesse et les milieux sportifs. » Autre argument de poids : la mise en bouteilles et la distribution seront, comme en Amérique, confiées à des sociétés indépendantes à direction, personnel et capitaux exclusivement français. Le concentré lui-même, le *syrup*, sera extrait de produits français, notamment le sucre – élément principal – des betteraviers du Nord.

Le coq gaulois – à la combativité encouragée par l'ours soviétique – reste méfiant. À l'instar de cet étonnant article du *Monde* : « Il ne s'agit pas tant de la boisson elle-même que du style de vie qu'elle implique – gigantesques camions rouges, néons tapageurs, publicités vulgaires. C'est l'âme de notre culture qui est en danger. » Diable ! En dehors des cercles imbibés d'a priori « anti-impérialistes », il apparaît au contraire que la résistance à cette « boisson bizarre » est plutôt le fait de milieux où la culture n'est pas la préoccupation principale. Ceux des alambics des bouilleurs de cru et des « cafés du commerce ».

Les jeunes, en revanche – et pas forcément ceux des lycées et des facultés –, ne craignent pas les influences d'outre-Atlantique. Bien au contraire. L'Amérique les fascine. Enfants, ils ont connu les privations du temps de guerre puis la manne des GI's sous forme de chewing-gums, bonbons, tablettes de chocolat. À présent, ils se précipitent dans les salles de cinéma pour regarder le dernier film *made in USA*, écoutent du jazz, dansent le be-bop et rêvent de belles voitures chromées. La plupart n'ont pas les moyens de fréquenter les endroits où se consomme cet alcool qui coule à flots dans les romans policiers de Peter Cheyney – le whisky –, mais bientôt... Les cerbères de la tradition reprochent d'ailleurs à ce breuvage son « goût de punaise écrasée ».

Qui peut donc arrêter Coca-Cola ? « Dans deux ans [en 1952], prédit le prince Makinsky, chargé d'inonder l'Europe de ses petites bouteilles, notre objectif est de vendre quarante bouteilles par an à chaque Français. » Une véritable déclaration de guerre pour certains. Mais la guerre, chez Coca-Cola, on connaît. C'est même elle qui leur a permis de se répandre dans le monde. Partout où les GI's se sont battus, en Europe comme en Asie, ils ont exigé d'avoir leur « Coke ». Même sous l'uniforme, ils restaient des consommateurs, et le consommateur américain impose toujours ses désirs. Alors, des usines de campagne ont suivi les troupes. Deux jours après le débarquement en Afrique du Nord, les dirigeants d'Atlanta recevaient ce télégramme d'Eisenhower : « Envoyez-moi immédiatement huit usines de Coca-Cola. » Et du Maroc à la Libye, de l'Italie à la Scandinavie, des Philippines au Japon, les populations ont découvert et adopté la petite bouteille. L'Allemagne n'avait pas attendu la défaite : Coca-Cola s'y était déjà implanté avant la guerre et Hitler en buvait ! Seule la France, en ce début des années 1950, tente de résister. Mais quand une machine de guerre commerciale yankee se met en marche, difficile de l'enrayer. Les « Buvez Coca-Cola » sur fond rouge commencent à orner les vitrines des cafés, et les pleines pages de publicité foisonnent dans les magazines. On y voit par exemple, sous le slogan « Soif de Coca-Cola », un spéléologue faisant une pause. Avec cette légende : « Vous aussi vous aimez l'imprévu, les plaisirs naturels. Et vous êtes épris de tout ce que le monde offre de neuf, d'original, de jeune et de frais. » Des mots pour séduire la jeunesse.

Les responsables de la société se veulent toutefois (faussement) modestes – et flatteurs : « Nous ne sommes nullement certains de conquérir en France un marché satisfaisant. Mais si nous y parvenons, notre réussite dans le pays le plus difficile et le plus raffiné du monde aura prouvé que Coca-Cola est vraiment un produit universel. » Les années qui vont suivre les rassureront…

Le boycott du champagne français brandi par certains journaux américains n'aura pas lieu d'être. Les chars russes n'interviendront pas (en France en tout cas). Et la boisson étrangère au goût inimitable ne portera pas ombrage à l'alcoolisme bien de chez nous.

La liberté sur deux roues

Les Français, au début, ont fait la moue. « C'est sympathique, mais c'est un jouet. Et c'est casse-gueule. » Péremptoires (une habitude ?), nos bons esprits, à l'égard de cette « voiture à deux roues » venue d'Italie : la Vespa. Un drôle d'engin. Un engin comme on n'en avait encore jamais vu. Avec ce tablier protégeant de la pluie et des projections, cette boîte de vitesses intégrée au guidon, ce moteur sur la roue arrière, ces roues fixées latéralement comme sur les trains d'atterrissage d'avion. Les jeunes quant à eux sont aussitôt séduits. Comme ils paraissent désormais bien tristounets leurs Vélosolex et autres Mobylette, à côté de ces fringantes machines italiennes que l'on commence à voir, principalement en ville, en ce tout début de la décennie. On les appelle des scooters.

Les Italiens, eux, n'avaient pas fait la moue lorsque les premiers sortirent de l'usine Piaggio, au printemps 1946. Une usine qui, avant guerre, fabriquait des avions. C'étaient, bien sûr, des appareils destinés à l'aviation fasciste. Les pays de l'Axe vaincus, il leur fut interdit de construire des engins volants. Que peut faire un industriel de l'aéronautique auquel on permet de garder son usine, avec du matériel, mais avec défense de produire ce qu'il a coutume de faire ? Enrico Piaggio gamberge. Au sortir de ces années dramatiques, les Italiens ont faim, ils veulent bouger et ils ne sont pas riches. L'alimentation, ce n'est pas son affaire. Il a alors l'idée de construire un deux-roues accessible au plus grand nombre. Quand lui est présenté le premier prototype et qu'il entend le bourdonnement de son moteur de 98 centimètres cubes, il s'écrit : « *Sembra una vespa !* » (« On dirait une abeille ! »). Le nom est trouvé. Et le succès est immédiat : 35 000 exemplaires produits à la fin de 1949. Rencontre synchrone entre un produit et le désir des Italiens. « À votre bonheur, il ne manque que la Vespa », claironne Piaggio. Et les deux sexes de répondre, étudiants, ouvriers, commerçants, stars de cinéma... La Vespa présente le double avantage d'être populaire et de posséder ce petit chic transalpin qui séduit les catégories aisées. Quoi de plus chic que le couple Audrey Hepburn-Gregory Peck sillonnant en Vespa les rues et places de la Ville éternelle dans *Vacances romaines* ?

Plus chic peut-être est le Lambretta. On le surnommera « la Cadillac du scooter ». À la fin de la guerre, Ferdinando Innocenti, spécialisé dans le tube industriel, est, comme son compatriote Piaggio, en quête de nouveaux marchés. Et lui aussi parie sur le transport populaire. Avec un an de retard sur son concurrent – et un prix bien supérieur –, le premier scooter sort des usines de Lambratte, près de Milan. D'où le nom Lambretta.

Et la France alors ? Tout arrive. En 1950, les établissements Acma, dans la Nièvre, obtiennent de fabriquer la Vespa sous licence. Avec une modification exigée par la réglementation française : le phare est intégré au guidon au lieu de se trouver sur le garde-boue comme en Italie. Petite touche nationale.

Cette stratégie commerciale est une réussite. L'automobile, en France, est encore, pour la majorité, du domaine du rêve : prix et surtout rareté. Certes, il y a les motos, les vélomoteurs et autres cyclomoteurs. Mais une Vespa ! Quel plaisir de pouvoir se faufiler dans le trafic urbain sans tenue spéciale. Les jeunes l'adorent : c'est avec une certaine fierté qu'on balade une copine, comme si l'on possédait une voiture décapotable. Les filles – et bientôt leurs mères – ne sont pas les dernières à tomber amoureuses du scooter et à le conduire, les pieds bien à plat, le tablier coupe-vent empêchant les brusques courants d'air qui soulèvent les jupes. Quelle liberté ! Tant pis pour les voyeurs du rétroviseur.

Piaggio qui, dès le début, a eu le flair d'associer sa création à des célébrités, fait de même en France. On verra apparaître dans les magazines des pages de publicité où des vedettes de la chanson ou du cinéma feront la promotion du sympathique deux-roues. Symbole de la jeunesse qui bouge (et comment !), un Gilbert

Bécaud rayonnant pilote une Vespa en lançant « Salut les copains ! », titre d'une de ses dernières chansons.

En France comme en Italie, mais également dans de nombreux autres pays, le scooter est devenu un phénomène social. À Stanley Karnow, correspondant du *news magazine* américain *Time*, le grand patron, Henry Luce, proclame : « Rien ne symbolise mieux la rapidité avec laquelle l'Europe se relève de la guerre que le scooter. » Et naturellement, ajoute le journaliste, « il a déclenché du même coup une avalanche d'articles sur le scooter ». Le triomphe de la Vespa a également déclenché une avalanche de scooters. Titillé par l'engouement pour la Vespa *made in France*, Innocenti réagit vite. Le Lambretta aussi sera construit sous licence.

C'est la firme Moto Scooter, près de Troyes, qui va le fabriquer. La clientèle visée est, comme en Italie, un peu plus aisée et moins démonstrative que les fans de la Vespa. Et pour « la Cadillac à deux roues », on ne lésine pas. L'installation de 500 stations-service, dont celle du boulevard Masséna à Paris, a de quoi rendre jaloux les constructeurs automobiles. Moto Scooter a compris que les possesseurs de scooter ne sont pas des motards passionnés de mécanique. S'ils le désirent, sur un coup de téléphone, une fourgonnette Lambretta vient enlever le scooter en panne, le conduire dans l'atelier de réparation dernier cri, puis le leur rapporter.

Cette percée spectaculaire finit par réveiller les Français restés au bord de la route. Si le Salon de l'automobile et du cycle d'octobre 1951 est marqué par la participation massive des scooters, « les constructeurs français ont tenté cette année d'arrêter l'invasion des Vespa et Lambretta, peut-on lire dans *Points de vue-Images du monde*. Mais ils ont à combler un retard de plusieurs années. Les modèles les plus remarqués qu'ils ont exposés (Terrot, Motoconfort, Magnat-Debon, Bernardet, Socovel) ne seront livrables que dans le courant de l'année 1952. D'ici là, Vespa et Lambretta espèrent battre de nouveaux records ». Sur la durée, toute bataille industrielle a ses gagnants et ses perdants. Une enquête très poussée du mensuel *Science et Vie*, en janvier 1956 (cinq années après les débuts du phénomène Vespa), nous apprend que « la « voiture à deux roues » (le scooter) et « la bicyclette qui marche toute seule » (le cyclomoteur, comme le Solex) ont profondément modifié le marché européen des transports légers. La vogue extraordinaire des scooters et des cyclomoteurs a déclenché une bataille dont les victimes sont aujourd'hui la bicyclette et la grosse moto. Le parc français des premières a ainsi diminué de plus de 1 million depuis 1952, celui des secondes a régressé de 10 000 depuis 1954. Celui des vélomoteurs étant stationnaire (ces derniers ont une cylindrée de 50 à 125 centimètres cubes, contre une cylindrée inférieure à 50 centimètres cubes pour les cyclomoteurs). Seuls les cyclomoteurs et les scooters connaissent une popularité qui se traduit par une montée en flèche... De 600 en 1949, les scooters arrivent à plus de 100 000 par an. Mais la montée des cyclomoteurs est encore plus vertigineuse : de 2 200 en 1946, ceux-ci sont passés à près de 660 000 en 1954. »

Le VéloSolex est pour beaucoup dans ce triomphe. Créé en 1946, il correspondait alors au besoin de motorisation des « masses populaires » pour lesquelles le prix des motos et des vélomoteurs était encore trop élevé. Un an plus tard, la compagnie pétrolière BP créait, rien que pour cet engin économique et original avec sa transmission par galet, un mélange essence/huile destiné à réduire le calaminage : la Solexine ! Dix ans plus tard, en compagnie de ses nouveaux concurrents, dont la Mobylette de Motobécane (plus grande fabrique mondiale de véhicules à deux roues) et la Bima de Peugeot, son aventure se poursuit.

Si l'on voit, lors des sorties d'usine, énormément plus de Solex que de Vespa, une raison commune au succès des deux est sans aucun doute la dispense du permis de conduire pour ces engins de cylindrée inférieure à 125 centimètres cubes. Dès l'origine, VéloSolex s'en était d'ailleurs tenu à une politique prudente en limitant la vitesse à 30 kilomètres/heure. Son moteur lui permettrait d'aller plus vite – jusqu'à 70 kilomètres/heure –, mais cela pourrait donner des idées aux pouvoirs publics, chroniquement à l'affût de « gisements » financiers. Avec son slogan « La bicyclette qui roule toute seule », VéloSolex se fait tout petit. Économie, simplicité, sécurité et service après-vente sont les avantages que propose la marque. Au milieu de la décennie, 450 stations-service

Solex ont déjà été ouvertes, et la société a mis un « camion cyclo-test » à la disposition de la sécurité routière. Un paisible cyclomotoriste y découvre notamment que, même à petite vitesse, on ne s'arrête pas « pile ».

Rien de tel chez Vespa, qui joue la carte « jeunes » et qui, de ce fait, organise des rallyes par l'intermédiaire des Vespa-clubs. Il est à parier que c'est plus parmi ces « vespistes » que chez les « solexistes » que vont se recruter, dès l'été 1956, les opposants à la proposition de loi déposée le 27 juin par Marcel Leroy, sénateur de la Charente, sur le bureau du Conseil de la République : « Sous peine d'une amende de 4 000 à 24 000 francs, toute personne qui prendra place sur un vélomoteur, une motocyclette ou un scooter devra être munie d'une coiffure protectrice dont le modèle sera déterminé par un arrêté du ministre chargé des Transports. » Une révolution. Que le titre de *Science et Vie* (septembre 1956) semble appuyer : « Ces casques vous sauveront la vie. » Sur une pleine page photo est présentée « une panoplie de huit casques français ». De « la calotte en feutre et toile comprimée » à « la calotte en liège naturel contreplaqué », en passant par « la calotte en métal léger avec bourrelet » jusqu'au *nec plus ultra* : « la coque en fibre de verre protégeant l'arrière du crâne » – dans laquelle les lecteurs de *Spirou* voudront reconnaître le casque de Buck Danny –, chaque usager d'un deux-roues pourra trouver couvre-chef à sa tête.

Conscient des résistances (c'est fou ce besoin français de résister… dans les années 1950), le journaliste du mensuel de vulgarisation scientifique semble d'abord contredire le titre de l'article : « Cette loi qui apporterait une désagréable limitation à la liberté individuelle du motocycliste est plus difficile à défendre que la loi instituant l'assurance obligatoire. L'usager de la route qui tue ou blesse quelqu'un doit pouvoir réparer dans la mesure du possible le tort qu'il cause à la victime ou aux héritiers de celle-ci. Au contraire, le motocycliste qui se fracture le crâne dans un accident ne lèse que lui-même, et le code pénal français ne réprime même pas le suicide ! »

Les résultats d'une enquête britannique sur les accidents de moto – la première au monde ! – vont peut-être changer les comportements. Sept à neuf fois sur dix, une blessure crânienne est mortelle. Cette première étude médicale a en tout cas permis de définir les caractéristiques du casque de protection idéal dont les normes ont été établies officiellement en Grande-Bretagne. Comme elles sont pour l'heure les seules au monde, elles servent de base aux recherches dans les autres pays. Dont la France. Mais attention : on ne va tout de même pas se contenter de calquer nos règles sur celles de notre perfide voisin. On va en débattre afin d'en créer des « bien à nous ». Le sénateur aura ainsi largement le temps d'user ses charentaises, et les jeunes, cheveux au vent, de se fracasser le crâne contre un trottoir, un camion ou un platane.

Le tournis hula hoop

Rentrée 1958. France ? Ça tourne, pourrait-on dire. La nouvelle Constitution de la Ve République soumise à référendum par le général de Gaulle a été adoptée le 28 septembre par les trois quarts des Français. Ça commence à tourner également dans les rues, les appartements, sur scène. Mais là, il ne s'agit pas de politique ou d'économie. Ce qui tourne et donne même le tournis à certains, c'est une « chose » circulaire, une sorte de cerceau en plastique de couleur que l'on fait mouvoir autour de son corps en ondulant des hanches : le hula hoop. Une folie, une véritable pandémie qui se répand en quelques jours seulement sur tout le pays.

Toujours à l'affût de la nouveauté, de l'insolite, *Paris Match* date précisément l'heure H (« H » comme hula hoop) : « Françoise Sagan, dans une robe en satin gris foncé, passe le cerceau autour de ses hanches. Les photographes lancent leurs éclairs pour fixer cette minute historique. Il est 2 heures du matin. Le Tout-Paris – 250 personnes entassées dans 20 mètres carrés – applaudit à tout rompre. La fièvre du hula hoop qui ravage l'Amérique et vient d'envahir l'Angleterre fait pour la première fois son apparition en France. » « Minute historique. » Oubliée la guerre d'Algérie, oublié de Gaulle, l'histoire, en ce début d'automne 1958, c'est un cerceau qui la fait ! Comme si les Français voulaient tourner la page de ces années de tension en… faisant tourner cette chose ultralégère. La scène immortalisée rue du Sabot, à Saint-Germain-des-Prés (pardi !), va se répéter des millions de fois dans tous les coins de France. Chez les enfants et les jeunes d'abord, mais la fièvre, comme celle de la grippe, ne fait pas dans le détail. Tout le monde est contaminé. Tout le monde s'y met. En famille – où les démonstrations de la jolie voisine un peu plus âgée font rougir les adolescents – ou en public. Qui n'a pas son hula hoop ? Voulez-vous tourner, grand-mère ? Dans son émission télévisuelle « La parade des familles », Jean Nohain présente les petits rats de l'Opéra et leurs cerceaux. Les industries du spectacle et du disque ont tôt fait de renifler le filon. La chanson « Hula Hoop », dont le refrain ne comprend que ces deux mots, est sur toutes les lèvres. Moustache, le batteur de jazz, en sort une version et Barclay met précipitamment en vente un 45 tours des Platters. Si précipitamment que les premières impressions sortent avec un seul « o » à hoop, ce qui donne « hop ».

La demande est si forte qu'on voit des gens faire la queue pour se procurer le fameux cerceau. On dit même que des camions de livraison auraient été pris d'assaut avant d'avoir pu débarquer leur marchandise.

Alors, bien sûr, on veut savoir comment tout a commencé. Et où. En Australie, dit-on. Un professeur de gymnastique, voyant des enfants jouer avec des cercles de bambou, a l'idée d'utiliser ceux-ci pour des exercices d'assouplissement. Cela marche tellement bien qu'à l'issue de la séance, les élèves refusent de se séparer de leur engin et continuent de jouer. Un Américain de passage qui a assisté, amusé, à ces contorsions, rapporte la chose à deux de ses amis, créateurs d'une petite affaire de jouets en Californie. Lesquels font aussitôt venir plusieurs cerceaux d'Australie, les font essayer – avec succès – à leurs enfants et à leurs jeunes femmes, et décident de tenter le coup. Le plastique avantageux des tuyaux d'arrosage à la place du bambou, une fabrication de quelques milliers « pour voir », les deux copropriétaires de Wham-O comptent désormais sur le ludisme des Californiens. Ils ne seront pas déçus. Trois mois plus tard, face à la bourrasque « hula hoop », ils sont obligés de monter des usines à Chicago et à New York.

Vingt-cinq millions de leurs jouets font se déhancher les Américains. « On ne pouvait pas deviner, disent les deux nouveaux milliardaires, que les grandes personnes aussi auraient envie de jouer avec ça. » Et quand ils disent « grandes personnes », ils savent que parmi les nombreux clubs qui se sont créés spontanément à travers tout le pays, il existe un « Club des grands-mères » dont la présidente a soixante-quinze ans.

Et l'on organise des compétitions. Et qui dit compétitions dit records. De durée : plus de dix heures ; du nombre de cerceaux : quatorze tournant en même temps ; de vitesse : 18 000 tours en trois heures trente réussis par une New-Yorkaise de onze ans. « Aucune autre sensation n'a ainsi balayé le pays comme le fait le hula hoop », écrit un journaliste ébahi. À l'automne 1958, lorsque le phénomène explose en France, 100 millions de « tuyaux d'arrosage » ont déjà été vendus.

Directeur financier d'une chaîne d'usines de plastique en Europe, dont une en France à Pont-de-Claix, près de Grenoble, Thibaut de Saint-Phalle vit une partie de l'année à New York. Et il lui faudrait garder télé et radio éteintes, se priver de journaux, ne pas sortir pour échapper à la folie du hula hoop. D'autant que son fils en possède évidemment plusieurs. Hula hoop, plastique… Et si ? L'Europe à son tour va être envahie, n'y a-t-il pas quelque chose à tenter ? Débarquant en France, il convainc le groupe : quelques semaines plus tard, les premiers cerceaux sortent de l'usine de Pont-de-Claix et partent aussitôt en direction des grands magasins. Elle aura bientôt du mal à répondre à la demande. Pas très à l'aise, son directeur confie : « Pourvu que les journalistes n'écrivent pas que c'est notre usine qui fabrique le hula hoop. Cela ferait mauvais effet : nous avons en effet une clientèle sérieuse et nous sommes spécialisés dans la fabrication des aortes en plastique. » Il va être doublement rassuré. *Primo*, l'usine va faire de beaux bénéfices. *Secundo*, la vague du hula hoop va refluer aussi vivement qu'elle était venue. Interdit dans certains pays, comme en Indonésie où ses mouvements de hanches sont jugés indécents, ou en Union soviétique parce qu'il représente « le néant de la culture américaine », l'inoffensif cerceau de plastique ne finira pas l'année 1959.

JAMES DEAN, LA FUREUR FRACASSÉE

30 septembre 1955. Une Porsche Spyder gris métallisé démarre de Hollywood pour rejoindre Salinas. Au volant, un jeune homme de vingt-cinq ans. Un garçon en pleine gloire, héros du film *À l'est d'Éden* : James Dean. « J'ai épousé une nouvelle machine », avait-il dit à l'acteur Alec Guinness en lui montrant son bolide avec, dans les yeux, l'émerveillement d'un enfant. Celui qui est en train de faire de l'ombre au grand Marlon Brando lui-même s'est en effet pris de passion pour la vitesse et les courses automobiles. En prenant la route ce matin-là, il se sent léger. Trois jours plus tôt, il a terminé le tournage de *Géant*, dont l'auteur, la romancière Edna Ferber, devenue sa confidente, l'aurait supplié de renoncer à ses compétitions. « Les courses ne sont pas dangereuses, lui aurait-il répondu, c'est la route qui l'est. » Et il aime participer à ces épreuves ouvertes indistinctement aux amateurs et aux professionnels.

Avant de quitter Hollywood, il a pris soin d'avaler un repas au Farmer's Market et de prendre à son bord un mécanicien de chez Porsche et Mercedes, Rolf Wutherich. Deux photographes sont conviés à le suivre dans son *station wagon* Ford. Les deux véhicules prennent alors la route de l'Ouest. Mais Dean est vite pris par son démon et le Ford est semé. Entendant le hululement de sirènes, il aperçoit, dans le rétroviseur, deux motards de la brigade routière. Il ralentit, s'arrête et écoute, sans jouer les stars, un brigadier lui lancer : « La vitesse est limitée ici à 65 miles et vous rouliez à près de 100. » Échanges courtois, paiement de l'amende. Avant de redémarrer, l'un des deux policiers lui dit : « Si vous continuez à rouler aussi vite, vous n'arriverez jamais à Salinas. » Mais comment résister aux sensations que procurent les accélérations de ce monstre mécanique ? Il fait une halte-café dans un snack de routiers, où il tombe sur un ami : « Sois prudent, souviens-toi des 24 Heures du Mans. » Les images de la « Flèche d'argent » (Mercedes) fauchant la foule et tuant une centaine de personnes en juin dernier ont provoqué autant d'émotion en Amérique qu'en Europe.

Quand il repart, le *station wagon* avec les photographes n'est toujours pas en vue. Et pour cause. Sur la route qui n'est à présent plus qu'un long ruban fendant un paysage désertique, Dean se régale. À l'inverse du mécanicien crispé.

Se profile au loin le carrefour de Grapevine, où la State Highway 41 croise l'US 466. Sur cette dernière, une Ford Sedan est sur le point d'atteindre la 41. Dean enfonce l'accélérateur : « J'ai la priorité, il va s'arrêter. » Rolf Wutherich s'enfonce dans son siège. Qui a crié juste avant le choc ? James Dean a la nuque brisée. Sa fureur de vivre s'est interrompue brutalement. Le mécanicien a les jambes fracturées, et l'étudiant qui conduisait la Sedan s'en sort avec des ecchymoses. La montre de la Porsche fracassée indique 15 h 35. Un des policiers arrivés sur les lieux ramasse une médaille de Saint-Christophe en or. Quand elle apprend la nouvelle de sa mort, sa petite amie du moment, la starlette Ursula Andress, éclate en sanglots sur le plateau de cinéma où elle tournait : « C'est ma faute, je n'ai jamais réussi à le comprendre. » Mais qui pouvait se flatter d'avoir vraiment compris « Jimmy » ? Du garçon de huit ans anéanti par la mort de sa mère, il avait gardé un fond de tristesse permanent et un caractère secret.

Son parcours ? Garçon de ferme chez son oncle et sa tante quakers, dans l'Indiana, plus brillant joueur de base-ball que bon élève à l'école supérieure de Fairmont, moniteur de gym et vedette du groupe théâtral du collège de Santa Monica, où il vit conflictuellement avec son père. C'est là qu'il rencontre un acteur de cinéma, créateur d'une école d'art dramatique sur le modèle de celle d'Elia Kazan à New York. Son talent épate tout le monde. On lui conseille de tenter sa chance à New York. Tout en exerçant des petits boulots, il suit avec passion les cours du prestigieux Actors Studio. C'est en jouant à Broadway dans *L'Immoraliste*, adapté d'un récit d'André Gide, qu'il est remarqué par Kazan, le réalisateur qui a lancé Brando. Ce sera *À l'est d'Éden* en 1954. Et le succès immédiat. Puis *La Fureur de vivre*, et enfin *Géant*. Trois films en un an et demi, qui suffisent à le propulser aux sommets, à en faire, à vingt-quatre ans, un monument du cinéma. Et un monceau de tôles, de ferraille et de cuir sur une route californienne, à en faire une légende. La médaille de saint Christophe tachée de sang, récupérée par le policier, était un cadeau de son véritable amour, l'actrice italienne Pier Angeli. Un amour contrarié par la *mamma*, une bourgeoise catholique qui déteste ce garçon mal fagoté et protestant de surcroît.

Mort, c'est à toute une jeunesse qu'il appartient désormais. Américaine bien sûr, mais bientôt mondiale. Ses vêtements sont achetés par des malins qui les découpent en des milliers de lamelles revendues à prix d'or. Les restes de sa Porsche sont exposés sur un stand payant. En six mois, 800 000 tickets sont vendus. Des dizaines de milliers de coussins imprimés à son image s'arrachent chaque semaine au prix d'un dollar et demi. Oreillers d'amour pour les collégiennes qui s'endorment la tête appuyée sur le visage de « l'ange de Fairmont », sa ville natale, où il est enterré. Des clubs « James Dean » se créent sur tout le territoire des États-Unis : Deans Teens, Dedicated Deans, James Dean Memorial Club... On réussit tout de même à faire interdire le James Dean Cola ! À Fairmont, une fondation permet à une cinquantaine de jeunes ressemblant physiquement et moralement à l'idole de poursuivre à New York des études d'art dramatique. Des millions de *teen agers* s'identifient à lui et surtout veulent lui ressembler.

La France est atteinte par la vague du « deanisme ». Un premier « club James Dean » est créé par... une quadragénaire avancée, dont on ne sait trop s'il s'agit d'une admiratrice « inspirée » ou d'une renifleuse de filon... Elle réunit les adorateurs de Jimmy dans l'arrière-salle d'un café du boulevard de Strasbourg, à Paris. Tous en blue-jean et coiffés « à la Dean », le regard étudié, la cigarette nonchalante, ils paient une cotisation de 500 francs par trimestre pour... parler de leur dieu, échanger articles et photos et s'arracher les médailles venues d'Amérique vendues 350 francs par la « présidente ». On est loin d'Hollywood, on est – par la force des choses – plus Vespa ou Lambretta que Porsche. Mais qu'importe. On est avec James Dean.

Les blousons noirs attaquent

Ce 23 juillet 1959, tous les Parisiens ne sont pas partis en vacances. Il fait beau et, comme la plupart des terrasses de la capitale, celle de ce café de la rue des Volontaires, dans le XVe arrondissement, est garnie de clients venus prendre l'apéro ou commander un jambon-beurre. Il est environ 12 h 30 lorsque déboule une bande de jeunes garçons, certains armés de chaînes de vélo. Sans prévenir, ils bousculent les clients, renversent tables et chaises et repartent aussi vite, laissant derrière eux une terrasse saccagée et des individus abasourdis et choqués. Le même jour, sur les quais de Bandol, un incident du même genre éclate au Bar de la Marine. Des jeunes encore, en nombre et violents. Coïncidence ? La presse – qui, au cœur de l'été, a peu de chats politiques à fouetter – y voit plutôt un inquiétant phénomène de société, une excroissance exacerbée de ce fameux « mal de la jeunesse ». *Le Monde* évoque gravement des « gangs juvéniles », *L'Aurore* n'a qu'à piocher dans la panoplie de formules habituellement réservées aux fellaghas pour exiger de « mettre hors d'état de nuire ces bandes de voyous ». Plus étonnant cet appel du quotidien socialiste *Le Populaire*, demandant que « la police agisse avec fermeté contre ces apprentis gangsters ».

Mais c'est *France-Soir*, spécialiste du raccourci percutant, qui invente et impose le terme « blousons noirs ». Une trouvaille ! Dont tous s'emparent, journalistes et lecteurs, policiers et magistrats, sociologues et médecins. C'est « le tube » de l'été 1959. La concomitance de deux épisodes, certes spectaculaires, et de l'« uniforme » porté par la plupart de ces jeunes – blue-jean Levi Strauss et blouson noir (plus souvent en skaï qu'en cuir véritable) – a suffi pour que toute la France des vacances vive à l'heure – et dans la crainte – des « blousons noirs ».

On apprend assez tôt que l'attaque du café de la rue des Volontaires était « un accident », l'objectif des assaillants appartenant à la « bande de Vanves » était en fait les rivaux de la « bande du square Saint-Lambert ». De même qu'à Bandol, ce n'étaient pas les touristes qui étaient visés par le commando, mais d'autres jeunes d'une bande rivale. Une histoire d'estivantes entre Bandolais et Toulonnais… Rien d'autre, en somme, qu'un phénomène déjà connu. En juillet 1955, plus de 300 adolescents s'étaient affrontés, deux jours et deux nuits durant, place du Panthéon à Paris ! En 1956, la venue dans la capitale de Bill Haley, l'interprète de « Rock Around the Clock », avait provoqué violences et déprédations. Mais on ne parlait pas alors d'« épidémie » comme en cet été 1959. Grâce à *France-Soir* et à ses confrères, un mythe est né. On leur offre la chronique de « peur sur la ville » et de « péril sur vos vacances » ? Les blousons noirs vont remplir le contrat. Quitte à forcer le trait. Ceux de Lyon ou de Grenoble, que la presse « trop parisienne » a jusqu'à présent ignorés, ne veulent pas être en reste et, de leurs campings sur la Côte d'Azur, s'en vont, le soir, terroriser les « riches » et les « snobs » sur les quais de Cannes ou de Saint-Tropez, en faisant tournoyer les désormais emblématiques chaînes de vélo. De Menton à Marseille, des bars de plage se transforment après dîner en dancings. Le même juke-box que dans la journée, mais on enlève quelques tables pour laisser plusieurs mètres carrés aux amateurs de rock, de slow et de cha-cha-cha. Cet été-là, l'ombre des « blousons noirs » plane sur les soirées. Et s'« ils » débarquaient ? Ça arrive. Comme à La Napoule, où une alliance contre nature – estivants et « blousons noirs » locaux venus de la Bocca, banlieue populaire de Cannes – fait face à une bande de la région parisienne. Avertis par le gérant, les gendarmes de Théoule restent sagement à l'intérieur de leur Juvaquatre, jusqu'au départ des assaillants… et d'une partie des défenseurs, eux aussi en délicatesse avec la maréchaussée.

« Lorsque je suis parti en vacances au début de l'été, rapporte un haut fonctionnaire du ministère de la Justice, nous parlions de délinquance. Quand je suis revenu au milieu du mois d'août, nous avions des "blousons noirs". »

Qui sont donc ces jeunes déchaînés ? Pour y répondre, quotidiens et magazines lancent leurs ténors dans « la jungle du macadam ». « On parle beaucoup d'eux. C'est trop d'honneur et trop de littérature, écrit, sans crainte du paradoxe, Georges Menant dans *Paris Match*. Ils ne sont pas plus des héros de cinéma que les victimes de quelque désarroi, métaphysique : ce ne sont que de pauvres gosses insolents, ignorants et brutaux... Leurs excès n'ont pas de cause à effet : le plus souvent, ils ne chapardent pas pour le gain, ils ne brisent ni ne frappent pour se venger, ils trouvent en eux le besoin de révolte, le goût du scandale et de la violence. Ce goût est celui de la jeunesse en général... mais les "blousons noirs" ont quelque chose en plus... » Il y a aussi ce terrible dénominateur commun, cette étiquette à laquelle à peu près aucun d'entre eux n'échappe : ils sont à l'abandon. Comme ce sont le plus souvent des enfants d'origine populaire, ils n'ont pas l'encadrement du lycée. Ils n'ont pas davantage celui de la famille, sortant de familles toujours divisées. Quant à la nation frappée d'amnésie, elle oublie, entre l'école et la caserne, toute une jeunesse. C'est dans ce trou qui va de quatorze à vingt ans que se recrutent les « blousons noirs ».

Le « trou », c'est également celui dans lequel ils vivent. Depuis le début des années 1950, l'exode rural entraîne de nombreuses familles vers les villes où sont les usines. Les terrains vagues de la périphérie se couvrent de HLM pour accueillir cette main-d'œuvre. Au bas des escaliers, comme des cow-boys nonchalamment adossés à l'entrée des saloons, les jeunes s'agglutinent. Ils portent des blue-jeans, des blousons. Et comme pour les cow-boys, la nonchalance peut brusquement virer à la violence. « Ils jouent des jeux dangereux, c'est là qu'ils trouvent leur joie », chante Gilbert Bécaud.

Dans les quartiers populaires de Paris, principalement aux portes des anciennes « fortifs », l'embryon des bandes est la cour des immeubles, où, enfants, ils ont grandi ensemble. À chaque secteur, sa bande qui tient jalousement « son » territoire. Il y a la « bande du Talus », la plus importante avec sa capacité à mobiliser près de 300 jeunes ; il y a celle du square des Batignolles, celle de Saint-Ouen, de la Bastille, de Pernety, du « Sactos » (le Sacré-Cœur)... Chacune a ses lieux de réunion, ses squares, ses cafés où le « p'tit crème » et le diabolo menthe sont plus répandus que l'alcool et où l'on s'agglomère autour des flippers et du juke-box en écoutant ses idoles : Elvis Presley, Buddy Holly, Gene Vincent ou Vince Taylor, « le rebelle en cuir noir ». Ses cinémas aussi, inépuisables réservoirs à sensations, à rêves. Et à modèles « déifiés » : le Marlon Brandon de *L'Équipée sauvage* de Lazlo Benedek et le James Dean de *La Fureur de vivre*, signé Nicholas Ray.

Outre l'uniforme blue-jean-blouson-ceinture cloutée, et la manière de se coiffer (toujours un peigne dans une poche arrière), chaque bande se singularise par des signes distinctifs : trèfle à quatre feuilles, tête de mort, couteau miniature retenu au cou par une chaînette... Signes qui se retrouvent en décalcomanies sur les « montures » : mobylettes et scooters. « La forme la plus pure, la forme sublime de la violence, c'est la vitesse, écrit le reporter de *Paris Match.* La vitesse, elle aussi, s'exprime sous un uniforme. C'est le scooter. Il sert aux longues soûleries de vent et d'espace, la nuit, sur les boulevards de ceinture. Le jour, il permet d'effrayer les passants en roulant sur les trottoirs et, dans tous les cas, à braver la police. Car le scooter est "piqué", non pas pour être revendu (le "blouson noir" vole rarement au sens où l'entend la loi, et c'est pourquoi il lui échappe le plus souvent), mais seulement pour servir d'amusement jusqu'à épuisement de l'essence, de la mécanique et du pilote. »

Il ne suffit pas d'arborer la panoplie du « blouson noir », d'avoir un Levis bien délavé par le mélange de gros sel et de Javel pour être intégré dans une bande. Encore faut-il faire ses preuves. Les rites d'admission sont le plus souvent fondés sur l'exploit : course de scooters à contresens, combat au cran d'arrêt, « enlèvement » d'une fille de la bande rivale. Le jeune initié peut ensuite parader avec les potes en faisant descendre les passants du trottoir par sa seule allure provocante. C'est vachement *bath* de se sentir puissant ! D'aller en groupe à la foire du Trône, de passer des heures autour des autotamponneuses (pas les moyens de les conduire aussi longtemps), de défier les danseurs des bals populaires, d'aller au cinéma comme chez soi (et gare aux imprudents lanceurs de « chut ! »).

Et les filles ? Bécaud encore : « Elle s'habille comme lui, d'un pantalon d'un blouson / Quand on les rencontre la nuit, on dirait deux garçons. » Certains journaux les surnomment « les jupons noirs », mais c'est faute de les avoir mal observées. Elles sont en tout cas présentes en assez grand nombre, mais ne participent généralement pas aux expéditions punitives et autres actions d'éclat. Dès que le terme « blousons noirs » a été lancé, Jean Cau, l'ancien secrétaire de Sartre devenu journaliste à *L'Express*, a voulu rencontrer les acteurs de la rue des Volontaires. « Vous voulez voir les mômes ? C'est facile, je vais vous dire où ils traînent », lui a dit le consommateur d'un café. Le « repaire » de la bande est le P'tit Pot, en face du métro Pernety. À l'entrée, « un grand gars pose sur [moi] un regard de "Série noire" » et s'assure : « Vous êtes un journaliste ou pas ? »

« Le mettre en confiance va me prendre cinq minutes [...]. Oui il est du quartier, oui il a mené l'attaque contre Saint-Lambert avec les copains, des adolescents qui rappliquent et bientôt nous entourent [...]. Nous nous asseyons dans l'arrière-salle du café. Le grand commande un lait grenadine, les autres des demi panachés. Des durs ? Non, des enfants dont, pendant près de deux heures, je vais être le copain et qui, lorsque nous nous serrerons la main, me quitteront à regret. Comme s'ils avaient été heureux d'avoir été écoutés et peut-être compris. Ils ont entre dix-sept et dix-neuf ans. Mes copains s'appellent Le Blond : il est plombier ; Jojo : il est typo ; Charlie : il est photograveur ; Pépère : il est tourneur ; Nanard : il est déménageur. »

Ils expliquent au journaliste de *L'Express* que c'est une vieille histoire entre eux (« ceux de Pernety, de la porte de Vanves, Bagneux, Arcueil, Montrouge, Malakoff, mairie du XIVe ») et « les autres qui avaient commencé à taper sur des jeunots de douze ans » (ceux de Saint-Lambert, Convention, Issy, Cambronne...). Ils regrettent de ne pas avoir fait leur descente un samedi, « parce que le samedi après-midi, on travaille pas. On aurait pu descendre à 300 ou 400 au moins. Et là... » Comment s'y prennent-ils pour se rassembler ainsi ?

« On passe le mot d'ordre dans la rue, sur les places, les bistrots, les groupes de maisons. Des bandes, ça veut rien dire. Chez nous, y a pas de chef. On est tous copains. On se connaît. »

Ils habitent les cités ouvrières de Vanves, de Malakoff, ou « ces énormes termitières » de brique rouge de la rue Raymond-Losserand. Et partout « où grouille le petit peuple désœuvré des jeunes frères qui ne partent pas en vacances, la déclaration de guerre court comme la flamme le long d'une mèche ». À la question de savoir s'ils s'arment de chaînes de bicyclette, de boulons, de barres de fer, la réponse fuse : « Forcément. Faut bien. » Mais ils s'insurgent quand on les accuse d'attaquer les passants ou de défoncer les vitrines : « C'est pas vrai ! » En revanche, ils en veulent aux « vieux qui se mêlent de ce qui ne les regarde pas, qui ne savent qu'appeler les flics ». « De toute manière, dit Pépère, on est mal vu de tout le monde. On a toujours tort, toujours. Si on était bien sapés comme les tricheurs des Champs-Élysées, ils nous toucheraient pas. Mais on a les cheveux longs, pas de cravate, pas de bagnole et, quand ils nous savatent la gueule et qu'on revient les côtes bourrées de coups, nos parents ne disent rien et ne portent pas plainte. » Les « tricheurs », ce sont les jeunes des beaux quartiers et des caves à jazz de Saint-Germain-des-Prés, personnages du film à succès de Marcel Carné sorti l'année précédente. Les jeunes des bandes, dont beaucoup travaillent et ramènent leur paie à la maison, vouent à ces « vernis » une tenace haine de classe, teintée de mépris et d'envie. Quant à ceux qui leur « savatent la gueule », ce sont, bien sûr, les policiers, les « flics », les ennemis contre lesquels des bandes farouchement rivales peuvent s'unir. « Pour eux, on est des bêtes. L'année dernière, porte de Vanves, ils ont cerné la zone où on était à 150. Ils ont lancé des fusées éclairantes ; ils ont tiré. On était tous à plat ventre. Si un copain avait été descendu, ils auraient dit que c'était nous et que nous étions armés. » Tous sont passés plusieurs fois « au commissariat, entre les pattes des flics », certains ont déjà fait de la prison.

« Si je leur donne 2 000 francs, écrit Jean Cau, ils me proposent d'organiser une bagarre, là, dans la rue tout de suite. De “se mettre en pétard” et de “foutre la pagaille”. Je refuse. Ils sont déçus. » Cette proposition semble accréditer les accusations contre des reporters qui auraient, contre une somme d'argent, « monté » des scènes de bagarres avec des « blousons noirs ». En leur demandant de ne pas oublier les chaînes de vélo... Le préfet de police, Maurice Papon, affirme avoir des preuves. Le même Papon envisage en outre l'interdiction du... rock'n'roll, responsable à ses oreilles des excès des jeunes.

Préfet de Constantine avant d'être nommé à Paris, Maurice Papon pourrait peut-être se demander si le contexte de la guerre d'Algérie, qui se poursuit activement en cet été 1959, n'a pas sa part de responsabilité dans cette « révolte sans cause ». Même spectaculaires, même « saignants » parfois, les actes de violence des « blousons noirs » ne sont rien comparés à ce qui se passe de l'autre côté de la Méditerranée. On s'y bat avec d'autres joujoux que des barres de fer et des chaînes de bicyclette. Et ces joujoux meurtriers, les adolescents qui jouent aux cow-boys dans les rues de la métropole savent qu'ils les auront bientôt entre les mains. Pour tuer. Comme leurs pères de 39-45, comme leurs grands-pères de 14-18... Faute de solution visible au conflit algérien, tel est le lugubre horizon des jeunes Français. Pour ceux des milieux populaires, il n'y aura en outre pas de sursis d'incorporation. Le sursis, c'est pour les étudiants, les « tricheurs ». Et chez ceux-là, la « mauvaise graine » – à l'instar de ces élèves du prestigieux lycée Janson-de-Sailly arrêtés pour trafic de disques volés –, ne se fait pas « savater la gueule ».

S'il est irresponsable – comme le font les journaux et les partis « conservateurs » – de nier l'impact d'une guerre sur toute une génération qui y participe, l'Algérie n'explique pas tout : « Le mal est universel », « Un vent de folie souffle sur la jeunesse du monde »... De fait, cette jeunesse semble s'être donné le mot pour « foutre la pagaille » sur la planète et exaspérer « les vieux ». En Grande-Bretagne sévissent (le verbe « sévir » a beaucoup de succès dans les colonnes des journaux) les *Teddy Boys*. « Ils appartiennent à l'actualité comique par leur style d'incroyables, mais aussi à l'actualité tragique des faits divers », relate *Paris Match* dans un reportage sur ces jeunes des milieux populaires vêtus avec maniérisme et capables d'extrême violence. Pendant près d'un mois, lors de l'été 1958, ils ont provoqué des émeutes raciales contre la communauté antillaise de Londres. Sur une pleine page, comme s'il s'agissait d'un mannequin, l'hebdomadaire français montre celui qui « a été élu par ses pairs, le Brummel des *Teddy Boys* ». Cheveux : toujours très flous, taillés au rasoir. Cravate : lavallière étroite « Gary Cooper ». Veston : pied-de-poule descendant à mi-cuisse, épaules tombantes, poitrine étriquée, deux poches hautes, fendues et symétriques. Manches à revers. Certaines sont en velours. Pantalon très étroit en « tuyau de poêle » du temps d'Édouard VII (*Teddy* est le diminutif d'Édouard). Chaussures toujours noires à semelles épaisses.

D'autres pays découvrent le phénomène. La Suède, le Danemark et ses *anderrumjer*, les Pays-Bas et leurs *nozem*, l'Italie et ses *vitelloni*. Et le Parti communiste français, qui, au début, avait tenté de récupérer les « blousons noirs », « victimes du système capitaliste », découvre que les « démocraties populaires » ont les leurs : les *hooligans*, en Pologne, en Tchécoslovaquie et jusqu'en Union soviétique, où la police demande du renfort dans la *Pravda* !

Il y a même des « tricheurs » à Moscou. Ce sont les *stiliaguin*, les fils à papa de la nomenklatura que la *Sovietskaïa Kultura* stigmatise ainsi : « Leur excentricité, leur immoralité et les orgies auxquelles ils se livrent feraient rougir les capitalistes eux-mêmes. » Dans les bars de la rue Gorki, ils miment les attributs de la *zhizn po amerikanski* (« la vie à l'américaine ») en écoutant du jazz (interdit) et en sirotant de l'alcool avec des pailles. Pas de rideau de fer pour la jeunesse rebelle...

« Vous, les journaux, vous dites que nous sommes des voyous, lance un des jeunes rencontrés par Jean Cau, mais vous verrez dans cinq ans. Ceux qui ont treize ou quatorze ans, ils sont encore pires que nous. On est des enfants de chœur à côté. Vous allez voir ça. »

De Martine à Brigitte

Hiver 1953-1954. Son lourd cartable sur le dos, un collégien de sixième rentre chez lui. Sur le chemin, il s'arrête rituellement devant la vitrine verticale du cinéma Le Casino – l'une des quatre salles de sa ville –, qui expose cinq ou six photos du film de la semaine. Cette fois, une des images le fascine. Dans un décor Renaissance, une femme est allongée, nue, entourée d'hommes dont l'un verse le contenu d'une carafe de vin sur sa poitrine sans voiles. Une scène d'orgie devant laquelle le garçon, un peu gêné, va se planter chaque jour, jusqu'au remplacement – hélas ! – de ces photos par celles du film suivant. On ne lui aurait sans doute pas permis d'aller voir *Lucrèce Borgia*, et la si troublante Martine Carol, dont le seul nom fait danser de drôles de lueurs dans le regard des hommes. Et c'est peut-être mieux ainsi : « Le lecteur érotique, écrit Jacques Laurent dans *La Parisienne*, c'est l'adolescent qui lit un livre sous la couverture. Les mêmes lignes perdent leur pouvoir érotique le jour où les grandes personnes disent : "Tiens, tu es assez grand, tu peux lire ça." » Il n'empêche, le collégien aurait bien aimé être assez grand pour voir ça ! Comme son père avait été « assez grand » pour guigner Edwige Feuillère effeuillée dans la version d'avant guerre.

Martine Carol ! Pour les mères de famille, elle est une diablesse, une pin-up dévoreuse de maris (disons qu'ils aimeraient se laisser dévorer). Surtout depuis son rôle non moins leste dans *Caroline chérie*, adaptée du best-seller de Cécil Saint-Laurent (Jacques Laurent dans le « civil »… comme on se retrouve). « Vous êtes mon interprète idéale », lui avait dit l'écrivain, aussi bon connaisseur en femmes qu'en littérature. Mais en cinéma ? Au cours d'un cocktail, les producteurs du projet demandèrent alors leur avis à quelques journalistes spécialisés. On vota. Martine fut désignée à l'unanimité. C'est ainsi qu'elle fut Caroline, une Caroline offrant au public une plastique sans défaut apparent, « la beauté féminine dans une de ses expressions les plus convaincantes », écrit un chroniqueur. On est en 1950. Elle a trente ans. Et n'est pas tout à fait une débutante.

Au début de la guerre, elle est inscrite au cours Simon à Paris et commence à courir les auditions. Théâtre et cinéma. Des figurations. Un pseudonyme – Martine Carol – suggéré par François Perier, au côté duquel elle joue dans *La Ferme aux loups*. D'autres petits rôles, *Les Inconnus dans la maison*, *Miroir* (avec Jean Gabin qui, quelques nuits durant, essaie d'oublier dans ses bras sa liaison avec Marlene Dietrich). Elle est jolie, de la tête aux pieds, en joue, se fait de plus en plus remarquer, en rajoute. En 1947, du pont de l'Alma, elle se jette dans la Seine… sous les yeux du chauffeur de taxi qui l'a (professionnellement) prise, et qui la sauve de la noyade. Elle aurait voulu mourir parce que l'acteur Georges Marchal lui préférait une autre actrice, Dany Robin. Tous ne semblent pas convaincus par cette version et penchent pour le coup publicitaire : « Dites-nous, Martine, demande un journaliste, avez-vous eu les pieds mouillés ? » Elle s'est en tout cas fait mousser, et le théâtre où elle joue *La Route du tabac* doit chaque soir refuser des spectateurs venus voir « la suicidée du pont de l'Alma ». Tout cela fait de belles couvertures de magazine. D'autant que ses décolletés sont des plus photogéniques et qu'elle a appris à les mettre en valeur. Comme lors de son mariage à Monaco avec le Texan Steve Crane, ex-époux de la splendide Lana Turner. Ce jour de septembre 1949, les fonctions officielles et la nature humaine du maire de Monaco ont dû s'entrechoquer. Notamment au moment de la signature, lorsque dans l'axe du porte-plume tenu par une Martine Carol légèrement penchée, s'imposaient à ses yeux deux formes parfaites et bronzées, dans leur « présentoir » d'organdi blanc.

Elle a connu Steve aux États-Unis, où elle a accepté la proposition (professionnelle et lucrative) d'un autre Américain, propriétaire d'un grand cirque : « Vous êtes la plus belle femme du monde, vous serez la reine de ma parade. » Le magazine *Life* la place en tête de son classement du « charme français », des *glamorous girls*. Elle devance Danielle Delorme, Simone Signoret, Geneviève Page, Françoise Arnoul.

C'est un sex-symbol en Amérique comme en France, où elle est rentrée pour tourner *Caroline chérie*, qui fait un triomphe. À présent, on se l'arrache. Et c'est Christian-Jaque qui a la prise la plus ferme. Le réalisateur a senti – également à titre personnel – ce que pouvait lui apporter cette beauté et ce qu'il pouvait lui apporter. « Lorsqu'on m'a suggéré la réalisation de *Lucrèce Borgia*, confie-t-il à *Cinémonde*, je ne connaissais que très peu Martine. J'ai cependant pensé à elle tout de suite. Au physique, c'est "ça"... indiscutablement. » Et elle est indiscutablement aussi « ça » dans les scènes de bain dénudées que dans celles où elle porte de lourds brocarts, dans la scène où elle proclame « Je suis la plus grande putain de Rome ! » que dans la dernière où elle apparaît voilée de noir. Pour réaliser ce film d'action aux 3 000 figurants, avec ses bagarres gigantesques, ses orgies, ses chevauchées, Christian-Jaque a la chance d'avoir un artiste comme chef-opérateur : Christian Matras, le maître des éclairages savants, veloutés, qui font des merveilles, notamment sur le corps de Martine. Qui plus est, c'est la première fois qu'un film en couleurs est réalisé avec du matériel d'éclairage français et cette innovation, qui fait économiser des millions au producteur, est due à Matras !

Après *Lucrèce*, *Madame du Barry* (1954), *Nana* (1955). Signés Christian-Jaque. Cela devait finir par un mariage. Martine Carol est au sommet. « Quiconque n'a jamais assisté à son arrivée quelque part ne saura jamais ce que le mot "popularité" veut dire », s'enthousiasme Jacques Laurent. Certains critiques font la fine bouche, émettant des doutes sur ses qualités d'actrice, mais ils sont balayés par le public. Elle domine toujours le peloton des « belles du jour », ces « reines du sex-appeal français » présentées en maillot de bain ou nuisette par *Ciné Revue France* dans un numéro d'octobre 1953, mais Françoise Arnoul – pour la plastique, c'est amplement mérité – a les honneurs d'une photo aussi grande que la sienne. Et dans cette palette onirique apparaît une petite nouvelle : Brigitte Bardot. Pas de quoi s'inquiéter. Son mari, un certain Roger Vadim, est journaliste à *Paris Match*, et il profite de sa position et de ses relations pour « caser » sa belle. À l'occasion du dernier Festival de Cannes, l'hebdomadaire n'a-t-il pas titré : « Vedette n° 1 du Festival, Brigitte Bardot, dix-huit ans, trois films, a été convoquée par ce câble : "Prenez Train bleu avec robe du soir". » Et elle a posé en bikini sur la plage, sous les hourras des marins de la septième flotte américaine. Un joli coup pour cette « sacrée gamine » et son mentor. Et puis après ?

C'est plutôt du côté de l'Italie que viendrait la « menace ». L'Italie où la production cinématographique, au début de la décennie, affiche un bilan triomphal, aussi bien sur la péninsule que sur les écrans internationaux. Les De Sica, Rossellini, Lattuada, Visconti sont adulés à l'étranger. Et les treize studios de Cinecittà – les mieux équipés d'Europe – tournent à plein, alors qu'en France, tout ce qu'on envisage afin de résoudre la crise du grand écran, c'est de les fermer. Nombre d'acteurs français, parmi les meilleurs, tournent d'ailleurs plus à Rome qu'à Paris.

Et… il y a les *ragazze*, les belles Italiennes ! Le néoréalisme, c'est formidable, se sont dit les producteurs : il a révélé des génies, fait rayonner notre cinéma. Mais le peuple italien ? Une fois l'orgueil national satisfait, ne va-t-il pas se lasser de ces films qui lui renvoient la morose réalité quotidienne qu'il tente de fuir ? Alors ? Pauvres ou riches, tous les Italiens ont en commun le goût des pâtes et des jolies filles. Les pâtes, on n'en manque pas, mais au cinéma… De jolies filles non plus, on n'en manque pas. Eh bien, voilà notre nouvel atout !

Et soudain éclate la « bombe atomique » Silvana Mangano, foudroyante révélation de *Riz amer* du jeune réalisateur De Santis, avec Vittorio Gassman et Raf Vallone. L'histoire de cette repiqueuse de riz dans la plaine du Pô est certes dans la veine néoréaliste, mais ce sont les formes agressives et les cuissardes de la belle, sa charge de sensualité qui font le succès de ce film au demeurant excellent. « À ce moment, écrit Roland Fougères dans *Ciné Revue*, le monde découvrit avec stupéfaction que les plus jolies filles du monde étaient italiennes. Elles avaient une beauté plus vraie que toutes les autres, moins apprêtée, plus animale, plus féminine. »

Et l'hebdomadaire d'en présenter une palette émoustillante. Silvana Pampanini, « qui possède un public étendu, séduit par sa féminité agressive dont elle ne se montre pas avare » ; Eleonora Rossi Drago, « lancée par un film où il se dégageait d'elle une envoûtante sensualité » et qui s'appelait d'ailleurs *Sensualita* ; Rossana Podestà (en couverture), « qui a fait dans le film mexicain *Le Filet* une création qui a fait sensation jusque parmi le public blasé du Festival de Cannes 1953. On avait rarement vu, il est vrai, sensualité si envoûtante émaner d'une femme à l'écran ; il ne s'agit pas, dans ce film, de déshabillage comme dans tant de films français, mais d'une animalité suggérée née de la personnalité même de l'interprète, et non de moyens assez vulgaires » (dites donc !). Il y a encore Bruna Corrà, « danseuse irrésistible de *La Sultana Safiyè* », Antonella Lualdi, Lea Padovani, Maria Fiore, Yvonne Sanson, Sophia Loren, une débutante « révélée par *L'Afrique sous les mers* ».

Il y a surtout Gina Lollobrigida, l'incontestable vedette italienne n° 1, l'atout essentiel du cinéma transalpin à l'étranger. Elle tourne film sur film, *Le Grand Jeu*, *Pain, amour et fantaisie*, *Les Infidèles*, autant de films où ses jambes et surtout sa poitrine (ah ! les sous-entendus salaces sur « lolo »...) crèvent – presque au sens propre – l'écran. Et elle a joué avec Gérard Philipe dans *Fanfan la Tulipe*, un film de... Christian-Jaque. Oui, mais il ne connaissait pas Martine... « Gérard Philipe est le meilleur des jeunes comédiens français, confie-t-elle à *Ciné Revue*. À La Napoule, où nous nous trouvions au début des prises de *Fanfan la Tulipe*, il a commencé à m'apprendre avec une patience admirable la prononciation des voyelles. » En trois ou quatre ans, Gina a déjà eu pour partenaires les grands acteurs internationaux. Humphrey Bogart, « l'homme le plus gentil du monde » ; Vittorio De Sica, « l'abnégation faite homme. Dans *Pain, amour et fantaisie*, il s'est toujours arrangé pour que je sois la plupart du temps face à la caméra alors qu'il était filmé de dos ou de trois quarts » ; Errol Flynn – « Je me souviens surtout d'une scène d'amour du *Maître de Don Juan*. La réalisation de cette scène de baiser devait prendre quatre jours. Tous les matins, nous nous embrassions. Il est tombé malade le quatrième jour ! »

Le cinéma italien a donc fait le pari du charme. Et l'a gagné. Mais, souligne *Ciné Revue* : « Si les jolies filles – particulièrement les Italiennes – font oublier pour quelques heures certains ennuis de la vie, elles font également naître dans les imaginations des rêves mensongers parce qu'inaccessibles. Étant inaccessibles, elles sont responsables pour une part de certain penchant contemporain à vivre plus en imagination qu'en réalité. C'est un phénomène que l'on a déjà noté parmi les enfants américains avec la généralisation de la télévision : ils ne jouent plus ou presque, pour vivre mentalement devant l'écran individuel les rêves qu'ils traduisaient autrefois en jeux bruyants et bien physiques. » « C'est la rançon diabolique des porteuses de rêves », conclut le magazine. Pour ces diablesses, on est toutefois prêt à payer une rançon.

Françaises, Italiennes… Et si l'on traversait l'Atlantique ? Il serait surprenant que l'Amérique d'Hollywood soit à la remorque de l'érotisme. Linda Darnell, Jane Russell, Lana Turner, Rita Hayworth, Ava Gardner (une autre plus-belle-fille-du-monde), Elizabeth Taylor (en 1950, elle n'a que dix-huit ans mais tourne depuis l'âge de dix ans)… Dans le domaine des fantasmes, le Nouveau Monde ne manque pas d'atouts de première chair. Fin 1949, le grand photographe Philippe Halsman réunit pour *Life* huit des *aspiring actresses*, les débutantes les plus prometteuses. Au premier plan de ce *glamorous* tableau, une blonde souriante, Marilyn Monroe. La petite n'a ni froid ni froid aux yeux : quelques mois plus tôt, elle a posé entièrement nue pour un calendrier de charme. Ce n'est pas tombé sous le regard d'un aveugle.

1950. John Huston la fait jouer dans *The Asphalt Jungle* (en français, paraît-il, cela donne *Quand la ville dort*). Elle est étincelante. Une révélation. Pour le mâle américain (et pour les femmes qui l'envient), elle est avant tout un buste : 97 centimètres de tour de poitrine. Elle leur démontre rapidement que le reste est à l'avenant. « Une des trouvailles de Marilyn, lit-on dans *Cinémonde*, a été de rendre aux hanches un intérêt que l'on semblait vouloir ne plus accorder qu'à la poitrine. Elle a appris à tourner le dos à la caméra. Il faut avouer qu'elle a de quoi montrer : 94 centimètres. Pour exprimer cette optique nouvelle, les metteurs en scène ont dû inventer plans, cadrages et angles spéciaux. » Pour l'anecdote et les maniaques du détail, elle a deux grains de beauté : l'un au-dessus de la lèvre supérieure, l'autre sur le sein droit. Les célébrités d'Hollywood sont en émoi. Un signe : elles colportent que les jambes de la nouvelle sont trop courtes par rapport à sa taille, et autres calomnies qui révèlent leur peur d'être supplantées.

Vaines manœuvres : Marilyn Monroe est désormais à l'Amérique ce que Martine Carol est à la France, et Gina Lollobrigida à l'Italie. Les grands réalisateurs se la disputent : Mankiewicz (*Ève*), Howard Hawks (*Les hommes préfèrent les blondes*), Otto Preminger (*La Rivière sans retour*)... En 1955, Billy Wilder provoque à New York un début d'émeute, à l'angle de la 54e Rue et de Madison Avenue : dans une scène de *Sept Ans de réflexion*, la robe de l'actrice s'envole autour d'elle alors qu'elle passe sur une bouche de métro. Cinq mille personnes se sont rassemblées pour ce spectacle gratuit et affriolant, certains offrent même de l'argent aux techniciens installés sous la grille afin qu'ils augmentent la puissance de la soufflerie ! Le réalisateur se voit contraint de réaliser la scène en studio.

Telles sont donc, en ce milieu des années 1950, les reines mondiales du charme cinématographique, créatures inabordables que, dans l'obscurité des salles, chacun rêve siennes. Il a fallu endurer le documentaire au ton soporifique, les actualités Pathé déclamées par des chantres, les réclames Jean-Mineur-Publicité-Balzac-001 (« Dents blanches, haleine fraîche, super dentifrice Colgate ! ») et l'entracte interminable, avec la rengaine de l'ouvreuse : « Bonbons ! Caramels ! Chocolats glacés ! » Mais finalement, cela fait aussi partie du plaisir d'« aller au cinéma », de se caler dans un fauteuil de velours rouge et de voir surgir Martine, Gina, Marilyn... Et à présent, en CinemaScope !

Inventeur (français) n'étant pas maître chez lui, le brevet de cette innovation (datant d'avant guerre !) du professeur Henri Chrétien a en effet été racheté par la Fox. *La Tunique*, premier film en CinemaScope avec Richard Burton, Jean Simmons, Victor Mature, est sorti en 1953 et a émerveillé le public. Lors de sa présentation au cinéma Normandie à Paris, les invités ont réservé une ovation au vieux chercheur français créateur de la lentille Hypergonar, qui permet de projeter un film sur un écran trois fois plus large que les écrans habituels. Et quelques mois plus tard, Marilyn Monroe et ses deux acolytes de *Comment épouser un millionnaire* – Lauren Bacall et Betty Grable – ont, comme le titrera *Paris Match*, « trouvé la fortune en CinemaScope ».

Les choses bougent. Les êtres aussi. En France, Martine Carol semble pourtant indéracinable. C'est souvent ainsi quand on a franchi l'invisible frontière qui sépare le vedettariat du mythe. Mais il est écrit que rien désormais ne sera acquis. Se sentant assez forte, elle a répondu à la sollicitation du talentueux Max Ophüls pour être *Lola Montès*. Changement complet : elle est brune et n'a pas à se déshabiller. C'est peut-être sa meilleure prestation, le film n'en est pas moins un échec commercial. Et le début d'un sournois déclin. Qui coïncide avec le triomphe fulgurant de cette starlette pistonnée par son journaliste de mari : Brigitte Bardot. Lequel journaliste est devenu metteur en scène et pygmalion.

Roger Vadim avait fait la connaissance de Brigitte lorsqu'elle avait quinze ans. Amie d'Hélène Lazareff, directrice de *Elle*, sa mère avait permis que sa fille illustre la jeune fille moderne des années 1950. Vadim, conquis, avait écrit pour elle le scénario d'un film qui devait être réalisé par son ami Marc Allégret. Le tournage n'aura jamais lieu ; la relation entre Brigitte et Roger finira par un mariage. On attendra tout de même que la jeune cover-girl ait dix-huit ans. On est dans un milieu qui respecte les convenances. Comme l'écrira l'inimitable Raymond Cartier, qui travaille dans le même hebdomadaire que le jeune marié : « Brigitte ne connut jamais les contacts brutaux avec les réalités sexuelles, les terribles leçons de psychologie et d'anatomie que la promiscuité des quartiers pauvres donne aux fillettes qui doivent jouer dans les terrains vagues. » Sûr qu'avec un enfant de chœur comme Vadim… Peu de temps avant le passage devant le maire et la réception, rue de la Pompe, Brigitte était passée devant la caméra pour un rôle qui justifiait le titre de *Manina, la Fille sans voiles.*

Culotté et cynique, ayant le sens de la publicité à défaut d'un grand sens moral, Vadim veut « faire du cinéma » et se met en tête de montrer dans un film cette jeunesse contemporaine. Avant, il faut faire de sa femme une actrice, « son » actrice. C'est du travail. Elle joue plutôt mal, plutôt faux. Elle est mignonne, mais ça ne suffit pas. Elle a « quelque chose », certes, seulement, il faut trouver le moyen de l'exprimer, comme une chrysalide avant de s'ouvrir. Elle a en revanche un atout de poids. De nombreux reporters et photographes sont des copains de son mari. D'où la publicité « gonflée » qui est faite à son bref passage au Festival de Cannes 1953. Un festival dont les vedettes sont Kim Novak et Gina Lollobrigida. Pauvre Brigitte. L'apercevant, désemparée, devant la porte du Carlton, François Chalais a pitié d'elle et l'emmène avec lui à La Napoule, chez La Mère Terrats, le restaurant préféré des festivaliers, où le fils, Marcel, amuse ces blasés avec ses « À La Napoule poule, poule, poule, il y a des poules… » (surtout au moment du festival !). Personne ne la connaît et, dans ce milieu soi-disant anticonformiste, quand on ne connaît pas, on ignore. Avec morgue. Brigitte est mortifiée. Son mari n'en a cure, il pose ses jalons, il façonne patiemment celle dont il veut faire « le rêve impossible des hommes mariés ».

Il parvient enfin à faire partager son obsession au jeune producteur Raoul Lévy. Et un jour de juin 1956, dans la chaleur montante de Saint-Tropez, commence le tournage de *Et Dieu créa la femme.* Une vie dans le film, un film dans la vie. Qui dirige ? Le réalisateur ou le mari ? Qui joue ? L'actrice ou l'épouse ? Paroxysme du désir, confusion des rôles : Vadim dit « Coupez ! », Brigitte et Jean-Louis Trintignant prolongent leur baiser… Roger Jürgens ou Curd Vadim ? Les scènes coupent le souffle. Plus par leur puissance sensuelle que par les éclairs de peau nue. Le nu, d'ailleurs, où est le problème ? rétorque Vadim à ceux choqués qu'il exhibe ainsi sa femme : « Les scènes de nu, Brigitte les adore, car elle déteste l'hypocrisie. Elle est une fille de son temps, affranchie de tout sentiment de culpabilité et de tout tabou imposé par la société. »

Avis partagé par François Truffaut, le jeune chroniqueur de l'hebdomadaire *Arts* et l'un des rares à défendre le film : « Je ne comprends pas comment, après avoir si justement stigmatisé le cinéma américain, sa pudibonderie, son hypocrisie, son système de conventions sentimentales de jeune premier qui épousera forcément la jeune première, tandis que le second rôle comique convolera avec la boniche, les quatre personnages étant rigoureusement vierges, mes confrères n'ont pas su apprécier la franchise de Vadim qui, le premier peut-être dans l'histoire du cinéma, ose nous montrer des jeunes mariés se comportant en jeunes mariés, c'est-à-dire se caressant, jouant comme des enfants (ou des animaux, peu importe), faisant l'amour dans la journée (eh, oui !). » « Au fond, poursuit Truffaut, la véritable audace de Vadim c'est d'avoir fait commencer son film par où ceux des autres se terminent, le mariage. »

La sortie du film en France n'a rien d'un coup de tonnerre. C'est de l'étranger qu'arrive la tempête. À Londres, à Rome, à Hong Kong, à New York, les foules se précipitent aux guichets des salles qui le projettent. Aux États-Unis, ecclésiastiques, juges, policiers tentent d'en faire interdire la projection. Et le boomerang revient dans son pays d'origine. Comme un révélateur des frustrations, des archaïsmes d'une société figée. En découvrant *Et Dieu créa la femme*, les Français se découvrent et découvrent surtout que leur univers est en train de changer. Et vite. « Bardot est en accord avec une époque qui rejette les cravates, les gaines et les fards », écrit Raymond Cartier, cette fois mieux inspiré.

Cette nouvelle ère n'est pas celle de Martine Carol. Dénudée, certes, mais fardée. À la fin des années 1950, elle répondra par écrit à une question de *Ciné Revue* : « On a prétendu que la réussite de Brigitte Bardot vous contrariait. Si cela est vrai, comment réagissez-vous au fait qu'elle tourne *Babette*, précisément sous la direction de Christian-Jaque ? » Réponse : « Pourquoi la réussite de BB ou d'une autre vedette me contrarierait-elle ? Ceux qui me connaissent savent que je suis imperméable à la jalousie. Je peux même vous révéler un petit secret. J'aime bien Brigitte. Après le gala de La Callas, où je l'ai rencontrée pour la première fois et où elle m'a spontanément adressé un petit bonjour charmant, je lui ai envoyé un mot de ma ferme de Grasse. Je lui disais combien je l'avais trouvée charmante et jolie. Trois jours après, j'ai reçu sa réponse qui m'a prouvé sa gentillesse et sa bonne camaraderie. »

Combien paraissent bien innocents ces croupes et ces seins entrevus du temps de *Lucrèce Borgia* ! La façon dont Carroll Baker suce son pouce dans *Baby Doll* est plus sexuellement troublante que la poitrine hors normes de Jayne Mansfield, surnommée « le Buste » ou encore la « Marilyn *king size* ». (Dans *La Blonde et moi*, les barres de glace fondent sur son passage et les bouteilles de lait explosent de façon très explicite.)

Vadim a ouvert la voie. Ce que Nabokov avec *Lolita* et Pauline Réage avec *Histoire d'O* font en littérature. En montrant le plaisir monter sur le visage de Jeanne Moreau alors que son amant, Jean-Marc Bory, lui prodigue un cunnilingus, Louis Malle franchit un nouveau pas, en 1958, avec *Les Amants*. François Truffaut salue la « première nuit d'amour au cinéma ». « Par discipline chrétienne, il est demandé de s'abstenir d'aller voir ce film », recommande au contraire la Centrale catholique du cinéma. Cause perdue ?

Sartre et Camus dans la guerre froide

Cinq ans après la fin de la guerre, la littérature peut enfin respirer, non ? La littérature pure, s'entend. Pas si simple. S'il n'y avait que la littérature ! Mais il y a les écrivains. Et en France, ce sont aussi des intellectuels, des penseurs, des moralistes. Surtout les plus grands. Gide, Mauriac, Malraux, Camus, Sartre… Demandez donc à ces gens-là d'oublier le monde dont l'humanité a hérité en 1945 et qui ne s'est guère arrangé depuis. Demandez-leur d'oublier le traumatisme d'Auschwitz et de Buchenwald, l'Armageddon d'Hiroshima et de Nagasaki. D'oublier que sur les ruines du nazisme haï, au lieu du nouveau monde tant espéré, se sont métastasés deux blocs irréductibles dont l'antagonisme est gros de la Troisième Guerre mondiale. Le conflit coréen qui éclate en juin de cette année 1950 n'en est peut-être que la première phase.

Ça fait déjà beaucoup. Et il y a, en plus, les affaires de la France. Lesquelles ne sont pas minces. L'ivresse de la Libération a été de courte durée. La gueule de bois de la collaboration a les symptômes d'une longue maladie. L'épuration – indispensable – est hélas bâclée, au point de permettre aux hérauts de Vichy de réapparaître peu à peu et de se forger une image de victimes. En mai 1948, le « banquet des mille » réunit ainsi au Parc des Expositions à Paris des membres du personnel politico-administratif compromis sous l'Occupation.

Deux ans à peine après la fin du conflit mondial, l'« esprit de résistance » s'est bien affadi. Il n'y a eu ni guerre civile ni révolution. Gaullistes de la France libre et communistes du « parti des fusillés » se sont neutralisés et l'on est passé tranquillement de la IIIe à la IVe République. Comme si Vichy n'avait pas existé. Différence d'importance toutefois : la France n'est plus un

« grand ». En récupérant son empire d'outre-mer, elle en a l'illusion mais c'est au moment où s'allument partout les aspirations à l'indépendance.

Le bouillonnement révolutionnaire de la Libération a donc viré à l'eau de boudin. Les politiques continuent de se disqualifier. Mais il y a les écrivains, romanciers, philosophes. Ceux qui, comme André Malraux, ont mis leurs espoirs en de Gaulle et battent la tribune pour le RPF (Rassemblement du peuple français) ; les communistes comme Louis Aragon et Paul Éluard, thuriféraires de l'Union soviétique dont le prestige est au zénith depuis Stalingrad ; à part, et différents, Albert Camus et Jean-Paul Sartre, dont l'œuvre et la pensée sont sans doute les plus proches de la nouvelle culture intellectuelle en gestation, de la sensibilité du moment, surtout auprès des jeunes.

En littérature, philosophie, théâtre, Camus a déjà publié *L'Envers et l'Endroit*, *L'Étranger*, *Caligula*, *Noces*, *Le Mythe de Sisyphe*. Sartre, avec *La Nausée*, *Le Mur*, *Les Mouches*, *Huis clos*, *L'Être et le Néant*, *L'Âge de raison* et *Le Sursis* (les deux premiers volumes des *Chemins de la liberté*), *Morts sans sépulture*, *La Putain respectueuse*, s'est largement imposé. Le 1er octobre 1945 est sorti le premier numéro des *Temps modernes*, une revue « rêvée » par Sartre et Merleau-Ponty, et dont le comité directeur est constitué de Simone de Beauvoir, Raymond Aron, Jean Paulhan, Michel Leiris, Albert Ollivier. Leur but ? Être « des chasseurs de sens ». Et agir. « L'écrivain, écrit Sartre dans sa présentation de la revue, est "en situation" dans son époque : chaque parole a des retentissements. Chaque silence aussi. Je tiens Flaubert et Goncourt pour responsables de la répression qui suivit la Commune parce qu'ils n'ont pas écrit une ligne pour l'en empêcher. Ce n'était pas leur affaire, dira-t-on. Mais le procès de Calas, était-ce l'affaire de Voltaire ? La condamnation de Dreyfus, était-ce l'affaire de Zola ? L'administration du Congo, était-ce l'affaire de Gide ? Chacun de ces auteurs, en une circonstance particulière de sa vie, a mesuré sa responsabilité d'écrivain. L'Occupation nous a appris la nôtre. Puisque nous agissons sur notre temps par notre existence même, nous décidons que cette action sera volontaire [...]. C'est l'avenir de notre époque, qui doit faire l'objet de nos soins. »

Le signal est donné à la « littérature engagée ». Sartre approfondira sa thèse en 1947, avec *Qu'est-ce que la littérature ?* « L'écrivain engagé sait que la parole est action : il sait que dévoiler c'est changer et qu'on ne peut dévoiler qu'en projetant de changer. » Sartre occupe alors le terrain. Par ses romans, ses pièces, ses articles, ses essais. Et surtout par cette vision nouvelle du monde de l'après-guerre, cette philosophie de l'action qui ne peut que séduire de grands pans d'une jeunesse déboussolée et réduite à l'impuissance. Philosophie qu'il résume en un mot : l'existentialisme. Vite décriée par les courants de la droite et le Parti communiste, qui renifle un dangereux rival, la pensée sartrienne exige une mise au point.

Dans une conférence qui attire la grande foule et qui fera date, Sartre défend avec fougue ses idées déjà déployées dans *L'Être et le Néant*, et qui sont régulièrement caricaturées dans plusieurs journaux. Il ne se passe guère de jour sans qu'un article raille « les existentialistes aux cheveux sales » de Saint-Germain-des-Prés, enfants naturels de cette liberté sans bornes prétendument prônée par l'auteur des *Chemins de la liberté*. Eh bien non, martèle-t-il de sa voix métallique, l'existentialisme n'est pas une philosophie du laisser-aller et du laisser-faire, n'est pas une philosophie de l'acte gratuit sur fond de résignation. « L'existentialisme est un optimisme, une doctrine d'action. L'existentialisme est un humanisme. » Le texte de la conférence, édité dans la foulée par Nagel, devient vite un sujet d'études pour les intellectuels et une bible pour les étudiants, qui y trouvent enfin des repères. Mais en face, il y a un monstre intimidant. Monstrueux par sa taille – et par celle, encore plus imposante, de sa « maison mère » –, monstrueux par son influence : le Parti communiste français. Dès la Libération, en attendant les « lendemains qui chantent », il entend bien mettre au pas tous ces écrivains qui lui font de l'ombre et qu'il mettrait volontiers à l'ombre.

Sartre et son existentialisme sont évidemment dans la ligne de mire des soldats de la littérature « rouge ». Salve de Roger Garaudy contre cet « existentialisme qui n'est qu'un nom barbare pour désigner la forme actuelle de ce triple mépris de la raison, de la réalité et de l'homme qui caractérise toutes les décadences de la pensée ». « C'est l'excrémentialisme, écrit *La France au combat.* Nous avions le mouvement dada, voici maintenant le mouvement caca. »

Malraux ? Le cas de l'ancien colonel antifasciste des Brigades internationales est réglé : « Un traître » passé au gaullisme réactionnaire. Mauriac ? Un « saint François des Assises » qui a osé protester contre l'épuration et a notamment signé la pétition demandant la grâce pour Brasillach. Gide ? Les attaques contre « le plus parfait poète de la décomposition de l'homme » (Garaudy, encore...) redoubleront lorsque « ce fasciste pédéraste » (Kanapa) obtiendra le prix Nobel en 1947.

Et Camus ? Camus l'homme seul, Camus le moraliste, Camus le juste, Camus qui condamne à la fois Hiroshima et le stalinisme, Camus impuissant devant ce monde où « hors des Églises, on ne vous laisse pas en paix », ce « monde où il faut choisir d'être victime ou bourreau – et rien d'autre ». Camus enfin, qui refuse « la fin justifie les moyens ». Un tel « propagandiste de l'individualisme décadent » qui « prend place dans les rangs de la bourgeoisie fascisante » ne peut être que condamné. Comme son ami Arthur Koestler. Ah ! celui-là ! C'est la bête noire des communistes. Il les connaît bien : il en a été. Mais, révolté par les crimes de Staline, il avait rompu dès 1938. Et surtout, il avait publié en 1940 *Darkness at Noon.* Traduit en français à la fin de la guerre sous le titre *Le Zéro et l'Infini,* il s'est vendu dans l'année à plus de 200 000 exemplaires. Alors même que le PC est le parti le plus populaire auprès des Français, le livre de Koestler décrit les rouages de la terreur stalinienne ! Ce ne sont plus alors des salves isolées mais un véritable peloton d'exécution qui est formé contre Koestler. Commandé par le camarade Kanapa, il fait feu contre « Koestler et ses pareils, des traîtres au prolétariat, des ennemis de la paix, des hommes déchus, dépravés, tarés ».

Il y en a d'autres. Et pas des moindres. Raymond Aron est de ceux-là. Il n'est pas resté longtemps aux *Temps modernes,* Sartre et Merleau-Ponty ayant laissé entendre qu'en cas de nouveau conflit mondial, ils se rangeraient – la mort dans l'âme – du côté de l'Union soviétique. Grand connaisseur du marxisme, qu'il réfute, l'ancien directeur, à Londres, de la revue *La France libre* sera particulièrement honni à compter de 1948 quand il publie *Le Grand Schisme.*

Pour avoir écrit – entre autres – que « le stalinisme rompt avec la tradition humaniste et égalitaire aussi brutalement que l'hitlérisme », il sera régulièrement traité de « néofasciste » et de « petit-bourgeois réactionnaire ».

La grande « guerre des idées », la plus spectaculaire, celle qui va durer le plus longtemps (au moins jusqu'au milieu des années 1950), prendra souvent un caractère triangulaire avec le PC, Sartre et Camus. Sur eux, autour d'eux vont s'exacerber les débats et les polémiques. Avec leur lot de rebondissements, de contradictions, de réconciliations, de ruptures. Et ce, sur fond du nouveau « paysage » géopolitique : la guerre froide déclenchée fin 1947. Il ne s'agit plus désormais de rivalité russo-américaine mais bien d'un affrontement implacable entre deux systèmes inconciliables. Et en France, entre gens de plume qui vont s'engager dans un camp ou dans l'autre – ou qui refuseront de choisir –, ça va barder.

Que Sartre se retrouve en première ligne – et sur deux fronts – ne peut surprendre. D'abord, il n'a pas encaissé les attaques souvent très basses des communistes contre l'existentialisme. Et il riposte : « Que l'on se demande à présent si l'écrivain, pour atteindre les masses, doit offrir ses services au parti communiste, je réponds que non ; la politique du communisme stalinien est incompatible avec l'exercice honnête du métier littéraire. » Ensuite, il ne peut tolérer que le souvenir de son ami Paul Nizan, qui dénonça le pacte germano-soviétique, soit, depuis sa mort, constamment sali et accusé d'avoir « aidé les agents de la cinquième colonne à mener leur politique criminelle ». Aron, Breton, Camus, Guéhenno, Mauriac s'allient à Sartre pour exiger du PCF qu'il apporte des preuves. Staline l'en garde ! D'autant que « le Petit Père des peuples » a confié à l'idéologue Andreï Jdanov de faire des écrivains et artistes des combattants de la guerre froide en pratiquant et en imposant partout le « réalisme socialiste ».

En 1948, année où Carlo Levi publie *Le Christ s'est arrêté à Eboli*, Karl Jaspers, *La Culpabilité allemande*, Raymond Aron, *Le Grand Schisme*, Sartre préface *L'Anthologie de la poésie nègre et malgache*, de Léopold Sédar Senghor et, surtout, publie *Les Mains sales*. La pièce est aussitôt vilipendée pour son « anticommunisme » et son auteur, au Congrès mondial des intellectuels, doit sans doute à sa notoriété d'être simplement traité d'« hyène dactylographe » au lieu du rituel « vipère lubrique ». Peu importe aux communistes que Sartre soit, comme eux, antigaulliste, qu'il adhère aux critiques de Simone de Beauvoir contre les États-Unis (« l'apparence même de la démocratie qui s'évanouit de jour en jour »), qu'il dénonce la guerre d'Indochine, que *Les Temps modernes* possèdent même une longueur d'avance sur l'anticolonialisme du PC : ceux qui ne sont pas avec nous sont contre nous. Et être avec les communistes c'est, avant tout, faire l'apologie de Staline et « flinguer » l'Amérique. Du dollar « corrupteur » au Coca-Cola « au goût infect », en passant par le cinéma et « ses meurtriers à chewing-gum », tout y passe, tout est menace, tout est preuve de la voracité dominatrice yankee. Le PCF, on l'a vu, n'a pas le monopole de l'antiaméricanisme. Il touche – avec des différences de degré – le gros des milieux intellectuels, même chrétiens, comme l'équipe de la revue *Esprit*. En cette fin des années 1940, ils sont toutefois en décalage avec la majorité des Français. L'URSS a considérablement perdu de son prestige « Stalingrad » et les États-Unis fascinent avec leurs automobiles, leurs réfrigérateurs, leurs films en Technicolor.

L'année 1949 est, de loin, marquée par l'avènement de la Chine de Mao Tsé-toung, entraînant en France une vague d'ouvrages sur ce pays. La moisson éditoriale est par ailleurs singulièrement riche. *La Puissance et la Gloire*, de Graham Greene (« Ce livre s'adresse providentiellement à la génération que l'absurdité d'un monde fou prend à la gorge », écrit Mauriac dans sa préface) ; *Socialisme et Barbarie* (Cornelius Castoriadis et Claude Lefort) ; *Le Grand Espoir du XXe siècle* (Jean Fourastié) ; *La Méditerranée* (Fernand Braudel) ; *Le Journal du voleur* (Jean Genet) ; *Le Deuxième Sexe*, de Simone de Beauvoir (« J'ai tout appris sur le vagin de votre

Symbole ludique de l'emballement technologique et social de ces années, le hula-hoop a donné le tournis au monde entier. Et aux badauds des Champs-Élysées.

1950

Savoir taper à la machine, être dactylo. L'ambition de nombreuses jeunes filles qui ont dû choisir tôt la voie professionnelle.

C'est en sauveur de l'Indochine que le général de Lattre, surnommé « Le roi Jean », est accueilli à Hanoï en décembre 1950.

Au début des années 50, les journaux sont pleins d'histoires de « soucoupes volantes ». Au point de donner des idées aux stylistes de la mode.

1951

Enfants à la foire du Trône.

Salon de l'Auto 1951, sous les verrières du Grand Palais. On y retrouve toutes les grandes marques d'avant-guerre.

Pierre Lazareff, dit « Pierrot-les-bretelles », l'emblématique patron de *France-Soir*, « seul quotidien vendant à plus de un million d'exemplaires ».

Françoise Sagan, Juliette Gréco et Michel Magne. Un beau trio d'agitateurs pour la littérature, la chanson et la musique de l'époque.

À l'exposition sur la télévision qui se tient en 1951, gare de Lyon à Paris, la « petite lucarne » garde encore ses mystères. Il n'y a alors qu'une dizaine de milliers de récepteurs chez les Français.

La viande, dont les Français ont été privés dans les années 40, est de nouveau dans les assiettes. Mais il est encore dur de « gagner son bifsteck ».

1952

Sur le paquebot Liberté, Gérard Philipe et Michèle Morgan (rejoints par son compagnon Henri Vidal) embarquent pour le Mexique où ils vont jouer *Les Orgueilleux*.

1er mai 1952. Le premier vol commercial par un avion à réaction est effectué entre Londres et Johannesburg par un Comet de la compagnie britannique BOAC.

Annabel et Bernard Buffet. Elle, mannequin, chanteuse, écrivain. Lui, LE peintre de la décennie. Et une rencontre dans ce Saint-Tropez devenu incontournable.

1953

Brillant vainqueur des Tours de France 1953 et 54, Louison Bobet se distingue également derrière Derny, sur la piste en bois du Vel'd'Hiv.

Pour 20 francs, on peut désormais s'offrir une boisson chaude dans un gobelet en carton « stérilisé » au premier distributeur automatique, place du Palais-Royal.

Quatuor inclassable, puisant dans les textes de Prévert, Queneau ou Trenet, les Frères Jacques sont à la fois chanteurs, danseurs et mimes.

Depuis 1948, la production de charbon est redevenue suffisante et ce combustible demeure le principal moyen de chauffage des Français.

Elégant et talentueux, Ray Sugar Robinson, le champion du monde de boxe américain, l'est aussi au music-hall, comme ici, à Paris, en 1954.

1954

1954. Unis par la littérature. Quand un ministre de l'Intérieur, François Mitterrand, serre la main d'un homme révolté, Albert Camus.

Après le triomphe de sa *Cabane au Canada*, que tout le monde fredonne, Line Renaud collectionne les succès : *Étoile des neiges*, *Le chien dans la vitrine*…

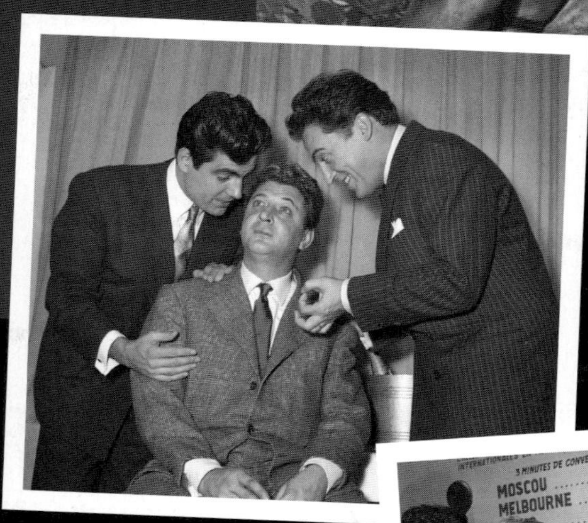

Roger Pierre, Jean Marc Thibaud et Roger Nicolas en 1954.

En septembre 1954, des personnalités, parmi lesquelles Christian Dior et le peintre Fujita, inaugurent à Paris le premier annuaire téléphonique international.

Sur le tournage de *Si Versailles m'était conté*, en 1954, Sacha Guitry est accompagné du poète Paul Fort et du peintre Maurice Utrillo.

Fernandel, comique français n° 1 depuis *Le Petit Monde de Don Camillo* fait visiter les studios de cinéma de Boulogne à Bob Hope, le n°1 américain.

Jean Richard aimerait sans doute goûter à d'autres fruits que les oranges qu'il reçoit pour le prix éponyme de 1954, en même temps que Martine Carol…

En 1955, un Français sur dix-sept possède une auto.
En 1957, un sur huit. Les villes vont rapidement connaître des problèmes de circulation et de stationnement.

1955

Juin 1955. Au volant de sa Mercedes « Flèche d'argent », le Français Pierre Levegh, trouvera la mort au cours de l'accident qui tuera une centaine de spectateurs lors des ces 24 Heures du Mans.

1956. Entourée de Daniel Gélin, Marc Allégret et Claude Terrail, la starlette Brigitte Bardot sera révélée quelques mois plus tard par *Et Dieu créa la Femme.*

1956

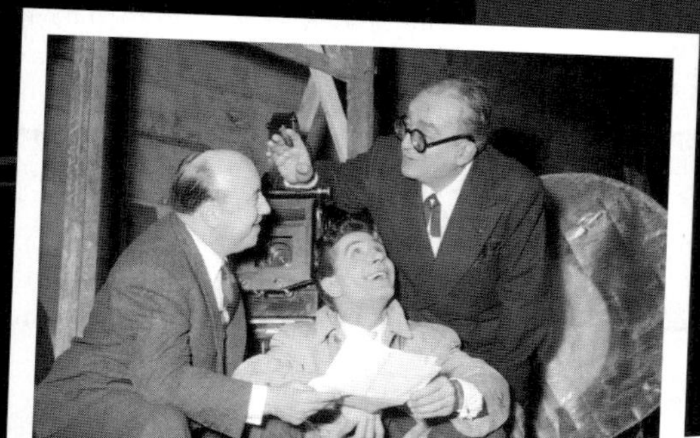

Autant en rire. L'association Gilbert Bécaud, Marcel Carné, Marcel Achard, n'aura pas fait décoller leur film, *Le Pays d'où je viens* (1956).

Gai et exubérant, Dario Moreno (ici à l'Olympia en 1956) va faire chanter et danser les Français friands d'exotisme. Avec, notamment, *Si tu vas à Rio.*

Depuis qu'il a enflammé le public avec *Le Chanteur de Mexico*, Luis Mariano est le chéri de ces dames dont il reçoit quotidiennement des milliers de lettres.

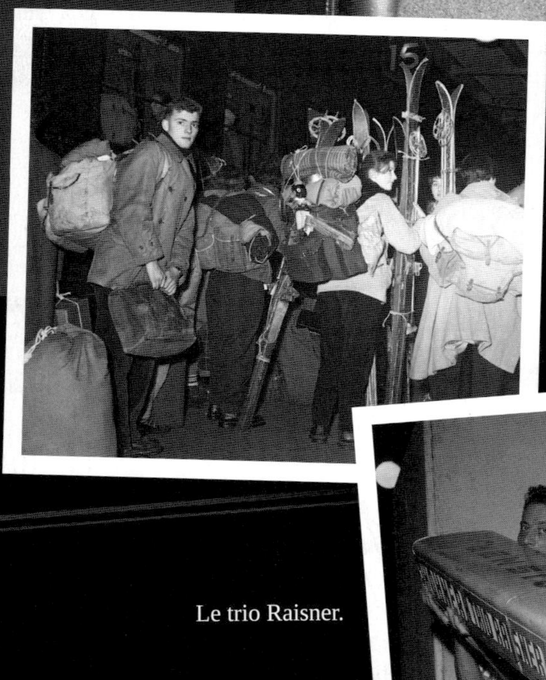

1956. Gare de Lyon. Classes de neige. Anoraks, pantalons « fuseaux » et des skis en bois dont il faudra régulièrement farter la semelle.

Le trio Raisner.

Interprète d'*Ascenseur pour l'échafaud* de Louis Malle (1957), Jeanne Moreau s'est liée d'amitié avec Miles Davis, l'auteur de la formidable musique du film.

1957

Maurice Chevalier, le chanteur français le plus célèbre au monde sera un véritable Pygmalion pour Patachou et son cabaret de la butte Montmartre.

Opération anti-décibels pour les propriétaires de motos. Si l'intensité sonore dépasse un certain seuil, obligation de changer le silencieux…

1958

Antoine Pinay, premier ministre des Finances de la Cinquième République, exhibe le « nouveau franc » dont la création a été demandée par le général de Gaulle en 1958.

Jacques Dufilho, Denise Benoit, Serge Gainsbourg et Marcel Amont en vedette à la cérémonie du Grand Prix du Disque 1959.

1959

Télévision et Citroën DS 19. Dans les jouets vedettes du Salon de l'Enfance 1959, on retrouve les objets qui ont nourri les rêves des Français tout au long de la décennie.

Devenu l'idole des adolescents avec *Diana* et des slows comme *You are my destiny* et *Crazy Love*, Paul Anka rend visite aux jeunes polios de Garches en 1959.

François Truffaut et Jean-Pierre Léaud rayonnants sous le soleil de Cannes. *Les 400 Coups* sont en effet la révélation de ce Festival 1959.

Pendant l'hiver 1959, on se protège du froid comme on peut. Surtout quand la vitesse du triporteur rend le vent encore plus mordant…

Au Bourget, inauguration de la ligne postale Paris-Lyon-Montpellier-Toulouse, par DC3, le Dakota rendu célèbre par les parachutages du débarquement en Normandie.

patronne », signale Mauriac à l'équipe des *Temps modernes*) ; *Les Communistes* (Aragon s'essaie au réalisme socialiste) ; *Les Justes*, de Camus, sur l'illégitimité du terrorisme, est présenté au Théâtre Hébertot. Et un retour, celui du proscrit Céline, avec son *Casse-Pipe* édité chez Frédéric Chambriand (Gallimard reste prudent...).

L'affaire Kravtchenko, qui éclate en France la même année, illustre combien sont à présent rodés les bataillons de la guerre froide. Et combien est encore intimidante l'ombre de l'Union soviétique. Ex-membre de la mission commerciale de son pays à Washington, ce dissident réfugié aux États-Unis est l'auteur du best-seller *J'ai choisi la liberté*, qui dénonce avec force la « dictature communiste ». Ne dit-il pas, après avoir lu les actes d'accusation du procès de Nuremberg : « Voilà enfin une description exacte du régime soviétique. Il suffit d'y changer quelques mots. Que l'on écrive "soviets" au lieu de "nazis" et l'on aura un tableau véridique de ce que le Kremlin a fait de la Russie. »

Les « orgues de Staline » sont déclenchées contre le « traître à la solde de l'impérialisme américain », l'auteur de ce « faux fabriqué par la CIA ». À ce concours d'imprécations, les communistes français se montrent les plus forts, notamment dans les colonnes des *Lettres françaises*. Et c'est donc l'hebdomadaire culturel qui est assigné par Kravtchenko.

Ce ne sera pas un procès mais un champ de bataille. Les fantassins Joliot-Curie, d'Astier de La Vigerie, Jean Baby, Pierre Cot, Garaudy, Cassou, Vercors montent à l'assaut de la 17ᵉ chambre correctionnelle de la Seine pour défendre Claude Morgan et André Wurmser, des *Lettres françaises*. Kravtchenko, soutenu par David Rousset, qui fut déporté par les Allemands, fait venir à la barre des victimes du système carcéral soviétique ayant réussi à s'évader à l'étranger. « Un ramassis de fuyards, anciens collaborateurs des nazis », ironisent les défenseurs. À la fille du philosophe Martin Buber qui, fuyant le régime hitlérien, s'était réfugiée en URSS avec son mari, dirigeant du PC allemand, avait été internée en Sibérie puis livrée à la Gestapo au nom du pacte germano-soviétique pour être finalement déportée à Ravensbrück, ils ne font pas un meilleur sort : « Ce n'est pas un camp que vous décrivez en Sibérie. D'ailleurs, il n'y a pas de camp de concentration en Union soviétique. »

Kravtchenko sortira tout de même lavé des accusations portées par les communistes. Mais le déroulement du procès et la faiblesse des soutiens qu'il a reçus chez les intellectuels de la gauche non communiste le laissent amer. Pour ces derniers, avoir choisi la liberté en Amérique constitue un titre de gloire peu reluisant. De plus, il est pour le moins gênant de hurler avec les loups de la presse « bourgeoise », férocement anticommuniste… Camus s'en sortira – mal – en décrétant que « choisir la liberté ce n'est pas passer de l'état de profiteur du régime soviétique à l'état de profiteur du régime bourgeois ». David Rousset lui-même est critiqué par ces mêmes milieux à la suite de son appel aux anciens déportés, pour la création d'une commission d'enquête sur « le goulag, un des plus grands trusts économiques de l'URSS ». Il a eu le tort de le publier dans *Le Figaro littéraire*, un hebdomadaire de droite.

1er janvier 1950. *Les Temps modernes* entament la décennie par un coup d'éclat : « Il n'y a pas de socialisme quand un citoyen sur vingt est au camp. »

Sartre et Merleau-Ponty prennent enfin acte des informations sur l'ampleur du système concentrationnaire stalinien. Et ces « camps de travail » sont « plus criminels encore que les autres puisqu'ils trahissent la révolution ». Voilà qui va nourrir la « guerre des plumes ». D'autant que les problèmes se durcissent.

Le schisme soviéto-yougoslave sert de prétexte à Staline pour se débarrasser de « titistes » supposés dans les pays du rideau de fer. Ces « procès » délirants ébranlent certains militants comme ceux, moins encasernés, de la « bande de la rue Saint-Benoît » habitués à se réunir au domicile de Marguerite Duras. Celle-ci, comme Edgar Morin, rompt avec le PCF. Ils seront suivis un peu plus tard par Cassou et Vercors. À leur tour d'être traînés dans la boue par *L'Humanité*.

Et puis il y a la guerre d'Indochine, le maccarthysme qui tombe à pic pour alimenter l'antiaméricanisme, et cette guerre qui s'annonce, là-bas, en Corée. Une situation explosive. Qui n'empêche pas une nouvelle floraison d'œuvres marquantes : *Le Journal d'Anne Frank*, *La Cantatrice chauve* (Ionesco), *La Littérature à l'estomac* (Gracq), *Orphée* (Cocteau), *Un barrage contre le Pacifique* (Duras), *1984* (Orwell), *Le Hussard bleu* (Nimier), *L'Invasion* (Adamov), *Tu récolteras la tempête* (Jean Hougron), premier volume du cycle passionnant (et d'actualité) *La Nuit indochinoise*. On continue d'écrire, certes. Mais pour ceux qui se sentent « en situation », l'époque est dévoreuse d'énergie et cette énergie continue d'être mise au service des grandes batailles idéologiques. À droite, où l'on se gausse de l'engagement sartrien, certains n'ont pourtant pas craint de s'engager. Au premier chef, André Malraux. Sa doctrine : gaullisme et anticommunisme. Cependant, l'effacement du général au début des années 1950 ne favorise pas les mobilisations. Et Malraux qui, avec Claude Mauriac, avait réuni un groupe d'intellectuels autour de la revue *Liberté de l'esprit* (Raymond Aron, Jean Grenier, Francis Ponge, Roger Nimier, Max-Pol Fouchet...), finira par préférer – pour un temps – *Les Voix du silence* aux imprécations de la guerre froide.

Plus modérée, la revue *Preuves* se veut antitotalitaire et européenne. L'éventail de ses collaborateurs démontre une ambition de qualité : Koestler, Milosz, Claude Mauriac, Robert Kanters, Denis de Rougemont, l'étonnant polémiste Boris Souvarine, Karl Jaspers. Plus épisodiquement, Raymond Aron et... Malraux. Soupçonnée d'être financée par Washington (on pense aussitôt à la CIA), la revue ne parvient pas à attirer les intellectuels neutralistes lecteurs du *Monde* et du nouvel hebdomadaire *L'Observateur*.

Communistes, progressistes, neutralistes... Il reste peu de place. Celle que vont occuper les Hussards, romanciers de droite prétendument « désengagés » (Laurent, Nimier, Blondin, Déon...), n'empiétera sur aucun pré carré. Dans le premier numéro de la revue *La Table ronde* – créée pour contrer l'influence des *Temps modernes* –, leurs signatures côtoient celles de Camus, Paulhan, Mauriac, Aron, Jouhandeau... Camus n'insistera pas : il y a autour de cette *Table* des gens avec lesquels il n'a rien à voir. Comme ce Nimier qui, dans un numéro de *Liberté de l'esprit*, lui a méchamment tenu rigueur de ses positions sur l'épuration : « Le silence de

M. Camus, dans le silence universel, n'aurait rien de très remarquable, si le même écrivain ne s'élevait pas, avec éloquence, en faveur des nègres, des Palestiniens ou des jaunes. »

Camus, d'ailleurs, prend un peu le large. Douloureusement, parce qu'il est ainsi, perpétuellement déchiré : « Les hommes comme moi qui refusent la violence et le mensonge, sont dans la folie. » Le titre de l'ouvrage auquel il se consacre pour le moment lui « colle » bien : *L'Homme révolté*. Révolte et soleil (celui d'Alger, de Tipasa) contre l'imprécation et la grisaille de Paris. Ce paysage urbain en demi-teintes et enfumé, dans lequel Sartre est en revanche à l'aise : il n'est pas du genre à s'attarder sur les reflets frétillants des oliviers sous le sirocco ! Tout – ou presque –, décidément, sépare les deux hommes. *L'Homme révolté* va en être le révélateur. Et le philosophe Francis Jeanson être le messager de la rupture. Dans *Les Temps modernes*, il se déchaîne de façon très jdanovienne contre la dernière œuvre de Camus : « Si vous ne voyez dans les luttes actuelles que le duel imbécile de deux monstres également abjects, c'est que vous nous avez déjà quittés [...]. Je ne vois qu'une solution pour vous : les îles Galápagos. [...] Je n'ose vous conseiller la lecture de *L'Être et le Néant*, la lecture vous en paraîtrait inutilement ardue. » « Déviationnisme de droite », « totale incompréhension de la lutte des classes ». Camus est « excommunié » par la gauche intellectuelle. L'époque, il est vrai, est au rejet de l'autre. Camp contre camp. Les œuvres de Sartre n'ont-elles pas été récemment mises à l'index par le Saint-Office ?

Qu'écrit donc Camus dans *L'Homme révolté* pour provoquer une telle polémique ? Essentiellement que « la revendication de justice aboutit à l'injustice si elle n'est pas fondée d'abord sur une justification éthique de la justice. Faute de quoi, le crime aussi, un jour, devient devoir ». Et de dénoncer « les camps d'esclaves sous la bannière de la liberté, les massacres justifiés par l'amour de l'homme ou le goût de la surhumanité ». C'est en gros la condamnation de l'utopie révolutionnaire et du dogme « la fin justifie les moyens ». Et dans sa réponse, toute de colère contenue, aux *Temps modernes*, Camus met les points sur les « i » : « On ne décide pas de la vérité d'une pensée selon qu'elle est à droite ou à gauche et moins encore selon ce que la droite et la gauche décident d'en faire. À ce compte, Descartes serait stalinien et Péguy bénirait M. Pinay. Si la vérité me paraissait à droite, j'y serais. [...] Mon livre ne nie pas l'histoire, mais critique seulement l'attitude qui vise à faire de l'histoire un absolu. Oui ou non y a-t-il une prophétie marxiste et est-elle aujourd'hui contredite par de nombreux faits ? »

Commentant cette réponse, Pierre de Boisdeffre écrit dans *Le Monde* : « En choisissant la solitude, il se peut que Camus choisisse aussi la grandeur. Camus, une fois encore, se trouve seul à parier pour l'homme véritable, qui n'est pas l'homme des techniques ou des idéologies, mais celui d'un présent toujours menacé, de la chair souffrante, des gestes de tous les jours. »

Sartre est d'autant moins porté à l'indulgence vis-à-vis de cet « idéalisme petit-bourgeois », qu'il a entamé une évolution inverse. Après la dénonciation des camps soviétiques, et alors que Merleau-Ponty, éditorialiste « officiel » des *Temps modernes*, est sur le point de rupture avec les communistes (« On ne peut être à la fois libre, écrivain et communiste »), Sartre, au contraire, va s'en rapprocher. La brouille avec Camus est entre-temps consommée : « Notre amitié n'était pas facile, lui écrit-il, mais je la regretterai. Si vous la rompez aujourd'hui, c'est sans doute qu'elle devait se rompre. »

Avec *Le Diable et le Bon Dieu*, également publié en 1951, Sartre en a fini avec les contradictions de la « morale ». Son héros, Goetz, a, comme lui, épuisé toutes les formes possibles de l'idéalisme. Et la neutralité est illusoire. Place donc au réalisme politique. Et ce réalisme, c'est le PCF qui l'incarne. Alors Sartre saute le pas. Il entre d'abord au comité formé pour obtenir la libération d'Henri Martin, un marin communiste condamné à cinq ans de prison pour son opposition à la guerre d'Indochine. Et c'est l'engrenage. Le 28 mai 1952, aux cris de « *Go home !* » et « Bas les pattes en Corée ! », des dizaines de milliers de personnes manifestent contre la nomination du général Ridgway – « Ridgway la peste » –, à la tête du Shape à Fontainebleau. Bagarres sanglantes avec les CRS, nombreux blessés, arrestations de militants, dont Jacques Duclos, figure emblématique du PC. Ayant trouvé deux pigeons dans sa voiture, les autorités poussent le ridicule jusqu'à l'accuser d'espionnage au profit de l'Union soviétique, ces volatiles ne pouvant être que des pigeons voyageurs ! Sartre est indigné. « Les enfantillages sordides du gouvernement [lui] soulèvent le cœur ». C'est la « chiquenaude » dont il avait besoin pour « atteindre le point de rupture ». Et il assène : « Un anticommuniste est un chien, je ne sors pas de là, je n'en sortirai plus jamais. » On verra... Pour l'heure, ce sont ses cinq années d'antistalinisme qu'il met dans sa poche. Au nom de l'efficacité et de la solidarité avec la classe ouvrière.

Dans le même temps, la littérature « sans étiquette » présente ses derniers enfants : *Le Pont de la rivière Kwaï* (Pierre Boulle), *La Tête des autres* (Marcel Aymé), *Le Marin de Gibraltar* (Duras), *Les Chaises* (Ionesco), *Léon Morin, prêtre* (Béatrix Beck), *Les Enfants du bon Dieu* (Blondin), *Au bon beurre* (Jean Dutourd)...

Appuyé par Simone de Beauvoir et Claude Lanzmann, le nouvel engagement de Sartre sera désormais la ligne des *Temps modernes.* Mais sans Merleau-Ponty ni Étiemble. Étiemble qui n'a pu supporter – et il le lui dit dans une « Lettre ouverte » publiée dans *Arts* – que « pour la paix, vous acceptiez d'agir en intime union avec des hommes qui s'abandonnaient alors ou même s'adonnaient à la joie de haïr le Juif, de le pogromiser (et de le ridiculiser) ». Il fait allusion aux manifestations d'antisémitisme qui, en URSS et dans les pays de l'Est, entourent le « complot des blouses blanches ». Des médecins – tous juifs – sont accusés en janvier 1953 d'avoir voulu assassiner de hauts responsables du Kremlin. (Staline mourra le 5 mars 1953 et les praticiens seront réhabilités peu après.) Mauriac, dans *Le Figaro,* avait sommé Sartre de prendre position. Faut-il que l'auteur de *La Question juive* soit à ce point « engagé » dans sa nouvelle alliance pour répondre ainsi : « Je n'ai pas l'intention d'essayer de justifier dialectiquement l'antisémitisme. Toutefois, il y a un ton que je ne prendrai pas : le ton *Figaro.* Je n'écris pas, il faut que M. Mauriac le sache, pour m'attirer l'estime de la rédaction d'un journal qui n'a pas protesté en son temps contre les statuts des Juifs. »

En 1953, Alain Robbe-Grillet publie *Les Gommes*, Roland Barthes, *Le Degré zéro de l'écriture*, Boris Vian, *L'Arrache-Cœur*, Sartre, *L'Affaire Henri Martin*. Apparaît aussi, dans le monde de l'édition, un petit nouveau : Le Livre de poche. Il devrait faire le bonheur des étudiants et d'autres dont le budget est serré. Même si le choix du *Kœnigsmark* de Pierre Benoit en ouverture de la collection 1954 n'est pas encourageant, c'est l'année où Camus publie *L'Été*, Cesbron, *Chiens perdus sans collier*, Montherlant, *Port-Royal*, Moravia, *Le Mépris*. C'est aussi la découverte d'une romancière de dix-huit ans, Françoise Sagan (*Bonjour tristesse*), la consécration d'Hemingway, qui obtient le prix Nobel, et celle de Simone de Beauvoir, qui décroche le Goncourt avec *Les Mandarins*. Signe des temps : c'est à *L'Humanité Dimanche* qu'elle accorde une interview. Le titre est éloquent : « Simone de Beauvoir, prix Goncourt, nous déclare : "Je considère que les intellectuels de gauche doivent travailler avec les communistes." »

Le théâtre, particulièrement riche au cours de ces années, n'échappe pas à la problématique de l'engagement. Toujours en 1954, le très politique Berliner Ensemble de Brecht se produit au Festival de Paris. Adamov est converti : il renie *L'Invasion*, *La Parodie*, Artaud, Freud. « Je ne crois plus à cette avant-garde trompeuse qui utilise sans doute des techniques neuves mais oublie que ces techniques neuves sont nulles et non avenues si l'auteur ne se met pas au service d'une idéologie. » Jdanov doit se trémousser de plaisir dans sa tombe. Sartre, tout en n'adhérant pas totalement à l'absolutisme brechtien, soutient le théâtre « engagé », les sujets sociaux étant « les thèmes majeurs du monde dans lequel nous vivons ». L'année suivante, il le démontrera avec *Nekrassov*, satire du grand quotidien populaire *France-Soir*, symbole à ses yeux de l'idéologie petite-bourgeoise. Toujours cohérent avec lui-même (c'est-à-dire avec le Sartre de cette période…), il reprochera à Jean Vilar, fondateur du TNP (Théâtre national populaire), de piocher dans le répertoire classique, « fait culturel bourgeois ». Reproche bien injuste à l'égard d'un homme qui considère le théâtre comme un service public. Et qui le démontre en attirant une multitude de spectateurs qui n'avaient encore jamais assisté à une représentation.

1954, c'est encore la fin du feuilleton CED, la Communauté européenne de défense. Initiative destinée à « tuer » le projet de réarmement allemand voulu par les Américains – qui n'ont plus qu'une obsession : le danger « rouge » –, elle prévoyait l'intégration des militaires ouest-allemands dans une armée européenne. Le Parti communiste français voit vert-de-gris : « C'est le retour de la Wehrmacht et des revanchards allemands. » Et de nouveau, les intellectuels sont aux premières loges. Mais à l'exception des communistes et de leurs alliés des *Temps modernes*, les positions sont moins tranchées. Au *Monde*, comme à *L'Observateur* ou au nouveau venu, *L'Express*, les signatures sont partagées. Raymond Aron, dans *Le Figaro*, est pour, du bout des lèvres, Mauriac, le Bordelais, a des hésitations de Normand. Président du Conseil, Mendès France estime que « La CED nous met en présence d'un des plus graves cas de conscience qui aient jamais troublé le pays ». Près de 60 % des Français pensent toutefois qu'il y a danger à réarmer l'Allemagne « sous quelque forme que ce soit ». Dix ans après la libération de Paris, notre voisin continue de poser problème. En août, l'Assemblée nationale tranche dans le vif (le mot s'impose) et enterre la CED. En décembre, la République fédérale entre dans l'Otan ! Les littérateurs engagés vont-ils enfin souffler ? Pensez-vous ! L'actualité, dans son infinie prodigalité, leur offre inlassablement des boisseaux de grain à moudre. Et la moisson 1954, outre la CED, l'Indochine et le Maghreb, est remarquable. Les signaux n'avaient pas manqué, mais cette fois, on y est. Le désastre militaire de Diên Biên Phù au mois de mai et le déclenchement de l'insurrection algérienne le 1er novembre (la « Toussaint sanglante ») annoncent, pour les plus lucides (ou les plus pessimistes), la fin de l'empire colonial français. L'Indochine ? Dès leur création, *Les Temps modernes* y avaient consacré leur premier éditorial. Et dans des termes sans équivoque : « Si vraiment nous sommes acculés à la guerre, si vraiment nous n'avons le choix qu'entre nous maintenir en combattant ou partir, eh bien ! qu'on s'en aille ! » Neuf ans plus tard, ce sont les « Viets » qui sont en train de réaliser le programme… Sartre et le PC applaudissent. D'autant que, d'uniquement coloniale, la guerre d'Indochine est entrée, depuis l'avènement de la Chine communiste et la guerre de Corée, dans le grand jeu de la guerre froide.

En Tunisie et au Maroc, des émeutes antifrançaises ont éclaté à plusieurs reprises, des massacres ont eu lieu, mais on a évité la guerre. Cela ne semble pas être le cas en Algérie. Dans son « Bloc-notes » de *L'Express* daté du 2 novembre, Mauriac écrit : « Je ne croyais pas que le pire fût si proche. La responsabilité des fellaghas dans l'immédiat n'atténue en rien celle qui, depuis cent vingt ans, pèse sur nous, d'un poids accru de génération en génération. » Deux ans plus tôt, le redoutable pamphlétaire catholique avait déjà provoqué l'ire des lecteurs du *Figaro* dans un article sur les événements du Maroc, en demandant à l'ensemble des chrétiens de l'Union française de « faire front contre ce racisme, né du lucre et de la peur, qui enfante des crimes collectifs ». « Tu es un sale individu, traître au maréchal Pétain, lui avait alors écrit un résident de Casablanca. Si tu continues à écrire des conneries, il va t'arriver un de ces jours un accident, ce ne sera plus par écrit. »

L'Algérie. L'Algérie surtout. La guerre froide n'y est qu'en arrière-plan. Le PCF est donc moins à l'aise, moins péremptoire. Il pense à tous ces pieds-noirs des quartiers populaires, à l'image de ceux de Bab el-Oued, qui votent communiste, il pense – qui sait ? – que l'impérialisme américain pourrait être le bénéficiaire du départ des Français, il pense… Il agit : en mars 1955, il votera les pouvoirs spéciaux au gouvernement Guy Mollet ! C'est délicat, l'Algérie. Et ces fellaghas, on ne sait pas trop qui ils sont. Il faudra attendre l'automne 1956, l'opération franco-anglaise de Suez et… l'écrasement de la révolte hongroise à Budapest par les chars soviétiques, pour retrouver des communistes offensifs comme aux plus « beaux » jours. En attendant, c'est la gauche non communiste qui s'oppose le plus violemment à ces « événements » qu'on se refuse, contre toute évidence, à appeler guerre. La gauche. Sartre évidemment. Il avait rejoint les communistes ; sur l'Algérie, il les dépasse. Dans les colonnes de la forteresse *Les Temps modernes*, comme, un peu plus tard, dans *L'Express*. *L'Express* qui tirera gloire de faire partie des « quatre grands de la contre-propagande française » dénoncés à l'Assemblée nationale par

Jacques Soustelle, l'ancien gouverneur général de l'Algérie. Sur ce « tableau de déshonneur » figurent *Le Monde*, *L'Observateur* et *Témoignage chrétien*. À *L'Express*, Mauriac ne sera pas le moins virulent. Sur les mensonges du gouvernement et de l'armée, sur la torture. Et que dire du brûlot de Raymond Aron, *La Tragédie algérienne*, démontrant le caractère inéluctable de l'indépendance ? C'est *Le Monde* qui publiera les « bonnes feuilles » de ce collaborateur régulier du *Figaro*...

Et Camus ? Camus le pied-noir, Camus le journaliste « engagé ». Celui, avant guerre, d'*Alger républicain*, dénonçant « la grande misère de la Kabylie », celui de *Combat*, auteur en 1945 d'une enquête sur les conséquences des massacres de Sétif commis par les troupes françaises... le 8 mai, jour de la victoire sur les puissances de l'Axe ! « J'ai lu dans un journal du matin que 80 % des Arabes désirent devenir des citoyens français. Je résumerai au contraire l'état actuel de la politique algérienne en disant qu'ils le désiraient effectivement mais qu'ils ne le désirent plus. Quand on a longtemps vécu d'une espérance et que cette espérance a été démentie, on s'en détourne et l'on en perd jusqu'au désir. C'est ce qui est arrivé avec les indigènes algériens et nous en sommes les premiers responsables. »

Dix ans après, Camus est touché au cœur par le nouveau (l'ultime ?) drame de sa terre natale. Révolté aussi bien par les colons réactionnaires que par les fellaghas fanatiques, par la répression que par le terrorisme, par les victimes européennes et musulmanes. Comment concilier (réconcilier) tout cela ? Comment faire pour que « le fait français [qui] ne peut être éliminé » ne le soit pas au détriment d'« une masse arabe annulée à jamais, silencieuse et asservie » ? Dans une série d'éditoriaux pour *L'Express*, il développe des idées rejetées par les deux camps : « Il faut choisir son camp, crient les repus de la haine. Ah ! Je l'ai choisi ! J'ai choisi mon pays, j'ai choisi l'Algérie de la justice, où Français et Arabes s'associeront librement ! » Et il lance en janvier 1956 un appel à une trêve civile. Aux cris d'« À mort Camus ! », « Mendès au poteau ! », les formations algéroises d'extrême droite interrompent la réunion qu'il a prévue à cet effet. Il est trop tard. Tout dialogue est désormais impossible. Camus décide de ne plus participer aux « incessantes polémiques qui n'ont d'autre effet que de durcir en Algérie les intransigeances aux prises et de diviser un peu plus une France déjà empoisonnée par les haines et les sectes ». Un jour, à Stockholm, lors d'une conférence, il sera violemment pris à partie par un jeune musulman membre du FLN. Sa réplique – vive – fera ricaner les cyniques qui ont choisi leur camp : « Je n'ai jamais parlé à un Arabe ou à l'un de vos militants comme vous venez de me parler publiquement. J'ai toujours condamné la terreur. Je dois condamner aussi un terrorisme qui s'exerce aveuglément dans les rues d'Alger, par exemple, et qui un jour peut frapper ma mère. Je crois à la justice, mais je défendrai ma mère avant la justice. »

Sartre – étranger à un tel sentimentalisme – poursuit son compagnonnage avec les « moscoutaires ». Les signes de déstalinisation se multiplient en URSS et le confortent dans son choix. En mai 1955, la visite de Khrouchtchev en Yougoslavie – juste après la signature du pacte de Varsovie avec les pays satellites – scelle la réconciliation avec les « renégats titistes ». La lutte des partisans yougoslaves contre les nazis est qualifiée d'historique par le Kominform, l'organisme qui, ces dernières années, avait servi de bélier contre le Judas yougoslave. Et le 14 février 1956, devant le vingtième congrès du PC soviétique, Khrouchtchev dénonce les crimes de Staline et le culte de la personnalité ! Seuls les imbéciles ne changent pas, n'est-ce pas ?

Mais la guerre froide n'est pas pour autant finie. La création du pacte de Varsovie, destinée à rendre la pareille à l'Otan, a aussi pour but de renforcer le rideau de fer et de maintenir d'une main du même métal les citoyens des démocraties populaires tentés par… la démocratie. Les Polonais ou les Hongrois par exemple.

Les Polonais, les premiers, ont pris au pied de la lettre les mots prononcés par Khrouchtchev. Le 28 juin, les ouvriers de l'usine Staline à Poznań se mettent en grève et défilent en scandant des slogans peu orthodoxes : « Du pain ! Des salaires ! Liberté ! À bas les Russes ! » « La liberté secoue l'empire de Staline », écrit Raymond Cartier dans *Paris Match*. La riposte des autorités est pavlovienne : 53 morts et plusieurs centaines de blessés. Pourtant, les incidents ne cessent pas et, pour la première fois, les responsables communistes reculent en plaçant à la tête du pays le réformiste Gomulka, emprisonné quelques années plus tôt sur ordre de Staline. Des émeutiers sont jugés et, « Sous les yeux de l'Occident, les insurgés du 28 juin affrontent la nouvelle justice », titre *Paris Match,* dont les envoyés spéciaux Dominique Lapierre et Jean-Pierre Pedrazzini sont – événement exceptionnel – autorisés à suivre et à photographier les débats. Il se passe décidément quelque chose d'inouï derrière ce fameux rideau de fer.

Le 23 octobre, ce sont les étudiants hongrois de Budapest qui décident de manifester leur soutien à la Pologne. Un slogan se répand vite : « *Russkik haza !* » (Les Russes dehors !). La police tire mais est vite débordée. On envoie alors la troupe. Les soldats refusent de tirer, donnent leurs armes ou se joignent eux-mêmes aux manifestants. On déboulonne rageusement la statue de Staline et la faucille et le marteau sont arrachés du cœur des drapeaux magyars. Comme en Pologne, on rappelle un « modéré », Imre Nagy, mais à l'inverse de la Pologne, le Comité central décrète la loi martiale et demande aux troupes soviétiques de mater la rébellion. Le 24 octobre, en fin de journée, le tableau de chasse des T34 et T54 s'élève à 350 morts. Malgré ce palmarès, militaires et civils hongrois armés continuent de résister dans les rues de Budapest. À tel point qu'un cessez-le-feu est proclamé, et que les chars se retirent, laissant derrière eux des carcasses calcinées par les cocktails Molotov. La foule furieuse s'en prend alors aux immeubles du parti et à leurs occupants, principalement les membres de la police secrète, dont plusieurs dizaines sont massacrés. Le système du parti unique est aboli, la Hongrie se retire du pacte de Varsovie. C'est le jour de la Toussaint. « Toute une ville, tout un pays devenus fous d'exaspération » (comme le rapporte par téléphone au président Coty le journaliste Paul Mathias) sont à présent fous de bonheur. Comme ce jeune couple emblématique photographié par Russ Melcher et qui fait l'ouverture du reportage de *Paris Match.* Jean-Pierre Pedrazzini, qui avait couvert le procès de Poznań pour l'hebdomadaire, est en revanche mortellement blessé. L'inimaginable s'est donc produit. La révolution hongroise a fait reculer le grand « pays frère ».

4 novembre. 2 000 chars frappés de l'étoile rouge et 200 000 hommes entrent en Hongrie. L'insurrection est écrasée. Avec l'espoir. Rage et impuissance saisissent les manifestants, qui protestent partout dans le monde. À Paris, trois militants communistes trouvent la mort à l'issue de violents affrontements devant le siège du PCF. Un PCF inébranlable : il s'agit d'un « complot fasciste ». Les insurgés sont des « contre-révolutionnaires armés par la CIA ». Deux semaines après l'intervention soviétique, *L'Humanité* publiera un reportage de son rédacteur en chef, André Stil : « Budapest recommence à sourire à travers ses blessures. » L'ensemble du monde communiste est néanmoins ébranlé. En moins d'une année, 200 000 militants quitteront le parti communiste italien, dont de nombreux intellectuels, artistes, écrivains, parmi lesquels Moravia, Calvino, Fortini.

Et Sartre ? « Ce que le peuple hongrois nous apprend avec son sang, c'est la faillite complète du socialisme en tant que marchandise importée d'URSS », écrit-il dans *L'Express*. Et il dénonce « douze ans de terreurs et d'imbécillités ».

Les chars russes ont eu raison de ses quatre années de concubinage avec le « parti des fusillés ». Avec Vailland, Roy, Vercors, Madaule, il signe une protestation. Rupture ou éloignement, ils sont nombreux à être désenvoûtés. Picasso, Césaire, et ces jeunes prometteurs : Le Roy Ladurie, Furet, Gallo...

Camus trouve dans l'événement la démonstration de ses analyses et souhaite que « l'État contre-révolutionnaire s'écroule partout à l'Est sous le poids de ses mensonges et de ses contradictions ». Pour Sartre, en revanche, quel chambardement ! Dans le seul numéro triple de l'histoire des *Temps modernes* sur « La révolte de Budapest », il atténue son revirement en écrivant que seuls ont le droit de protester ceux qui se sont élevés contre les tortures et la répression en Algérie, contre l'opération franco-anglaise en Égypte et toute autre intervention armée. Bourgeois, fascistes, socialistes, silence ! De même s'opposera-t-il de « toutes ses forces » à une éventuelle interdiction du PC que beaucoup réclament. Mais la rupture, après Budapest, est inévitable : « Pour notre part, voici douze ans que nous discutons avec les communistes. D'abord avec violence, plus tard dans l'amitié… Aujourd'hui, nous retournons à l'opposition. » Les chars de la guerre froide ont déblayé le terrain. Sartre peut désormais consacrer son énergie à son combat contre la guerre d'Algérie. Un combat radical. À la Sartre.

Bonjour charmant monstre

Dans son numéro du 19 avril 1952 (la couverture couleur est consacrée à la guerre de Corée), *France Illustration* fournit les premières réponses à sa « Grande enquête littéraire : Existe-t-il un style “1950” ? » Pierre Mac Orlan : « Certainement. C’est un enrichissement. » Étiemble : « Chaque siècle, chaque année nous amène un nouveau goût. Nous voyons des auteurs qui n’écrivent que pour la mode, victimes de leur lâche complaisance, tomber en même temps qu’elle dans un éternel oubli. » Pierre Descaves : « Il y a plusieurs styles 1950 : tendance des milieux traditionnels à s’encanailler ; effort des promotions sociales à la prise de conscience d’un style périmé. » Isidore Isou : « Le style de la prose romanesque 1950, dépassant les jeux de mots de Joyce, est devenu métagraphique. Il marque l’introduction de la peinture, de la sculpture et de tous les alphabets étranges dans l’écriture. »

Que penseront ces respectables vigies de la culture quand elles liront, deux ans plus tard, les lignes suivantes : « Sur ce sentiment inconnu dont l’ennui, la douceur m’obsède, j’hésite à apposer le nom, le beau nom grave de tristesse. C’est un sentiment si complet, si égoïste que j’en ai presque honte alors que la tristesse m’a toujours paru honorable. Je ne la connaissais pas, elle, mais l’ennui, le regret, plus rarement le remords. Aujourd’hui, quelque chose se replie sur moi comme une soie énervante et douce, et me sépare des autres. » C’est le début du roman d’une inconnue, Françoise Quoirez. Étudiante plus attirée par le jazz des caves germanopratines où l’entraîne son frère que par les cours magistraux, elle a écrit ces « sornettes » sur un petit cahier bleu, attablée au café Le Cujas, proche de la Sorbonne. Moins d’un an après, le 25 mai 1954, les « sornettes » titrées *Bonjour tristesse* et signées

Françoise Sagan reçoivent le prestigieux prix des Critiques (Albert Camus en fut le premier lauréat). Par huit voix contre six à… Audiberti. Pour que ses parents donnent leur aval (elle n'a que dix-huit ans, et elle est donc mineure), elle a pioché un pseudonyme dans l'œuvre de Proust. Et le titre, chez Paul Éluard : « Adieu tristesse / Bonjour tristesse / Tu es inscrite dans les lignes du plafond / Tu es inscrite dans les yeux de ceux que j'aime. »

Il s'agit, en France, de l'événement littéraire de l'année. Goût du risque et sens des affaires, l'éditeur René Julliard a eu plus de flair que les autres. Et a surtout réagi plus promptement. Car Françoise, encouragée par sa copine Florence Malraux, a fait taper ses 160 pages en trois exemplaires qu'elle avait ensuite déposés chez Julliard, Plon et Gallimard. Lecteur chez Plon et critique littéraire à *Paris Match*, Michel Déon est immédiatement saisi par la qualité du roman et le recommande de manière pressante au directeur littéraire, qui va le laisser plusieurs semaines dans les piles en attente. Gallimard, c'est Gallimard. Cette jeune personne de dix-huit ans est pressée, elle voudrait une réponse rapide ! Chez Julliard, depuis 1946, on donne plus facilement sa chance aux débutants. *Bonjour tristesse* ne met que quelques jours à franchir les filtres maison, à être lu et annoté élogieusement, et à atterrir dans les mains de René Julliard, qui le lit au cours de la nuit, convoque l'auteur dès la première heure (celle où elle se couche), la reçoit en fin d'après-midi et lui signe un contrat. Bien vu. Il a non seulement reconnu un écrivain, mais a également senti que Françoise Sagan exprimait le formidable appétit d'indépendance, de liberté des jeunes filles de l'après-guerre. Des jeunes qui ne veulent plus attendre. Une génération va se passionner pour Cécile, l'adolescente insouciante, oisive, cynique, qui passe des vacances sur la Côte d'Azur, sur un quasi-pied d'égalité avec son père et ses maîtresses. Cette « immoralité » n'est évidemment pas du goût de tous. Mais les journaux et magazines sont en général bienveillants, quand ils ne sont pas enthousiastes.

Michel Déon, dans *Paris Match*, ouvre les vannes des critiques : « Une romancière de classe est née, peut-être une nouvelle Colette à en juger par les qualités précoces de l'œuvre. La critique attendra

Françoise à son second roman. » Dans *L'Information*, Hervé Bazin se demande s'il s'agit d'une « étoile filante » ou d'une « nova ». L'auteur de *Vipère au poing* lui reconnaît en tout cas « un style net, fluide, transparent, qui enchâsse bien l'image et sait rester économe. Sa langue est pure, sans tic, ses dialogues justes, sa construction souple ». L'audace du livre pourrait rendre inconfortable la position de certains chroniqueurs vis-à-vis de leurs lecteurs plutôt conservateurs. Néanmoins, et c'est à leur honneur, la découverte d'un vrai talent l'emporte sur les préjugés. Même si l'article du pointilleux critique du *Monde* Émile Henriot est un bijou d'équilibrisme jésuitique : « En attribuant leur prix à Mlle Françoise Sagan, pour *Bonjour tristesse*, les critiques littéraires, constitués hier en jury, se sont mis d'accord sur le talent, mais non certes pas pour recommander au grand public ce livre immoral, où l'on voit dessiné avec beaucoup d'art le portrait d'un monstre. *Bonjour tristesse* est un petit chef-d'œuvre de cynisme et de cruauté. » Tout en admirant lui aussi le roman, Gabriel Marcel craint, dans *Le Figaro littéraire*, qu'il « risque de porter un coup fatal au prestige de la jeune fille française à l'étranger ».

Ce ne sont pas les éventuelles pluies de reproches des lecteurs du *Figaro* qui obligeront François Mauriac à sortir le parapluie. « Voici par exemple ce prix des Critiques décerné la semaine dernière à un charmant monstre de dix-huit ans [...]. Le jury a-t-il eu tort de couronner ce livre cruel ? Je n'en conviendrai pas. Le mérite littéraire y éclate dès la première page et n'est pas discutable. »

Le roman se vendait déjà bien, mais le vacarme déclenché par l'article du prix Nobel 1952 va lui faire battre des records. À la fin de l'année, il s'en sera écoulé plus de 200 000. Le premier best-seller français depuis la Libération. Peu à peu se dessine l'échafaudage d'une légende. Les ingrédients de base sont là : une gosse de bonne famille, du talent et un certain culot pour l'époque (il faut vraiment avoir l'esprit enkysté dans le grisâtre conformisme de ces années pour voir dans *Bonjour tristesse* un brûlot de vice et de perversion), du succès et... beaucoup d'argent. Un argent que la loi ne l'autorise pas encore à dépenser. Le père de Françoise n'est heureusement pas du genre « tu en profiteras quand tu seras majeure ». De plus, il a transmis à sa fille sa passion des belles voitures. Et comme on peut – ah ! tout de même ! – passer le permis à dix-huit ans, c'est ce qu'elle fait. Et papa signera pour l'achat d'une belle Jaguar XK 140. Les vacances à Hossegor ont, cet été-là, une autre allure ! Et préfigurent les prochaines, qui auront pour cadre Saint-Tropez, « son » Saint-Tropez.

« Quand elle n'est pas au volant de sa voiture, écrit Michel Déon, qui la voit de plus en plus, elle marche, les mains dans les poches de son blue-jean ou se brûle au soleil de la plage. Le soir, elle retrouve quelques amis, va jouer à la boule où elle a de la chance et danse souvent tard dans la nuit au Bar basque. » La voiture, le soleil, le jeu, le whisky, la fête. Et l'écriture. « La critique attendra Françoise à son prochain roman… » Ce sera *Un certain sourire* (1956), puis *Dans un mois, dans un an* (1957), puis *Aimez-vous Brahms…* (1959). Et toujours des tirages mirobolants, et des traductions dans une vingtaine de pays. Aucun autre écrivain français ne pourra, tout au long de cette décennie 1950, se prévaloir d'une telle adhésion du public. Sagan a « inventé » le style 1950. Style de l'écrit. Style de vie.

Le Goncourt ? Jamais !

C'est un écrivain discret, en marge des romanciers contemporains engagés dans les combats idéologiques de l'après-guerre. Un écrivain tout absorbé par la lente genèse de sa prose et du climat qu'il instille au cours des pages. Un écrivain qui ne fait pas de bruit. Et qui est pourtant l'auteur d'un double bang, comme celui de ce mur du son qui vient d'être franchi pour la première fois par un avion à réaction. Julien Gracq est le nom de plume que s'est choisi Louis Poirier, professeur d'histoire-géo au lycée Claude-Bernard à Paris.

Premier bang en 1950 (l'année de ses quarante ans) : *La Littérature à l'estomac*, un pamphlet contre les « gendelettres » – auteurs, critiques et... lecteurs –, contre le nivellement, le vedettariat et l'« électoralisation » de la littérature. Un beau tumulte. Deuxième bang. Le refus du prix Goncourt 1951, attribué contre sa volonté au *Rivage des Syrtes.* Il est le premier à agir ainsi et provoque une vive polémique. *Paris Match* se penche sur « Le mystère du nouveau Goncourt ». Pensez, un auteur cohérent avec lui-même au point de refuser l'honneur auquel aspirent tant de ses confrères ! Mais ce styliste pointilleux semble avoir fait sienne la devise de Mallarmé : « N'avoir que cinquante lecteurs, mais qui se feraient tuer pour vous. » Chez lui, ce n'est pas une posture de dandy. À la parution, en pleine rentrée littéraire, de son livre aussitôt adoubé par la critique – cette même critique allègrement houspillée par *La Littérature à l'estomac* –, il prend les devants en écrivant une lettre ouverte au *Figaro littéraire.* Ne voulant pas laisser croire « qu'après avoir sérieusement détourné peut-être quelques jeunes (peu nombreux, qu'on se rassure) de la conquête des prix littéraires, il songe maintenant, à la dérobée, à se servir », il se proclame « aussi résolument que possible, non candidat ». C'est que *Le Rivage des Syrtes*, à peine publié, a fait office de favori. Si *La République des Lettres* avait voulu lui jouer un mauvais tour, elle ne s'y serait pas prise autrement. En tout cas, c'est raté.

Un destin, la plupart du temps, ce sont deux, trois, quatre rencontres. Avec des êtres, des événements, des « choses ». Pour le futur Gracq, vous prenez la découverte, à quinze ans, du *Rouge et le Noir*, trois ans plus tard, l'admiration pour son prof de philo, Alain, associée à celle de Wagner écouté un après-midi à l'opéra, quatre ans encore, et la lecture émerveillée de *Nadja*, l'éblouissement du surréalisme. On est au début des années 1930. Enseignant en Bretagne, il écrivaille un peu. En 1937, s'il demande et obtient un congé sans solde, c'est dans le dessein de se rendre en URSS pour y préparer une thèse de géographie.

Fort heureusement pour la littérature, les Soviétiques ignorent la demande de visa. Il a une année devant lui. Alors, il se lance dans l'écriture d'un roman. Comme ça. « Une heure avant de le commencer, je n'y songeais pas », confiera-t-il. Ce sera *Au château d'Argol*, une œuvre sombre, violente, dont le manuscrit sera d'abord refusé par Gallimard avant d'être remarqué par José Corti, l'éditeur des surréalistes. Il décide alors de prendre un pseudonyme car il veut qu'il n'y ait aucune confusion entre son activité d'enseignant et celle d'écrivain. Le prénom de Julien lui est sans doute inspiré par le héros du *Rouge et le Noir*, Julien Sorel.

Sur les 1 200 exemplaires imprimés, 130 seulement seront vendus en 1938. Mais il sera salué par le « pape du surréalisme », André Breton, et cela suffira au bonheur du débutant Gracq. Il ne lui reste plus qu'à continuer à écrire.

Son deuxième roman sortira juste après la guerre. *Un beau ténébreux* obtient trois voix au Renaudot. C'est assez convaincant pour faire rééditer... *Au château d'Argol*, dont Étiemble, dans *Les Temps modernes*, dénonce « le style artificiel et prétentieux ». Les années d'après guerre sont – entre autres – marquées par les rapports conflictuels entre surréalistes et écrivains « engagés ». Gracq – qui avait démissionné du Parti communiste en 1939 à cause du pacte germano-soviétique – se range sans hésiter dans le camp de Breton contre le « clan » sartrien des « compagnons de route » du PCF. Et c'est à l'auteur de *Nadja* qu'il consacre son premier ouvrage critique publié en 1948.

À la fin de la décennie, une malheureuse expérience théâtrale a des conséquences imprévues. Avec Maria Casarès et Jean-Pierre Mocky dans les rôles principaux, sa pièce *Le Roi pêcheur* est méchamment étrillée par les critiques. Il ne va pas tarder à leur régler leur compte. À eux et à la planète Lettres. Ce sera dans un long texte, *La Littérature à l'estomac*, publié d'abord par *Empédocle*, la revue dirigée par Albert Camus, avant d'être édité chez José Corti.

Attention ! Ce Julien Gracq n'a pas la mémoire courte. Quand il écrit : « Ainsi voit-on dans *Les Temps modernes*, à côté des vedettes qui opèrent plutôt dans la métaphysique, un néophyte qui a retenu la leçon : tenter d'assurer sa position dans la critique littéraire en arguant au moins de la connaissance du chinois. » Pan ! sur M. Étiemble, démolisseur d'*Au château d'Argol* ! Pan ! sur les « maîtres », les « prix littéraires », les « écuries des éditeurs » et ces « poulains aux jambes molles qui rentrent fourbus à l'écurie après une première course ». Pan ! sur « la demande harcelante de grands écrivains [qui] fait que chaque nouveau venu a l'air de sortir d'une forcerie : il se dope, il se travaille, il se fouaille les côtes : il veut être à la hauteur de ce qu'on attend de lui, à la hauteur de son époque ». Et ce constat : « Nulle part la carrière de l'homme de lettres ne tend davantage à s'identifier à celle du fonctionnaire. »

Ce sont les cibles de ces attaques à la pointe sèche qui vont un an plus tard décerner le Goncourt à cette forte tête ! Mais Gracq l'intransigeant ne se laisse pas piéger. Admirable fidélité aux principes. Admirable stoïcisme de l'éditeur José Corti, qui doit vendre un Goncourt « sans bande ». Rien d'étonnant au fait que ces deux-là ne se quitteront plus.

La charge des Hussards

Vers 1950, il souffle comme un vent nouveau sur les lettres françaises. Attention, il ne s'agit pas d'une bourrasque surgie sans crier gare et qui balaierait brusquement le paysage littéraire. Non. Mais il se passe quelque chose et ce quelque chose semble s'inscrire dans le changement de climat général qui touche la France. Après les années qui ont suivi la Libération, le manichéisme Résistance-collaboration tend peu à peu à s'estomper. La guerre froide n'est pas pour rien dans cette évolution, qui désigne à présent l'ancien allié contre l'Allemagne hitlérienne – l'URSS – comme le nouvel ennemi potentiel. De plus, le Parti communiste français est désormais écarté des remaniements ministériels, ce qui le prive de son pouvoir de veto contre toute tentative de réhabilitation des « collabos ». Mais la plupart des grandes figures de la collaboration ont été jugées, certaines, exécutées. Pétain, gracié, finit ses jours à l'île d'Yeu. Tourner la page arrange désormais beaucoup de monde. Alors, on voit peu à peu sortir de l'ombre des gens qui, *via* le maréchal, avaient choisi Hitler contre Staline…

Ne peuvent-ils pas en outre se sentir dédouanés par les prises de position de deux autorités incontestées de la Résistance ? La première, avec le colonel Rémy, est politique et militaire. Dans un article qui a fait grand bruit, il écrit que de Gaulle lui avait dit que la France aurait eu, pendant la guerre, deux responsables complémentaires : « Pétain le bouclier et de Gaulle l'épée. » La seconde est morale et intellectuelle, avec Jean Paulhan, l'éminence grise de la NRF, qui, dans sa *Lettre aux directeurs de la Résistance*, s'est élevé, au seul nom du droit, contre les condamnations de Maurras, Brasillach, Pétain et consorts. « Tout ce que je me propose de dire c'est qu'ils n'ont pas été jugés. »

Dans le domaine des idées et de la littérature, les années d'après guerre ont été marquées par une double influence : en gros, le duo « engagé » Sartre-Camus et les ukases jdanoviens du PCF. C'est en réaction contre l'une ou l'autre – souvent les deux – qu'émerge une génération de jeunes écrivains iconoclastes. Ils ont été précédés par le retour progressif des proscrits de l'épuration, ces auteurs « indésirables » selon la liste dressée par le Comité national des écrivains : les Guitry, Morand, Montherlant, Giono, Jouhandeau, Chardonne, Fabre-Luce, Combelle et autres Béraud. L'heure est à l'amnistie, à l'oubli, à la réconciliation... Et à une « réaction ». Sinon une revanche...

À côté de la littérature « engagée », qui a encore quelques mauvaises années devant elle, débarque donc une littérature de plaisir, de légèreté, de provocation. Ses représentants ne sont pas pour autant des jean-foutre sans idées politiques. Le fait qu'ils se réclament peu ou prou d'anciens « collabos d'occasion » (l'expression est de Maurice Nadeau) comme Paul Morand ou Jacques Chardonne, donne une indication sur leur filiation. On parlera d'« anarchistes de droite ». C'est Bernard Frank, dans *Les Temps modernes*, qui les baptisera « Hussards ». Comme les mousquetaires (la comparaison ne serait pas pour leur déplaire), ils sont quatre : Roger Nimier, Antoine Blondin, Jacques Laurent, Michel Déon. Et ces quatre-là émettent la même accusation que celle portée par Julien Gracq dans *La Littérature à l'estomac* : « La littérature est depuis quelques années victime d'une formidable manœuvre d'intimidation de la part du non-littéraire... le plus agressif. » Dans le premier numéro de *La Parisienne*, la revue qu'il a créée grâce au flot d'argent gagné avec le populaire *Caroline chérie*, écrit sous le pseudonyme de Cécil Saint-Laurent, Jacques Laurent proclame que « les écrivains n'ont de compte à rendre qu'à leur plaisir ». Fût-il solitaire comme dans *Les Épées*, de Roger Nimier, qui s'ouvre sur une masturbation. Littérature rime pour eux avec désinvolture. Une littérature qui jouit contre la littérature qui pense. Ce qui n'empêche pas Laurent, dans *La Parisienne*, de penser (à droite toute) quand l'envie lui prend d'intervenir sur un sujet politique. Le marxisme n'a pas l'apanage des contradictions.

Jacques (Cécil Saint-) Laurent est un phénoménal graphomane, une sorte d'homme-orchestre des lettres. Bien avant d'être le père des *Caroline*, il a débuté, très jeune, à Vichy, dans une revue évidemment pétainiste, puis, après la guerre, a écrit les trois quarts des histoires d'amour simplettes de la collection « Primevère ». À raison de deux livres par mois. « Je faisais mes gammes. » Avec *Caroline chérie*, il entre dans la cour d'*Autant en emporte le vent*. Mis en appétit, les lecteurs exigent la suite. Ce sera *Le Fils de Caroline chérie* (1 100 pages écrites en 1950), *Les Caprices de Caroline chérie* (1951)... Cette littérature « alimentaire » ne l'empêche pas d'écrire des romans de grande qualité. Vendus à 5 000 exemplaires, *Les Corps tranquilles* lui auront demandé cinq ans de travail. Enfin... le temps de travail octroyé par *Caroline*. Et quand il lui reste un peu de temps (comment ?), il se paie sa tête de turc favorite, Sartre.

Roger Nimier, c'est un feu d'artifice. Après le beau début des *Épées*, le splendide *Hussard bleu* révèle en 1950 un écrivain de race. C'est dans le titre que Bernard Frank emprunte le mot qui va englober cette bande frivole. Étincelant, Nimier est aussi journaliste, critique, polémiste, essayiste. La même année que *Le Hussard bleu*, il publie *Le Grand d'Espagne*, un recueil de textes qui laisse percer sa dualité : « Nous sommes quelques-uns dont les traits communs sont un certain sérieux, un besoin de vérité, un air sombre. Mais les choses sont établies de telle sorte que nous faisons figure d'esprits légers. » Il faut dire qu'ils y mettent du leur ! Ses romans suivants, *Les Enfants tristes* (1951) et *Histoire d'un amour* (1953), seront pour les uns l'éclatante confirmation de son talent, pour d'autres, une baisse de régime.

S'il en est un qui tient le sérieux, sinon pour un crime, du moins pour une faute de goût, c'est bien Antoine Blondin, le colonisateur des cafés de Saint-Germain-des-Prés. Son premier roman, *L'Europe buissonnière*, publié en 1949, passe, dans un premier temps, inaperçu. « C'est un auteur, écrit alors Jacques Laurent, auquel il manque d'être célèbre pour être connu. » L'amitié et l'admiration que lui porte Nimier, coqueluche – ce n'est pas rien – de Gaston Gallimard, vont l'aider à sortir de son anonymat

« engitané » et alcoolisé. *Les Enfants du bon Dieu* (1952) et *L'Humeur vagabonde* (1955) assiéront le talent de cet écrivain bégayant dont les manuscrits sont vierges de toute rature. Et dont les calembours vont faire les délices des lecteurs de… *L'Équipe*, le quotidien sportif pour lequel il couvrira le Tour de France à compter de 1954.

Et puis il y a Michel Déon. Évidemment, quand on a été, en 1944, le dernier secrétaire de rédaction de *L'Action française*, dirigé par Maurras, on ne se sent pas particulièrement à l'aise lorsque se dressent les premières barricades de la libération de Paris. Même si le vieux pamphlétaire monarchiste, connu pour ses sentiments « antiboches », n'a jamais été du « clan des *Jawohl* », c'est-à-dire les Drieu la Rochelle, Brasillach ou Rebatet. Déon exerce d'abord en Suisse et en Italie ses talents de journaliste, avant de partir pour les États-Unis et le Canada, où il a obtenu une bourse. Son retour en France en 1951 coïncide avec la sortie de son premier livre, *Je ne veux jamais l'oublier*, qui sera suivi en 1952 de *La Corrida*. Il habite chez Blondin, et voit surtout Nimier et Laurent à *La Parisienne*, lieu de rencontre également pour Jacques Perret, André Fraigneau (celui-ci est le véritable trait d'union des « Hussards »), Marcel Aymé, Kleber Haedens, Paul Morand, Lucien Rebatet. Tous, hommes de lettres, engagés contre… la littérature engagée.

L'affaire Minou Drouet

Septembre 1955 : les chroniqueurs littéraires des journaux et magazines reçoivent de l'éditeur Julliard un petit ouvrage de 48 pages contenant des poèmes et un choix de lettres. L'auteur de cet opuscule, édité hors commerce « pour prendre date », s'appelle Minou Drouet. Particularité : elle a à peine huit ans. En quelques jours, la voici propulsée vedette de l'actualité. Des critiques crient au génie. Notamment dans *Le Figaro,* qui a aussitôt envoyé un reporter au Pouliguen, résidence de l'enfant poète. Mais les lecteurs ne sont pas tous convaincus par son compte-rendu illustré par des extraits de textes. À l'instar de cette femme dont la lettre est publiée dans le quotidien : « Un enfant ne peut avoir écrit cela. » À quoi lui répond Pasteur Vallery-Radot, de l'Académie française : « Certains d'entre nous admettent les génies, c'est-à-dire les individus dépassant la commune mesure. Le génie est un don anormal, monstrueux, en quelque sorte étranger à l'individu qui l'a reçu et qui n'en est que le dépositaire. Pourquoi un enfant poète ne pourrait-il exprimer dès ses premières années le don miraculeux qu'il a reçu ? On a bien reconnu que cela était possible pour les mathématiques, témoin Pascal, pour la musique, témoin Mozart. »

Adoubée à huit ans par le Quai Conti ! Cela n'impressionne pas l'envoyée du magazine *Elle* en Bretagne, et ses conclusions sont bien différentes : « Minou est incapable d'avoir écrit les lettres et les poèmes qu'elle a publiés. C'est sa mère adoptive qui les lui a dictés. » En pleine rentrée littéraire, une retentissante querelle secoue le monde des lettres autour de l'ouvrage désormais en librairie sous le titre *Arbre, mon ami.* Un an plus tôt, on découvrait Françoise Sagan et ses dix-huit ans. Au mitan de la décennie, la précocité créatrice subirait donc une sacrée accélération. Alors, bien sûr, on enquête. Qui est vraiment cette petite fille, objet de scandale dans les salons parisiens et dans l'opinion publique ? « Tous les enfants ont du génie, sauf Minou Drouet », assène Jean Cocteau. André Breton admet « être troublé ». Du beau monde se penche sur son cas.

Cela a très mal commencé pour elle. Mise dès sa naissance à l'Assistance publique par sa mère naturelle, elle a été adoptée par « la demoiselle Drouet », comme l'appellent les gens du coin. Une curieuse personne, ancienne répétitrice, cultivée, tendue vers une érudition encyclopédique, attirée par les « sciences » occultes, tireuse de cartes quasi professionnelle. Elle vit seule avec sa mère quand un événement vient bouleverser une vie dont le bilan est plutôt négatif. Un jugement d'adoption du 17 juin 1949 en fait la maman de la petite Minou, deux ans. Pour cette femme de quarante-trois ans, ce pourrait être une renaissance. Mais elle veut en faire une revanche. Faire de sa fille ce qu'elle-même rêvait d'être : l'une des plus belles réussites de sa génération. Et pour cela, la retirer de l'école et entreprendre de faire elle-même son éducation. Toute seule. S'il y a une chose qu'elle sait faire, la demoiselle Drouet, c'est enseigner. Et elle le prouve une fois de plus : Minou va prendre deux ans d'avance sur les enfants de son âge. Menée rondement, certes, mais les résultats sont là. De surcroît, Minou est intelligente et a de la mémoire. Sa mère se met dans la tête qu'elle est musicienne et l'accompagne, en autocar, à Rennes et à Paris, pour des leçons de piano. Dans un concours musical de la RTF, elle recevra une mention « très bien », mais elle ne sera pas Mozart. Pas Mozart, mais, de toute manière, célèbre. N'a-t-elle pas « le rond de la gloire » sur le mont d'Apollon ? Foi de chiromancienne. L'écriture alors… Jusqu'à l'« affaire Minou Drouet » que l'éditeur René Julliard, d'ordinaire mieux inspiré, qualifie de « petite affaire Dreyfus ».

En allant voir vivre l'enfant prodige et sa mère dans leur maison du Pouliguen, Pierre Joffroy, de *Paris Match*, veut comprendre. Le résultat de son « enquête psychologique » (c'est ainsi que son reportage est présenté par l'hebdomadaire) n'est pas concluant.

Il laisse derrière lui un certain malaise. Les réponses de la fillette ne semblent pas naturelles : « Tu aimes le soleil, Minou ?

— J'aime mieux la pluie, le ciel prend la route pour clavier. »

À une question sur la guerre : « On ne se bat pas pour une motte de terre. » Sa mère, ravie, intervient sans cesse, renverse les rôles, cite sa fille, qui approuve. Comme lorsqu'elle lance : « Minou m'a dit qu'elle n'aimait pas la viande froide parce qu'elle avait l'impression de mordre dans un mort. » Renchérir pour prouver. Et s'animer en évoquant la malveillance des voisins (« C'est sa mère, je vous dis ! ») : « Pensez qu'on a été jusqu'à dire que les mots qu'emploie Minou dépassent sa compréhension. Mais tenez, voilà ce qu'elle lit : la vie de la nature, les leçons de choses. On y trouve tous ces mots : les limbes, les chenilles processionnaires. Ils y sont tous. Bien sûr, je lui en apprends aussi. Je ne connais rien de la littérature moderne. Sauf Pierre Loti et puis Claude Farrère, mais celui-là, j'ai vu que c'était vide. Et Colette ! Tenez, j'adore Colette. À cause d'elle, j'essaie de donner à Minou le goût du terme exact. »

Au moment où elle va se coucher – dans la même chambre que sa mère –, le journaliste lui demande : « Tu ne voudrais pas une chambre à toi ? — Oui, mais seulement pour la regarder. »

Minou Drouet se soumet par la suite à plusieurs tests, sans aide extérieure. Expertises, contre-expertises. Rien de tranché. Le doute subsiste mais il n'empêche pas le succès du petit recueil et le vedettariat de son auteur présumé. Devenue une célébrité, l'enfant du Pouliguen joue du piano en public en compagnie de Pablo Casals, Charles Aznavour, participe à un gala à la Scala de Milan, est reçue par le pape Pie XII, joue dans le film *Clara et les méchants*, au côté de Michel Serrault. Et se réconcilie gentiment avec Jean Cocteau. Sa mère avait raison : elle a bien le « rond de la gloire ».

PASTERNAK INTERDIT DE NOBEL

« Pour son importante réussite dans le domaine de la poésie lyrique contemporaine et dans celui de la grande tradition épique de la Russie », l'Académie suédoise a décerné le prix Nobel de littérature 1958 à l'écrivain soviétique Boris Pasternak. À Moscou, on espérait bien la consécration d'un compatriote, mais on pensait à Cholokhov, l'auteur du *Don paisible*, un incontestable chef-d'œuvre. L'ennui, c'est que depuis des années il n'a rien écrit de remarquable, bridé peut-être par son rôle d'écrivain phare du Parti. En revanche, *Le Docteur Jivago*, de Pasternak, traduit en plusieurs langues, a été l'un des principaux événements littéraires de l'année. Partout sauf… en Union soviétique, où il n'a pas été édité ! Plébiscité dans le monde par des centaines de milliers de lecteurs, le nouveau prix Nobel est inconnu de ses compatriotes. À l'exception de la petite minorité qui a lu de courts fragments du roman publiés par la revue *Znamya*.

C'est donc en la personne d'un auteur auquel elle refuse le droit de s'exprimer que l'URSS se voit honorée. « Il est probable, écrit Bernard Féron dans *Le Monde*, que le livre n'aura pas droit de cité avant longtemps. On peut même se demander si Pasternak sera autorisé à venir recevoir son prix Nobel à Stockholm. » La réponse ne devait pas tarder : « En vue du sens que cette distinction subit dans la société que je partage, je dois renoncer au prix immérité qui m'a été attribué. Ne prenez pas en offense mon refus volontaire. » Ce télégramme envoyé à l'Académie suédoise a été rédigé en français par l'écrivain. L'émoi, l'indignation à l'étranger sont considérables. On évoque un « Budapest intellectuel », référence à la sanglante intervention de l'Armée rouge en 1956. Que s'était-il donc passé ?

Boris Pasternak et sa femme sont seuls, ce soir-là, dans leur datcha de Peredelkino, « le village des écrivains », lorsque apparaissent les phares d'une voiture qui stoppe devant leur maison. Des journalistes en descendent qui leur apprennent la nouvelle. « C'est une très grande joie pour moi », dit-il sobrement en sortant une bouteille de vodka pour ses hôtes imprévus. Il se sait mis à l'écart par le régime, mais, naïvement, pense-t-il peut-être à cet instant que l'honneur qui lui est fait va rejaillir sur son pays et amadouer le Kremlin.

Dès le lendemain, il doit déchanter. Et ce ne sont pas les pontes du PC qui déclenchent les premiers tirs, mais ses propres confrères. Dans les colonnes de la très officielle *Literatournaïa Gazeta* : « Pasternak a choisi la honte et l'infamie et a calomnié notre patrie. Une fin sans gloire attend aussi bien le docteur Jivago, ce Judas ressuscité, que son auteur. Ils seront couverts du mépris populaire. » « Journalistes » et politiques vont alors renchérir. Dans la *Pravda*, David Zalevski, « doyen des publicistes et des journalistes », qualifie l'écrivain de « mauvaise herbe sur le gazon soviétique ». Un cran de plus avec ce commentaire du secrétaire du Komsomol : « Pasternak est pire qu'un porc, car les porcs ne souillent pas la place sur laquelle ils mangent et dorment. » Déstalinisation des esprits, où es-tu ? Face à cette coulée de boue, l'« ennemi de la révolution » est, bien sûr, atterré. Surtout lorsque Khrouchtchev en personne le menace de bannissement et d'« autres représailles » s'il accepte le prix Nobel. Plutôt que de choisir l'exil doré à l'étranger, Pasternak s'incline, refuse la récompense suprême et, dans une lettre personnelle au Premier secrétaire, rappelle qu'il est « lié à la Russie par sa naissance, sa vie et son travail » et qu'un départ « hors des frontières de son pays équivaudrait pour lui à être enterré vivant ».

Quel destin que celui de ce *Docteur Jivago* ! Et de son auteur. Un temps « plus grand poète soviétique vivant », envoyé à Paris à la tête de la délégation de l'Union des écrivains soviétiques, il est brutalement mis à l'index par Staline pour son lyrisme « et toutes ces histoires de femmes qui détraquent les nerfs des forts ». Retour, dans la discrétion, à ses chères études, traductions de Shakespeare,

Goethe, Proust… À un ami du PC italien venu lui rendre visite un jour de juin 1956, il montre un manuscrit et accepte de lui en lire quelques extraits. C'est une immense fresque à la Tolstoï.

Depuis *Guerre et Paix*, le visiteur averti n'a rien entendu de comparable. Il rentre en Italie avec le manuscrit du *Docteur Jivago*, file à Milan, chez son ami l'éditeur Feltrinelli, qui l'édite sur-le-champ. Le jour du 22 novembre 1957, les 6 000 premiers exemplaires du roman traduit en italien sont vendus ! C'est le début d'un immense phénomène littéraire. Les éditions française, anglaise, américaine s'enlèvent aussitôt imprimées. Best-seller de l'année ! Mais il y a un hic.

Pasternak a cédé ses droits de traduction, étant assuré que son roman serait en priorité édité dans son pays. Or, entre-temps, l'Union des écrivains soviétiques a jugé sa publication « prématurée dans l'état actuel des esprits »… Autant dire que, pour les Soviétiques, la sortie du livre à l'étranger est ressentie comme un complot. D'ailleurs, soutiennent-ils, sa candidature aurait dû être rejetée, son livre n'ayant pas été publié dans sa langue nationale – ce qu'exige le règlement suédois. Mais un éditeur malin a fait imprimer, en urgence, la version originale à Amsterdam. Preuve supplémentaire, aux yeux des Russes, de la duplicité capitaliste.

Qu'y a-t-il donc dans ce *Docteur Jivago* qui soit « prématuré » et qui justifie les féroces attaques contre le prix Nobel ? L'essentiel, c'est-à-dire l'âme de la Russie éternelle, flamboyante, mystique. Cette âme que le communisme pensait avoir extirpée du peuple. Le docteur Jivago, c'est Boris Pasternak. C'est aussi tout Russe assez âgé pour avoir vibré aux débuts de la Révolution et en avoir suivi – subi – les trahisons, les contradictions, les crimes. Tout Russe capable de comprendre ce jeune médecin rouge (Jivago) qui décide de soigner un jeune blanc blessé au combat et l'aider à fuir, bien que celui-ci ne lui cache pas qu'il va continuer à se battre contre les rouges. Staline, réveille-toi !

Gérard Le Cid et Jean TNP

Un soir d'hiver 1948 à Paris. Jean Vilar a invité chez lui Gérard Philipe. Depuis qu'il l'a vu, trois ans plus tôt, dans *Caligula* de Camus, le fondateur du Festival d'Avignon rêve de faire jouer ce comédien de vingt-cinq ans surdoué dont le cinéma a rapidement amplifié la notoriété : son interprétation dans *Le Diable au corps* d'Autant-Lara a provoqué une levée en masse d'admiratrices. Vilar a dix ans de plus. Acteur et metteur en scène, il est, lui aussi, un surdoué. Un passionné qui, ces dernières années, a imposé une autre façon de faire du théâtre. Espace et éclairages réduits, décor inexistant. Tout pour le texte et l'expression du texte. À l'issue d'une représentation d'*Orage* de Strindberg sur la scène minuscule du Théâtre de Poche, Jean Paulhan, le « pape » de Gallimard, lâche : « Ou je me trompe fort, ou c'est le théâtre tout entier qui recommence. »

Gérard Philipe et Jean Vilar ne pouvaient donc pas ne pas se rencontrer. Et pourtant, ce jour de 1948, la soirée ne se termine pas très bien. Philipe, les cheveux décolorés pour les besoins d'un film, s'apprête à quitter son hôte quand celui-ci, après bien des tergiversations, lui offre de jouer *Le Cid* au prochain Festival d'Avignon. Jusque-là charmant, le jeune homme se ferme, puis éclate : « La tragédie ! Mais je ne suis pas fait pour ça ! Musset, oui, mais la tragédie, non. Au Conservatoire, j'ai vu travailler la tragédie par des élèves tragédiens, des vrais, mais ce n'est pas du tout ce que je fais ! D'ailleurs, je ne suis d'accord ni avec Corneille ni avec le Cid ! » Vilar a du mal à se contenir. La porte refermée sur l'impétueux, il laisse éclater sa colère devant son ami le décorateur Léon Gischia : « Quel petit con ! Comment peut-on parler ainsi de Corneille ! Une bonne fois pour toutes, je vais me passer de ces vedettes trop gâtées et je monterai *Le Cid* avec les moyens du bord. On leur fera voir qu'on n'a pas besoin d'eux et que le théâtre, c'est autre chose ! »

À chacun sa route. Gérard Philipe est happé par le cinéma : *Une si jolie petite plage*, d'Yves Allégret, *La Beauté du diable*, de René Clair… Jean Vilar, qui n'a ni théâtre ni troupe fixe, « fait avec les moyens du bord ». Fin 1950, il joue *Henri IV* de Pirandello à L'Atelier. À l'issue d'une représentation, on frappe à la porte de sa loge. C'est Gérard Philipe. « Je veux travailler avec toi », lui dit-il sobrement. Tout en se démaquillant, Vilar lui répond que la seule chose dont il peut l'assurer, c'est Avignon 1951, qu'il est en train de préparer. « J'y serai donc ! », répond le comédien. Une façon de dire qu'il sera Rodrigue.

Printemps 1951. Premières répétitions dans un petit studio du Théâtre des Champs-Élysées. Premières déconvenues : Gérard Philipe semble incapable de répondre aux désirs de Vilar : il ne comprend pas ce que l'autre attend de lui. Ce n'est pas faute d'écouter, de rectifier. Il n'a pas encore la « clé » de Jean Vilar, ce réalisateur qui n'impose pas, mais au contraire laisse le comédien trouver lui-même son personnage, son ton, ses gestes. Alors, on se rend, on s'énerve. Jusqu'au moment où Vilar lance : « Nous prenons tout cela trop au sérieux. Après tout, *Le Cid*, c'est aussi une "espagnolade". » Et le voilà claquant des doigts, frappant le plancher du talon, entraînant Philipe dans un tourbillon de mouvements, de déclamations. C'est le déclic. Ces deux-là vont s'entendre !

Juillet. La cour d'honneur du palais des papes à Avignon. La troupe de Jean Vilar répète, sous le soleil puis sous les étoiles, les trois pièces prévues au programme : *La Calandria*, farce médiévale italienne, *Le Prince de Hombourg*, de l'Allemand Kleist, et *Le Cid*, de Corneille. Seize, dix-huit heures par jour.

Une nuit, après la représentation de la première, dans laquelle il s'amuse à incarner une courtisane, Gérard Philipe décide de répéter en costume le premier acte du *Cid*. Il est 2 heures du matin et sa voix résonne dans le silence de la cour. Il est transporté, grisé par l'action et bondit… dans le vide. Les ouvriers n'ont pas encore monté les praticables ! Tout le monde, Vilar en premier, se précipite. Couché sur le dos, trois mètres plus bas, dans son grand manteau rouge, Philipe fixe Vilar et lui dit en provençal : « *Quos bêt, Roderigo !* » (« Il est beau, Rodrigue ! »)

Rodrigue, le lendemain, est obligé de répéter assis. Et lorsque arrive le 18 juillet, soir de la première du *Cid*, pour laquelle les 3 000 places se sont arrachées, voici ce qu'écrit le critique Morvan Lebesque : « Les spectateurs d'Avignon furent conviés à applaudir un Cid au genou paralysé, un Cid perclus de douleurs, couvert de sueurs, calmant ses souffrances avec des piqûres, et que deux de ses camarades soutenaient par les épaules pour le conduire en scène. Et ce Cid privé de ses moyens les plus efficaces, et que tout autre acteur eût rendu douloureusement caricatural, se révéla le plus grand de tous, le plus beau, le plus ardent et le plus jeune. On n'imagine plus que le Cid puisse être joué par quelqu'un d'autre : Gérard Philipe est Rodrigue lui-même. » Et Jean-Jacques Gautier, du *Figaro* : « J'imagine en effet que nous venons d'assister à un fait comparable à celui qu'on nous rapporte lorsqu'on évoque la mémoire du dieu. Nous avons vu un jeune dieu cornélien. »

Le public est magnétisé, les autres acteurs (dont Jeanne Moreau dans le rôle de l'infante) sont estomaqués, Jean Vilar – qui interprète le roi – est ému aux larmes : « Après ce *Cid*-là, aucun metteur en scène n'osera en faire un autre avant vingt-cinq ans ! »

Dans l'assistance fascinée, une admiratrice parmi les autres : Jeanne Laurent, sous-directrice du département théâtre et musique au ministère de l'Éducation nationale. Ce qu'elle voit renforce son projet. Elle veut en effet installer un grand théâtre à Paris, un théâtre ouvert au plus grand nombre. Elle veut faire revivre le vieux Théâtre national populaire, tombé en désuétude. Et à ses yeux, il n'y a qu'un homme pour le diriger : Jean Vilar. C'est ce qu'elle lui propose à Avignon. Une salle, une troupe à lui, comment pourrait-il refuser ?

Il accepte, toute l'équipe du festival se déclare prête à le suivre. Du chef d'orchestre Maurice Jarre aux décorateurs Léon Gischia et Édouard Pignon, des comédiens aux techniciens. À la fin de l'été, il reçoit ce télégramme : « Prêt à recommencer. Suis déjà avec vous. Affections. Gérard. »

Encore faut-il trouver une salle provisoire, puisque le palais de Chaillot, place du Trocadéro, est occupé pour près d'une année encore, par des services de l'ONU.

Eh bien, on va s'établir en banlieue. À Suresnes, le maire a fait construire, au centre d'une cité-jardin, une salle des fêtes de plus d'un millier de places. Elle séduit d'autant plus Vilar que tout le monde est sur un pied d'égalité : ni loge ni poulailler. Ici, il va pouvoir mettre en pratique sa vision « républicaine » du spectacle. Démonstration avec les « Week-ends de Suresnes ». Du samedi après-midi à 1 heure du matin, le lundi, le public a droit, pour un prix unique et raisonnable, à une série permanente de divertissements. Des tours de chant (Maurice Chevalier), un concert, deux pièces : *Le Cid* bien sûr et *Mère Courage*, de Brecht, suivies d'un débat. Les repas sont pris en commun et ces trente-six heures de convivialité se terminent par un bal et une farandole souvent conduite par Gérard Philipe. « Cela tient du bal de préfecture, d'un cours d'art dramatique et d'une fête de fiançailles », écrit un journaliste déconcerté. C'est ainsi, en tout cas, que Jean Vilar rompt avec ce que Gérard Philipe nomme la « condition féodale du théâtre ». « Le théâtre, proclame Vilar, doit être un service public, tout comme le gaz, l'eau, l'électricité. »

L'occupant onusien bat enfin en retraite, le palais de Chaillot est libre, bienvenue au TNP ! Populaire, il va vraiment essayer de l'être, ce théâtre. Pour le public d'abord. Vilar abat les cloisons, supprime les barrières de la rampe, du rideau, de la scène, des places coûteuses (de 150 à 400 francs contre 700 en moyenne dans les autres salles parisiennes). Pour l'équipe également : des salaires chiches obéissant à une règle contractuelle rigoureuse, 4 500 francs au premier rôle, 3 000 pour un rôle important, 1 500 pour un rôle secondaire. Les Maria Casarès, Silvia Monfort, Philippe Noiret, Jean Le Poulain et autres Charles Denner ne sont certes pas guidés par l'appât du gain.

Les débuts sont difficiles. La présence – et quelle présence ! – de Gérard Philipe (« pour qui la ferveur des éphèbes le dispute à l'adoration des étudiantes et des midinettes », écrit Alfred Simon dans la revue *Esprit*) atténue heureusement les problèmes.

Si Jeanne Laurent a réussi à imposer Jean Vilar, ce ne fut pas sans mal. Et quelques mois après l'ouverture de Chaillot, certains le lui font payer. Politiciens conservateurs accusant Vilar d'être « communiste », de « gaspiller les fonds publics en collectionnant les auteurs injouables » (merci pour Corneille), apparatchiks sclérosés des arts et lettres qui n'ont jamais entendu le nom de Brecht ou de T. S. Eliot, tout ce petit monde qui se gausse de l'absence d'ouvriers dans ce lieu « prétendument populaire ». « Certes, écrit un chroniqueur d'*Esprit*, on ne "repère" pas encore la silhouette caractérisée de l'ouvrier de Belleville ou d'Aubervilliers qui seule pourrait vaincre le scepticisme outrecuidant des boutiquiers du théâtre. Quand Bébert amènera sa Nénette sur la butte de Chaillot, ils commenceront à y croire, car ils ont, de l'ouvrier moderne, une notion très précise, proche des truands de la cour des Miracles ou des affranchis d'Aristide Bruant. L'ouvrier adulte, l'homme qui se sert de ses mains, le militant syndical ou le simple père de famille ne viennent pas au TNP… C'est évidemment sur ce point que le travail risque d'être le plus long, le plus ingrat, le plus riche en déconvenues. Un certain conditionnement social non seulement a coupé le prolétariat des sources de la culture moderne, mais, par le biais de la presse, de la radio et du cinéma commercial, l'a livré à une entreprise monstrueuse de décervelage, d'évasion et d'aliénation qui lui font partager en gros les goûts de la petite et moyenne bourgeoisie. »

Heureusement, il y a les jeunes ! Ils sont très nombreux dans la foule qui déferle sur les marches de l'entrée, le long des interminables escaliers, dans les travées du grand hall majestueux et froid. Tous ne sont pas étudiants. Ils sont venus au théâtre par le « sas » d'associations, de clubs, de groupements qui représentent le gros du contingent des avant-premières à tarif unique. Autre idée de Vilar, qui rode ainsi ses représentations avant leur sortie officielle. Chaque fois, la salle est comble. Et, à chaque sortie de Gérard Philipe, des grappes de jeunes filles l'attendent, l'entourent, l'étouffent, l'embrassent, certaines lui jettent leur soutien-gorge…

Le couple Vilar-Philipe a gagné. En dépit des coups bas, des jalousies, des mesquineries, des amputations de budget. Tout en poursuivant sa carrière au cinéma (*Fanfan la Tulipe*, *Les Orgueilleux*, *Monsieur Ripois*, *Le Rouge et le Noir*, *Montparnasse 19*, *Les Liaisons dangereuses*), Gérard Philipe ne laissera jamais tomber Jean Vilar et son TNP. Fidélité jusqu'à la mort, jusqu'à cette aube de novembre 1959 où sa femme, Anne, le découvre sans vie. « Si je meurs, je veux être enterré dans la tenue du Cid », avait-il dit. Armand Gatti, journaliste à *Paris Match*, rapporte : « Au deuxième étage du 17, rue de Tournon, derrière les volets blancs, le Cid repose. Il est allongé sur son lit dans sa tenue de grand d'Espagne, velours noir à crevés blancs, hauts-de-chausse gris et pourpoint cerclé de broderies. Il a une orchidée à la place du cœur [...]. Drapé dans sa cape rouge, Gérard Philipe n'est plus, mais il est encore le Cid. »

Bernard Buffet, « misérabiliste » et millionnaire

Une gentilhommière à l'orée de la forêt de Montmorency, un parc, un étang et ses canards, une immense cheminée, un chauffeur en livrée ouvrant la porte d'une Rolls Silver Phantom gris métallisé, que le maître des lieux vient d'acheter 4,5 millions et qui s'en excuse presque : « Elle est moins chère qu'une 4 CV puisqu'elle me durera vingt ans. » *Paris Match* aime les gens à succès. Avec les reportages sur les grands événements, ils sont la recette de sa réussite. Aussi l'hebdomadaire, en cette année 1956, ne pouvait-il pas consacrer moins que cette dizaine de pages couleur au « plus célèbre et plus cher des peintres d'après guerre, qui, à vingt-huit ans, a peint autant que Renoir, mort à soixante-dix-neuf ans » : Bernard Buffet. Trois ans plus tôt, le jeune artiste a reçu l'hommage remarqué de Derain, quelques mois avant sa mort : « Il a fait à vingt-cinq ans ce que je voudrais faire à mon âge. » Une fulgurance qui fait mentir l'adage pessimiste de Cocteau : « L'avenir est le salaire des peintres. » Le passé de Buffet ne laissait pourtant pas présager un « salaire » de millionnaire.

« Je me demande à quoi un jour il sera bon, il n'est même pas capable de coller proprement une rustine. » Marchand de cycles dans le XVIIe arrondissement de Paris, le père du petit Bernard a peu d'estime pour cet enfant de la guerre chétif qui n'aime que dessiner. Dessiner ! Ce genre de futilité n'est généralement guère prisé par les chefs de famille. Heureusement, il y a les mères. Sans pour autant s'illusionner, la mère de Bernard accepte de l'inscrire au cours du soir de dessin de la place des Vosges. « La meilleure école, dira-t-il, la seule où l'on apprend suffisamment de technique sans rien perdre de sa personnalité. » C'est encore avec sa mère qu'il va passer ses premières vacances de soleil en Bretagne. Les premières et les dernières : elle est terrassée peu après par une tumeur au cerveau. La nuit même de sa mort, il brosse une descente de croix tout en gris et noirs. Marie y a les traits et le vieux manteau de sa mère.

Entré à l'École des beaux-arts, il en ressort assez vite, déçu par l'enseignement qui y est dispensé. Désormais, il ne va plus faire que cela : peindre. Dans une chambre dont l'exiguïté convient mal à son goût pour les grandes toiles, il peint à grands traits rapides sur un assemblage de vieux draps cousus à la machine. Et en 1946 – il va avoir dix-huit ans –, il expose une toile au Salon des indépendants, s'attirant un article élogieux du critique de l'influent hebdomadaire *Arts*. Mais c'est la rencontre avec un curieux personnage qui va changer sa vie.

Le docteur Maurice Girardin passe pour un personnage excentrique, notamment auprès des patients de son cabinet dentaire, dont la salle d'attente est tapissée de tableaux qui n'ont rien de commun avec leurs biches-aux-abois-sur-le-buffet-Henri-II. Disposant de revenus confortables, ce dentiste se prive pratiquement de tout pour assouvir son unique passion : débusquer l'œuvre qui « lui fait signe ». Et il a un flair exceptionnel. N'a-t-il pas acheté pour 200 francs, en 1913, une aquarelle de Rouault qui devait se vendre 5 millions en 1953 ?! Il est si connu qu'en 1948 il est appelé à siéger dans le jury du prix de la Jeune Peinture. Et une toile lui « fait signe » : *Le Buveur assis*, d'un certain Bernard Buffet. Les autres jurés ne le voient pas du même œil. Le dentiste découvreur balance alors sa démission et claque la porte. Le lendemain, rue des Batignolles, il gravit les six étages qui mènent à la chambre-atelier du peintre, regarde, et repart avec quatre toiles. Sur le garçon efflanqué à cause des privations, et qui est en train de devenir une caricature de peintre maudit (le « misérabilisme » de ses œuvres accentue le trait), la visite du dentiste agit comme un stimulant. D'autant que les acquisitions de cet original de Girardin et un article élogieux de l'hebdomadaire *Arts* ont mis la puce à l'oreille aux moutons de l'art. Le directeur de la galerie Drouant-David se rend à son tour rue des Batignolles et signe le jour même un contrat à ce prodige de vingt ans. Ça y est ! La même année, Bernard Buffet partage avec Bernard Lorjou le prix de la Critique.

Une autre rencontre va avoir une importance considérable. Le jeune touche-à-tout Pierre Bergé, dont il devient l'intime en 1950, le présente à son ami Jean Giono qui, devant sa mauvaise mine de « Nordiste », l'invite chez lui à Manosque. La Haute-Provence, sa lumière dure, ses roches et ses arbres pétrifiés, ce vent toujours en guerre : un choc pour Buffet. L'écrivain lui dégotte une ancienne bergerie plantée sur un plateau farouche. Au-delà, la vallée de la Durance. C'est ici qu'il va vivre près de cinq années. Et peindre, peindre, peindre. Et discuter longuement avec Giono, partager sa passion pour ce pays de Lurs. Lurs, théâtre de l'affaire criminelle de la décennie sur laquelle l'auteur de *Regain* va écrire de remarquables pages. Buffet lui-même sera fasciné, fera un portrait de Gaston Dominici et un paysage de la Grand-Terre, la « ferme du crime ».

Rituellement, deux fois par mois, il envoie à la galerie Drouant-David ses dernières œuvres dans de longs tubes d'aluminium. Vers la fin de son séjour, en 1954, il n'en expédie que trois, mais elles sont imposantes : 7 mètres sur 3. Réunies sous un titre commun – *Horreur de la guerre* –, elles portent des noms qui font frémir : *L'Ange de la guerre, Les Pendus, Poteaux Les Fusillés.*

C'est un homme en pleine gloire qui revient de Manosque. Il a vingt-sept ans et un Buffet se vend désormais au prix d'un Picasso ! Ça ne plaît pas du tout au marchand de ce dernier, le « grand » Kahnweiler. Bernard Buffet n'en a cure, comme il n'a cure de la causticité de critiques qui continuent de le caricaturer en « peintre du hareng saur ». « Il n'y a pas de milieu, confie-t-il au journaliste Christian Millau. On m'adore ou on me déteste. » Il a les moyens de son indifférence. Et, travailleur constamment passionné et acharné, a décidé de rythmer ainsi ses expositions : un thème par année (*Horreur de la guerre, Les Nus, La Passion, Le Cirque*...) et le vernissage immuablement fixé au premier vendredi de février. Au cours de cette décennie 1950, aucun autre peintre n'aura connu un tel triomphe.

De Staël, c'est tout !

Antibes, 16 mars 1956 : soudain, de la fenêtre ouverte d'un atelier situé sur les remparts clapotés par la mer, un homme tombe, sans un cri, et s'écrase sur le sol. Il avait quarante et un ans, s'appelait Nicolas de Staël et était l'un des plus grands peintres de la planète Art. Le suicide ne fait guère de doute. Le jour même, il a écrit trois lettres. L'une à sa fille, une autre à son plus vieil ami, la troisième à Jacques Dubourg, le galeriste qui l'a lancé : « Jacques, [...]. Je n'ai pas la force de parachever mes tableaux. Merci pour tout ce que vous avez fait pour moi... » La veille encore, il travaillait sur une toile immense (6 mètres sur 3,5) représentant un piano et une contrebasse séparés par un fouillis de pupitres et de partitions, l'ensemble sur un éclatant fond rouge. Cette toile inachevée lui avait été inspirée par un concert auquel il avait assisté quelques jours plus tôt à Paris.

Pleine maîtrise de ses moyens, reconnaissance internationale, argent. Que pouvait-il bien manquer à ce garçon dont la famille – aristocratie russe de Saint-Pétersbourg – avait fui la révolution d'Octobre alors qu'il n'avait que trois ans ? Quelle était la faille ? Noir romantisme slave, dans la lignée de Maïakovski et d'Essenine ? Ou arrivée prématurée au « bout » du chemin, ce moment où la peinture ne peut plus fournir LA réponse ?

La peinture ? Il n'avait vécu que pour elle. Depuis ses premières « vraies » toiles en 1942 (il vit alors à Nice) jusqu'à sa mort. Il a seize ans lorsqu'il découvre les Rembrandt du musée de Bruxelles. Un choc qui le conduira, avec un ami, à un long voyage initiatique en Espagne – « L'art du Gréco n'a plus de secrets pour nous » –, puis, plusieurs fois, au Maroc, sur les traces de Delacroix.

Engagé au début de la guerre dans la Légion étrangère, il retrouve l'Afrique du Nord à Sidi Bel Abbès puis en Tunisie où – utilisation des compétences – il dessine des cartes d'état-major.

Démobilisé, c'est à Nice, au contact de Deyrolle, Delaunay, Magnelli, Arp, qu'il découvre l'abstraction. Mais aussi la dureté d'une vie de famille (une femme, Jeannine, et deux enfants) tandis que les privations de l'Occupation aggravent des conditions de vie déjà précaires. Le style de ses « compositions », en revanche, va se préciser, prendre de l'ampleur. « Freiné » seulement par ses couleurs sombres : noir, marron, beige, vert-de-gris, violet. Jusqu'à la fin des années 1940, il peint à la lumière artificielle.

Il se remarie plutôt promptement après la mort de Jeannine en 1946, et sa situation matérielle s'améliore. Installé à Paris, dans un atelier spacieux, il commence à être remarqué par quelques marchands – dont l'Américain Theodore Schempp, un pionnier des arts qui habite au-dessus de chez lui et qui va le faire figurer dans la prestigieuse collection Phillips de Washington ! – et par une poignée de critiques, dont l'influent Pierre Courthion, qui l'encense : « Cuisine de sorcier ! Tout de suite, Nicolas de Staël en vient à l'essentiel, ce pourquoi un peintre est un peintre : une matière touchée, remuée, transfigurée. » C'est toutefois la rencontre, en 1949, avec Jacques Dubourg qui se révèle capitale. Ce grand marchand prudent du boulevard Haussmann est le contraire d'un découvreur et il s'entiche pourtant de ce peintre d'une originalité absolue. Leur association coïncide en outre avec une évolution des critiques à l'égard de l'art abstrait. Comment pourraient-ils continuer à nier un mouvement qui est d'ores et déjà le ressort principal de la peinture contemporaine ?

Pour Nicolas de Staël, les premières grandes expositions se succèdent. Paris, New York, Londres. C'est sans doute celle de Londres en 1952 qui le consacre internationalement. Ascension vertigineuse. Et non sans surprise. Jusqu'en 1952, il appelait « composition » la plupart de ses toiles. Désormais, on trouve *Paysage*, *Marine*, *Figures au bord de la mer*, *Le Parc de Sceaux*, *Le Ciel rouge*. Et que dire de la série des *Footballeurs*, inspirée par une soirée au Parc des Princes ? Il est frappé par la densité des couleurs sous la lumière électrique, le bleu et le rouge des maillots, le vert de la pelouse. Et par les mouvements des joueurs qu'il va structurer. Les amateurs adorent. Pas les purs et durs de l'abstraction, qui crient à la trahison « figurative ». Il n'en a cure.

Ils seront toujours en retard d'un Staël. Retour au « sujet » ne signifie pas pour lui retour au « figuratisme » de papa. Parce qu'à ses yeux, tout est « sujet ». Et que ce qui compte, « c'est un renouvellement continu, vraiment continu ». Des changements brutaux, des chocs successifs en adéquation avec ceux de sa vie quotidienne, pour lesquels il a un mot récurrent : l'accident. « Le contact avec la toile, je le perds à chaque instant et le retrouve et le perds… Il faut bien parce que je crois à l'accident, je ne peux avancer que d'accident en accident. Dès que je sens une logique, cela m'énerve et je vais naturellement à l'illogisme. »

Quand il s'installe à Antibes, la peinture est devenue spéculative. La sienne, chez Jacques Dubourg à Paris et chez le grand marchand new-yorkais Paul Rosenberg, lui assure donc la richesse. La dèche niçoise est bien loin. Depuis, il est allé très vite. Trop ? Certains le pensent : « Il n'a plus rien à prouver. » Peut-être. Lui-même pense-t-il qu'il lui est impossible d'aller plus loin ? Ce serait alors la fin de « ce qui compte, un renouvellement continu ». Il n'a cessé de le pratiquer dans sa peinture mais aussi dans sa vie privée. Mais là, impasse.

Et un corps disloqué sur les remparts d'Antibes. Il aurait pu le peindre. Comme il a peint des footballeurs, des musiciens, un cavalier, une femme assise, des fleurs, des ciels, des bateaux, et cette Méditerranée qu'il ne verra plus de son atelier.

Comet, Caravelle… l'hélice au musée

Comment vole-t-on en 1950 ? Les militaires, de plus en plus à bord de jets, bombardiers et chasseurs (Sabre américains et MiG soviétiques s'apprêtent à livrer en Corée les premiers combats aériens de l'aviation à réaction). Les civils, eh bien, ils font confiance à ces bons gros DC4, Constellation ou Languedoc à moteurs à explosion et grandes hélices, des avions pour la plupart conçus juste avant guerre. La France compte beaucoup sur la prochaine mise en service d'« appareils de grande classe », comme les qualifie *Science et Vie* dans son numéro de mai : les quadrimoteurs Armagnac et Breguet Deux-Ponts, ainsi que le bimoteur Bretagne, « capables de rivaliser avec les meilleures réalisations américaines, et supérieurs aux types britanniques de catégorie correspondante ». Le mensuel scientifique semble avoir oublié que, dans son numéro de février, l'un de ses enquêteurs a fait un long article sur « l'avènement du Comet » conçu outre-Manche, et a notamment écrit : « Toute la structure actuelle de l'aviation commerciale sera à réviser dès qu'entreront en service sur les grandes lignes les avions à réaction dont le Comet de De Havilland est le brillant prototype. » Tel n'est pas l'avis du célèbre constructeur Louis Breguet, qui prévoit que l'avenir immédiat est dans la turbine à hélices et non dans le turboréacteur : « L'ambition d'approcher la vitesse du son me paraît hors de propos pour l'avion commercial. Les États-Unis eux-mêmes reconnaissent que 750 kilomètres/heure est un maximum amplement suffisant. »

Pour l'heure, la chronique aéronautique vit plus au rythme des petites nouveautés techniques, des améliorations dans le confort, des ouvertures de lignes et… des accidents. Celui, aux Açores, du Super Constellation d'Air France dans lequel Marcel Cerdan avait été tué n'a eu, malgré l'énorme choc dans l'opinion, qu'un effet passager sur l'activité aérienne. Air France a déjà accompli sans problème majeur plus de 2 000 traversées (avec escales) de l'Atlantique Nord, et des milliers d'avions traversent chaque mois la Méditerranée. Que se passe-t-il donc dans le ciel de cette année 1950 ?

On assiste à la création par Air France et British European Airways de l'« autobus aérien » Paris-Londres, avec un départ chaque demi-heure, tantôt dans un sens, tantôt dans l'autre. Et un aller-retour est offert à prix réduit « aux heures du crépuscule ».

Un Liberator (ancien bombardier britannique) affrété par UAT effectue la première liaison Paris-Cayenne *via* Dakar, prélude à l'établissement d'une ligne régulière.

La compagnie belge Sabena remplace les haut-parleurs collectifs de la cabine en minuscules haut-parleurs individuels dans le dossier du siège.

Premier départ d'un Constellation d'Air France pour Saigon. Il accomplira le trajet en trente-trois heures au lieu des cinquante-deux en DC4. Par la même occasion, ce vol fêtera le vingtième anniversaire de la première liaison totale entre la France et l'Indochine.

La Sabena inaugure un service télégraphique pour ses passagers.

Nouvelle publicité Air France. « J'ai bouclé mon million de kilomètres. » C'est un pilote de la compagnie qui s'adresse à des passagers. Et, précise le texte : « Cette phrase, la plupart des pilotes d'Air France peuvent la prononcer – et ils sont 360 !... Ces hommes d'élite ont permis à Air France d'atteindre une régularité extraordinaire qui, sur certaines lignes transatlantiques, atteint le chiffre record de 46 %. »

Air France a ouvert à Courbevoie, en banlieue parisienne, un « hôpital pour moteurs d'avions », en fait des ateliers de révision pour les dix-huit cylindres qui équipent les appareils américains de la compagnie, et qu'il fallait auparavant renvoyer à grands frais aux États-Unis, toutes les 800 à 900 heures de vol. Le décalaminage des cylindres et des pistons se fait en projetant au compresseur des noyaux d'abricot pilés, qui, contrairement au sable, n'attaquent pas l'aluminium !

Le Congrès national d'aéronautique coloniale s'est tenu en mai à Paris.

Inauguration par Air France d'une liaison Paris-Papeete, par Saigon, Sydney et Nouméa.

Doublé tragique des DC4 d'Air France de la ligne Saigon-Paris, les 12 et 14 juin. Les deux ont heurté les vagues en approche de la piste de Bahreïn. 80 morts, parmi lesquels Jean-François Armorin, jeune grand reporter rentrant d'une enquête sur les trafics de piastres en Indochine. Certains évoquent alors un sabotage. Cela rappelle le mystère entretenu après l'incendie du paquebot *Georges-Philippar* dans l'océan Indien et la disparition d'Albert Londres, lui aussi revenant d'un reportage en Indochine…

Air France lance – sans aucune augmentation de tarif – une formule de « menu épicurien » sur Paris-Londres.

Chaque matin, un avion décolle à 2 h 30 du Bourget avec 50 tonnes de journaux distribués trois heures après à Marseille, le reste dès 9 heures à Alger (150 000 exemplaires).

Un Bristol 170 d'Air Transport, le Paris-Bamako, est tombé en plein Sahara. L'épave a été repérée par un officier méhariste français mais les membres de la commission d'enquête, basée à 300 kilomètres de là, ne sont arrivés sur place que quatre jours plus tard parce qu'ils avaient refusé de prendre l'avion.

La compagnie Colonial Airlines, qui exploite depuis vingt ans les services réguliers de New York à Montréal et aux Bermudes, fait savoir qu'elle n'a pas eu à déplorer même un seul blessé.

À Orly, un service spécial permet d'envoyer un colis trois heures avant le départ d'un vol long-courrier et une heure et demie avant celui d'un vol pour une ville française ou une destination en Europe. À la gare des Invalides, les bagages de tous les passagers d'un même vol sont enregistrés en un quart d'heure. Grâce au système « *stop-over* », un passager peut interrompre son voyage et séjourner dans une escale, en en faisant la demande juste avant le vol.

Les spécialistes français, majoritaires parmi les spectateurs « étrangers », en ont pris plein les mirettes au meeting de Farnborough. Ils ont vu évoluer le Hawker à réaction, capable d'atteindre 10 000 mètres en six minutes, le Canberra faisant un tonneau (pas mal pour un bombardier, même à réaction), et ce fabuleux Gloster Meteor, apte à voler dans une position proche de la verticale. Ils ont vu enfin – et surtout – ce fameux Comet, qui commence à les empêcher de dormir. Les ailes britanniques tiennent une sacrée forme. L'imagination et l'audace, dont les États-Unis avaient la primauté, ont franchi l'Atlantique. Et les techniciens et commerciaux français, de retour chez eux, sont pris de doutes : que vont valoir leurs Armagnac et autres Bretagne à côté de cet avion de transport à réaction bien parti pour n'avoir pas son pareil d'ici à plusieurs années ?

Un an plus tôt, 1949, sur ce même terrain de Farnborough, les spectateurs médusés assistent aux évolutions du dernier modèle d'avion commercial de la firme De Havilland. Il n'a pas d'hélices, rien ne dépasse de sa coque parfaitement lisse, et des protubérances émergent à peine des ailes : ce sont des réacteurs encastrés. On les croyait, pour quelques années encore, réservés aux appareils militaires. Et voilà qu'hommes d'affaires, touristes, hauts fonctionnaires vont pouvoir voler à plus de 800 kilomètres/heure et à 12 000 mètres d'altitude ! Et c'est pour bientôt. La BOAC n'a pas attendu les premiers essais pour en commander quatorze, livrables en 1952. La compagnie britannique n'a en revanche pas dévoilé sur quelles lignes ils seront mis service. Elle ne le sait sans doute pas encore. Le Comet est-il capable de traverser l'Atlantique Nord ? Si De Havilland connaît la réponse, rien ne filtre. On sait seulement que sa consommation est considérable, « ce qui signifie, écrit dans *Science et Vie* le spécialiste reconnu Lévis-Mirepoix, que cet avion ne pourra pas, comme cela se pratique maintenant, attendre son tour d'atterrissage vingt, trente, voire quarante-cinq minutes, en tournant entre 500 et 3 000 mètres dans le circuit d'attente ».

Ah ! on s'en pose des questions ! Et l'on joue les Cassandre. Sans la mise au point d'un radar anticollision, le Comet, à cause de sa vitesse, sera un danger pour les appareils classiques ; il ne pourra pas se poser sur n'importe quel aérodrome ; le hurlement strident des réacteurs rendra intolérables les parages du parking.

« On ne semble pas, dit encore Lévis-Mirepoix, s'être, jusqu'ici, assez inquiété de cette perturbation, dont la perspective, jointe aux risques (succion à l'avant, gaz chauds à l'arrière) que court le personnel à proximité des moteurs, paraît imposer, assez loin de l'aérogare, des aires de stationnement auxquelles les passagers seront conduits en autocar. » Et les courants de la haute atmosphère ? On les connaît mal, mais, selon deux météorologistes français, Viaut et Mironovitch, « entre 8 et 15 kilomètres d'altitude, les aéronefs sont susceptibles de rencontrer à la base de la stratosphère une turbulence considérable et des vents très violents ». D'où un possible danger pour la structure de l'appareil. « Aucun défaut sérieux n'a été découvert au cours des 200 heures d'essais en vol du Comet, rapporte Lévis-Mirepoix. Il y a cependant, dans ce qu'on connaît de son devis de poids, quelque chose qui surprend certains experts étrangers. La cellule paraît légère. »

Ces questions, toutes les grandes compagnies aériennes se les posent. Et sont toutes confrontées au même dilemme : le risque d'acheter un appareil de 400 à 500 millions de francs avant qu'il ait fait toutes ses preuves, ou le risque, étant donné la concurrence, de se faire « larguer » en se privant du seul avion qui a des années d'avance. Et toutes ont cette date en tête : le 1er mai 1952, un Comet de la BOAC effectue son premier vol commercial. En France, c'est la compagnie UAT qui devance Air France. Elle a prévu de l'utiliser, dès janvier 1953, sur Paris-Dakar et Paris-Brazzaville. Air France se décide enfin pour l'achat de trois appareils. Et de fait, l'audace va se révéler payante. Le Comet comble les compagnies qui ont misé sur lui. Quant aux passagers, ils sont dithyrambiques.

Quelques semaines après leur mise en service par la BOAC, la reine mère, accompagnée de la princesse Margaret, fait un voyage au-dessus des Alpes et s'extasie : « C'est un avion féerique. » L'experte n'est certes pas des plus objectives (*right or wrong, my country*), mais son royal avis est largement partagé. Notamment par les équipages d'UAT et d'Air France. À la fin de l'année 1953, le quadriréacteur britannique aura accompli 20 millions de kilomètres, transporté 25 000 passagers et battu quelques records

(Londres-Rome en deux heures, Paris-Casablanca en deux heures et quart). Son triomphe serait total s'il n'y avait eu l'accident du 2 mai : pris dans une tempête de mousson, un Comet de la BOAC s'est désintégré au-dessus de Calcutta. Une catastrophe de plus à la loterie des airs. Mais la première dans l'histoire de l'aviation commerciale à réaction. Et puis…

10 janvier 1954. Le Comet *Yoke Peter* allant de Johannesburg à Londres *via* Rome disparaît au-dessus de l'île d'Elbe, avec ses 35 passagers et membres d'équipage. Pas de SOS.

8 avril. Peu après son décollage de Rome pour Le Caire, le *Yoke Yoke* transmet ce message : « Sommes au-dessus de Naples, continuons à prendre de l'altitude. » Et puis plus rien.

À présent, il ne s'agit plus de loterie ni de statistiques fatalistes. Le Comet a un vice structurel grave. Dès l'accident du 10 janvier, et bien que l'appareil n'eût pas été interdit de vol, UAT l'avait provisoirement retiré de son réseau. « Il semblait impossible de poursuivre l'exploitation tant que subsistait le moindre doute, étant donné qu'il s'agissait d'un appareil quelque peu révolutionnaire », explique l'un de ses directeurs à la revue *Sciences et Voyages*. Mais dans les heures qui suivent la catastrophe du 8 avril, le doute fait place à la panique. Tous les Comet en vol reçoivent l'ordre de déposer leurs passagers à l'aérodrome le plus proche. Et le certificat de navigabilité leur est aussitôt retiré. Le monde est abasourdi. L'avenir, si prometteur, des transports à réaction est peut-être compromis pour longtemps. L'Angleterre est sous le choc.

Que dire alors de Geoffrey De Havilland, qui a consacré toute sa vie à l'aviation, a vu deux de ses fils mourir pour elle, a dessiné le Mosquito, l'un des avions de la victoire contre l'Allemagne hitlérienne, et risque désormais de terminer sa carrière sur ce terrible échec ? Il veut savoir, il veut comprendre, il n'accepte pas que son bel avion soit à jamais condamné. Il a un allié qui pense de même : John Cunningham, premier pilote à avoir fait décoller le Comet, a décidé d'éprouver la machine jusqu'aux limites de la résistance. « J'ai entièrement confiance en cet avion, clame-t-il. Je l'amènerai à une altitude de 12 000 mètres afin de rencontrer des turbulences encore pires que celles qui frappèrent les deux avions disparus au cours de ces derniers mois. »

Alors commencent, avec les encouragements du Premier ministre Winston Churchill, une série d'expériences démentielles. La découverte et la remontée par la Royal Navy des restes de l'épave du *Yoke Peter* au large de l'île d'Elbe fournissent déjà aux enquêteurs des informations. Des corps ont été repêchés et leur examen a notamment surpris ce médecin italien : « J'ai examiné bien des cœurs d'hommes qui avaient péri dans des circonstances extraordinaires. Jamais de ma vie, quelque chose d'approchant ceux des naufragés du Comet. Ces cœurs-là avaient tous éclaté. Les victimes avaient en outre des fractures du crâne, ayant été pour la plupart catapultées jusqu'au plafond. » Les éléments retrouvés par 130 mètres de fond – dont l'avant entier avec le cockpit – sont assemblés sur une charpente.

On sacrifie ensuite un Comet intact, le *Yoke Uncle Trakua*, en lui faisant subir le « supplice de l'aquarium ». La carlingue de l'avion est enfermée dans une énorme cuve de 800 000 litres afin de le soumettre à la plus forte différence de pression qu'un avion subit à haute altitude et à grande vitesse. Parallèlement, un autre Comet, l'*Able Victor*, joue le rôle de « cercueil volant ». Des semaines durant, un équipage de pilotes d'essai dirigés par John Cunningham, ainsi que des techniciens « sacrifiés volontaires », effectuent une trentaine de vols. Parmi eux, une jolie brune de trente-huit ans, Anne Burns, qui note sans broncher les variations de pression des appareils de contrôle. À chaque décollage, chacun se dit que ce pourrait être son dernier vol…

La vérité va sortir, non du puits, mais de la « piscine » où le *Yoke Uncle Trakua* est à la torture depuis des semaines. L'opération répétée sans relâche a finalement raison de la carlingue, qui se rompt au bout de l'équivalent de trois mille heures de service. Le même nombre d'heures que comptaient les deux avions accidentés ! On vient de découvrir le phénomène de la « fatigue » qui aboutit à une sorte de vieillissement artificiel de la structure. C'est une étape vitale dans l'histoire de l'aviation à réaction. Et cette découverte intéresse sacrément les gens de la « République de Toulouse ».

Quand il apprend qu'un deuxième Comet de la BOAC est tombé au large de Naples, Paul Vallat se précipite chez De Havilland. Ce jeune ingénieur, spécialiste déjà renommé de la structure et de la résistance des métaux, travaille au bureau d'études de la SNCASE (Société nationale de constructions aéronautiques du Sud-Est). Dirigée par l'ingénieur en chef Pierre Satre, cette équipe soudée est surnommée la « République de Toulouse ». Et si Vallat file en Angleterre, c'est parce que ces « républicains » sont plongés jour et nuit sur un projet d'avion commercial français à réaction. C'est dire si l'aventure du Comet et ses récents aléas les intéressent.

Ils partent pourtant avec de sérieux handicaps. Pendant que la guerre et ses opérations faisaient progresser les aviations des États-Unis et de Grande-Bretagne, les trois quarts des ateliers de Toulouse étaient détruits et les ingénieurs en étaient réduits à fabriquer les... meilleurs gazogènes de l'État dit français. À la Libération, on n'a qu'une hâte : faire oublier cette déchéance, reconstruire ateliers et hangars, et mettre les bouchées doubles pour revenir vite « dans le coup ». Alors, à la SNCASE, on se rode en fabriquant des Vampire *british* sous licence, on fait des voyages d'études outre-Atlantique et outre-Manche, et on se lance dans la construction d'une merveille de quadrimoteur, l'Armagnac, qui va, on l'espère, détrôner le roi de l'Atlantique Nord, le Constellation. Las ! Quand il est terminé, Air France n'en veut plus et s'équipe en appareils *made in USA.* De leur côté, les « rosbifs » frappent un grand coup avec leur révolutionnaire Comet. Pauvre France ! Pauvre Toulouse, point de départ de la ligne d'où s'envolait Mermoz ! Les 300 ingénieurs et dessinateurs de l'Armagnac commencent à se disperser.

Pierre Satre est à Paris quand il apprend que le Secrétariat général à l'aviation civile et commerciale ouvre un concours pour l'étude d'un projet d'avion moyen-courrier à réaction. Un Comet français ! Satre téléphone illico au « petit père Duguet », le chef du service aérodynamique : « Sors tes dossiers, j'arrive ! » Des avant-projets révolutionnaires, Duguet en a des dizaines et des dizaines dans ses placards. Dès son retour à Toulouse, le 28 octobre 1951, une équipe réduite se met immédiatement au travail sur le projet X-210. Ne pas perdre une minute : trois autres constructeurs sont dans la course. Dont Breguet, qui ne croyait pas à l'« avenir immédiat du réacteur »…

En un peu plus d'un mois, l'avant-projet est prêt et envoyé à Paris. C'est celui d'un triréacteur. Avec une énorme surprise : les réacteurs sont placés à l'arrière, le long du fuselage. On n'a jamais vu ça ! Qui a eu l'idée de cette originalité ?

En fait, le cahier des charges imposait un réacteur français Atar insuffisamment puissant. Il fallait donc en installer trois, dont un ne pouvait être qu'en queue. Autant les grouper et les placer à l'arrière. Et c'est ainsi que naît une conception totalement inédite. Quelques mois plus tard, on demande à l'équipe Satre de recommencer l'étude avec des réacteurs plus puissants. Ils présentent donc un projet de biréacteur, mais en gardant l'idée des deux moteurs à l'arrière. Ce qui ne manque pas de leur attirer les sarcasmes de leurs détracteurs, dont l'arme absolue – du moins, le croient-ils – est une boîte d'allumettes. « Posez la boîte sur une table, leur disent-ils, et poussez-la par l'arrière avec deux crayons. À présent, n'utilisez qu'un crayon et poussez la boîte sur un seul côté : elle va faire un tour sur elle-même. Votre avion, avec un réacteur en panne, fera de même. » Le conformisme, même quand il gagne des « cerveaux », est un éteignoir. Les républicains de Toulouse auront du mal à faire admettre de simples évidences à ces « réactionnaires » : la première étant qu'un avion n'est pas une boîte d'allumettes et qu'il bouge, la deuxième que l'air n'a rien à voir avec la surface d'une table, la dernière, enfin, que le réacteur étant plus près de la carlingue, le déséquilibre serait au contraire moindre que s'il était fixé sous une aile. Et l'on découvre d'autres avantages à ce choix. La position élevée des réacteurs empêche l'aspiration de débris, de graviers qui pourraient les endommager. De plus, on les oriente selon une légère incidence qui fait se croiser leurs deux axes de poussée au centre de gravité de l'avion, qui pourra ainsi décoller avec un seul réacteur. Le « coup de la boîte d'allumettes » aura fait long feu.

La période des calculs est maintenant terminée. Le dossier est remis à Paris en mai 1952. Pour les gens de la Société nationale de constructions aéronautiques du Sud-Est, l'attente ne sera pas longue. Leur président, Georges Héreil, prend un risque énorme : sûr du projet de son équipe, il avance 400 millions de francs sur ses propres fonds et lance la construction du prototype Caravelle 01. Bien avant la décision ministérielle. 800 ouvriers choisis par les chefs de fabrication, Favereau et Amice ; 400 000 pièces, 40 tonnes de métaux, 600 000 rivets, 3 millions de points de soudure. Lorsque la commande ferme du prototype parvient de Paris, celui-ci est déjà bien avancé. Le culot du « patron » a payé. Et les choses vont vite, le fuselage prend forme. On le démoule, on le pèse (le poids, cet ennemi). Puis arrive le premier essai de pressurisation. Angoissant : à 12 000 mètres d'altitude, la pression de la cabine doit être deux fois supérieure à celle des avions classiques.

Pour ce premier essai, on a multiplié les précautions. Dans l'hypothèse d'une explosion, ingénieurs et techniciens sont protégés par des bottes de paille, à bonne distance de l'avion. Mais tout se passe bien.

Trois ans de travail. Passage aux rayons X de toutes les pièces, bombardements, en soufflerie, de poulets non plumés sur le nez et les ailes (les oiseaux sont un danger pour des avions volant à près de 1 000 kilomètres/heure), « supplice » de l'eau, proche de celui qu'on a fait subir à un Comet sacrifié. Dans le laboratoire géant de l'EAT, dépendant du ministère de l'Air, la cuve est encore plus grande.

En trois minutes, l'avion subit tous les « châtiments » d'un vol de trois heures. On va ainsi simuler 30 000 heures de vol pendant lesquelles des hommes-grenouilles plongent régulièrement pour voir, notamment, comment réagissent les hublots.

Fin avril 1955. L'atelier chargé du montage a fini son travail et se « débarrasse » du prototype 01 en le remettant « à la piste » de Saint-Martin-du-Touch, où il va être pris en charge par le service des essais en vol et son premier équipage désigné : Pierre Nadot, quarante-huit ans, dit « le Prince », et André Moynet, le copilote, quarante-sept ans, député, ministre de la Jeunesse dans le gouvernement Mendès France, mais aussi ancien de l'escadrille Normandie-Niemen. Pendant un mois, ils sont confinés sur le

« plancher des vaches » afin d'apprivoiser le cockpit de la Caravelle. Puis c'est le premier point fixe, le premier essai de roulage, le premier « saut de puce ».

27 mai. Après un décollage avorté vers 17 heures à cause d'un vent fort, Nadot et son équipage remontent dans l'avion. Sur la feuille de vol, Moynet note : « Vol n° 1, date : 27 / 05 / 55. Heure : 19 h 08. » « Puissance de décollage », annonce Nadot face à la piste. « Top ! Lâcher des freins à 19 h 17 », inscrit Moynet. Et la Caravelle s'élance, réacteurs hurlants. « Roue avant levée au point 580, décollage au point 900, vitesse 105 nœuds. » La voix de Nadot est aussi calme que s'il commandait un café. Tout aussi calme lorsque, après l'atterrissage et le retour au parking, il déclare : « On dirait un planeur. Un planeur de performances. » C'est le plus beau compliment qu'on pouvait adresser à ceux de la « République de Toulouse ».

Quinze jours plus tard, à l'occasion du Salon aéronautique, la Caravelle évolue au-dessus du Bourget. La foule exulte, applaudit, envoie des baisers en direction du bel oiseau. Les Français ne se sont pas sentis aussi fiers depuis le lancement, avant guerre, du paquebot *Normandie.* Même les Américains, qui préparent leurs quadriréacteurs long-courriers et ont jusqu'à présent négligé le moyen-courrier, sont épatés par cet avion. En 1957, tout au long de sa tournée américaine (Nord et Sud), le prototype 02 déplacera les foules. À San Francisco, le commandant Lesieur supplie en vain les autorités de le laisser passer sous le Golden Gate : « Caravelle est un vrai chasseur, on peut lui faire faire des tonneaux sans problème. » Au-dessus de Chicago, les invités américains ont droit au « coup du crayon », en équilibre vertical sur une tablette. C'est la réponse au « coup de la boîte d'allumettes »…

La Caravelle entre dans la légende. Sa réputation de « planeur » sortira renforcée à l'issue du vol démonstration du 16 avril 1959. Ce jour-là, le commandant Guibbert décolle de Paris sur un seul réacteur, atteint l'altitude de 13 500 mètres à la verticale de la capitale et amorce une descente en vol plané vers Dijon… au milieu de la crasse, de la pluie et de la neige ! Les 265 kilomètres sont couverts en cinquante minutes. Le commandant Nadot avait raison.

L'ESPACE EST RUSSE

27 juillet 1955. À Washington, le week-end s'annonce très chaud. Le président Eisenhower est déjà parti pour sa ferme de Gettysburg, en Pennsylvanie, où la canicule ne l'empêchera pas de se livrer à sa passion : le golf. Aussi les journalistes accrédités à la Maison-Blanche sont-ils un peu surpris par ce communiqué les prévenant qu'« une information importante » leur sera transmise à 13 h 30. Quand ils pénètrent dans la salle de conférences, le secrétaire pour la presse, Hagerty, est entouré de cinq hommes. Tous sont des spécialistes des fusées. Le porte-parole va droit au but : Eisenhower a décidé que l'Amérique lancera en 1957 un satellite artificiel qui tournera autour de la Terre à la vitesse de 28 800 kilomètres/heure. L'année précédente, à Rome, le Conseil international des sociétés scientifiques avait recommandé le lancement de tels engins pour étudier les zones au-dessus de l'atmosphère et préparer d'éventuels voyages dans l'espace. À son retour, la délégation américaine enthousiaste n'eut de cesse de faire du lobbying en faveur de ce projet. Et réussit à convaincre le président, qui tient toutefois à ce que tous les pays profitent des découvertes que le satellite arrachera à l'univers. Tout ce que les journalistes apprendront des scientifiques présents mais peu bavards, c'est que l'engin aura sans doute la taille d'un ballon de basket et que son rôle se terminera lorsqu'il se désintégrera, telle une étoile filante, en retrouvant les couches de l'atmosphère.

La nouvelle est sensationnelle, elle fait donc sensation. Sauf chez Stewart Alsop, l'un des journalistes les mieux informés, lequel a devancé Eisenhower de cinq mois en annonçant le lancement en 1957, ainsi que la grosseur et la vitesse, du satellite. En revanche, l'angélique idée de coopération internationale, à ses yeux, c'est *peanuts* ! « Les Russes, a-t-il écrit, enregistreraient une immense victoire s'ils étaient les premiers à rompre les liens de la gravité. »

Dans le monde entier, la décision américaine provoque en tout cas un choc énorme et réveille des rêves. Quant au citoyen américain, il se rengorge : quelle chance de faire partie de ce peuple qui ose et qui gagne ! Wall Street – qui ose souvent trop et perd parfois – fait exploser les valeurs liées à l'uranium : des « informateurs » pressés mais mal... informés ont fait courir le bruit que la propulsion de la fusée porteuse sera assurée par l'énergie atomique. *Peanuts* encore !

Mais il est vrai que tout semble désormais possible. Et que ce possible sera *made in USA*. La seule chose qui chagrine un peu le fermier du Kansas et l'ouvrier du Michigan, c'est la promesse faite par leur président de communiquer à toutes les nations – dont l'URSS – les informations scientifiques relatives au satellite. « Je doute de la sagesse de cette attitude », regrette le sénateur Russell, président du Comité des forces armées. Avec, en outre, son idée de l'« atome pour la paix », le héros du *D. Day* n'est pas loin de lui apparaître comme un dangereux pacifiste.

Heureusement, les Soviétiques n'en sont pas encore là. On sait, certes, qu'ils s'intéressent eux aussi aux satellites artificiels et aux voyages dans l'espace, on sait que le président de l'Académie des sciences a déclaré que le lancement d'un tel engin et un voyage dans la Lune devaient être considérés « comme des choses parfaitement possibles ». Mais c'est de la propagande. On préfère accorder plus de crédibilité aux prévisions d'un autre savant soviétique, le professeur Dobrounabov, qui a établi un calendrier pour son pays. En 1965, un satellite tournera à 400 kilomètres de la Terre ; en 1975, ce sera au tour d'un vaisseau spatial habité par deux ou trois cosmonautes ; en 1980, un vaisseau fera le tour de la Lune. Et en 2000, des Soviétiques se poseront sur le sol lunaire et y planteront le drapeau frappé de la faucille et du marteau, avant de regagner notre planète. Cause toujours, camarade : ce que l'URSS projette pour 1965, les États-Unis vont le réaliser en 1957 ! Alors...

4 octobre 1957. Washington, 16e Rue. L'ambassade soviétique offre une réception en l'honneur d'une délégation scientifique venue de Moscou dans le cadre de l'Année géophysique internationale. Un invité américain, le docteur Berkner, qui vient d'arriver, réclame le silence : « Je viens d'être informé par le *New York Times* qu'un satellite a été lancé en URSS et qu'il se meut sur une orbite de 900 kilomètres. Je tiens à féliciter mes collègues soviétiques pour leur réussite. » Qu'il est difficile d'être américain dans un moment pareil ! Ceux qui sont les hôtes de l'ambassadeur, ce soir-là, sont, bien sûr, des hommes de science, et la science est universelle. Mais prendre connaissance de l'exploit de leurs adversaires, ici, à Washington, et l'année même où ce sont eux, les Américains – Eisenhower s'y était engagé –, qui auraient dû être les premiers à mettre un satellite sur orbite ! Les toasts à la vodka ont bien du mal à passer.

Le triomphal « bip-bip-bip » de ce Spoutnik (« compagnon de voyage » en russe), capté dans le monde entier, mortifie le peuple américain, remplit de fierté le peuple russe et fascine l'humanité.

Pendant des jours et des jours, le « bébé Lune » de 83 kilos et de 58 centimètres de diamètre va éclipser tous les événements de la planète. Oublié la terrible grippe asiatique qui sévit en Europe, oublié, en France, les « événements » d'Algérie.

Tout le monde tente d'apercevoir ce minuscule point lumineux qui se distingue des millions d'étoiles en se mouvant. Et tous veulent capter son « bib-bip-bip ». Comme ce sans-filiste parisien qui, dans son grenier équipé, suit ainsi le satellite à la trace. Une photo pleine page de *Paris Match* montre une « Spoutnik party chez les dîneurs du restaurant de la tour Eiffel pour lesquels la direction a installé des télescopes ». À Moscou, « qui joue à la capitale du cosmos » (mais c'est la capitale du cosmos !), un professeur explique à la foule le fonctionnement du satellite sur un globe terrestre géant posé dans la rue. À Barcelone, le Congrès de l'astronautique s'ouvre moins de quarante-huit heures après le lancement. Qui est donc cet homme élégant et au regard malicieux qui semble tenir la vedette ? Leonid Sedov, le « père » du Spoutnik. Les scientifiques lui ont offert un gros gâteau au chocolat surmonté d'une immense fusée. La presse espagnole, en revanche, pour laquelle tout ce qui est soviétique est diabolique, a passé sa présence sous silence… jusqu'à ce que le général Franco en personne déclare : « Cette réussite est le résultat de l'unité politique et de la discipline du peuple russe. » Dommage qu'il soit communiste… À quoi Peter Kapitza, l'un des « pères » de la bombe H russe, ajoute : « Seul le régime soviétique met à la disposition de la science les moyens qui rendent possibles de tels résultats. » Sans doute, mais au détriment de quoi et surtout, de qui ? L'Américain « moyen » n'accepterait pas que son pouvoir d'achat, son mode de vie soient sacrifiés au nom de la suprématie spatiale. L'ennui, c'est qu'il veut les deux. Il veut la voiture et les fusées, la télévision couleur et les satellites. En le faisant rêver avec sa déclaration de juillet 1955, Ike n'avait pas mis en cause ces acquis. Vive donc la conquête spatiale et l'*american way of life* !

Que s'est-il donc passé pour que l'Amérique se fasse ainsi bousculer ? Peut-être, alors que politiciens et militaires claironnaient l'avance technologique des États-Unis, aurait-il fallu écouter plus attentivement Nikita Khrouchtchev : « Chez nous, on ne chante pas avant d'avoir pondu notre œuf. » Trop sûre d'elle, l'Amérique ? Trop méprisante à l'égard des « moujiks » ? Ces attitudes existent. Mais guère dans la communauté scientifique, qui sait de quoi sont capables les savants soviétiques. Ils ont réalisé la bombe atomique quatre ans après les États-Unis, mais ils ont mis moins d'un an (à la stupéfaction des spécialistes) pour rattraper leur retard sur la bombe H. Et à présent, les voilà maîtres ès satellites !

Ce qui estomaque le plus les équipes du projet américain et leur engin « ballon de basket », c'est le poids du Spoutnik. Il donne une idée – qui provoque des sueurs froides au Pentagone – de la taille et de la puissance de la fusée R-7 lancée du Kazakhstan. Autrement dit, les Russes ont la capacité de lancer des missiles balistiques emportant des armes nucléaires ! Au-delà de l'opération de prestige, il y a la menace militaire. Le 3 novembre suivant ne fera qu'accroître les peurs des Américains : les « rouges » remettent ça. Et cette fois, il y a un animal dans leur Spoutnik 2 : une chienne, Laïka (dans sa toute dernière édition, *France-Soir* n'a pas eu le temps de vérifier son identité et titre en manchette : « Frisette, chienne de l'espace, va bien »). Pas pour longtemps : l'espace sera sa tombe et son cadavre sera incinéré six mois plus tard, au moment de la désintégration de Spoutnik 2 dans l'atmosphère. Les Américains retiendront surtout que le satellite faisait 500 kilos ! Le « ballon de basket » est de plus en plus ridicule.

« Vous sentirez-vous rassurés quand, toutes les deux heures, vous verrez passer dans le ciel de New York une planète artificielle construite par d'autres que par vous ? » La question, sous forme de reproche, émane de Wernher von Braun, le créateur des V2 allemands, naturalisé américain après la fin de la guerre, et tête pensante des projets spatiaux des États-Unis. Il sait que, chez les Soviétiques, il y a notamment son ancien ami, le professeur Gröttrup, avec qui il a longtemps travaillé sur l'île de Peenemünde et qui, lui, a choisi l'autre côté du rideau de fer. Et von Braun sait ce que ce savant, parmi les plus doués, est capable d'apporter aux fusées frappées de l'étoile rouge. Et c'est désormais chose faite : dans le ciel américain passe « une planète artificielle construite par d'autres... ».

Vanguard est le nom du projet dont Eisenhower avait annoncé le triomphe pour 1957. Il était pourtant bien placé pour ne pas ignorer que la rivalité – allant même jusqu'aux coups bas – entre l'US Army et l'US Navy ne faciliterait pas les choses. L'armée de terre possédant les fusées nécessaires, grâce au génie de von Braun, et la marine voulant lancer le satellite. Pour compliquer la situation, l'US Navy et l'US Air Force s'étaient unies pour s'octroyer l'exclusivité du ciel en « interdisant » à l'armée de terre de lancer ses fusées à plus de 300 kilomètres. Or, c'est cette dernière qui possédait la Jupiter, seul engin alors capable de mettre un satellite sur orbite !

L'équipe de Vanguard fut alors contrainte de partir quasiment de zéro, de dessiner les plans de son propre lanceur à trois étages, de mettre au point les différents carburants et autres détails. Avec un budget de 100 millions de dollars, alors qu'elle en réclamait quatre à cinq fois plus. Kapitza le dira : « Seul le régime soviétique... »

Le coup de grâce a lieu au début de 1957 (l'année prévue pour le lancement) lorsque la Glenn L. Martin Company, principal traitant de la fusée, refuse le moteur de la General Electric ! Le projet est ajourné et le porte-parole de Vanguard annonce que le lancement d'un satellite ne pourra être tenté avant la seconde moitié de 1958. Malgré tout, le 6 décembre 1957, sous la pression de la marine, un essai est tenté. C'est un échec humiliant. Et la fin de Vanguard.

L'armée – et von Braun – va prendre sa revanche. Le succès de Spoutnik rend les bisbilles interarmées scandaleuses. Jupiter est sortie de la « naphtaline ». Et, le 1er février 1958, la fusée s'élance de cap Canaveral, emportant un « tube » de 2 mètres de long sur 15 centimètres de diamètre : le satellite Explorer. Sept minutes après la mise à feu, il est placé sur son orbite en émettant un bourdonnement modulé. C'est la réponse au « bip-bip-bip » soviétique. Et la fierté enfin retrouvée pour l'Amérique. Cette réussite ne met pas pour autant fin à la suprématie russe au cours de cette décennie. Le 13 septembre 1959, jour de l'arrivée de Nikita Khrouchtchev aux États-Unis, la fusée Lunik 2 atteint le sol lunaire.

Bobet, de l'Izoard à l'arc-en-ciel

Juillet 1954. Près de Cologne, où il séjourne dans une famille afin d'affermir les bases de sa première année d'allemand en sixième, un garçon de douze ans écrit à ses parents, chez eux, sur la Côte d'Azur. Au lieu de leur faire vivre, comme il le fait régulièrement depuis son arrivée, des séquences de son expérience germanique, sa lettre, ce jour-là, commence curieusement : « Je viens d'écouter Georges Briquet à la radio, Bobet est passé détaché au sommet de l'Izoard. Comme l'an dernier. C'est extraordinaire ! » L'enthousiasme de ce jeune Français temporairement expatrié n'a pourtant rien d'insolite.

Depuis un an, depuis ce Tour de France 1953 (celui du cinquantenaire) remporté, comme l'écrit *L'Équipe*, de façon « éblouissante », Louison Bobet est le héros que les Français attendaient, le géant qu'ils espéraient. La place laissée vacante en 1949 par la mort du boxeur Marcel Cerdan restait désespérément vide. La soif de mythe, inassouvie. Ce ne furent pas les titres olympiques, certes éclatants, des frères d'Oriola aux Jeux d'Helsinki de 1952 – Christian au fleuret, Pierre au jumping – qui pouvaient l'étancher. Il est des médailles plus populaires… Ah ! ne soyons pas injuste : il y eut aussi Jean Boiteux, médaillé d'or du 400 mètres nage libre. Et cette image inoubliable de son père, Gaston, plongeant tout habillé – béret basque compris – dans le bassin pour embrasser plus vite son champion de fils.

Mais, pour les Français, les sports qui comptent plus que les autres sont le football, le cyclisme, la boxe, l'athlétisme, le rugby. Et dans ces disciplines, les héros sont étrangers. Uruguayens (champions du monde 1950) et hongrois pour le ballon rond, suisses (Ferdi Kübler, Hugo Koblet), italiens avec Gino Bartali et le *campionissimo* Fausto Coppi pour le vélo, américain avec l'élégant Ray Sugar Robinson pour le « noble art », tchèque avec Emil Zátopek, « le premier coureur à réaction » (*L'Équipe*), pour la piste. Consolation en rugby : le XIII tricolore est champion du monde... mais c'est le XV qui a la cote.

Bobet ? Péremptoires, les « cyclologues » prédisaient : « Il ne gagnera jamais le Tour de France. » Quatrième en 1948, abandon en 1949, troisième l'année suivante après avoir été sacré champion de France, et... vingtième en 1952. Trop tard sans doute pour rebondir. Trop fragile, disait-on. Et puis il y a ce Tour 1953. Cinquante ans plus tôt, le premier vainqueur s'appelait Maurice Garin. Son vélo – sans dérailleur, sans freins – pesait 16 kilos. Sa moyenne : 25 kilomètres/heure.

Lorsque Louison Bobet prend le départ, en ce début juillet 1953, sa machine fait environ 8 kilos. Côté vélo, ça va, il est léger, il possède un dérailleur, il a des freins. Il y a en outre un grand absent, le plus grand : Coppi. L'Italien a exigé (en vain) que son vieux rival Bartali (« Gino le pieux ») soit écarté de la Grande Boucle et se trouve par ailleurs au cœur d'un scandale amoureux dont l'ampleur effarouche les responsables cyclistes de son pays. Pour celle que l'on surnomme la « Dame blanche », il a en effet – comme elle l'a fait de son côté avec sa famille – quitté femme et enfant. Et dans cette société très catholique qui interdit le divorce, il est menacé de prison et... d'excommunication. Le pape refuse d'ailleurs de bénir le Tour d'Italie, qui passe sous les fenêtres de sa résidence de Castel Gandolfo !

Pas de *campionissimo* donc au départ de ce Tour de France 1953. Va-t-il enfin, ce Tour – en dépit des pronostics –, sourire à Bobet ? Celui-ci, en tout cas, ne sourit pas. D'abord, on lui a refusé le rôle de leader de l'équipe de France (l'épreuve est disputée par des équipes nationales et régionales). Ensuite, depuis le dernier Giro, une induration mal placée l'a empêché de voir la vie en rose, comme l'est le maillot du leader. Complications, infection, abcès ont nécessité un traitement électrique. Ses soigneurs ont beau lui répéter qu'il a cette fois les moyens musculaires pour gagner, c'est avec appréhension qu'il effectue les premières étapes.

En l'absence de Coppi, le favori est le Suisse Hugo Koblet. Déjà vainqueur en 1951, deuxième cette année du Tour d'Italie, « le Pédaleur de charme » « peut, comme l'écrira Roland Barthes dans *Les Lettres nouvelles*, tout se permettre, même de ne pas calculer ses efforts ». Après une bonne semaine de course abandonnée aux sprinters se dressent les Pyrénées et leurs cols de légende. Une affaire d'hommes. Fidèle à sa réputation, Koblet attaque d'emblée, franchit l'Aubisque, détaché, mais, n'ayant pas calculé ses efforts, s'effondre dans la grimpée du Soulor, puis rate un virage et chute. Côtes fracturées, abandon. Vainqueur du Tour 1947, Jean Robic, dit « Biquet », ôte son maillot de l'équipe de l'Ouest pour enfiler le jaune. Mais Bobet finit deuxième… La confiance est là.

D'autant qu'avant les Alpes, Robic – également surnommé « Trompe-la-mort » – renonce à son tour à la suite d'une chute.

Gap. Départ de la dernière grande étape alpine. Et pour Louison Bobet, départ pour la gloire et irruption dans la légende. C'est le jour où – tel le portrait qu'en fera Barthes – « Bobet est prométhéen, c'est un Sisyphe qui réussirait à faire basculer la pierre sur ces mêmes dieux qui l'ont condamné à n'être magnifiquement qu'un homme ». Et c'est dans la montée du col de l'Izoard qu'il la forge, ce jour-là, sa légende. C'est dans ce décor grandiose et angoissant de la Casse Déserte (elle n'a pas volé son nom) que le prométhéen, en dépit de cette induration qui s'est de nouveau infectée et le torture, va faire basculer les pierres sur les dieux. Des pierres, il n'y a que ça ! Autour, au-dessus, en bas, sur les pentes des ravins, sur la « route », implacable serpent rocailleux hérissé de silex avides de tendres boyaux. Même le ciel et le soleil semblent figés dans la pierre.

Bobet seul en tête, mais suivi par des millions de Français, dont le « garçon d'Allemagne » qui vit ses dernières grandes vacances avant le collège. Suivi grâce à la voix étranglée de Georges Briquet, le reporter de la RTF, qui semble vivre le plus grand moment de sa carrière. Les Français voulaient un nom. Ils l'ont désormais. Bobet ! Bobet ! Bobet !

Cerdan a enfin passé le relais. La suite est désormais « naturelle ». Maillot jaune à Briançon (un maillot Sofil qu'il a d'abord refusé d'endosser parce qu'il est en tissu synthétique et non en laine !), vainqueur du contre-la-montre entre Lyon et Saint-Étienne, arrivée triomphale au Parc des Princes après un dernier feu d'artifice dans la vallée de Chevreuse. Au final « un Tour extraordinaire, écrit Jean-Pierre About dans *L'Équipe*, – mené tambour battant, au point que les 76 coureurs qui terminent, de Bobet, maillot jaune, à Rouer, lanterne rouge, ont battu, fait sans précédent, la meilleure moyenne enregistrée depuis cinquante ans, celle de Gino Bartali en 1948. Le Tour du cinquantenaire a largement dépassé ses promesses ». Pour sa part, Bobet a accompli les 4 500 kilomètres à 34,6 kilomètres/heure de moyenne. Il a alors vingt-huit ans. Il était temps.

Et cependant, « Louison n'a pas encore atteint son plein épanouissement », soutient Raymond Le Bert, son soigneur, qui tient en outre à faire une mise au point sur d'anciens soupçons d'utilisation de « médicaments ». Dans le peloton, l'habitude semble s'en être répandue, ce qui surprend André Lacaze et Pierre Joffroy, de *Paris Match* : « Le plus étrange peut-être est que l'actuelle génération de coureurs – quoique sa tâche soit moins rude que celle des anciens – emploie de plus en plus la "dynamite". C'est le nom imagé des différents produits avec lesquels le coureur se dope (strychnine, orthédrine). »

Attention, précisent les deux journalistes : « Pour gagner son Tour, Bobet n'a pas eu besoin de "dynamite". Il avait un autre doping à sa disposition : sa famille. Jamais champion n'a été moins solitaire, moins abandonné à lui-même que "Louison" Bobet. Sa victoire est la victoire d'une cellule sociale, la famille Bobet... Son père, le boulanger de Saint-Méen-le-Grand, en Bretagne, s'était mis en tête de fabriquer "du champion". Certes, mais c'est quand même Louison qui pédale. »

Avec ses qualités propres. Sa « fragilité » (tout est relatif) est compensée par sa clairvoyance, sa capacité à contrôler la course et sa maîtrise des limites de la souffrance. Ainsi que l'écrit Guillaume Hanoteaux : « Bobet, champion de la mesure, est fort bien armé pour cette lutte où le caractère l'emporte sur le muscle. » À Briançon, la famille est effectivement là : sa femme, Christiane, son père, son frère, les amis, ce fameux « clan Bobet » qui gère aussi les affaires. Et les affaires vont bien ! « En franchissant la ligne d'arrivée, écrivent Lacaze et Joffroy, Louis Bobet savait qu'il franchissait une autre ligne : celle qui sépare le coureur "aisé" du coureur "millionnaire". » Contrats avec les vélodromes français et étrangers, publicité. Beaucoup d'argent géré très sagement. Déjà propriétaire de deux chemiseries à Paris, il songe à créer une boulangerie industrielle. Il rêve surtout à d'autres victoires emblématiques. Il se les doit. Il les doit à son clan. Il les doit aux Français, dont il est désormais le demi-dieu.

Il ne va pas les décevoir. L'année cycliste 1954 ne sera pas seulement marquée par les débuts d'un nouveau journaliste à *L'Équipe*, l'écrivain Antoine Blondin – condamné à pondre, entre moult « verres de contact », une chronique quotidienne décalée et calembourdesque sur le Tour –, elle va répondre aux rêves les plus fous de Louison Bobet et de ses millions de fidèles. Demi-dieu en 1953, comment va-t-il falloir le nommer à l'issue de cette année 1954 ? Une fois de plus le Tour, une fois de plus « son » col, l'Izoard, exploit qui enthousiasme tant le collégien français en Allemagne et au sujet duquel Roger Bastide écrit dans *Le Miroir des sports* du 28 juillet : « Au départ de Grenoble, il possédait logiquement 80 chances sur 100 de remporter ce Tour de France 1954. Mais, de cent façons de préserver son avantage, Louison a choisi la plus élégante et la plus probante en lançant dès les premières pentes de l'Izoard une attaque à laquelle nul ne put résister. » La photo de couverture de l'hebdomadaire sportif le montre à l'approche du sommet… sans un regard pour la jeune femme qui l'encourage sur le bord de la route : Christiane, son épouse. La famille, on vous le disait…

Un mois plus tard. Solingen, « capitale du couteau » dans la Ruhr. Grisaille et pluie accueillent les championnats du monde sur 240 kilomètres de route. Cette fois, Fausto Coppi, tenant du titre, est présent au départ. « Coppi empêche Louison de dormir ! confie Christiane à Pierre Chany, de *L'Équipe*. Il conserve le souvenir d'un Fausto invincible alors que lui faisait encore ses classes, il y a quelques années, et il hésite toujours à l'attaquer franchement. »

Mais sa victoire dans les deux derniers Tours l'a transformé. Et après plus de sept heures de course sous une météo hostile, c'est « La Marseillaise » qui retentit !

À cet instant précis, le collégien n'éprouve pas le besoin d'écrire à ses parents. Il est rentré d'Allemagne et se trouve à leurs côtés pour vivre, à la radio, ce nouveau moment magique. Il ne peut qu'imaginer la remise du maillot arc-en-ciel, celui de maître du monde cycliste, et le visage couvert de boue d'un Bobet titubant sous le poids des émotions et de la fatigue.

Ah ! ce dernier tour ! Ils n'étaient plus que deux à prétendre gagner : Bobet et le Suisse Schaer. Et soudain, le reporter traduisant d'une voix consternée ce qu'un haut-parleur vient d'annoncer : « Bobet vient de crever et doit changer de vélo au poste de ravitaillement. » À 14 kilomètres de l'arrivée ! C'en était fait du rêve. « Vous n'imaginerez jamais combien j'ai pu souffrir après ma crevaison, confiera-t-il plus tard. Je me suis cru perdu et je maudissais le sort qui venait, ainsi, me voler un titre de champion du monde que j'avais désiré de toutes mes forces, et mérité, je pense. » Néanmoins, il parvient à rejoindre le Suisse à 7 kilomètres de l'arrivée. « J'avais peur d'une arrivée au sprint et j'ai souffert moralement en songeant que l'un de nous deux allait forcément connaître une immense déception. Je n'ai pas voulu que ce fût moi. C'est pourquoi j'ai démarré de toutes mes forces. Schaer a poussé un cri rauque et il a cédé aussitôt. » Lorsque retentit « La Marseillaise » au milieu d'une foule composée de nombreux soldats français, en « occupation » dans cette Allemagne vaincue neuf ans plus tôt, un homme jette un coup d'œil vers la tribune officielle : Fausto Coppi, le grand battu. « Je ne pensais pas que cela faisait si mal de laisser ce titre à un autre… Mais j'ai vite compris que Bobet ne serait pas battu… J'estime qu'il n'y a aucune honte à être battu par un homme qui a gagné la même année le Tour de France. C'est un exploit que je n'ai jamais pu réaliser, même au temps de ma grande forme. » Quand un autre demi-dieu…

Un autre Français, en finissant cinquième, a battu de quelques secondes le *campionissimo* : Jacques Anquetil, vingt ans. L'année précédente, il avait estomaqué tous les spécialistes en remportant – alors qu'il n'était encore qu'amateur – le Grand Prix des nations devant le prestigieux Hugo Koblet. Et si c'était le nom que les Français réclameront quand il sera l'heure, pour Bobet, le demi-dieu, de redescendre sur terre ? En cette année 1954, le peuple de France ne voit pas si loin. Un seul nom : Bobet.

Fangio passe quand les autres meurent

Le conducteur de la DS 19 est visiblement à son aise, prenant plaisir à négocier les virages, à doubler les voitures plus lentes, à « tenir sa moyenne ». Mais les yeux de sa femme assise à sa droite passent sans arrêt de la route au compteur de vitesse. Et elle finit par lancer à son fougueux mari : « Tu te prends pour Fangio ? » Il est à parier qu'au même moment, sur de nombreuses routes de France, la même observation est adressée à d'autres automobilistes impétueux ou imprudents. Fangio ! La référence. Un mythe vivant. Sans conteste le plus grand coureur automobile à ce jour.

Depuis 1951, l'Argentin et l'uniforme qui l'a rendu célèbre sur tous les circuits – casque marron, grosses lunettes à pans coupés et maillot de marin quart de manche – gagne tout, quel que soit le bolide qui lui est confié : Alfa Romeo, Ferrari, Mercedes, Maserati. « Technique et grâce, pratique et qualité, il passe quand les autres meurent », constate, admiratif, Roger Vailland. L'écrivain sait de quoi il parle. En 1957, l'année où il obtient le prix Goncourt avec *La Loi*, *France-Soir* lui demande une série de reportages sur les grands champions et, à cet effet, il vit près de Juan Manuel Fangio les grandes courses internationales.

Il est, ce 20 mai 1957, à Monaco, alors que Fangio est bien parti pour remporter son cinquième titre de champion du monde. Et il voit ça, Roger Vailland : « Moss saute dans la chicane, Collins heurte Moss et est envoyé sur le quai. Une poutrelle déplacée de la chicane se place au milieu de la piste ; Hawthorn s'empale sur la poutre, Fangio, qui suivait Collins roue dans roue, passe sans heurter ni la poutre, ni l'amoncellement des voitures rivales ; il gagne. » Cette fois encore, il est passé, mais les autres s'en sont heureusement tirés.

Il en fut autrement deux ans plus tôt, et c'est ce jour-là qu'il acquit cette réputation d'« homme-qui-passe-l'obstacle-quand-les-autres-meurent ». Aux 24 Heures du Mans 1955, dans la ligne droite des tribunes, la Mercedes « Flèche d'argent » du Français Pierre Levegh heurte à plus de 250 kilomètres/heure une Austin Healey nettement moins rapide, se met en travers, percute le talus et se désintègre, bloc-moteur et train avant fauchant la foule, comme des obus, sur une cinquantaine de mètres et tuant une centaine de personnes. Roues dans roues, Fangio, lui aussi sur Mercedes, réussit à passer au milieu des flammes, des décombres et de deux autres voitures immobilisées sur la piste. Il n'ira pas plus loin, la marque de Francfort ayant décidé de retirer ses fabuleuses « Flèches d'argent ». Mais, modeste, il refusera de mettre cette réussite sur le compte de son adresse : « J'allais bientôt doubler Pierre. Il a levé le bras, j'ai compris qu'il y avait un danger. J'ai aussitôt freiné et j'ai réussi à passer. Je lui dois la vie. »

« À un certain âge, écrit Vailland, après un très grand nombre d'épreuves, on ne croit plus à la chance, on la plie, on l'oblige à se mettre à son service. Fangio est un héros pleinement conscient. Il ne risque pas. Il méprise. Un vrai héros de notre temps. » Quand on lui demande son secret, ce quadragénaire massif, à la silhouette et à la calvitie « bourgeoises », que les Argentins surnomment affectueusement « El Chueco » (« le jockey ») à cause de ses jambes arquées, répond nûment : « C'est la passion. » Certes. Mais cette passion n'est-elle pas le dénominateur commun de cette aristocratie du volant, de ces Moss, Collins, Musso, Hawthorn, Castellotti, von Trips, Brooks – dont beaucoup, hélas, ne survivront pas au maître ? S'il n'y avait que la passion, ces jeunes loups le mangeraient plus souvent ! Alors, ce « secret » ? Olivier Merlin, qui le suit souvent pour *Paris Match*, ne risque pas d'être démenti par les initiés quand il écrit : « Pareil aux pilotes d'essai pour avions supersoniques, Fangio est le seul à explorer les espaces inconnus. Il est l'unique pilote de course à exécuter des manœuvres sur quatre roues – et plus encore sur quatre pneumatiques – à des vitesses jamais atteintes. "Elles vous échappent des mains", disent les "grands rapides" en parlant des "Flèches d'argent" Mercedes.

Fangio n'a pas que ses gros biceps pour tenir en lisière ses pur-sang. Il a une main extraordinaire, cette main qui lui permet dans les mêmes zones de freinage, dans les "bouts droits", de couper plus tard et de reprendre plus tôt que tous ses rivaux. »

Lorsque s'ouvre la saison 1958, l'Argentin a quarante-sept ans, il est ceint de sa cinquième couronne de champion du monde et sur les 180 épreuves courues, la moitié sont des victoires. Et l'on ne parle pas de la fortune qu'il a accumulée et qu'il a principalement investie dans son pays (garages, immeubles de rapport, cinéma, cultures...). Cette opulence lui a permis, entre autres, de quitter sans regret Ferrari après son titre de 1956, et de revenir chez Maserati pour y gagner en 1957. « Chez Maserati, il n'y a pas beaucoup d'argent, mais on s'y sent bien, un peu comme dans une famille... Je ne me suis jamais senti à l'aise chez Ferrari, avec ces intrigues, ces manipulations du "Commendatore". »

En moins de dix ans, en tout cas, depuis ce jour de 1949 où, protégé de Juan Perón, il débarque en Europe et décroche un volant de pilote officiel dans l'écurie Alfa Romeo, en passant par son premier titre mondial en 1951 et son grave accident (le seul de sa carrière) à Monza en 1952, il est devenu ce roi inimitable des circuits, une institution, le nom qui – paradoxalement – vient spontanément à l'esprit pour calmer les ardeurs au volant : « Tu te prends pour Fangio ? »

Arrêter la course ? Il commence à y penser. Sa femme, « Beba », à en rêver. Elle le suit partout, comme un manager. À l'entraînement et en course, elle relève ses temps au chronomètre, polit elle-même ses lunettes. Elle aimerait bien vivre à présent une existence plus sereine avec celui dont elle partage la vie depuis vingt-cinq ans. Mais arrêter quand on s'appelle Fangio, ce n'est pas simple. D'autant que la première épreuve du calendrier international, en janvier, est le Grand Prix d'Argentine. Et depuis quatre ans, El Chueco l'emporte devant ses aficionados qui le poussent à se surpasser. Il est champion du monde en titre, et ce n'est pas encore en 1958 qu'il va se dégonfler ! Il prend donc le départ à Buenos Aires, mais, énorme surprise, il ne finit que quatrième ! Le vainqueur est le jeune Stirling Moss sur une petite Cooper de 2 litres.

Sa défaite, chez lui, devant ses adorateurs, est un signe qui vient à l'appui de ses doutes et de ses hésitations de début d'année.

Il accepte quand même de participer au Grand Prix de Cuba à La Havane, une épreuve inondée de dollars par Batista et la Standard Oil. Dans l'après-midi du 23 février, veille de la course, Fangio réalise le meilleur temps aux essais, puis rejoint l'hôtel Lincoln, où logent la plupart des pilotes. Dans le hall, « un jeune gaillard d'une vingtaine d'années à la mine farouche » lui intime l'ordre de le suivre. « Deux bombes au plastic dépassaient des poches de sa chemise à carreaux. » À l'extérieur, ils montent dans une voiture américaine qui attendait avec deux hommes armés. Ils viennent d'enlever Juan Manuel Fangio !

« Ils », ce sont les rebelles commandés par Fidel Castro, le guérillero de la Sierra Maestra. Un formidable coup de publicité. Transféré dans un appartement cossu par un groupe de jeunes gens et de jeunes filles qui lui demandent des autographes et lui parlent de leur mouvement révolutionnaire, le champion y passe la nuit, découvre que son affaire « s'étale en caractères d'affiche » dans les journaux apportés par ses geôliers et… regarde le Grand Prix de Cuba à la télévision ! Il reconnaît sa Maserati, confiée au Français Maurice Trintignant, dit « Pétoulet ». Et, au sixième tour, il assiste au drame qui met fin à la course : un pilote cubain perd le contrôle de sa voiture, entre dans la foule massée sur le Malecón et tue six spectateurs. Pour une fois, Fangio – et pour cause ! – n'a pas été celui « qui passe quand les autres meurent ». Libéré le soir même par ses ravisseurs, dont l'objectif – réussi – était de faire la « une » de la presse mondiale, il se dit que, décidément, cette année 1958 ne ressemble à aucune autre.

Et ça va continuer ! Trois mois plus tard. Aux États-Unis cette fois. Les États-Unis ? Une histoire qui traîne depuis l'an dernier : « Fangio se croit un grand pilote. Tant qu'il n'aura pas disputé Indianapolis, je lui refuserai ce qualificatif. » Le provocateur s'appelle Floyd Clymer, c'est un important éditeur américain qui, en asticotant l'ego d'El Chueco, le tout avec la promesse d'une pluie de dollars, compte sans doute se faire lui aussi un coup de publicité. Refrénant les pulsions de son sang sud-américain nourri, qui plus est, d'un régime très carné, Fangio répond du tac au tac : « L'Europe, pays de la véritable compétition, n'apprécie guère le cirque comme le veut l'Amérique. Si les Yankees sont aussi forts qu'ils prétendent l'être, je leur propose de venir chez nous, au Nürburgring, circuit de la vérité. Je crois et je m'en excuse de le dire puisque j'en ai été le vainqueur, que ce tracé difficile entre tous peut classer les véritables pilotes, ceux qui savent négocier un virage ou une courbe et qui ne se contentent pas d'appuyer bêtement sur un accélérateur. » Bien vu. Bien dit. Chaque année, les images des traditionnels 500 Miles d'Indianapolis disputés le 30 mai, jour du Memorial Day, constituent le morceau de bravoure des actualités cinématographiques passant avant le film. Ces carambolages meurtriers de bolides surpuissants, de voitures en feu s'envolant au-dessus du célèbre anneau et retombant pour en écraser d'autres sont particulièrement prisés par le public américain – que l'on soupçonne de venir « pour ça » – et, il faut le dire, par tous les voyeurs que nous sommes. Un vrai cirque en effet. Mais alors, pourquoi Fangio, en ce mois de mai 1958, a-t-il changé d'avis ? Pourquoi a-t-il finalement accepté d'« appuyer bêtement sur un accélérateur » ? Pour le défi ? Pour l'argent ? Il est vrai que, même multimillionnaire, il est difficile de cracher sur les 35 millions promis au vainqueur.

Mais puisque cette année est si différente des autres, va donc pour Indianapolis ! Ah ! s'il s'en était sagement tenu à son diagnostic ! Pendant les essais, au volant d'un monstre cracheur de feu, constellé de publicités adhésives, le dieu des circuits effectue plusieurs tête-à-queue redoutables, sous le regard narquois de commissaires de piste à chapeaux de cow-boy lui reprochant gentiment de… ne pas aller assez vite ! Ayant tout de même arraché sa qualification, il doit renoncer à courir, sa « voiture » se révélant par trop capricieuse. Ce qui lui permet de sauver la face et, peut-être, de se sauver lui-même : dès le premier tour, le pilote Pat O'Connor se tue lors d'un cinématographique carambolage.

Sauver la face ne suffit pas à un Fangio. L'occasion de prendre sa revanche sur un terrain identique à Indy se présente un mois plus tard à Monza. 500 miles également, sur un anneau de vitesse.

Monza, l'Argentin y est comme chez lui : il y passe plusieurs semaines par an, notamment dans son hôtel fétiche, le Colombia. Au paddock, ces jours-là, se côtoient les Ferrari, Maserati, Jaguar pour les pilotes européens, et les énormes américaines pour les « Yankees ». Une Dean Van Lines « supersonique » aux roues de géante a été spécialement préparée pour le maestro.

Les essais ont commencé. Les Américains se sont déjà élancés dans un vacarme qui fait grimacer les mécaniciens italiens, habitués aux nobles rugissements de leurs fauves. Des stands, Fangio observe puis fait signe à « Beba ». Le casque, les lunettes, il s'installe dans son engin monstrueux et démarre. Un peu plus tard, en sortant de sa machine, il fixe longuement les pilotes américains. Il vient de faire le meilleur temps au tour : 277 kilomètres/heure ! Peu importe si, le jour de la course, sa voiture agonise au bout de deux tours : il sait qu'il a toujours la main. Mais ça ne suffit plus. Cette sacrée année 1958 lui a déjà réservé trop de déconvenues. À présent, ce sont des drames. En l'espace de trois semaines, deux de ses rivaux et amis se tuent : Luigi Musso à Reims, Peter Collins au Nürburgring en Allemagne. « Les voitures de course cette année sont devenues trop légères avec des puissances de moteur accrues : on ne les tient plus. Depuis la mort d'Ascari, il y a trois ans, j'ai perdu dix de mes camarades ; et maintenant, Musso et Collins, deux des meilleurs. » « *Soy muy triste.* » (« Je suis très triste. ») Dans ce salon de l'hôtel Principe Di Savoia à Milan, le monde de la course automobile – pilotes, constructeurs, organisateurs – vient d'entendre Juan Manuel Fangio annoncer qu'il abandonnait les circuits. Ils étaient tous venus fêter les dix ans de compétition de leur idole, et c'est après avoir reçu un trophée des mains de l'ancien coureur Louis Chiron qu'il leur a fait ses adieux. On est en septembre. C'est le début de l'automne. Pour « Beba », c'est le printemps…

Ray Sugar Robinson, gentleman puncher

« Il m'a fallu onze ans de lutte pour arriver à ce moment. Je suis champion du monde des poids moyens envers et contre tous. Aux Français, je veux dire avant tout : j'ai pensé à Marcel Cerdan, injustement battu à Detroit, il y aura bientôt deux ans, par un stupide accident qui préluda au drame des Açores. » 12 février 1951, au Chicago Stadium : déjà champion du monde des mi-moyens, Ray Sugar Robinson vient de battre Jake LaMotta et lui ravir ainsi le titre des moyens devant 15 000 spectateurs frénétiques. En « massacrant » le puissant et fier « Taureau du Bronx » qui a toujours mis un point d'honneur à « ne jamais toucher le tapis d'un ring », l'athlète noir s'est vengé. LaMotta était le seul qui l'ait battu une fois.

Il a vengé du même coup Cerdan, qui avait perdu, en juin 1949, devant le même LaMotta, sa ceinture de champion du monde en raison d'une blessure à l'épaule. Pressé de prendre sa revanche, le « Bombardier marocain », devenu l'idole des Français, avait embarqué trois mois plus tard pour New York, à bord du paquebot *Ile-de-France.* Mais l'Américain, prétextant un malaise, s'était défilé. Un nouveau rendez-vous avait été fixé. Cerdan avait, cette fois, choisi l'avion. Parti d'Orly, le Super Constellation d'Air France s'écrasait le 28 octobre sur une montagne de l'île de São Miguel.

C'est peu dire que la victoire de Ray Sugar Robinson a été accueillie avec enthousiasme par les Français. Plus sans doute qu'aux États-Unis, où l'image d'un Noir dominant un Blanc n'est pas du goût de tous. Dans l'enceinte du Chicago Stadium, les supporters de Robinson sont minoritaires. En France, c'est l'inverse. Les gens se sont entichés de ce boxeur longiligne au style très personnel. Robinson, c'est plus qu'un boxeur. Les qualificatifs, les surnoms qu'on lui donne traduisent cette singularité. Ils ne sont pas choisis dans le registre de la force, de la violence, de l'animalité. Non : pour parler de lui, les références sont du domaine de l'art. « Inutile de lui donner des conseils, dit par exemple l'ancien champion Georges Carpentier. En avait-on donné à Léonard de Vinci ? » Excusez du peu. Un autre : « Le coup de poing de Sugar est ciselé avec tant de science et de recherche qu'il constitue une œuvre d'art. » Pour ce journaliste de *Miroir Sprint*, il est « le Vélasquez du ring ».

Retour rapide sur la trajectoire de cet artiste à cordes. De son vrai nom Walker Smith, il dispute à seize ans le premier de ses 85 combats amateurs, dont 69 gagnés par KO. À vingt ans, le 4 octobre 1940, débuts professionnels à New York. Premier titre mondial en décembre 1946. Quinze combats, quinze succès. En 1950, le Français Robert Villemain, surnommé le « Bouledogue de Paris », réussit à le faire douter lors d'une rencontre de très haut niveau à Philadelphie. C'est ensuite une tournée européenne, synonyme d'hécatombe pour ses adversaires. Jusqu'à son retour en Amérique et ce match terrible contre Jake LaMotta. Sur cette rencontre, il convient également de se pencher un moment. En premier lieu, parce qu'elle marquait – et par son enjeu, et par son intensité, et par son exclusivité – les annales du ring. Ensuite parce qu'elle témoignait, jusqu'à la caricature, de ce qu'était l'art de la boxe selon Mister Robinson. Lisons François Terbeen, envoyé spécial de *Paris-Presse* : « La puissance infernale du "Taureau du Bronx" paraissait devoir l'emporter sur l'art de son opposant qui, tel un torero à la minute de vérité, chercha à affaiblir la vitalité menaçante de son partenaire avant de l'estoquer. Mais à la huitième reprise, Sugar n'avait pas trouvé de brèches dans la garde de LaMotta. Alors il se résolut à accepter, à provoquer même, les coups de son rival en s'appliquant à les esquiver et à les "accompagner" le mieux possible. Pour le public, les gants de Sugar avaient pris la forme d'une cape de parade ; d'une cape de parade couleur de marron d'Inde. Les feintes de Robinson avaient le charme d'une véronique. »

On a compris. Le Taureau va s'affaiblir jusqu'au moment de la mise à mort. Mais il va mourir debout. Respect. Et Robinson n'en manque pas : « Je rends hommage à son courage : il est sans doute le seul homme au monde qui aurait pu absorber sans s'écrouler la punition que j'ai déchaînée pendant presque quatre rounds. » Aucune vantardise : dans sa volonté de « ne jamais toucher le tapis », Jake LaMotta a réellement risqué sa vie. À l'issue de la rencontre, il est resté plus de deux heures, prostré, meurtri, dans sa loge, dont il n'a pu sortir qu'avec l'aide de ses soigneurs.

Robinson, lui, n'a maintenant qu'une envie : retourner en France, revoir Paris. Si les Français se sont pris de passion pour le « vengeur » de Cerdan, celui-ci est littéralement tombé amoureux de la France. « J'y ai passé les sept meilleures semaines de ma vie, confie-t-il. J'ai compris alors que la France est un pays où l'on peut être heureux, heureux sans restriction ni réserve. Je reste américain bien sûr, je suis fier de mon pays, mais lorsqu'on m'interroge ici, je dis à mes compatriotes : allez donc en France, c'est le plus beau pays du monde. » Le boxeur noir a surtout été émerveillé par l'absence quasi totale de barrières et d'interdits raciaux, de pouvoir aller librement au restaurant ou en boîte de nuit.

Que compte-t-il y faire cette fois ? « Mon premier désir est d'y faire un grand combat pour une œuvre de bienfaisance et nous dédierons tous ensemble la soirée à Cerdan. J'espère aussi me reposer, me détendre, peut-être chanter et danser dans une revue, je compte surtout y revoir nos amis et m'en faire de nouveaux. » Chanter ? Danser ? Il a toujours été attiré par le music-hall, s'y est déjà frotté et sera même capable, entre 1953 et 1955, de s'y consacrer entièrement ! Son physique, son élégance naturelle – et ses dons – s'y prêtent. Et ce hobby ajoute à son statut de star, dont il aime jouer.

Trois mois après ce combat « historique », le voici donc qui débarque au Havre, en compagnie de sa femme, de son secrétaire, de son coiffeur, d'un professeur de golf et – tout de même – de deux managers. Des cales du paquebot *Liberté* surgissent d'impressionnants *impedimenta* : une vingtaine de malles et… une Cadillac framboise. Descendu au Claridge, il dépense avec prodigalité, achetant souvenirs, vêtements, bijoux pour son entourage. Il est l'attraction des night-clubs parisiens, qu'il fréquente assidûment. Mais ce que désirent le plus ses fans français, c'est le revoir sur le ring. Il l'avait promis et il tient sa promesse. Même s'il s'agit d'un combat sans enjeu, Robinson joue le jeu, au Vél' d'Hiv, contre Kid Marcel. Le bat et remet, pour le Fonds de lutte contre le cancer, le montant de son cachet à l'épouse du président de la République, Mme Vincent Auriol, qui lui donne l'accolade.

Le lendemain, un incident lui fait prendre conscience que, si les interdits à caractère raciste n'existent pas en France, certains milieux n'y seraient pas opposés. Excellent golfeur, il désire jouer dans l'un des plus grands clubs de la région parisienne, mais s'y voit refuser l'entrée du parcours. Prétexte(s) : il n'en est pas membre et… une joueuse « étrangère » serait incommodée par sa présence. C'est le jour où les quotidiens passent en « une » la photo le montrant embrassé par la femme du chef de l'État. L'indignation soulevée finit par convertir les responsables du club à une décision plus républicaine : Ray Sugar Robinson est finalement le bienvenu. Par la suite, le champion ne reviendra jamais sur cet accroc. Il ne remettra jamais en question sa passion pour le pays-des-droits-de-l'homme.

Zátopek / Mimoun,
la locomotive et le bouledogue

« Il a suffi de soixante minutes, ce 29 septembre 1951, pour que celui que l'on surnomme "la locomotive tchèque" devienne "le premier coureur à réaction". » (*L'Équipe*) Fichtre ! Depuis les jeux Olympiques 1948 à Londres, où il avait été médaillé d'or du 10 000 mètres (devant le Français Alain Mimoun) et médaillé d'argent du 5 000, on savait qu'Emil Zátopek était l'un des plus grands coureurs de fond. En étant, ce 29 septembre, le premier à couvrir plus de 20 kilomètres dans l'heure (20,052 exactement), il est devenu LE plus grand. Cela s'est passé sur le stade de Stará Boleslav, en Tchécoslovaquie, devant 5 000 compatriotes enflammés et sidérés. Sidérés par l'exploit, mais également par la façon dont il récupéra de son effort. Comme s'il ne s'était pas donné à fond. Ce que semble confirmer le temps de son dernier kilomètre : le plus rapide ! En 1913, le Français Jean Bouin avait été le premier à dépasser 19 kilomètres dans l'heure. Emil Zátopek l'aurait laissé à plus de 1 kilomètre.

Mimoun, dont il est devenu l'ami, a immédiatement réagi : « Ce Zátopek est vraiment un phénomène, une véritable machine. Il recule les normes des possibilités humaines. Il a prouvé qu'il était inaccessible à tous les athlètes mondiaux dès le 10 000 mètres. Et il n'y a aucun déshonneur à être battu par un être aussi extraordinaire. 20 kilomètres dans l'heure, c'est incroyable ! »

L'Équipe s'est amusé à comparer un trajet de 20 kilomètres effectué par un Parisien utilisant les transports publics et la performance du Tchèque, mais sur le même parcours. « S'il était parti du château de Vincennes, traversant Paris en direction de Neuilly, Zátopek, après une heure de course, se serait arrêté à

Carrières-sur-Seine. Un Parisien se déplace habituellement par métro, autobus ou... à pied. Par métro, du château de Vincennes au pont de Neuilly, il met trente-six minutes. Là, il prend le bus (n° 262). Pour peu qu'il ait raté la correspondance, il mettra seize minutes pour arriver à Houilles. Enfin, de Houilles à Carrières-sur-Seine, il devra faire la route à pied (environ 800 mètres) : douze minutes pour un marcheur moyen. Total : soixante-quatre minutes. Le Parisien aurait été nettement battu par la locomotive tchèque ! Il est vrai qu'il aurait pu prendre un taxi. Mais sur le coup de midi, en empruntant les Grands Boulevards, pas sûr qu'il ait gagné ! »

Qui est donc ce phénomène ? Né en Moravie le 19 septembre 1922, septième enfant d'un père charpentier, il quitte l'école à seize ans pour aller travailler dans la fabrique de chaussures Bata, mais, la nuit, étudie la chimie. Quand il commence à courir, pour lui, il prend peu à peu conscience de son endurance et commence à s'entraîner pour en repousser progressivement les limites, prenant l'habitude d'accomplir une quinzaine de kilomètres par jour. Jusque-là, le parcours plutôt « classique » d'un garçon de milieu populaire voulant faire du sport. Mais ce qui va vite faire la différence avec les autres, c'est à la fois l'acharnement forcené qu'il y met et l'originalité de ses entraînements. Au lieu de s'en tenir à un système éprouvé, il crée son propre système fait d'emprunts aux uns et aux autres, le tout en se fiant à son instinct. Il associe ainsi qualitatif et quantitatif, *interval training* privilégié par les coureurs allemands, exercices plus naturels des Scandinaves. Et d'augmenter régulièrement sa charge kilométrique en enchaînant des distances à n'en plus finir : par exemple, des séries de 30, 40, 400 mètres, avec juste deux minutes de récupération.

À la fin de la guerre et de l'occupation allemande, son engagement dans l'armée lui offre des conditions d'entraînement nettement plus favorables. Et il progresse de manière stupéfiante, comme s'il n'y avait pas de limites. Tout lui est bon pour courir de plus en plus longtemps, de plus en plus vite. Même le rude hiver de son pays : chaussé de bottes de l'armée, il court dans la neige épaisse et, à ceux qui s'étonnent, il lance : « Quand vous vous entraînez avec des bottes, et qu'en compétition vous courez avec des chaussures légères, vous volez ! » Redoutablement efficace. Et totalement atypique. Comme sa foulée saccadée, son visage crispé à faire peur, sa tête désarticulée. « Il fait tout faux, mais il gagne », déclare, admiratif, l'ancien entraîneur du coureur noir Jesse Owens. « Je n'ai pas assez de talent pour courir et sourire en même temps », lâche Zátopek, qui ajoute : « De toute manière, je respire mieux en ouvrant grand la bouche et en tirant la langue comme un chien. »

Ce qui est certain, c'est que c'est radical : champion du monde universitaire du 5 000 mètres en 1947 ; une médaille d'or et une d'argent à Londres en 1948 ; champion d'Europe 1950 des 5 000 et 10 000 mètres (dans cette dernière épreuve, l'hebdomadaire *Miroir Sprint* estime que « si la piste du Heysel avait mesuré 400 mètres au lieu de 440, il aurait doublé tous ses concurrents, y compris Mimoun »), record de l'heure en 1951... À présent, on attend de lui un feu d'artifice lors des jeux Olympiques 1952 à Helsinki. Las, les médecins lui déconseillent d'y aller en raison d'une infection dans le cou. Ne pas participer aux JO ? Au contraire, déclare-t-il au micro de Radio Prague, il va non seulement s'y rendre, mais il va s'aligner au départ des trois épreuves de fond (5 000 mètres, 10 000 mètres et marathon) pour en gagner au moins deux ! Présomptueux ? Beaucoup le pensent. Ceux qui le connaissent bien se disent « pourquoi pas ? ». Lui ne doute pas.

Helsinki. 20 juillet. 10 000 mètres. 32 partants. Mimoun est au premier rang, Zátopek au deuxième, à la corde. Premier quart de la course : rodage. Puis le champion tchèque prend les choses en... pied et prend la tête. Il ne la quittera plus. Dans son style d'agonisant, il accélère, il ralentit, il effectue de brusques démarrages, cassant le rythme et, un à un, les autres participants. Seul Alain Mimoun s'accroche. Jusqu'aux 7,5 km. La suite est l'affaire d'Emil Zátopek. Seul. Première médaille d'or. Il a déjà gagné la moitié de son pari. Mimoun est médaille d'argent. Quatre ans plus tard, à Londres, c'était déjà l'ordre d'arrivée. La ligne franchie, le masque grimaçant ôté, frais comme s'il sortait d'un léger entraînement, Zátopek confie au journaliste Loys Van Lee avoir été surpris pendant l'épreuve : « Il est toujours comique après un succès olympique de dire que l'on n'était pas au summum de sa condition. C'était pourtant mon cas. Depuis quelque temps, je suis souffrant et je dois vous avouer que je n'étais pas du tout certain de remporter ce 10 000 mètres. Je redoutais vraiment le Russe Anoufriev. Et jusqu'après le quatrième kilomètre, j'étais persuadé que la respiration que j'entendais derrière moi, cette foulée qui, sur la cendrée s'adaptait à la mienne, c'était celle d'Anoufriev. En détournant la tête, et en apercevant alors le bleu de France de Mimoun, j'étais suffoqué. J'attendais Anoufriev, c'était Mimoun qui s'accrochait à moi comme un bouledogue ! J'avais beau multiplier les démarrages, changer l'allure, Mimoun était toujours derrière moi. Je luttais, croyez-moi, pour lâcher ce terrible battant algérien, et je l'ai retrouvé encore meilleur qu'à Londres. »

24 juillet. 5 000 mètres. « La bombe atomique des Jeux », avait prédit le Belge Gaston Reiff. Pour parler de la bombe atomique, il faut que ce soit le commandant en chef, s'est dit Jacques Goddet, directeur de *L'Équipe*. Et comme le commandant en chef, c'est lui… Le lyrisme de son « papier » est à la mesure de ce qui s'est passé ce jour-là, sur la piste de Helsinki, « dans ce dernier tour du plus grand 5 000 qui ait jamais été couru, peut-être de la plus poignante, la plus échevelée de toutes les épreuves de course à pied jusqu'ici disputées sur un stade ». « Ils étaient quatre (Zátopek, Shade, Chataway, Mimoun), collés les uns aux autres, en passant devant la cloche. On était fiers, heureux, dans ce temple du sport, qu'un représentant français fût mêlé à la célébration d'une telle cérémonie. Nous étions disposés, déjà, à nous contenter de la position de quatrième […], mais le bond furieux de Zátopek ne troubla pas l'Algérien [*sic*] autant que l'Allemand et l'Anglais […]. Un seul homme réagit avec une promptitude étonnante, notre Mimoun […]. Au milieu des géants, il devenait soudain, avec son attitude humble, la tête versant sur l'épaule droite, un autre géant […]. Mimoun, oui, ce petit bonhomme café au lait, cheveux crépus serrés, maillot bleu et culotte bleue, Mimoun allait gagner le 5 000 mètres des temps modernes. Et c'est bien lui qui

l'aurait gagné en effet si… » S'il n'y avait pas eu « le plus forcené des lutteurs », Emil Zátopek. Et de deux pour « la locomotive tchèque » depuis longtemps passée à l'électrification. Et de deux – d'argent – pour « notre » Mimoun.

27 juillet. La veille du départ, Zátopek a dit en riant (il rit souvent) qu'il a besoin de la médaille d'or du marathon pour « rehausser son prestige ». Sa femme, Dana, vient en effet d'obtenir le titre de championne olympique du javelot et elle le « talonne désormais au score par une victoire à deux ». C'est une sonnerie de trompette qui va « rehausser son prestige ». La sonnerie qui annonce l'entrée, dans le stade de Helsinki, du premier du marathon. Et, surgissant du tunnel, c'est la silhouette d'Emil Zátopek qui apparaît, sous les ovations des 70 000 spectateurs. « Au moins deux des trois. » Les trois ! Du jamais vu. Et cette fois, il ne grimace pas, comme si cette dernière épreuve avait été une balade. Et c'est effectivement l'impression qu'il a donnée à ceux qui l'ont vu le long du parcours des 42,195 km. Les traits détendus, la foulée régulière, échangeant des mots avec les occupants des voitures suiveuses, adressant des sourires à des admiratrices. « Je ne suis pas fatigué, mais j'ai mal à la tête », déclare-t-il, alors qu'il vient juste de franchir la ligne. Et à un soigneur qui lui tend une couverture : « Inutile, mon vieux, je viens de faire mon footing quotidien. » Chez lui, ce n'est pas de la forfanterie : il aime plaisanter, il est très ouvert, parle facilement avec les journalistes et les autres coureurs.

Le seul reproche qu'un Français pourrait lui faire, c'est… d'exister. Et de faire d'Alain Mimoun – qui n'a pas couru le marathon – un éternel second.

Une chance encore qu'il ait pu arriver jusque-là. Né à El Telagh, en Algérie, il s'est engagé dans l'armée et a participé comme sous-officier à la libération de la France. Sa carrière manque s'arrêter lorsqu'il est grièvement blessé au pied pendant la bataille de Monte Cassino et évite l'amputation de justesse. Pas l'accident idéal pour un futur coureur de fond… Croix de guerre, quatre citations, et il devient garçon de café après la guerre, se met à courir et domine le fond français à partir de 1947. Ses progrès sont spectaculaires, mais dans les compétitions internationales, il tombe, on l'a vu, sur un certain Emil Zátopek, devenu malgré tout un véritable ami.

Quatre ans après Helsinki, il le rencontre une dernière fois sur la piste. À Melbourne, pour les JO 1956. Pourquoi s'aligne-t-il au départ du marathon – son premier ? « Je t'assure, pas question de marathon », a-t-il promis à sa femme, restée chez eux à Tulle, où elle est sur le point d'accoucher. Pourquoi ? Parce qu'il en rêve depuis longtemps. Et puis, on est en 1956. Théato, le premier Français à l'avoir remporté, c'était en 1900. Le deuxième, El Ouafi, en 1928. Et maintenant 1956... Ce 1er décembre, c'est le plein été en Australie. Le long de Dandenong Road, la route de banlieue empruntée par les concurrents, le soleil tape dur, les filles ont des robes légères, les hommes prennent prétexte de la chaleur pour avaler des litres de bière, et les concurrents souffrent.

L'inévitable Zátopek est là. Mais il a récemment été opéré d'une hernie... Mimoun, lui, est heureux, il a appris, la veille du départ, la naissance de sa fille, Pascale-Halina. Et pour la première fois, depuis qu'ils courent ensemble, il se rend compte qu'Emil n'est pas dans le coup. Et il n'est pas le seul à vaciller sur ce macadam surchauffé qui brûle les chaussures. Preuve qu'il avait une idée derrière la tête, l'ancien de Cassino : il avait acheté en Finlande une paire spéciale... L'un après l'autre disparaissent ses adversaires. « Je n'avais pas porté mon attaque, dira-t-il. C'était les autres qui décrochaient. » Et il conserve le rythme qu'il a adopté depuis le départ. Au trentième kilomètre, il est seul en tête mais commence à souffrir terriblement, ses jambes lui font de plus en plus mal et une peur panique le gagne : celle de la défaillance. Et ce soleil qui en rajoute.

Mimoun tient bon, pourtant. Être devant, dans son premier marathon, et flancher ? Impossible. Une voie de chemin de fer, un pont, des remparts roses – ceux du stade –, des clameurs qui enflent. Ils sont 100 000, à l'intérieur, à attendre le vainqueur du marathon.

Et le vainqueur, dont le maillot bleu France rompt le fil de l'arrivée, s'appelle Alain Mimoun ! Oublié la malédiction de l'éternel second. Allongé sur le sol, enveloppé dans une couverture, un verre à la main, il récupère en attendant ses rivaux, qu'il embrasse un à un. « Tu ne me félicites pas, Emil ? », lance-t-il à Zátopek, arrivé sixième. Exténué, ce dernier n'a pas réalisé que son ami vient de gagner. Se mettant alors au garde-à-vous, le colonel de l'armée tchèque laisse éclater sa joie : « Alain, je suis heureux pour toi », puis ils tombent dans les bras l'un de l'autre. Ils se reverront, mais plus jamais alignés dans la même épreuve.

Onze Hongrois en or

25 novembre 1953. 100 000 spectateurs s'écrasent sur les gradins du stade de Wembley. C'est beaucoup pour un match amical. Amical ? Quand une équipe comme celle de Hongrie, invaincue depuis trois ans, vient défier sur son terrain – où elle n'a jamais été battue ! – l'équipe d'Angleterre, le onze du pays qui a vu éclore le football, c'est l'événement de l'après-guerre ! On avait déjà connu, avant guerre, un football magyar brillant puisqu'en 1938, en France, sa sélection ne fut battue qu'en finale par l'Italie, tenante du titre. Et sa force était déjà dans son attaque, meilleure du tournoi avec quinze buts. Mais avec cette équipe de 1953, on est face à une énigme footballistique, à quelque chose qu'on n'a jamais vu sur un terrain. Depuis le 14 mai 1950, elle ne perd aucun match et les Hongrois – qui vivent désormais derrière le « rideau de fer » – l'ont surnommée l'« *Aranycsapat* » (« Équipe d'or »). Le public international l'a pour sa part découverte l'an dernier, aux jeux Olympiques de 1952 à Helsinki, où ses Puskás, Czibor, Kocsis, Hidegkuti, Bozsik ont remporté la médaille d'or.

Ce sont ces noms que les passionnés de Wembley sont venus découvrir. Pour les voir jouer et, bien entendu, pour les voir vaincus sur cette pelouse fétiche. *God save the Queen and our team !*

Et ils les voient vite jouer, c'est-à-dire survoler, étouffer des Anglais prisonniers de leur système de jeu pratiqué depuis 1920, ce fameux WM qui leur a longtemps réussi mais qui se révèle, sous les coups de génie de ces Hongrois d'or, complètement obsolète. Il n'y aura pas de suspense. Dès l'entame du match, il y a deux équipes : l'une bouge, virevolte, l'autre reste sur place, comme pétrifiée. L'une marque des buts impossibles, l'autre les encaisse, sans comprendre ce qui lui arrive. Ses joueurs sont à l'évidence à la fois surpris et figés par la vitesse, l'inspiration qui animent leurs fabuleux adversaires. Faible consolation pour les locaux ; défendre ne semble pas faire partie du vocabulaire magyar et, tout occupés à attaquer sans relâche, les visiteurs leur abandonnent avec désinvolture quelques espaces. Trois buts anglais… mais six pour les Hongrois !

Un feu d'artifice qui sidère jusqu'aux spécialistes. Tel Gabriel Hanot, l'un des envoyés spéciaux de *L'Équipe* : « Lorsque dans la nuit tombante de Wembley, le match Angleterre-Hongrie terminé, retentit devant les deux équipes alignées le “God Save the Queen”, nous avons cru percevoir l'adieu du football traditionnel et pour ainsi dire héréditaire, et le cri d'allégresse du jeu briseur d'idoles de la nouvelle génération. » Même les Italiens, deux fois champions du monde, n'avaient jamais réussi à battre les Anglais.

« Nous avons assisté hier soir, ainsi que 100 000 de nos compatriotes, au crépuscule des dieux, écrit le *Times*. Pour résumer en une phrase : ce fut la bataille d'Azincourt à l'envers. » Encore plus fair-play, le *Daily Telegraph* : « À la vérité, si les buts contre l'Angleterre avaient atteint un chiffre double, il n'y aurait pas non plus à se lamenter sur le résultat. » En Hongrie, on s'en doute, c'est l'euphorie. La grisaille de la vie quotidienne, la rigueur du régime, le climat de guerre froide laissent peu de place aux élans festifs. Alors, dans la nuit de mercredi à jeudi, la population de Budapest se défoule. Et, une fois n'est pas coutume, se trouve à l'unisson de la presse officielle, qui a enfin l'occasion de célébrer un autre triomphe que les réalisations socialistes. « Victoire de retentissement mondial », clame *Le Journal de la jeunesse*. « La Hongrie a remporté à Londres la plus grande victoire de l'histoire du football. Aucune équipe dans le monde n'est capable de vaincre ses footballeurs », renchérit *Népszava*.

Pour l'occasion, le ton de propagande n'est pas très éloigné du lyrisme de la presse « capitaliste ». « Mieux que l'Autriche 1932 et l'Italie 1934 et 1938, aucune nation n'a jamais dominé le football européen comme la Hongrie actuellement », estime *L'Équipe*.

Qui sont donc ces virtuoses irrésistibles ? La plupart jouent au Honvéd, le club du ministère de la Défense (*honvéd* signifie d'ailleurs « défenseur de la patrie »). Sans avoir fait le service militaire, ils ont accédé au grade d'officier. D'où le surnom de « major galopant » donné à l'un des plus remarqués, Ferenc Puskás. Canonnier et commandant, mais sur un terrain de football.

Quand se profile en Suisse la Coupe du monde 1954, le jeu des pronostics n'a jamais été aussi aisé. Il y a la Hongrie (invaincue à présent depuis quatre ans) et… les autres. Quels pays occuperont les deuxième et troisième places ?

Dès le premier tour, le Onze d'or donne le *la* : 9-0 contre la Corée, 8-3 contre l'Allemagne de l'Ouest. Puskás est blessé à la cheville par un défenseur allemand et sera forfait pour les quart et demi-finale. Malgré ce coup dur, après avoir éliminé le Brésil puis l'Uruguay, champion en titre, l'équipe de Hongrie arrive, comme prévu, en finale, ce 4 juillet à Berne. Et elle va rencontrer une nouvelle fois les Allemands, ceux-là mêmes qu'elle a étrillés au début du tournoi et qu'on n'attendait pas à cette place.

Pluie, terrain très glissant, temps indigne d'une finale. Mais en huit minutes, les jeux paraissent faits. Deux bourdes du gardien allemand, Turek, deux buts hongrois, de Puskás et Czibor. Les artificiers tiennent la forme. Les 60 000 spectateurs se préparent à un festival magyar. Pas les Allemands, qui marquent à la 10e minute et égalisent à la 18e par l'opportuniste Rahn. Deux buts en huit minutes ! Comme les Hongrois. Alerte, délié, fin chez les Hongrois ; puissant, pragmatique, parfois brutal chez les Allemands. Le jeu est en tout cas digne d'une finale de Coupe du monde, et l'on en oublie les conditions météorologiques exécrables. 2-2, c'est le score à la mi-temps.

À la reprise, les Hongrois, fatigués, dominent, les Allemands, athlétiques, contre-attaquent et l'on finit par croire à la prolongation. Mais à la 84e, l'impensable se produit : Rahn expédie un tir du gauche dans les filets du portier Grosics. Le troisième but allemand. Celui de la victoire, celui qui prive le Onze d'or de la consécration absolue : champion du monde. À Budapest, c'est la consternation : la défaite dans ce match qu'il ne fallait pas perdre est ressentie comme un drame national. Sept mois après le bonheur de Wembley, la détresse de Berne. En revanche, les

Allemands débordent de joie. « J'étais convaincu que nous pouvions réaliser le plus grand exploit de toute l'histoire du football allemand, déclare à chaud leur capitaine Fritz Walter. Notre formation était en condition physique remarquable, prête à tout... Tandis que la Hongrie, peut-être plus fatiguée que nous, était trop sûre d'elle-même. Je ne sais à quoi pensaient Puskás et ses camarades avant la rencontre, mais je crois qu'ils s'attendaient à nous promener. Ils se sont bien trompés ! »

Pour la République fédérale, amputée de sa partie orientale depuis 1945, c'est évidemment un grand moment de fierté. Le premier sans doute depuis la fin de la guerre. Le chancelier Adenauer a immédiatement envoyé un télégramme de félicitations, et le président Heuss a fait savoir qu'il accueillerait personnellement l'équipe championne du monde à Bonn pour lui remettre la « feuille de laurier » d'argent, la plus haute distinction sportive de la RFA.

Les Hongrois pourront d'autant moins digérer cette déception qu'ils vont continuer à se montrer intraitables, alignant dix-huit nouveaux matchs sans défaite, dont un contre l'URSS, sur son terrain...

Et puis, il y a ce 4 novembre 1956. Ce ne sont pas des footballeurs que les Soviétiques envoient à Budapest pour battre les Hongrois. Ce sont des centaines de chars venus mater l'insurrection qui s'est rendue maître de la capitale. Et sur ce terrain, les divisions de fer sont plus fortes qu'un Onze d'or. L'écrasement du mouvement de libération ne met pas seulement fin aux espoirs de liberté du peuple hongrois : il signe dans la foulée la fin de l'« équipe d'or ». Leur belle histoire ne peut pas survivre au drame de leur pays. En déplacement pendant les événements, plusieurs joueurs décident de ne pas rentrer en Hongrie. Geste d'autant plus grave que ce sont également des officiers. Ferenc Puskás rejoint à Vienne sa femme et sa fille, qui ont fui clandestinement leur patrie. D'autres, comme Kocsis et Czibor, font le même choix.

Ils finiront par se retrouver en Espagne, au Real Madrid ou au Barça. Certains prendront même la nationalité de leur pays d'accueil, tel Puskás, surnommé « Canoncito Poum », qui disputera quatre rencontres internationales… sous les couleurs nationales espagnoles. En 1 300 matchs, le « major galopant » aura marqué 1 176 buts !

L'équipe d'or aura quant à elle surtout marqué l'histoire du football de cette décennie.

Toni Sailer, « le Roi des glisseurs »

Éberlués, chronométreurs et spécialistes se regardent, comme si chacun d'eux guettait dans le regard des autres qu'il ne se trompait pas. 6,2 secondes ! Dans une compétition de ce niveau, on n'a jamais enregistré un tel écart entre le premier et le second. La compétition en question, c'est le slalom géant des septièmes jeux Olympiques d'hiver (1956) à Cortina d'Ampezzo, en Italie. Et ce vainqueur époustouflant est un Autrichien de vingt et un ans, Toni Sailer. Il était favori, mais de là à imaginer un tel exploit ! Son rival et ami de Kitzbühel, Andreas Molterer, qui visait le titre olympique mais finit deuxième, regarda, incrédule, s'afficher le chrono de Toni. Ce dernier, encore coiffé de son bonnet blanc fétiche, ne semble pas fatigué, disant du bien de tout et de tous. De la piste, du temps, de ses adversaires. Une humeur égale, sauf lorsque son entraîneur lui annonce qu'il faut qu'il se réserve pour la descente, et n'est donc pas sélectionné pour le slalom spécial du 1er février. « Ce n'est pas possible, je veux y aller, je peux gagner ! » Comment résister à un champion olympique ?

Au jour dit, « le Roi des glisseurs », comme l'a surnommé la presse, est donc au départ. La piste du col Druscle est plus que délicate : neige très dure et rugueuse. Un terrain pour équilibristes. La première manche opère déjà le tri, éliminant cette fois le malheureux Molterer. Mais il y a quatre Français dans les huit premiers, dont Adrien Duvillard, deuxième. Duvillard tombera dans la seconde manche, comme tant d'autres, et Sailer, bien qu'ayant frôlé la chute, empoche sa deuxième médaille d'or. Coup d'œil éloquent vers son entraîneur.

3 février. Il fait froid, très froid (- 23 °C) au départ de la longue piste de Tofana, décor piégeux et venteux de la reine des épreuves

alpines : la descente. Un froid à pierre fendre, puisque l'enneigement est si faible qu'affleurent les cailloux.

Pour mieux suivre la course, Michel Clare, l'un des envoyés spéciaux de *L'Équipe*, choisit de se placer à un endroit où la transition entre le haut (la forêt sombre) et le bas (la vallée ensoleillée) constitue le passage le plus délicat pour les skieurs. « Alors Toni Sailer vint. Il était terriblement en avance sur notre montre. Il eut, lui aussi, comme un moment de recul en entrant dans le soleil, puis retrouva son allure olympienne. Il glissa sur les bosses prudemment, les bâtons traînaient derrière lui comme des flotteurs, il était debout, souple, élastique, perpendiculaire à la ligne de pente. On le vit un moment chanceler [...]. Mais en l'espace d'un éclair, il se rétablit et attaqua enfin le faux plat. Il se ramassa, félin, et acheva son succès, lâchant pleinement la bride à son tempérament. Il avait passé [...] donc il avait gagné, cela ne faisait aucun doute. »

Et ça ne fait aucun doute : troisième médaille d'or. Triplé historique. À vingt et un ans, tout juste l'âge de la majorité. Trois ans auparavant, les Français l'ont découvert sur les pentes de l'Alpe-d'Huez, où il a remporté la Coupe Livacic. Mais depuis, à l'exception des professionnels du ski, on l'a oublié. Qui est donc ce jeune Autrichien devenu en quelques jours l'un des plus grands noms de l'histoire des sports d'hiver et qui, selon le Français Bozon, « pratique un ski que nous ne comprenons pas » ?

Le « *Blitz aus Kitz* » (l'« Éclair de Kitz », Kitz étant le diminutif de Kitzbühel, la grande station du Tyrol où il est né et où il vit l'été) est le fils d'Anton Sailer, petit ferblantier et grand skieur, comme il se doit en ces lieux. Lorsque, à l'âge de quatorze ans, Toni descend la fameuse Sreif plus vite que lui, il comprend que son rejeton possède un potentiel prodigieux. Mais le rejeton, lui, rêve de devenir tennisman. Pourquoi pas ? Il devient très vite un athlète complet : tennis, football, golf. Grâce à ses dons indéniables, mais surtout à un entraînement physique exigeant : il pratique régulièrement le cross à contre-pente et redescend le plus vite possible pour muscler pieds et chevilles. C'est en fait une autre gloire locale, Christian Pravda (il sera champion du monde de descente en 1954) qui réussit à le convaincre qu'il est fait pour le ski et que le ski le lui rendra. Ça ne va pas traîner.

Ce mois de février 1956, le ski lui a donc déjà « rendu » trois médailles d'or.

Ses « trucs », il les livre volontiers, car s'ils suffisaient pour devenir champion olympique… « Il y a d'abord les yeux, lâche-t-il, comme si ce n'était pas une évidence. Pour gagner des dixièmes de seconde, le skieur doit avoir de l'œil, une mémoire parfaite du tracé et dans la cervelle une absolue clarté pour dessiner avec ses skis au plus près de la ligne de la plus grande pente, un tracé idéal où il ne tombera pas. En fait le problème est de "voir plus loin". L'erreur est de vouloir à tout prix suivre le tracé repéré à l'entraînement. Si le jour de la course, je suis déporté à l'extérieur, au lieu de vouloir tout de suite rétrécir et regagner la corde, je laisse couler en un dérapage contrôlé exactement comme le fait Fangio et je conserve la vitesse initiale, ainsi je garde toujours le bon contact avec la neige et je ne "sors pas de la route". »

Et puis il y a la respiration. On a remarqué qu'avant chaque départ, il se livre à des exercices respiratoires particuliers. Que *Paris Match* montre en plusieurs séquences joliment titrées : « Le secret des victoires de l'Autrichien : une danse dans la neige avec son ami l'oxygène. » « Oui, je m'enivre d'oxygène jusqu'à me vider la tête, quand je bascule au "go" du starter, je descends une bonne minute avec cette provision d'oxygène, après quoi, au premier vol plané sur une bosse, j'expire en l'air reprenant mon souffle à la réception, contrairement à la plupart de mes camarades, qui attendent le creux pour "expirer leur fatigue". Avec mes petits trucs personnels, je suis ainsi plus frais que les autres à l'arrivée. » Simple, non ?

Ce début de carrière fracassant est pourtant menacé par un aguicheur redoutable : le cinéma. Célèbre, grand, brun, athlétique, beau (il a quelque chose d'un jeune premier français débutant, Alain Delon), il est doté de tous les ingrédients pour affoler les têtes chercheuses du grand écran. Et Toni ne résiste pas. À l'immense joie de ses *bobby soxers*, ces jeunes filles dont une meute vibrionnante et extatique l'assaille à chaque arrivée et aux portes de son hôtel. Un an après son triplé de Cortina, son nom passe des couvertures des magazines sportifs aux grandes affiches des cinémas. Son film, *Un morceau de ciel* – dans lequel il chante également –, est évidemment un succès. Curiosité chez les uns, passion chez toutes les petites Autrichiennes. Et il signe de nouveaux contrats. Toni Sailer n'a-t-il été qu'une extraordinaire étoile filante au firmament du ski ? Certains commencent à le penser, à l'écrire.

Ils sont d'autant plus inquiets, furieux même, que se profilent les championnats du monde 1958. Et que ces championnats vont, pour la première fois depuis vingt-deux ans, se disputer début février à Bad Gastein, en Autriche !

Les seuls à espérer trouver leur compte dans la nouvelle activité de Toni, ce sont ses copains et rivaux de la bande de Kitz, dont Molterer, l'éternel second, qui va peut-être enfin connaître la consécration suprême. Toni Sailer ne peut pas ne pas se présenter au départ de ces championnats du monde, mais ses fameux « yeux » tournés à présent sur les textes à apprendre et les regards de ses partenaires vont-ils, une fois encore, lui permettre de voir plus loin ?

Le 9 février, lorsqu'il franchit en vainqueur la ligne d'arrivée de la descente, dernière épreuve de ces championnats du monde, cela fait déjà quelques jours qu'il a fait taire les grincheux : il a en effet remporté le slalom géant, le combiné et obtenu la médaille d'argent en slalom. Quatre médailles, dont trois d'or.

C'est bien regrettable pour le ski alpin, mais « le Roi des glisseurs » va désormais crever l'écran.

Kopa, « Napoléon du football »

Juillet 1950. « Joas da Silva, lit-on dans le quotidien de Rio *El Mundo*, s'écria au moment du coup de sifflet final : "Le Brésil est mort !" Et il tomba mort lui-même. » L'équipe du Brésil, chez elle, dans l'immense nef de l'Estádio de Rio de Janeiro et ses 160 000 spectateurs, venait d'être battue en finale de la Coupe du monde par l'Uruguay, déjà vainqueur de la première compétition mondiale en 1930. La Celeste rejoignait ainsi l'Italie pour le nombre de victoires. Et la France ? Les tricolores ne s'étaient pas qualifiés. Ces dernières années, ils ont alterné le bon et le pire (comme cette déroute de juin 1949 face à l'Espagne : 1 à 5). Les Baratte, Strappe, Ben Barek, Flamion, Grumellon, Deladerrière, Vignal font souvent vibrer le stade de Colombes et des millions d'auditeurs, mais les résultas sont trop en dents de scie. Alors, plus modestement, on reporte sa passion sur la Coupe et le championnat de première division.

En ce début de décennie, un club confirme sa montée en puissance : le Stade de Reims, champion de France 1949, remporte la Coupe de France 1950 en battant le Racing-Club de Paris, 2 buts à 0 devant les 61 722 spectateurs de Colombes. On commence à parler d'un jeu « à la rémoise », un jeu dont les artisans s'appellent Piantoni, Glovacki, Jonquet, Penverne et, à partir de 1951, Raymond Kopa.

Fils d'une famille d'émigrés polonais, dont le père est mineur de fond, le jeune Kopaszewski grandit à Nœux-les-Mines, ne sait que jouer au foot, se fait remarquer très tôt par des dribbles, est deuxième au concours du jeune footballeur 1949 et rejoint le SCO Angers, club de première division. Albert Batteux, l'entraîneur du Stade de Reims, le remarque et le débauche. Début d'une belle épopée. Car, insensiblement, le club champenois impose sa marque et constitue l'ossature de l'équipe de France. Et dans cette équipe, Kopa trouve rapidement sa place et se rend indispensable. Lors de sa première sélection le 5 octobre 1952, il est pour beaucoup dans la victoire des tricolores (3-1) contre l'Allemagne.

En 1953, Reims est de nouveau champion de France, mais Kopa et ses coéquipiers font encore mieux : remporter la Coupe latine en battant l'AC Milan, le club du richissime Rizzoli, producteur, entre autres, du film à succès *Don Camillo*, avec Fernandel. Reims dans la cour des grands d'Europe, pourquoi ne rêverait-on pas à un parcours aussi glorieux pour l'équipe de France ? D'autant qu'en juillet 1954 la Coupe du monde se déroule à nos portes, chez notre voisin suisse. La victoire, on n'ose pas y penser : qui peut battre ces fabuleux Hongrois, ces artistes qui ont étripé l'Angleterre 6 à 3, chez elle (ce qui ne lui était jamais arrivé !) ? Et le fait est que la proximité géographique ne va pas constituer un plus. Le match remporté à Genève contre le Mexique ne suffira pas à combler la défaite à Lausanne face à l'une de nos « bêtes noires » : la Yougoslavie. Exit le coq. L'aigle allemand ne fera pas preuve d'autant d'humilité : à la stupéfaction de tous, il terrasse le « Onze d'or » hongrois. Trois mois plus tard, les nouveaux champions du monde se feront battre 1 à 3, à Hanovre, par… les Français. À cette occasion, Larbi Ben Barek porte pour la dernière fois le maillot national. À plus de quarante ans.

3 avril 1955. Dans les salons d'un grand hôtel du boulevard Haussmann, les délégués de seize grands clubs européens adoptent une idée lancée par le quotidien *L'Équipe* : la Coupe d'Europe des clubs. La compétition s'étalera pendant toute la saison 1955-1956, les matchs auront lieu en semaine et, autant que possible, en nocturne. La première finale aura lieu à Paris. Champion de France pour la troisième fois, le Stade de Reims est donc le premier club français à étrenner la nouvelle épreuve. Et de quelle manière ! Irrésistibles dans les tours éliminatoires, les Rémois atteignent la finale du 13 juin 1956, qui se déroule au Parc des Princes. En face des « rouge et blanc », les « blancs » du Real Madrid.

Il fait encore jour lorsque le coup d'envoi est donné. Dix minutes plus tard, Reims mène 2 à 0 ! Les deux buts sont salués par des clameurs assourdissantes. Alertes, incisifs, les Rémois étouffent les Madrilènes sous les cris d'enthousiasme de la foule, qui attend à présent l'estocade. « Et c'est à peine, écrit Jacques Ferran dans *L'Équipe*, si l'on remarqua le but que réussit Di Stefano, quelques instants plus tard, au pas de promenade, sans avoir l'air d'y croire lui-même. Il avait juste au dernier moment donné le coup de patte nécessaire. Ce but, on n'eut pas l'air de le prendre au sérieux, il était pourtant chargé de sens et de promesses. Car Di Stefano, qu'on ne remarquait guère, prit à cette minute précise possession du terrain, possession de la finale, et ne les lâcha plus. » Lorsque Rial marque le quatrième but madrilène, la nuit est tombée sur le Parc. Et sur les illusions rémoises. 4 à 3. Le Real remporte la première Coupe d'Europe des clubs. « Nous ne méritions pas de perdre ce match-là », regrette Kopa, qui ajoute quand même : « Je me rends compte que mon médiocre comportement aujourd'hui a pesé lourd dans la balance. » « Le Napoléon du football », comme l'a surnommé un journaliste du quotidien britannique *Daily Telegraph*, n'en a peut-être pas fini avec le Real Madrid...

Quelques jours plus tard, à Milan, un homme laisse éclater sa colère : « Me faire ça à moi ! Les Espagnols veulent la guerre ? Ils l'auront ! » Cela fait longtemps que *Signor* Rizzoli convoite Raymond Kopa pour l'offrir à son club, l'AC Milan. Or, il vient d'apprendre que le Real veut lui aussi se payer le plus brillant représentant du football français ! Alors il appelle le trésorier du club milanais et lui dit : « Tu as carte blanche pour le transfert de Kopa. Je mets à ta disposition tout ce que m'a rapporté mon dernier film. » Une fortune puisqu'il s'agit des bénéfices du dernier *Don Camillo* ! M. Rizzoli a confiance. « Je sais bien que Kopa aimerait jouer à Paris. Mais qui, à Paris, peut s'offrir un Kopa ? Le Racing ? Il en a bien envie, mais il n'a pas la caisse assez solide. Moi, j'ai tout prévu... J'attends que le fruit mûrisse pour le cueillir. » Mais ce que n'a pas prévu le protecteur de Fernandel, c'est que le Real Madrid est en train de devenir le plus grand, le plus puissant, le plus talentueux club de football d'Europe et sans doute du monde. Et qu'il est impossible à Kopa (et à Reims) de refuser l'offre espagnole. C'est donc sous le maillot madrilène, à côté des géniaux Di Stefano et Kubala, que le Français, bas sur pattes, doué d'un équilibre surprenant et d'une clairvoyance hors du commun, gagne enfin en 1957 la Coupe européenne, contre la Fiorentina (et non Milan...). Reims n'ayant pas remporté en 1956 un quatrième titre de champion de France, il n'a heureusement pas eu à affronter ses anciens coéquipiers.

« *Tù eres el mejor, Kopa !* » (« Tu es le meilleur, Kopa ! »). Cet hommage des 120 000 supporters du stade Santiago Bernabéu, combien de fois l'entend-il ! « Le Napoléon du football » est l'empereur du dribble et du une-deux. Madrid l'adopte, Madrid l'encense. S'il passe devant un café, il est hélé par un « *Kopa por la Copa* », ce qui signifie à la fois « Kopa gagne la Coupe » et « Kopa, viens prendre un verre ! ».

Il n'oublie pas pour autant l'équipe de France (et elle ne l'oublie surtout pas !).

Est-ce un signe ? Ce 14 juillet 1957, la France est championne du monde militaire en écrasant l'Argentine à River Plate. Grâce notamment à un formidable Rachid Mekhloufi. L'équipe de France A, quant à elle, se qualifie définitivement en novembre pour la Coupe du monde grâce à ses attaquants Cisowski, Ujlaki, Wisniewski. En avril 1958, trois mois avant la compétition en Suède, neuf footballeurs maghrébins, dont cinq internationaux (parmi lesquels Mekhloufi, le champion du monde militaire !), s'enfuient en Tunisie sur ordre du FLN algérien.

Juin 1958. La Suède, enfin ! Semaines de vérité pour les grandes équipes... et les autres. La France ? « Pour une fois, écrit Raymond Marcillac dans *Le Monde*, notre formation n'est pas un rassemblement disparate de joueurs, mais une véritable équipe animée par un moral et un esprit de club remarquable. Il faut voir là d'ailleurs l'influence des joueurs de Reims, au nombre de cinq. Le "onze" tricolore, c'est aujourd'hui un "super-Stade de Reims", préparé par le même entraîneur, Albert Batteux. » « Onze Français dans la bataille du foot », titre *Paris Match*, qui, dans son numéro du 21 juin, publie un reportage sur la première rencontre – et le premier exploit – de la bande à Kopa. « En Suède, où se déroule le grand Festival mondial du football, la France a commencé par un triomphe. Ici, notre équipe (au premier plan : Kopa et Piantoni ; entre eux, Fontaine) explose de joie après sa victoire inattendue (7 à 3) sur le Paraguay. » Pages suivantes : « La grande vedette de l'équipe de France a été Just Fontaine, vingt-cinq ans. Jouant aux côtés du célèbre Raymond Kopa, il a marqué à lui seul trois buts sur sept contre le Paraguay et les deux contre la Yougoslavie. Il relevait pourtant d'une opération d'un ménisque qui l'avait immobilisé deux mois. Fontaine joue à Reims – le club victorieux cette année de la Coupe et du championnat de France –, qui l'a “acheté” il y a deux ans 10 millions. Il en vaut aujourd'hui trois fois plus. En 27 matchs qu'il a joués dans la saison, il a marqué 37 buts. » Et Just Fontaine – « le héros » – fait la couverture du numéro suivant de l'hebdomadaire. Polo bleu frappé d'un grand coq, il tient d'une main le ballon de cuir marron réglementaire. Pages intérieures, on est désormais dans l'épopée : on voit Kopa, Piantoni et Fontaine portés en triomphe par des supporters après la victoire sur l'Irlande, quatre buts à zéro : « Ils ont fait de la France un des grands du football. »

En France justement, chacun se réveille – se révèle – footballeur ! Les femmes sont presque aussi nombreuses que les hommes devant les écrans de télévision. Et l'on voit des gens qui ne s'étaient jamais intéressés au ballon rond lire *L'Équipe* ou *France Football*. Même la politique s'en mêle : « De Gaulle est de retour, la France gagne ! », clament les partisans du général revenu au pouvoir à la suite du 13 mai algérois. Euphoriques, tels sont en tout cas les Français.

Tellement euphoriques que la victoire en demi-finale contre le Brésil leur semble aller de soi. Sans être aussi catégoriques, les journalistes spécialisés sont gagnés par cet élan autour des tricolores. Et, comme Raymond Marcillac, comptent sur le fait que les Brésiliens, « ces extraordinaires joueurs, sont les plus influençables de tous, aussi rapides à s'enthousiasmer qu'à se décourager. Il suffit tout simplement qu'ils aient la nostalgie des rives de l'Atlantique Sud ».

« La fin d'un beau rêve », titrera *Paris Match*. Les Brésiliens et leur prodige de dix-sept ans, Pelé, n'ont pas la nostalgie de Copacabana. Et ils deviennent champions du monde en battant nos héros, cinq buts à deux. Toujours dans *Paris Match*, on voit, sur une page de gauche, le président brésilien Kubitschek suspendu à la radio (l'Eurovision ne franchit pas l'Atlantique) et sur celle de droite, le président Coty à l'Élysée, devant son poste de télévision. « Il a invité, dit la légende photo, son valet de chambre Albert Barriaux à vivre sur l'écran les grandes heures de Stockholm. »

Dans la semaine qui a précédé la rencontre, la vente des récepteurs télé a augmenté de 20 %. Le miracle qu'espéraient ces nouveaux téléspectateurs n'a pas eu lieu, mais ils en ont eu « pour leur argent ». « L'équipe de France, commente Jacques Ferran dans *L'Équipe*, a déployé en Suède, pendant trois semaines, les meilleures attaques de tous les temps. Elle a contribué, en même temps que le Brésil et la Suède, à revaloriser le football offensif que la défaite de la Hongrie en 1954 avait paru condamner. Le football mondial doit avoir de la reconnaissance pour les joueurs français. » Lesquels terminent en beauté en battant l'Allemagne (6 à 3) pour la troisième place. Avec 13 buts, score jamais atteint, Fontaine est sacré roi des buteurs. Et Kopa, meilleur joueur de cette Coupe du monde. Il terminera en apothéose en étant le premier Français à obtenir le Ballon d'or, désignant le meilleur joueur européen de l'année. Quasiment à l'unanimité.

ADIEU VÉL' D'HIV

17 avril 1959. Ils sont venus. 15 000 ? 20 000 ? La plupart par le métro. Station Bir-Hakeim-Grenelle. Une soirée pas comme les autres pour ces amateurs de cyclisme, pour ces amoureux de l'immense verrière, des deux étages de gradins, des 1 200 lampes à arc, de la piste de sapin aux virages si élevés qu'on les appelle « les falaises ». Le vieux Vél' d'Hiv ! Ils vont entendre dans les haut-parleurs – et pour la dernière fois – celui qui, depuis quarante ans, est « la voix » de ces lieux chargés de clameurs : Georges Berretrot. La fameuse « mémoire courte » que l'on prête aux Français leur permet d'oublier – occulter – que l'endroit est aussi chargé d'un des épisodes les plus ignobles commis par la France, son administration, sa police, sa gendarmerie : la rafle du Vél' d'Hiv, l'encagement, ce 16 juillet 1942, de 7 000 juifs. Sans les initiatives – individuelles – de certains fonctionnaires de police, ils auraient dû être encore plus nombreux, entassés une semaine durant dans cette immense serre surchauffée. Un purgatoire comparé à l'enfer qui les attendait, là-bas, en Pologne.

Peut-on verser des larmes sur la disparition d'un édifice qui a abrité une telle horreur ? Car c'est bien cela qui fait affluer la foule ce 17 avril 1959. Elle sait qu'elle va assister aux derniers tours de piste des vélos. Ils savent en effet depuis peu que « leur » Vél' d'Hiv, construit en 1910 à l'angle du boulevard de Grenelle et de la rue Nélaton, va disparaître. Dans *Le Monde* du 27 décembre 1958, Guy Muller posait la question et avait la réponse : « Le Vélodrome d'Hiver va-t-il être démoli ? À cette question, on peut répondre par l'affirmative. L'opération prévue intéresse non seulement le secteur du Vél' d'Hiv, mais aussi ses abords immédiats. Elle permettrait de construire 1 200 logements et transformer un quartier mal équipé, où de vieilles bâtisses voisinent avec des immeubles récents… » Le journaliste semble en revanche ignorer l'attachement des habitués à leur palais des sports lorsqu'il écrit : « Il ne correspond plus aux exigences du public ; les spectateurs souhaitant comme dans tous les spectacles – et le sport est devenu un spectacle – une place confortable d'où l'on puisse suivre facilement la compétition. Or le Vél' d'Hiv ne peut offrir ce genre de confort : nombreux spectateurs mal assis et ne profitant que très peu du spectacle, chauffage très difficile, nombre de places réduit, sécurité très relative. »

Mais c'est cela qu'il aime ! Le public populaire, s'entend, celui des gradins, celui qui venait en masse avec saucisson, camembert et litre de rouge, qui fumait, vociférait, s'enthousiasmait, se reconnaissait dans son voisin, celui qui chambrait les « bourgeois » dans les loges de la « pelouse » de béton, au centre de la piste, le Tout-Paris venu s'encanailler en mangeant du homard et buvant du champagne. Celui qui répondait à la voix gouailleuse de Berretrot faisant les annonces publicitaires grâce à six porte-voix : « Allô, allô, une prime de 20 000 francs est offerte sur les 20 prochains kilomètres par les papiers à cigarette OCB ! Vous aimez vous les rouler, alors choisissez… » Et les gens, riant, complétaient en scandant : « OCB ! » On l'appelle « Monsieur 10 % » à cause de la dîme qu'il prélève sur les primes gagnées par les cyclistes, mais aussi les boxeurs et les catcheurs qui se produisent sur la pelouse. Car c'est lui qui, en 1921, a eu l'idée de contacter des marques dont le mécénat était récompensé par leur nom répété par ce « speaker à la voix d'or ». « La voix d'or, confie-t-il, ce dernier soir, à Roger Frankeur de *L'Équipe*, à cause des fortunes tombées, depuis quarante ans, dans l'escarcelle des champions par l'intermédiaire de mon micro. 100 millions peut-être […]. Sur ce total, ma part n'est même pas de 10 millions, ce qui ne serait déjà pas le Pérou en quarante ans ! Il fut une époque bien triste où je ne touchais pas ma petite commission sur les primes que j'annonçais. En ce temps-là, les coureurs disaient de moi : "Ce c… de Berretrot." Quand je leur ai pris 5 %, ils m'ont appelé "ce vieux Berretrot". À 10 %, la génération des Leducq, Magne, Pélissier m'a traité de "cher Berretrot". Aujourd'hui, Gaignard, Rousseau, Anquetil ou Rivière expriment à "M. Berretrot leur respect et leur reconnaissance" [...]. »

Il y en a eu du spectacle sous ces 15 mètres de haut ! Du cyclisme bien sûr. Mais aussi des matchs de boxe mémorables (Marcel Cerdan y remporta un combat deux mois avant... la rafle), du catch avec le Bourreau de Béthune et l'Ange blanc, du patin à glace avec les chorégraphies d'*Holiday on Ice*, du cirque avec le Festival mondial et le Cirque de Moscou, du rodéo même, avec de vrais cow-boys, de vrais Indiens, de vrais *broncos* sauvages, de vrais *bulls*, tous arrivés par cargo depuis les États-Unis. Les « films de cow-boy », avec Gary Cooper, Alan Ladd et bien d'autres étaient alors en vogue sur les écrans français, et les organisateurs du Vél' d'Hiv s'étaient inspirés du Grand Rodéo du Texas qui, au début des années 1950, remplissait le Madison Square Garden de New York avec des reconstitutions de la conquête de l'Ouest. Outre les classiques rodéos, les spectateurs de Grenelle purent ainsi assister à une attaque de diligence et à une danse du scalp... Cela donne des idées au ministère de la Défense, lequel, avec le concours de... *Paris Match*, organise, trois années durant, les Nuits de l'armée.

Néanmoins, les morceaux de bravoure du Vél' d'Hiv' resteront à jamais les Six Jours de Paris. Créés en 1913, ils seront organisés jusqu'en 1958. Six jours et six nuits de suite par équipes de deux coureurs se relayant à volonté. « Les Six Jours, c'était 600 bornes par vingt-quatre heures, racontera l'ancien champion André Pousse. On faisait le Tour de France en une semaine. Et fallait voir le règlement : interdiction de sortir du Vél' d'Hiv, et tout le tralala. On dormait sur place. Deux heures et demie par jour. On nous réveillait un quart d'heure avant de monter sur le vélo. » Le spectacle était sur l'anneau de vitesse, dans les gradins – où la décision controversée d'un commissaire de course pouvait déclencher un pugilat impressionnant ainsi qu'une hécatombe de sièges. Il était encore sur la fameuse pelouse et son restaurant de luxe où il importait de se montrer. Il était dans la rituelle élection de la reine des Six Jours. Et c'était à la nouvelle souveraine de donner le départ de l'épreuve au long cours. Édith Piaf, Lily Fayol, Yvette Horner, Annie Cordy furent sacrées. Cette dernière, en désertant le tournage de *La Route fleurie* pour Grenelle, provoqua la colère de son partenaire Bourvil, qui sera pourtant à son tour conquis par l'ambiance des lieux.

C'est par un bien vilain temps d'automne venu en souligner la tristesse que débutèrent, le 7 novembre 1958, les trente-cinquièmes et derniers Six Jours de Paris, disputés depuis 1955 par équipes de trois. La beauté de la reine, Michèle Mercier, fait un peu diversion, et la qualité du plateau console les vrais amateurs. Les meilleurs Français sont là : Rivière, Rousseau, Anquetil, Darrigade. Et parmi les ténors italiens – Terruzzi, Forlani –, on retrouve le *campionissimo*, le « vieux » Fausto Coppi, légende du cyclisme. Feux d'artifice en cascade, avec notamment l'accrochage entre Rivière et Anquetil, le coup de fatigue de Coppi revitalisé par l'apparition de « la Dame blanche », celle qui avait fait rougir l'Italie catholique, la plus grosse prime en cours d'épreuve (1 million) à Darrigade et, au final, la victoire de l'équipe Anquetil, le rescapé de la chute avec Rivière. Rideau.

Et l'on en arrive à ce 17 avril 1959. Les Six Jours, c'est fini. Reste ce baroud d'honneur de la – petite – reine sur les lattes de bois d'un Vél' d'Hiv condamné. Les coureurs présents en seront dignes : Roger Rivière offre à la foule enthousiaste un ultime record de vitesse. Son moulin à calembours pour une fois en panne, Antoine Blondin écrit dans *L'Équipe* : « La conviction qu'apporte un merveilleux public à encourager les coureurs me donne à penser qu'il s'agit de spectateurs professionnels, la prodigalité des athlètes me donne à penser qu'il s'agit de coureurs amateurs, pour une fois. Ce paradoxe sera le suprême cadeau offert à ce lieu de plaisir par une congrégation qui ne se sentirait pas la meilleure conscience du monde si Roger Rivière, payant de sa personne, n'était en train d'accomplir l'exploit athlétique qui justifie une cinquantaine d'années de ferveur. » Après ça, les célèbres lampes à arc peuvent s'éteindre. Définitivement.

Marie Besnard, « la bonne dame de Loudun »

« Imaginons un historiographe du crime se penchant dans cinquante ans sur ce que sera devenu l'extraordinaire cas de Marie Besnard [...]. Que subsistera-t-il dans la mémoire des hommes de ces débats, tantôt pathétiques et tantôt cocasses, souvent pénibles et toujours ardents ? » Dans l'introduction à son compte-rendu de ce procès, l'envoyé spécial à Bordeaux de *Qui ? Détective* veut faire sentir combien il a de la chance d'assister à un épisode judiciaire « historique ». Car il est certain, comme beaucoup, que cette histoire qui passionne les Français aura sa place dans le mémorial des grandes affaires criminelles. C'est possible. Mais pour l'heure, on est au début – frisquet – du printemps 1954, dans une salle d'audience du palais de justice de Bordeaux. L'accusée, une femme de cinquante-huit ans, est en prison depuis cinq ans. Arrêtée en 1949, inculpée en 1950, elle est déjà passée en jugement en 1952 mais son procès a été ajourné. On ne prend jamais trop de temps quand il s'agit de juger l'« empoisonneuse du siècle ». Car c'est ainsi qu'elle est présentée.

Et pourtant... À Loudun, dans la Vienne, où elle vivait depuis 1929 avec Léon Besnard, son second mari, elle était un modèle de respectabilité et de charité chrétienne. Certains furent tout de même étonnés de l'apercevoir au cirque en compagnie de Léon, deux mois seulement après la mort de son premier mari, Auguste Antigny, dont elle a hérité. Mais elle se montre si secourable aux vieux et aux malades, elle était si pieuse (« la seule paroissienne, disait-on, à pouvoir communier sans être passée au confessionnal ») que cela fut vite oublié. Pas par la famille de Léon, dépitée que celui-ci ait hérité de la corderie familiale. Et depuis, il y avait cette intruse. Le couple, sans enfants, vivait modestement comme vivent, à la campagne, les gens qui ont des biens – et ils en avaient : terrains, fermes, café –, mais qui se gardent d'en faire étalage. Cela aussi, ça fit des envieux.

C'est après la Libération que l'image de la « bonne dame » commença à être écornée. Alfred Dietz, jeune Allemand, ancien prisonnier de guerre, fut employé chez le couple. Il était « poli, correct [*sic*], courageux et antinazi ». Et il éveilla chez sa patronne quinquagénaire des pulsions qui ne seraient pas restées sans suites.

Ce sont en tout cas les ragots qui circulaient derrière les volets de la petite ville. Au début, Léon Besnard ne s'en formalisa pas trop, d'autant qu'il n'aurait pas été tout blanc : Louise Pinton, la postière… Un jour d'octobre 1947, il ne put cependant s'empêcher de dire en grognant à sa femme : « Je suis la risée de tout le monde. On dit que tu me fais cocu. » Marie se récria en déroulant son petit chapelet à grains noirs. Et ils allèrent chez un ami, où elle prépara elle-même un repas de fête avec deux vins différents, tarte aux fraises, digestif. Au retour, Léon fut malade, il vomit. Encore une de ces satanées crises de foie. Ah ! Le foie, point faible des Français. Le lendemain, il n'allait pourtant pas mieux. Le soir, à son amie la postière venue lui rendre visite, il demanda en geignant : « Qu'est-ce qu'on m'a fait absorber ?

— Qui ?

— Marie, le soir où nous sommes allés manger chez Baraudon, j'ai vu un liquide dans mon assiette. Elle a versé la soupe dessus. »

Louise Pinton se confia au médecin qui soignait Léon Besnard, mais il l'envoya promener. Le 25 octobre, Léon mourut. On l'enterra. Mais, à Loudun, on commença à chuchoter, la postière « faisait des mystères », confia ses doutes et se rétracta. Une autre fois, elle alla voir les gendarmes qui, sachant qu'elle s'était querellée avec Marie Besnard pour une histoire de loyer, mirent cela sur le compte de la vengeance et l'envoyèrent promener.

Un jeune juge d'instruction, Pierre Roger, a vent de ces rumeurs insistantes et finit par ordonner l'exhumation de Léon Besnard. Le docteur Béroud, un toxicologue venu de Marseille pour examiner le corps, décèle une forte dose d'arsenic. Le juge ordonne alors l'incarcération de Marie Besnard. On est le 21 juillet 1949 et les langues se délient. Le magistrat se rend compte que « la bonne dame de Loudun » était détestée. Et que « la punaise de sacristie » – comme on ose ouvertement l'appeler depuis qu'elle est en prison – en disait de bien belles. « Arrête de pleurer, lança-t-elle ainsi à la sage-femme de la ville qui se plaignait de son mari. Débarrasse-toi de lui. L'arsenic ne laisse pas de traces. »

Le juge Roger découvre alors qu'il fut un temps où l'on mourait beaucoup à Loudun et dans les environs. Particulièrement dans l'entourage de Marie Besnard. Et il fait exhumer et analyser le corps de tous ces défunts qu'elle appelait « mes chers disparus ». Onze en plus de celui de Léon. Les journaux, à chaque exhumation, annoncent à la une : « Et encore un pour Marie ! » Parmi eux, il y a les restes de son premier mari, mort en 1927. Tous contiennent de l'arsenic. Et tous lui ont laissé un héritage ! Notamment sa mère, qui la laissait seule survivante de sa famille.

Confrontée à ses accusateurs, Marie Besnard contre-attaque : « Ils veulent se venger. Je suis brouillée avec eux. » Elle tient tête, manie l'ironie. À propos de la mort de sa cousine à l'âge de quatre-vingt-six ans, elle jette : « À son âge, on n'a pas besoin d'arsenic. » Son procès, qui s'ouvre en février 1952 dans un climat passionnel, vire à la confusion et doit donc être ajourné. « L'empoisonneuse du siècle » est renvoyée dans sa cellule. Il lui faudra attendre deux années avant de passer devant la cour d'assises.

Lorsqu'elle pénètre dans la salle d'audience, entourée de l'équipe d'avocats de maître Gautrat, un vétéran du barreau de Paris, elle écarquille les yeux derrière ses lunettes à verres épais. Une centaine de journalistes se serrent dans la partie réservée à la presse. On a fini par oublier un peu « la bonne dame de Loudun », mais l'annonce de son procès a réveillé l'extraordinaire intérêt de l'opinion pour cette affaire. L'acte d'accusation repose d'abord sur ce qui semble une évidence et qui est résumé par cette réflexion d'un habitant de Loudun à l'un des reporters de *Qui ? Détective* : « Empoisonnés par Marie Besnard ou morts de mort naturelle, ces onze Loudunois n'en sont pas moins "partis" après avoir laissé tous leurs biens entre les mains de la même femme. » Ensuite, il y a le rapport des experts sur ces doses d'arsenic qu'aucun médecin des défunts n'avait décelées. Les témoignages, enfin, sont fondés sur des mots chuchotés, des confidences approximatives, douteuses. Mais comme l'écrit Jean-Marc Théolleyre, qui suit le procès pour *Le Monde* : « Un bon rapport ne vaudra jamais un bon aveu. » Or, Marie Besnard, depuis cinq ans, n'en a jamais fait. La police a bien tenté la méthode « maison » en infiltrant des « moutons » dans sa cellule, mais ça n'a rien donné.

Face à la cour, l'accusée, que les psychiatres décrivent « insensible aux souffrances de la mort de ses défunts », démontre une étonnante capacité à déjouer les pièges. « Nous n'avions pas besoin d'héritages, nous vivions très heureux sans eux », réplique-t-elle. Et quand on lui présente les rapports concordants des toxicologues : « Nul ne sait mieux que moi comment sont morts mes pauvres mignons. »

Alors intervient maître Gautrat. Les experts ? Il en fait son affaire. Au professeur Piedelièvre, président de l'Ordre des médecins, venu cautionner les travaux des toxicologues, l'avocat demande : « L'arsenic est-il soluble dans l'eau ? — Franchement, je n'en sais rien », répond cette sommité médicale. On commence à voir où veut en venir le défenseur lorsqu'il fait appeler à la barre trois contre-experts tout aussi renommés que ceux cités par l'accusation. Le professeur Ollivier, chargé d'expertiser l'eau de pluie recueillie à Paris dans un pluviomètre de Montsouris, démontre que cette eau contient de l'arsenic. L'arsenic est donc soluble dans l'eau. M. Le Peintre, chef du laboratoire des eaux à Paris, confirme : « L'arsenic peut provenir du zinc au contact de l'eau. J'ai fait une expérience qui le prouve. Donc, l'arsenic trouvé dans les cercueils de Loudun peut très bien provenir du zinc de ces cercueils. »

Le troisième, le professeur Keilling, de l'Institut agronomique, se fonde sur ses années de recherche pour soutenir que l'arsenic soluble dans l'eau et dans la terre peut fort bien être véhiculé de l'extérieur dans des organes humains. Les expertises accablantes du docteur Béroud sont ainsi implacablement mises en pièces. Et l'on entend alors le procureur général Steck murmurer : « Je n'y comprends plus rien ! »

Tout vacille. D'autant que les restes des corps ont été étiquetés à la légère. D'autant – et il ne manquait plus que ça – que les procédés policiers sont étalés au grand jour et se retournent contre leurs auteurs en contribuant à faire basculer l'opinion en faveur de « la possédée de Loudun », comme la surnomment aussi certains journaux. « Mme Besnard doit être relâchée jusqu'à ce que des preuves formelles puissent être fournies contre elle, assène maître Gautrat. Si le tribunal devait en décider autrement, je considérerais mon devoir accompli et je confierais la défense à d'autres. » C'est gagné. Un nouveau procès ? Ridicule assuré.

Ce qu'exprime, à la une du *Monde*, l'éminent juriste Maurice Garçon : « Cette affaire abyssale, qui a entaché notre honneur, devrait nous alerter sur la nécessité d'apporter des réformes urgentes dans nos méthodes. »

Marie Besnard retourne dans sa cellule du fort du Hâ, mais c'est pour préparer ses valises, les valises de la liberté. « Libérée provisoire » certes, mais personne n'imagine quelle puisse se retrouver un jour devant un prétoire. Toute de noir vêtue, chapeau et mantille compris, elle monte dans une voiture qui la conduit à une vingtaine de kilomètres de là, chez les sœurs de Béthanie, qui se consacrent au soutien des femmes meurtries par la vie…

Le pain maudit de Pont-Saint-Esprit

Le mardi 21 août, le docteur Gabbaï, de la petite ville de Pont-Saint-Esprit, chef-lieu de canton du Gard, est appelé au chevet de Félix Milson, un agriculteur de cinquante-cinq ans. Lorsque celui-ci aperçoit le praticien, il pousse un hurlement : « Ne me touchez pas, je suis une torche enflammée ! Le feu ne s'éteindra pas. Mes pieds trempent dans les flammes ! » Ligoté dans une camisole de force, il est transporté en ambulance à l'hôpital de Nîmes, où il décède dans le courant de la nuit. Presque à la même heure, José Puche, hospitalisé à l'hôtel-Dieu de Pont-Saint-Esprit, s'enveloppe dans ses draps et se jette par la fenêtre en criant : « Je vais vous montrer comment volent les avions ! » Le lendemain, c'est au tour de Léontine Rieu de s'échapper de son lit et de sauter dans la cour. Blessée à un poignet, elle succombe cinq jours plus tard à l'hôpital psychiatrique de Montpellier.

En une semaine, 160 habitants de la région sont touchés par ce mal mystérieux qu'on a d'abord pris pour une simple intoxication alimentaire. Un paysan persuadé d'être poursuivi par des monstres prend son fusil de chasse et se met à tirer comme un forcené ; un garçon de onze ans tente d'étrangler sa mère ; une femme se jette dans le Rhône en criant que des serpents lui dévorent les tripes ; une autre se force à rester réveillée pour éviter que son cheval lui arrache le cuir chevelu. Les nouvelles arrivant de la campagne sont effrayantes. Même les animaux sont atteints : chiens, chats, poules, canards bondissent en tous sens.

La panique gagne les 5 000 Spiripontains. Chacun regarde ses proches d'un air inquiet. Dans quel état va-t-on les trouver au réveil ? On évoque ces « possédés » du Moyen Âge frappés par le

« mal des ardents ». Mais, depuis le XIIe siècle, cette affection ne s'est plus jamais manifestée. Alors ?

En s'interrogeant entre eux, les autochtones s'aperçoivent qu'ils sont tous clients de la même boulangerie : Briand, 29, Grand-Rue. Le boulanger et sa femme ont été eux-mêmes victimes de fièvre et de nausées. La municipalité fait fermer sa boutique et la gendarmerie pose les scellés sur les sacs de farine et les pains saisis. Il faut aux foules un coupable, un bouc émissaire, et certains accusent le boulanger d'être un empoisonneur. La police mobile de Montpellier est saisie de l'affaire. C'est à un toxicologue réputé de Marseille, le professeur Ollivier, qu'est confié le soin de découvrir les causes de ce mal surprenant. « Nous sommes en plein inconnu, déclare-t-il au tout début. Un fait retient l'attention, c'est que ce produit qui tue lentement après avoir rendu fous les intoxiqués a plus d'action sur les personnes âgées que sur les jeunes. »

La nouvelle se répand évidemment dans toute la France et le pays est plongé dans une véritable psychose. Le pain, ce pain dont on a tellement manqué pendant la guerre, et qui aujourd'hui peut provoquer la mort ! Il n'y a pas que la France. Les Américains, qui envoient de la farine en Europe, dans le cadre du plan Marshall, s'inquiètent. L'agence United Press téléphone au maire de Pont-Saint-Esprit, Hébrard, pour lui demander des échantillons de pain afin de les soumettre à des analyses dans les laboratoires des États-Unis. Les journalistes accourent pour suivre l'affaire du « pain de la mort », le grand fait divers de l'été.

Arrivent enfin les résultats des autopsies pratiquées sur les corps des premières victimes. « On peut désormais être certain, communique le professeur Ollivier, qu'il s'agit bien d'un poison d'origine végétale. Il est même vraisemblable que l'on se trouve en présence de cas caractéristiques d'ergotisme. » L'ergot d'où provient le poison est un champignon parasite qui fait saillie sur le flanc des épis malades et qui peut atrophier le système nerveux en provoquant des convulsions et des hallucinations. Et c'est bien ce qui se passe à Pont-Saint-Esprit. Telle jeune fille se voit voler au-dessus d'une prairie où d'immenses fleurs lui parlent d'amour, telle autre aperçoit un cheval noir géant balayant le ciel avec sa queue blanche en forme de comète, tel homme vise avec son fusil vide une bougie plantée dans une pomme de terre. Mais alors, c'est un retour au Moyen Âge et à ce « feu de Saint-Antoine » qui sévissait autrefois sous forme épidémique ! Comment est-ce possible aujourd'hui ? Les plus mystiques y voient une intervention divine, les plus suspicieux, un complot.

Médecins et policiers ont heureusement les pieds un peu plus sur terre. Après vingt et un jours d'angoisse et de fantasmes, mais aussi d'enquêtes médicales et policières, les traces de la farine contaminée conduisent à un minotier du département de la Vienne. Arrêté, Maurice Maillet avoue avoir acheté le grain à un gérant boulanger qui le tenait lui-même d'un paysan malhonnête, et avait expédié la farine à Pont-Saint-Esprit « parce qu'il n'y connaissait personne ».

Parmi ces personnes qu'il ne connaissait pas, le bilan est lourd : plus de 200 malades et 5 morts. L'hebdomadaire *Radar* relève que les responsables de ce drame ne risquent qu'une peine allant de trois mois à deux ans de prison. Et qu'on oublie dans cette affaire la responsabilité de l'Union meunière répartitrice de la farine. « En effet, un boulanger de Saint-Geniès-de-Comolas, à 20 kilomètres de Pont-Saint-Esprit, M. Braou, refusait, dès le 9 août, de faire du pain avec la farine provenant de la minoterie Maillet, la trouvant impropre à l'usage. Or, l'Union ne répondit pas à sa lettre. Seul un de ses envoyés venait le 21 août, soit après le déclenchement des intoxications de Pont-Saint-Esprit, effectuer un prélèvement dans les sacs du boulanger. »

Les aventures amazoniennes des Maufrais

« La dernière photo de Raymond Maufrais quelques instants avant le départ pour la grande aventure. » En couverture du numéro d'août 1950 de la revue *Sciences et Voyages*, c'est la légende de l'image montrant un homme jeune coiffé d'un casque colonial, torse nu, en short, fumant la pipe et faisant ses adieux à un personnage tout de blanc vêtu, qu'on imagine être un fonctionnaire.

Derrière le premier, on devine une pirogue surchargée de ballots. La dernière photo… On comprend que Raymond Maufrais, dont les aventures dans l'enfer vert brésilien et guyanais ont été passionnément suivies, a disparu. Le 7 juillet, Edgar Maufrais, son père, se rend comme d'ordinaire à son bureau de l'arsenal de Toulon, où il est comptable. Et, comme d'habitude, il demande à ses collègues de lui prêter leur journal pour le parcourir. Mais ce matin-là, tous lui répondent sans le regarder qu'ils ont oublié de l'acheter ou qu'ils l'ont égaré. Il en trouve quand même un, l'ouvre et comprend : une dépêche de Paramaribo signale qu'on a découvert les bagages abandonnés d'un explorateur nommé Raymond Maufrais, ainsi que le squelette de son chien Bobby. C'est tout. Aucune trace de ce jeune homme de vingt-trois ans, ancien boy-scout, ancien FFI au côté de son père dans les combats pour la libération de Toulon, et qui était hanté, possédé par un rêve : réussir seul la liaison entre la Guyane française et l'Amazonie brésilienne à travers les monts Tumuc-Humac.

Il est sans le sou, ses parents n'en ont guère, mais se privent afin que leur fils unique puisse vivre son rêve. Et celui-ci débarque à Cayenne un jour de juillet 1949. Quand il expose les raisons de sa venue aux « rouleurs de bosse » de la forêt vierge, chercheurs d'or ou de lune, ils le mettent en garde. Aucune carte de la zone qu'il veut traverser n'existe. Et il risque fort de mourir de faim car, contrairement à ce qu'il imagine, le gibier y est rare ou inaccessible. Vains conseils de prudence quand on a vingt-trois ans et qu'on a déjà « fait » la guerre…

Début novembre, armé d'un fusil et de 30 kilos de bagages, il s'enfonce dans la forêt. Remontant la rivière Mana, il arrive au dernier poste français du Maroni, Maripasoula, où le gendarme Bourreau rédige un constat de départ. De là, Maufrais s'engage sur la crique Ouaqui à bord d'une pirogue qui le mène jusqu'à une vieille piste de jungle, le « sentier des Indiens Émerillons » qui unissait jadis le bassin du Maroni à celui de l'Oyapock.

Le 9 décembre, le petit groupe de pêcheurs qui lui avait tenu compagnie le laisse seul et regarde avec perplexité et inquiétude ce jeune Blanc poursuivre son chemin, son chien trottant à ses côtés. Ils se disent peut-être qu'ils sont les derniers à le voir vivant. Auquel cas ils n'ont pas tort. Des cervelles brûlées par les chimères et le tafia, on en a l'habitude en Guyane. Si l'on devait se préoccuper de tous ces traîne-brousse ! Des semaines s'écoulent donc avant que les autorités commencent à s'inquiéter. Les chefs de postes les plus reculés sont alertés. Aucun n'a vu le jeune explorateur. Et les semaines, les mois passent. Un jour de juin 1950, des Indiens Émerillons remontant le Tamouri découvrent au Dégrad-Claude un carbet, un campement abandonné encore recouvert de son toit de branches sous lequel pend un hamac. Il y a aussi divers objets : un fusil, un sac à dos et plusieurs carnets. Les Indiens pensent qu'ils ont appartenu à un forçat évadé et rapportent le tout au poste de Maripasoula. Les carnets permettent d'identifier immédiatement Raymond Maufrais. Prévenu, le préfet de Guyane prend la tête d'une expédition de secours composée de plusieurs pirogues à moteur. Quand il atteint l'abri abandonné, son opinion est vite faite : l'homme qui a vécu ici est mort. S'il était encore en vie, il aurait emporté son fusil et d'autres indispensables affaires.

Ce sont les carnets qui vont permettre de reconstituer les péripéties dramatiques de son aventure.

Dès le premier jour, Raymond prend conscience qu'il est trop chargé. Et encore n'a-t-il pas emporté de nourriture, étant convaincu qu'il vivra des produits de la chasse et de la pêche. Fatigue, dysenterie, et bientôt faim. Son 22 Long Rifle se révèle trop souvent inopérant contre le gibier, fréquemment gîté dans les hautes branches. Quant à la pêche, facile à dire… À présent qu'il s'est enfoncé sur cette ancienne piste réinvestie par la jungle, il lui faut pourtant aller de l'avant. Trop tard pour revenir sur ses pas. De plus en plus, la faim le tenaille, devient une obsession. Le capitaine Dreyfus tenait un journal de captivité, celui de Maufrais est un journal de famine. Un jour, il réussit à tuer un singe mais s'épuise pendant plus de deux heures à abattre l'arbre auquel l'animal mort est resté suspendu par la queue. Un autre jour, il avale tout cru un petit oiseau que son chien, devenu méchant à cause de la faim, tente de lui arracher. Le 24 décembre, jour de Noël, le ventre vide, il pleure en pensant à ses parents. Le 29 décembre, il écrit : « Faim, épuisement, faim atroce, rien à tuer. » Le 31, il arrive pourtant au Tamouri. Aucun homme seul n'avait encore réussi la jonction avec le Ouaqui. Il devrait être heureux. Mais le rêve est effacé. Seule importe la survie. Il n'en peut plus. Un seul objectif désormais : rejoindre la côte.

Le 1er janvier, il tente de construire un radeau. Plus assez de forces. « Si demain, je ne mange pas, ce sera la fin car je ne pourrai même plus chasser. » Le lendemain, il ne trouve rien à manger. Le soir, il abat son chien et le dévore. « Soudain, je me suis senti si seul que j'ai réalisé ce que je venais de faire, et je me suis mis à pleurer, plein de rage et de désespoir. » Il réussit à achever son radeau mais l'embarcation s'enfonce d'abord sous son poids avant de chavirer. Maufrais regagne alors son carbet. « Je pense à la maison, à vous deux. Maman ! Maman ! Combien j'aurais besoin de ton amour aujourd'hui… Oh ! mon Dieu, faites-moi vivre, accordez-moi la grâce de les revoir ! » L'humidité, le froid de la nuit, la faim et de rares éclairs d'espoir – un toucan assaisonné d'huile de carabine, une tortue (festin !) –, mais surtout quelques escargots et des racines. Il sent qu'il va mourir mais sa volonté de vivre est la plus forte. Il lui reste un espoir, le seul : aller à la nage jusqu'à Bienvenue, un campement d'orpailleurs. 70 kilomètres. « Arriver ou crever, il n'y a pas d'autre solution. » Autour du cou, un sac étanche avec un couteau, une ligne, de la quinine, du sérum, des allumettes et sa machette. Le reste, sa carabine, ses carnets, il le laisse sur place, « à l'abri » du carbet.

Raymond Maufrais n'est jamais arrivé à Bienvenue. Certains journaux prétendront que, recueilli par des Indiens, il aurait été soigné puis, amnésique, serait devenu leur chef. D'autres insinueront qu'il a monté toute l'affaire pour favoriser la publication de ses carnets. Pendant deux ans, les autorités guyanaises organiseront plusieurs expéditions. En vain. Qui peut espérer qu'il est encore vivant ? Qui ? Son père.

Au départ de son fils pour la Guyane, Edgar Maufrais lui avait dit : « Si tu n'es pas de retour dans un délai raisonnable, j'irai te chercher ! » Raymond avait souri. Le 18 juillet 1952, le comptable de l'arsenal de Toulon s'embarque à bord du *Claude-Bernard*. Il ne veut pas croire à la mort de Raymond et a décidé d'aller le chercher, là-bas, dans l'enfer vert, et de le ramener à la maison. Aussi fada que son fils ! Il a cinquante-deux ans, des moyens dérisoires, et rien – sinon l'épisode de la Libération – ne le prédispose à devenir l'aventurier, l'explorateur qui va estomaquer l'opinion pendant plusieurs années. Quatre voyages ! Quatre longs séjours à fouiller la forêt, à descendre les criques, à interroger les chercheurs d'or, les Indiens, les fonctionnaires, à montrer à tous la photo de Raymond, à écrire son nom sur des milliers d'arbres, à s'épuiser et, finalement, à être lui aussi « possédé » par ces touffeurs amazoniennes et leurs habitants.

« Maufrais, père héroïque, revient seul d'Amazonie », titre *Paris Match* à l'issue de son premier voyage, qui aura duré trois ans. « Parti seul, le comptable rentrait seul. Avec trois valises et un tournevis. » Ce tournevis, il l'avait donné cinq ans plus tôt à son fils, et il devait le retrouver, rouillé, sur les bords du Tamouri !

Edgar Maufrais rentre les mains vides, mais toujours pas résigné à la mort de Raymond. Alors, il repart, en 1956, en 1959… En partie grâce aux droits d'auteur tirés de la publication des carnets de son fils. Mais chaque fois, il sera contraint de reprendre, seul, le bateau du retour.

CARLSEN, « CAPITAINE COURAGEUX »

Parti de Hambourg à destination de New York, le *Flying Enterprise* subit les assauts d'une tempête au sortir de la Manche. Assez courant à cette époque. On est le 29 décembre 1952. Tout à coup, un énorme craquement se produit. « La coque est enfoncée ! », hurle un matelot. Aussitôt, le cargo se met à donner de la bande. Et comment ! Jusqu'à une inclinaison de 70 %. Toutes les cloisons se trouvent brusquement transformées en plancher. Les pompes se révèlent insuffisantes pour refouler l'eau qui, à présent, envahit les cales. Le navire est devenu ingouvernable. L'équipage est persuadé qu'il ne va pas tarder à couler. De façon surprenante, le bâtiment se stabilise à cette inclinaison incroyable et flotte ! Comme si la gîte lui avait donné un autre centre de gravité. Mais la mer grossit de plus en plus. Toutes les lumières s'éteignent. Le capitaine Carlsen lance un premier SOS. Il est 12 h 57.

Depuis 1943, cet officier d'origine danoise est citoyen des États-Unis à la suite de son mariage avec une hôtesse du New Jersey. C'est d'ailleurs là, non loin de New York, dans un chalet de bois aux volets rouges, que vivent le couple et ses deux filles. Le *Flying Enterprise*, de la compagnie Isbrantsen Lines, dont le siège est à New York, est le deuxième navire que Henrik Kurt Carlsen commande depuis qu'il sert dans la marine marchande. Le précédent, le *Flying Clipper*, appartenait à la même compagnie, américaine de pavillon, scandinave d'esprit. Elle a la réputation d'exiger beaucoup de ses cadres. Avec Carlsen, elle est servie : il a navigué sur l'Atlantique infesté de *U-Boats* allemands, il a chassé la baleine, il a construit un émetteur radio pour remplacer celui en panne, il a même été chirurgien en recousant l'artère d'un marin poignardé. Un homme complet. Et « entêté », d'après ses parents vivant au Danemark.

Après l'envoi du premier SOS, il ne reste plus aux matelots et passagers qu'à attendre les secours. Dans l'obscurité et sans nourriture. D'énormes paquets de mer balaient le pont et le capitaine a estimé qu'il était plus risqué de tenter une sortie pour embarquer sur les canots de sauvetage. Un premier bateau, le cargo américain *Southland*, qui s'est détourné, arrive sur zone vers 17 heures. Trop tard, la nuit est tombée. Carlsen lui demande toutefois de rester à proximité. Au petit matin, membres de l'équipage et passagers mettent les gilets de sauvetage puis deux par deux – un matelot, un passager – sautent à la mer, où ils sont tous repêchés par le *Southland* et les autres bâtiments arrivés sur les lieux dans le courant de la nuit. Le dimanche, à 17 heures, il ne reste plus qu'un seul homme à bord du *Flying Enterprise* : le capitaine Carlsen.

Il est dans son rôle, mais la situation du *Flying Enterprise* est si précaire, si dangereuse qu'il pourrait l'abandonner dès à présent. Le bateau change en effet de position à différentes reprises. Les tonnes d'eau embarquées le font tanguer et il est régulièrement sur le point de s'engloutir. Mais il tient. À l'image de son capitaine toujours serein qui attend l'arrivée d'un remorqueur de haute mer.

Pendant que son navire continue de dériver, Carlsen a remis en état son poste de radio et annonce qu'il ne quittera pas le bord avant d'avoir sauvé le *Flying Enterprise*. Dans la nuit du 31 décembre, il lance un message : « Bonne année à tous ! » Il se repose sur un matelas calé entre un plancher et une cloison, demande qu'on lui fasse parvenir des magazines et se paie le luxe de plaindre les marins du destroyer américain *John W. Weeks* : « Vous prenez une position plus sévère que la mienne dans votre boîte à sardines. »

Dans le monde entier, on commence à se passionner pour l'histoire de ce « capitaine courageux ». Les reporters des actualités cinématographiques comme ceux des magazines affrètent des avions pour survoler la zone et les images spectaculaires qu'ils envoient de ce bateau couché, entouré d'anges gardiens, contribuent à la dramatisation. On ne parle plus que du capitaine

Carlsen. Le 3 janvier, le cargo en dérive à 300 miles des côtes irlandaises est rejoint par le remorqueur britannique *Turmoil* (« Tempête » !), le plus grand du monde. À trois reprises, il envoie un câble de remorquage en direction du *Flying Enterprise.* Échec : Carlsen le laisse échapper.

Maintenant, il pourrait quitter le navire. C'est sans compter avec son entêtement. Courageux, il l'est. Attentif aux intérêts de la compagnie Isbrandtsen aussi. Il sait qu'un bâtiment abandonné n'a plus de maître et appartient à celui qui le récupère. Mais ce n'est plus le cas puisqu'un contrat a été établi avec les propriétaires du *Turmoil.* Et puis il y a l'assurance. D'aucuns se mettent alors à fantasmer sur une « mystérieuse cargaison », sur du « matériel militaire top secret »... Les marins du syndicat Masters, Mates and Pilots, basé à New York, voient les choses plus simplement : « Nous comprenons très bien que notre camarade Carlsen soit un héros pour le public. Pour nous, c'est autre chose : c'est un marin qui fait son métier. Il a droit à notre estime, mais il mériterait notre blâme s'il avait agi autrement. »

Samedi 5 janvier. Le remorqueur français *Abeille 25* arrive sur les lieux. Depuis la veille, le capitaine a un compagnon en la personne du maître d'équipage du *Turmoil,* qui a réussi à sauter à son bord. En France, on murmure que les Anglais ont pris ce risque parce qu'ils craignaient que le remorqueur français réussisse la manœuvre... Grâce à ce renfort, le câble du *Turmoil* peut être enfin fixé à l'avant du cargo et le « convoi » prend la direction de Falmouth. Mais en quarante-huit heures, les choses se dégradent. Le cargo s'enfonce lentement. De grosses vagues roulent sur le pont. Dans la nuit du mardi 8 janvier, le câble se rompt violemment et le *Flying Enterprise* repart à la dérive sous de très fortes rafales de vent. Le courant menace désormais de le drosser sur les rochers du cap Lizard. Le 10 janvier, en début d'après-midi, le « capitaine courageux » abandonne son navire. Le *Flying Enterprise* est cette fois perdu. À 16 h 45, Carlsen, à bord du remorqueur, le regarde sombrer.

Lurs, triple crime au pays de Giono

Les Drummond ont bien choisi les dates de leurs vacances en France : cet été 1952 est vraiment superbe. Sir Jack, savant diététicien réputé en Grande-Bretagne, sa femme, Ann, et leur fille, Elizabeth, ont déjà, à bord de leur Hillman break, visité la Lorraine, puis sont descendus sur la Côte d'Azur, où ils ont passé quelques jours chez des amis à Villefranche-sur-Mer. À présent, ils musardent sur les routes de la Haute-Provence. En cette fin d'après-midi, ils s'arrêtent au bord de la nationale 96, près du village de Lurs, et décident de passer la nuit à la belle étoile. Entre la route et la Durance qui coule en contrebas, ils peuvent apercevoir la voie ferrée. En début de soirée, lady Ann et sa fille vont demander de l'eau à la ferme située à environ 150 mètres de leur voiture. La « Grand-Terre » appartient au vieux et solide Gaston Dominici. Les Britanniques, après avoir pique-niqué, se couchent sur leurs lits pliants et s'endorment sous la lune de cette splendide nuit du 4 août.

Vers 1 heure du matin, on entend des coups de feu. Rien d'étonnant en ces lieux où les braconniers sont nombreux. Le jour s'est levé lorsqu'un motocycliste, M. Olivier, se fait héler par un homme agité. C'est Gustave, un des fils Dominici, et il demande au motocycliste d'aller prévenir les gendarmes d'Oraison : il vient en effet de trouver une fillette assassinée sur un talus. Quand la maréchaussée arrive, c'est pour découvrir l'ampleur du drame. Les parents d'Elizabeth – car il s'agit bien de la petite Anglaise – ont également été tués. Avec une arme à feu. Aux nombreuses plaies sur son visage et sur son corps, on voit que sir Jack Drummond a tenté de se défendre. Le corps d'Elizabeth gît à près d'une centaine de mètres de ceux de ses parents : elle a été tuée à coups de crosse. Le médecin légiste constatera qu'elle est morte environ trois heures après ses parents. Tout, a priori, paraît incompréhensible, d'autant que rien n'a apparemment été volé dans la voiture. En revanche, elle semble avoir été fouillée et les cadavres ont été remués, comme si le ou les meurtriers cherchaient quelque chose.

Le commissaire Sébeille, de Marseille, est chargé de l'enquête. Il s'intéresse d'abord à Gustave Dominici. Pourquoi, après avoir découvert le cadavre de la fillette, ne s'est-il pas inquiété du sort de ses parents ? Et puis sa version de l'endroit précis où il se trouvait à l'instant où il a fait signe au motocycliste de stopper ne colle pas avec la version de ce dernier, qui l'a aperçu contournant la Hillman. Plus tard, le commissaire lui fera reconnaître qu'il a bien vu les corps des parents et, pire, que la petite Anglaise vivait encore : elle râlait doucement. Ce qui veut dire qu'il l'a laissée agoniser sans lui venir en aide ! « Mais à quelle sorte de gens ai-je affaire ? », se demande le commissaire. Surtout que Gustave est ensuite allé voir sa femme, Yvette, qu'il lui a dit : « Je viens de voir une petite fille le visage en sang », et que tous deux sont restés à la maison ! Yvette se justifiera en disant qu'elle était enceinte de cinq mois et qu'elle a eu peur de « se trouver mal ». Drôles de personnages. Le commissaire comprend qu'il n'est sans doute pas près d'en finir avec cette affaire. Une affaire qui fait… l'affaire de la presse. Le triple crime de Lurs passionne les Français – et les Britanniques –, presse écrite et radio envoient leurs meilleurs reporters, dont certains ont été arrachés à leurs vacances en famille.

Tout reste obscur. Six ou sept coups de feu ont été tirés et l'on n'a trouvé que deux douilles ; la carabine américaine du crime, jetée dans la Durance, a été retrouvée mais personne ne sait – ou ne veut dire – qui en est le propriétaire. Et il y a ces travaux de terrassement sur la voie ferrée. Au cours de la soirée, Gaston Dominici avait fait part de ses craintes à Gustave : à la lisière d'un de leurs champs, un éboulement de terre et de pierres menaçait les rails en contrebas. Et ils en étaient responsables devant la SNCF. Après dîner, Gustave était donc ressorti pour régler le problème.

L'enquête piétine. Entre-temps, les alentours de la Grand-Terre sont devenus un centre de curiosité. Le dimanche, de Manosque, de Digne, de Grenoble, on prend la voiture en famille et on va « à Lurs » sur les lieux du crime. Il y a tant de monde que des agents motocyclistes règlent la circulation. Le sol est jonché de papiers gras, de paquets de cigarettes vides, de boîtes de sardines et de peaux de saucisson. Un soir, un couple de touristes belges essaie même de camper à l'endroit où se trouvait la voiture des Drummond, avant d'être chassé par les gendarmes. Mais on ne s'approche pas trop près de la ferme des Dominici. Lesquels restent calfeutrés, fermés sur leurs secrets. L'impasse dans laquelle se trouvent les enquêteurs alimente les rumeurs. On croit savoir que sir Jack Drummond était un agent des services secrets britanniques et que les Soviétiques ne seraient pas étrangers au triple assassinat. D'aucuns penchent pour un crime politique lié à des rivalités entre résistants gaullistes et communistes…

Les couleurs de l'automne n'ont toujours pas apporté avec elles la lumière. Jusqu'à ce jour de novembre. Prié de raconter une nouvelle fois son emploi du temps dans la nuit du 4 au 5 août, Gustave Dominici doit notamment expliquer pourquoi, après avoir découvert les corps, il les a manipulés. « C'était pour savoir s'ils étaient morts. — Allons donc, rétorque le commissaire Sébeille, avouez que vous cherchiez quelque chose ! » Le lendemain, Gustave craque : « Je voulais savoir s'il n'y avait pas des douilles provenant de la maison. » Le policier sent qu'il tient le bon bout. Il lui faut élargir la brèche qui vient de fissurer le bloc de mutisme du fils Dominici. Mais sans le bousculer. Et il y parvient : « C'est mon père qui a tué les Anglais ! Il me l'a dit à 4 heures quand il partait chercher les chèvres », lâche Gustave, effondré, comme soulagé. Et c'est le grand déballage. Clovis, l'autre fils : « Oui, c'est bien le père. » Yvette : « Clovis m'a dit que c'était le pépé. Un soir, il avait entendu une dispute entre lui et ma belle-mère, et Gaston avait crié : "J'en ai déjà tué trois, je peux bien en tuer une quatrième !" » Le lendemain matin, Gaston Dominici est conduit à Digne. Mais on ne lui a pas parlé de la dénonciation de ses fils. « Qu'est-ce que vous me voulez encore ? » Il ronchonne, défie, lance au commissaire : « Tu m'emmerdes, je m'en vais. » C'est alors que Sébeille lui apprend que Gustave et Clovis l'accusent. « Pas possible ! Les salauds ! »

Le soir, il est confié à un gardien, Guérino. Les deux hommes bavardent en patois. Discutent de tout et de rien, de la famille, des champs, de la chasse. Gaston Dominici est fatigué, la colère contre ses fils est retombée.

« Cette histoire, c'est peut-être un accident, insinue le gardien. Eh oui, ce n'est qu'un accident, répond le patriarche d'une voix neutre. Mais l'homme m'avait attaqué, il me prenait pour un maraudeur, il a empoigné un fusil, j'ai tiré, ça a bardé. » Il confiera même un peu plus tard qu'il avait « voulu voir de près la belle dame », ajoutant (vantardise de « pistachier ») qu'elle lui aurait accordé certaines faveurs et que le mari les aurait alors surpris.

Gaston Dominici est désormais « le monstre de Lurs ». Il va se prêter sans difficulté à la reconstitution des deux premiers meurtres, mais tente de se jeter sur la voie ferrée lorsqu'on lui demande de courir les dizaines de mètres que l'assassin a parcourus pour tuer la petite Elizabeth. Et il refuse de refaire les gestes qui l'achevèrent.

Son procès s'ouvre au palais de justice de Digne, dans une ambiance de grand spectacle. Ténors du barreau, de la presse, de la littérature (Jean Giono, Armand Salacrou...). Bien mis, l'œil vif et parfois souriant, l'inculpé se redresse fièrement pour décliner son identité : « Dominici Gaston, propriétaire à la Grand-Terre, Basses-Alpes. » Autoritaire, redouté des siens, acharné au travail, près de ses sous... Le portrait que l'on brosse de lui a de quoi en faire sourire plus d'un. Ne sont-ils pas tous ainsi, les hommes de la région ?

Et c'est la procession des témoins. Sa femme, Marie Dominici, qu'il appelle « la Sardine ». Elle ne sait rien, bien sûr. Gaston l'interpelle : « Dis-moi, est-ce que c'est vrai que tu as vu mon pantalon plein de sang ?

— Mais non, il était sec et propre, ton pantalon, comme toujours. » Le maître de la Grand-Terre se rengorge. Beaucoup moins quand vient le tour de Clovis, qui par ailleurs ressemble énormément à son père. Il a au début refusé de reconnaître la carabine et soutient à présent qu'elle appartient au patriarche. Et il rappelle la dispute au cours de laquelle son père aurait lancé qu'il en avait « déjà tué trois ». « Tu as menti Clovis ! s'écrie Gaston Dominici. Tout ce que tu as dit est faux. » Rose, la femme de Clovis, confirme ce que dit son mari. « Je lui ai seulement reproché de ne m'avoir d'abord rien dit. Il m'a répondu qu'il avait espéré que le père se dénoncerait lui-même. »

Le témoignage de Gustave va faire sensation et obscurcir un peu plus les choses.

Il réfute tout ce qu'il a avoué au juge d'instruction ! Il n'accuse donc plus son père : « Quand les policiers ont vu que je ne voulais pas parler, ils m'ont frappé. Mon silence les embêtait. Ils voulaient me faire dire des mensonges, j'en ai dit. Ils m'ont fait accuser mon père. Mais mon père est innocent, oui, innocent. » Quand a-t-il menti ? Hier ou aujourd'hui ? Il n'empêche que c'est un sale coup pour l'accusation. Déjà que l'on murmurait que Gaston s'était sacrifié pour l'honneur de la famille ! Son défenseur, le célèbre avocat de Marseille, maître Pollack, veut que Gustave aille plus loin : « Gustave Dominici, écoutez-moi, la cour vous supplie de dire la vérité. Que s'est-il passé dans la nuit du crime ? Votre père vous le demande solennellement. Vous détenez la vérité. » Gaston lui-même intervient et implore son fils : « Gustave, je ne veux pas que tu dises que je suis innocent. Ce n'est pas ce qu'il faut dire. Dis la vérité. Qui était avec toi dans la luzerne quand tu as entendu des cris ? Devant tout le monde, il faut parler. — Je l'ai dite, la vérité », répète un Gustave buté.

Maître Pollack a ce sens méridional des rapports humains qui permet, avec naturel, de s'adapter aux gens et aux circonstances, et d'effacer – le temps nécessaire – les barrières sociales et culturelles. L'avocat général, non, pour qui il n'y a qu'un langage : le sien et celui de ses pairs. Ce n'est pas celui de Gaston Dominici. Lorsque l'accusateur demande à l'accusé : « Êtes-vous allé au pont ? », et que celui-ci répond : « Allée ? Il n'y a pas d'allée, je le sais, j'y suis été », les deux parties ne sont pas à égalité. Jean Giono, qui suit le procès et qui connaît mieux que quiconque les gens de la région, ne manque pas de le relever. De même que Roland Barthes dans *Les Lettres nouvelles* : « Naturellement, tout le monde feint de croire que c'est le langage officiel qui est le sens commun, celui de Dominici n'étant qu'une variété ethnologique, pittoresque par son indigence. Pourtant ce langage présidentiel est tout aussi particulier, chargé de clichés irréels, langage de rédaction scolaire, non de psychologie concrète. Ce sont tout simplement deux particularités qui s'affrontent. Mais l'une a les honneurs, la loi, la force pour soi. » Et Barthes de conclure : « Nous sommes tous Dominici en puissance [...]. Voler son langage à un homme au nom même du langage, tous les meurtres légaux commencent par là. »

Dans leurs réquisitoires, le procureur général Sabatier et l'avocat général Rozan, disant de Gaston Dominici qu'« il faisait trembler les siens rien qu'au son de sa voix » (circonstance aggravante, n'est-ce pas ?), sont à mille lieues d'imaginer qu'ils sont en train de donner raison à l'auteur des futures *Mythologies*. Ils ne sont en tout cas pas hommes à se laisser distraire par des digressions d'intellectuel. Et c'est la mort qu'ils demandent pour le « monstre de Lurs ».

Maître Pollack va se battre avec tout son talent. Ensuite, Gaston Dominici se lève : « Je suis ici à la place d'un autre. J'ai été enfermé un an dans une prison. J'ai été franc-z-et-loyal. Je suis innocent. » Peut-être. Même parmi ceux qui ne croient pas à cette innocence, beaucoup ont été choqués par l'entêtement de la cour à ne pas chercher au-delà de l'accusé. Le résultat est là : Gaston Dominici est condamné à mort. En raison de son âge – et des doutes ? –, sa peine sera commuée en emprisonnement. Il lui faudra attendre le début de la nouvelle décennie pour être libre. La fin de son procès ne met pas fin à l'affaire Dominici. On ne va pas cesser d'en parler. Elle est entrée dans le domaine mystérieux et impalpable de la mythologie.

Fréjus, et le barrage céda…

À environ 1 500 mètres en amont de sa maison, il y a le barrage de Malpasset. André Ferro en est le gardien depuis trois ans. Avant, il travaillait à la mine voisine et vivait avec sa mère quand, un matin, des messieurs sont venus lui dire : « On va construire ici un barrage. La ferme sera noyée, mais vous aurez une autre maison et votre fils sera nommé gardien de l'ouvrage. » André s'installa un peu plus tard dans sa nouvelle demeure, avec sa femme et son bébé. Sa mère refusa de les suivre. Pas question de quitter sa ferme ! Chaque jour, elle voyait monter les eaux, lentement. Jusqu'au jour où l'eau atteignit sa porte, monta et l'obligea à se réfugier un peu plus haut, dans la colline. De là, elle regarda sa maison et n'attendit pas qu'elle fût totalement engloutie pour plonger dans les eaux et s'y noyer. Le barrage de Malpasset venait de faire sa première victime.

Sa construction avait été envisagée juste après la dernière guerre. Dans cette région de Fréjus, il pleut non seulement peu mais mal. Presque rien toute l'année et, en automne, des Maures à l'Estérel, un déluge. Les rigoles qu'on appelle présomptueusement rivières se transforment alors en torrents incontrôlables. Leurs riverains résignés disent qu'« elles ne coulent que lorsqu'elles ne servent à rien ». C'est le cas de ce Reyran ridicule qui ne joue les teigneux qu'en novembre. Et c'est pourtant ce filet d'eau qui est choisi pour former un lac ! Ça en fait rire plus d'un. Le nom du constructeur désigné va les faire taire : André Coyne est l'un des plus grands spécialistes du monde. Et il est catégorique : ce sera un barrage de vallée à voûte mince. Le tracé en arc de ce type d'ouvrage fait que la pression de l'eau ne fait que renforcer sa résistance. Malgré sa minceur (Malpasset sera le plus ténu d'Europe), un tel barrage est d'une robustesse phénoménale. Une seule condition : que les berges soient saines et d'une solidité à toute épreuve. Jamais, en tout cas, un barrage-voûte n'a cédé.

Commencés au printemps 1952, les travaux se terminent en 1954. La mise en eau peut débuter avec les pluies d'automne, mais une longue procédure judiciaire avec l'exploitant d'une mine de spath fluor qui refuse d'être exproprié aboutit à un compromis. On ne dépassera pas la cote 95. Conséquence : la mise en eau complète ne se fera jamais. L'entrepreneur a gagné. Il y a mis les moyens et, sous un pseudonyme, a signé dans *Nice-Matin* un article perfide : « Est-il exact que si le barrage du Reyran a fait couler beaucoup d'encre à défaut de la moindre goutte d'eau, c'est parce qu'on se serait rendu compte après coup que, pour le cas où sa mise en eau, qui n'est toujours que partielle, serait amenée à sa cote prévue, la pression alors subie par le barrage risquerait d'avoir sur lui de graves conséquences que les auteurs du projet n'avaient certes pas prévues ? » Texte pervers puisque c'est lui, l'exploitant de la mine, qui limite la mise en eau du barrage ! Mais ce travail de sape n'est pas sans effet sur l'opinion publique. « Ils n'osent pas le remplir », entendait-on. Et on avait un peu peur.

20 novembre 1959. André Ferro, le gardien, indique sur le journal de bord : « Fuites sur le tapis du barrage. » Et il alerte par téléphone l'ingénieur du Génie rural. « Ce n'est rien, répond celui-ci. Le tapis n'a rien à voir avec le barrage. » Le 27 novembre, il pleut sans discontinuer. C'est la saison.

Dimanche 29 novembre 1959. Une formidable tempête éclate dans le sud de la France. La Méditerranée dévaste les rivages, les plages. Dans les collines et les montagnes de l'arrière-pays, c'est le déluge. Chaque ravine devient un torrent drainant les eaux vers le lac de Malpasset. La cote 95 va être dépassée. Ferro appelle le Génie rural. Il reçoit l'ordre de ne pas ouvrir les vannes. Tant pis pour le spath fluor. L'eau approche à présent la cote 98, proche du déversoir, c'est-à-dire qu'elle va passer par-dessus la crête du barrage et aggraver les inondations provoquées, dans la vallée, par les pluies diluviennes.

Le 1er décembre, la côte du déversoir est presque atteinte mais le gardien consigne dans son cahier : « Ne peux prévenir le Génie rural à Toulon, PTT en grève. »

2 décembre. Un hélicoptère, avec à son bord l'ingénieur du Génie rural, survole le lac. La tempête est aussi dans son crâne : il faudrait que l'eau s'arrête juste avant le déversoir sans qu'on soit obligé d'ouvrir la vanne de vidange. Cela va se révéler irréalisable. Et à 16 heures, le gardien reçoit l'ordre de faire « une lâchure », d'ouvrir la vanne « pas avant, toutefois, que les hommes du chantier de l'autoroute du Soleil, en aval, n'aient eu le temps de mettre à l'abri leur matériel ». L'ordre précise également que « si des dégâts sont provoqués dans le bas Fréjus, la mairie préviendra ». André Ferro continue de noter : « 18 h 05. Ouverture difficile de la vanne. Débit : 60 mètres / seconde. 19 heures. Débit maintenu à 60 mètres / seconde. 19 h 50. Aucun dégât au pont de l'autoroute. Le Reyran charrie des blocs de terre arrachés aux berges. 20 h 50. Débit : 60 mètres / seconde. La nuit est noire mais les pluies ont cessé. Tout va bien. Ronde de 21 heures. RAS. »

Rentré chez lui pour dîner, il attend que sa femme recouse un bouton au pull qu'il va mettre quand il remontera dormir dans la cabine du barrage. Il ouvre la porte pour ressortir et entend un bruit « pareil à un grognement d'animal ». Il comprend aussitôt, prend son bébé dans les bras et gravit la colline en entraînant son épouse. Il est 21 h 15. Le barrage de Malpasset vient de céder ! À cet instant précis, de nombreux habitants de la vallée du Reyran et de la ville de Fréjus sont devant leur poste de télévision et rient aux facéties du clown Zavatta. Quand soudain, les lumières s'éteignent et qu'un grondement se rapproche. C'est le bruit que produit une gigantesque vague d'une quarantaine de mètres de haut, qui roule sur des centaines de mètres d'énormes blocs de béton constituant le gros œuvre du barrage, et qui déferle dans la vallée à 70 kilomètres/heure, rasant tout sur son passage : maisons, voitures, arbres. Des quatorze piles du pont de l'autoroute, il ne reste rien. Quant aux ouvriers du chantier… Un quart d'heure plus tard, la vague d'eau et de boue mesure encore une dizaine de mètres lorsqu'elle atteint les bas quartiers de Fréjus, les arènes et la base aéronavale, pour se jeter dans la mer. « J'ai vu des arbres qui avançaient en poussant des voitures. C'était la vague qui envahissait les arènes », raconte un survivant. Et seules les arènes, datant de dix-huit siècles, ont tenu ! Une portion de la nationale 7 est emportée, ainsi que des centaines de mètres de voie ferrée. La Micheline venant de Nice allait entrer en gare quand son conducteur freina brutalement : il n'y avait plus de rails. Des dizaines et des dizaines de maisons disparaissent complètement avec leurs habitants. Plus de lumière, plus de téléphone. Les premiers secours s'improvisent. Fréjus est une ville de garnison. Des dinghys de l'armée commencent à fouiller l'obscurité à la recherche des victimes.

C'est seulement avec le lever du jour qu'il est possible d'avoir une vision de l'ampleur de la catastrophe. Quand le temps aura permis de dresser un bilan, on dénombrera 423 morts, dont une centaine non identifiés. Au cimetière, faute de place, on a creusé au bulldozer trois tranchées de 30 mètres de long. L'élan de solidarité – aussi bien en France que dans toute l'Europe – est à la mesure du désastre. Des demandes d'adoption affluent pour les 72 orphelins rescapés. La municipalité décide de s'en occuper elle-même jusqu'à leur majorité. À Fréjus, ce Noël qui approche, on n'aura pas trop le cœur à le fêter.

Et ce barrage d'« une exceptionnelle solidité » ? Il n'y serait pour rien. Sur son côté gauche, dans la roche, les géologues n'avaient pas décelé des failles qui ne la rendaient pas homogène. Le 2 décembre, cette roche a sauté comme un bouchon de champagne et le Malpasset s'est ouvert brusquement comme une porte sous l'effet d'un violent courant d'air. À ses détracteurs et à ses « chambreurs », on avait dit qu'il avait au moins à son actif la disparition de crues.

Le « miracle » Pinay

« Mais qu'est-ce qu'il a, M. Pinay ? Qu'est-ce qu'il a pour que, depuis le jour où il est devenu président du Conseil, l'homme de la rue se dise : tiens, en voilà un qui n'est pas comme les autres… » Jeune, belle et brillante journaliste qui interviewe pour *France Dimanche* les vedettes de l'actualité, Françoise Giroud, en cette année 1952, ne pouvait pas passer à côté d'Antoine Pinay. La révélation de l'année. Lorsque l'indéboulonnable maire de Saint-Chamond, près de Saint-Étienne, est, le 6 mars, investi comme Premier ministre par l'Assemblée nationale, peu le connaissent réellement. Mais alors, que s'est-il passé ?

Avant tout, il faut bien en dire un peu plus sur ce sexagénaire aux traits fins mais au front bombé au-dessus de la moyenne qui l'oblige à faire fabriquer sur mesure ses chapeaux noirs bordés. Cela tombe bien car il s'y connaît en chapeaux : son père en fabriquait à Saint-Symphorien et son grand-père se vantait d'être l'importateur exclusif du modèle de canotier dont Maurice Chevalier devait tirer tant d'effets. Antoine, lui, est entré dans les cuirs et peaux par son mariage. Son beau-père avait exigé qu'il accomplisse des stages d'ouvrier dans les ateliers. Il y a sans doute encore, en 1952, de vieux ouvriers qui ont appris le métier au nouveau président du Conseil ! Ce sont son beau-frère et son gendre qui dirigent la tannerie pendant qu'Antoine fait de la politique à Paris.

Sérieusement blessé en 1914, député (de droite) en 1936, sénateur en 1938, il a voté en 1940 les pleins pouvoirs à Pétain et a fait partie de son Conseil national. Mais comme maire de Saint-Chamond, il s'est conduit fort honorablement (ce qui, pour l'époque, équivaut à du courage) face aux autorités d'occupation.

Maire, député, sénateur, ministre, quelle que soit la fonction, ce qu'en retient l'entourage, c'est sa simplicité (le mot est galvaudé, mais dans son cas il semble convenir). On raconte que, ministre des Travaux publics et des Transports, il avait fait le trajet Paris-Lyon assis sur sa valise, dans le couloir, et sans se faire connaître du contrôleur... Lui-même se targue d'être « comme tout le monde », plutôt qu'un politique brillant. « Ses discours, notamment ceux qu'il tient devant des auditoires ruraux, rapporte Alexander Werth, correspondant de journaux britanniques, sont caractérisés par leur style moralisateur et paternaliste. »

Ce début mars, la France est en pleine déroute financière. La panique monétaire des derniers jours de février fait craindre la banqueroute. Et naturellement, c'est le moment qui est choisi pour pratiquer l'exercice rituel 100 % IVe République : faire tomber le gouvernement. Exit donc Edgar Faure, renversé pour avoir réclamé à l'Assemblée, avec le soutien des socialistes, 120 milliards d'impôts supplémentaires. Défilent alors chez le président Auriol les chevaux de retour dont les noms paraissent interchangeables aux Français. Les Reynaud, Daladier, Pleven, Mollet, Laniel... Auriol, conscient de la gravité de la situation, préférerait un peu de sang neuf. Lorsque quelqu'un lance le nom de Pinay, il se dit « pourquoi pas ? ». Le chef de l'État l'apprécie pour l'avoir remarqué dans les conseils de gouvernement. Et c'est ainsi que les journalistes agglutinés dans la cour de l'Élysée découvrent, sortant de sa Traction 15 CV, le tranquille M. Pinay.

S'il a le soutien du président, il a (presque) tout le monde contre lui. Communistes et socialistes ne sont pas disposés à soutenir ce « modéré », adversaire déclaré de la fiscalité. Quant au général de Gaulle, partisan de la politique du pire, afin de crever l'abcès, il est cinglant : « Je n'ai pas sauvé la France pour la livrer à un Pinay ! » Sa formation (ne prononcez pas le mot « parti » devant lui), le RPF (Rassemblement du peuple français), détient la clé de l'investiture. Il suffit que ses élus s'abstiennent et Antoine Pinay ne sera pas élu. Mais vingt-sept d'entre eux vont « trahir ». Parce que le moindre mal leur semble préférable au pire. Et puis parce que l'érosion du mouvement gaulliste a servi de révélateur :

nombreux parmi ses députés avaient choisi la croix de Lorraine, plus par anticommunisme et conservatisme que par gaullisme pur et dur. Des vichystes pas trop voyants y ont même trouvé l'endroit où se refaire une virginité. Antoine Pinay a donc de la chance. D'autant plus que, pour la première fois depuis la guerre, il y a, au Parlement, une majorité de centre droit. Tout cela préfigure le retour de la bonne vieille République des notables, celle de la IIIe. Oh ! France éternelle !

Le 6 mars, jour de l'investiture au Palais-Bourbon, c'est gagné. Le député-maire de la Loire dresse le bilan impitoyable de la situation financière et économique, propose des « remèdes simples » (pardi) qu'il fait chaleureusement applaudir (sauf, bien sûr, sur les bancs du PCF, de la SFIO et du RPF « orthodoxe ») : amnistie fiscale, lancement d'un emprunt or, campagne nationale contre la baisse des prix. Et ce trésor : « On doit éviter la banqueroute sans avoir recours à l'impôt. » Il avait besoin de 313 voix, il en a 324. « Ils ont choisi d'aller à la soupe », jette un de Gaulle méprisant en évoquant les « renégats » du RPF. Entouré d'une équipe de technocrates renommés, et faisant régulièrement appel à des experts qui le sont tout autant, comme Jacques Rueff et le gouverneur de la Banque de France Wilfrid Baumgartner, « Monsieur Consommateur » (c'est ainsi qu'il se définira dans une interview à *Paris-Presse*) se met au travail.

L'inflation d'abord. Depuis un an, dans le monde entier, les prix baissent. Et quand ils ne baissent pas, ils sont stables. Sauf en France ! Pourtant la guerre de Corée se termine et les prix des matières premières chutent. Alors ? Peut-être les responsables politiques ont-ils passé plus de temps à entretenir la singularité nationale – l'instabilité gouvernementale – qu'à trouver des solutions aux problèmes financiers et économiques ? Toujours est-il qu'il y a entre les prix une dangereuse émulation. Totalement à rebours de ce qui se passe dans le reste du monde. Eh bien, quelques semaines seulement après sa prise de fonctions, miracle : l'indice de détail baisse. La « légende Pinay » est en route. Son volontarisme, profitant de la nouvelle conjoncture internationale, a renversé la tendance. « Ce qui provoque en ce moment, avait-il déclaré, l'avilissement du franc, c'est la réaction de défense des individus qui ainsi précipitent eux-mêmes sa chute. » Et il assène : « L'État est le gardien de la monnaie au même titre que l'ordre public. » Il va donc rétablir l'ordre. En inspirant confiance. C'est immédiatement contagieux. Enfin quelqu'un qui ne donne pas l'impression de gouverner pour les députés et les partis, mais au contraire pour les ménagères, entend-on. Un homme qui ne « profite » pas des ors de la République. Il est de nature économe. « Le *Journal officiel* suffit bien », dit-il après avoir interdit l'affichage de sa déclaration ministérielle.

Chaque soir, tard, il quitte l'hôtel Matignon pour son trois pièces du boulevard Suchet. « Il n'est jamais beaucoup sorti, lit-on dans un reportage de *Paris Match*. Sa passion calme est là, bien rangée dans la bibliothèque. Ce sont les livres d'histoire, les grandes vies, les grands moments, le cinéma inépuisable du passé. Son bureau domine le chemin de fer de ceinture, ce dernier petit train de Paris, qui relie, à travers la Muette et Maillot, Auteuil à Pont-Cardinet. Un "bow-window" avance en cabine vitrée sur la voie, comme un poste d'aiguilleur. M. Pinay est réveillé par le train des écoliers qui emporte vers Janson ou Sainte-Marie les collégiens espiègles et les petites filles sages. »

Les prix, c'est son obsession, ils ne monteront plus parce qu'ils ne le doivent pas ! *Paris Match*, encore, rapporte que, n'ayant pu se rendre à Saint-Chamond trois semaines de suite, il a dû faire faux bond à son coiffeur et s'est fait couper les cheveux dans un salon proche du ministère. 625 francs, au lieu de 100 francs dans sa cité ! Il a aussitôt exigé de la profession qu'elle fasse « un effort ». Même chose avec la corporation des teinturiers-blanchisseurs, après qu'il a vu le prix épinglé sur une chemise blanche livrée à son chef de cabinet. Le Syndicat du blanc, qui venait de demander une hausse de 10,5 %, n'avait plus aucune chance d'obtenir satisfaction. Il reçoit les représentants de toutes les professions. À commencer par les présidents des grands magasins, baromètres de la consommation : « Faites un effort et tout le monde suivra. » Le lendemain, la mention « Défense du franc » fleurit sur les vitrines. Avec l'annonce de baisses.

Il fait adopter sa loi de finances, sans impôts nouveaux (ça, c'est vraiment nouveau), lance l'emprunt Pinay, « rente de 3,5 % à capital garanti », « fait » la une du prestigieux magazine américain *Time*, reçoit, à la Foire de Lyon, l'ovation de la foule, qui rompt les barrages. Aucun autre personnage de la IVe République n'a été aussi populaire. Et le restera en dépit des échecs. Cette réussite suscite bien évidemment jalousies et sarcasmes. « C'est un fait, et un fait très remarquable que le gouvernement malgré son inaction a obtenu des résultats. Ce sera certainement l'un des rares cas dans l'histoire où l'on aura vu apparaître des résultats ne correspondant à aucun effort positif et qui se dessinent en quelque sorte dans le vide. » Cet article signé de trois X dans *Combat* a pour auteur Edgar Faure, le prédécesseur d'Antoine Pinay ! C'est au moment où les dons miraculeux du « petit homme au chapeau » paraissent taris ou sur le point de l'être. En septembre, les prix alimentaires sont de nouveau attirés par les hauteurs et Pinay est contraint de les bloquer. Lui, l'adversaire du dirigisme. Comme l'écrit Jacques Fauvet : « L'expérience réussit à mécontenter tous ceux qui l'avaient soutenue à l'origine sans rallier ceux qui l'avaient combattue. »

L'emprunt or, en dépit des claironnements, n'est qu'un demi-succès puisqu'on comptait sur 600 milliards pour remplacer l'impôt, et que seuls 400 milliards ont été récoltés. Le gouvernement est alors obligé d'emprunter 100 millions de francs suisses. Et que dire de l'amnistie fiscale ? Pinay avait ainsi espéré dégeler une importante proportion de l'or stocké, estimé à près de 3 000 tonnes. L'État n'en a vu que 35 à 40 tonnes. L'argent et le civisme…

L'euphorie a fait son temps. Les parlementaires retrouvent le goût de la curée. Le 22 décembre au soir, le chef du gouvernement remet sa démission au président Auriol. Fin du « miracle Pinay ». Et début d'une légende.

Le comble, c'est qu'il sera en juin 1958 le dernier ministre des Finances de la IVe République. Dans son dernier gouvernement, celui conduit par… le général de Gaulle à la suite des événements du 13 mai à Alger.

Et, comble pour comble, Antoine Pinay va lancer un nouvel emprunt de 3,5 % « garantie or ». Accompagné de cette injonction aux Français : « Je vous demande instamment d'assurer un succès triomphal à l'emprunt que nous allons ouvrir, première étape de notre redressement, première preuve de confiance nationale que vous vous donnerez à vous-mêmes et, permettez-moi de le dire, que vous m'accorderez à moi qui en ai tant besoin. » Signé : Charles de Gaulle. Celui qui n'avait pas « sauvé la France pour la livrer à un Pinay ».

Et Poujade inventa le poujadisme

Saint-Céré est une petite ville du Haut-Quercy, dans le Lot. Une commune comme il y en a des milliers en France, avec ses épiceries, ses cafés, ses secrets. Mais ce n'est pas tout à fait la *doulce* France. Le Lot, en cette année 1953, est en effet l'un des dix départements dont la population est en régression depuis 1945. À rebours de la démographie nationale, en hausse dans le même temps de 5,5 %. Et le Lot – encore – partage avec treize autres départements la désespérance d'enregistrer plus de suppressions de commerces que de créations. Implacable : le village perd un habitant, aspiré par la grande ville, le commerçant perd un client. Certains disent que « c'est bien fait pour eux ». Pendant une dizaine d'années – de 1939 à 1949 –, la pénurie a été le pain quotidien (et il n'y en avait pas tous les jours, du pain) d'une majorité de Français. Pour les petits commerçants, ce furent au contraire des années plutôt fastes. Leur problème en effet n'était pas de vendre mais d'acheter. Aussitôt en magasin, la marchandise était écoulée. Ça crée des habitudes. Et des magots respectables. Ça permet pour certains de monter dans l'échelle sociale. En achetant des demeures bourgeoises, en poussant le fiston jusqu'au bac et au-delà. Ce qui est pris est pris. Au cours de ces dix années, noires, puis grises, 300 000 commerces nouveaux ont été créés.

La fin des années 1940 voit enfin la suppression des tickets de rationnement. Pour l'alimentation d'abord, puis pour l'essence. Pour le petit commerçant, en revanche, c'est la fin de l'âge d'or. On commence à trouver de tout, notamment dans les coopératives et les premiers magasins « à succursales multiples », des marchands ambulants quadrillent la campagne, le boutiquier n'a plus le beau rôle. Après le bon beurre, la soupe à la grimace. Et comble de tout, voilà que s'en mêle ce « bon monsieur Pinay ». Jusque-là – 1952 –, en dépit des difficultés croissantes, on parvenait encore à s'en sortir. Avec ce franc qui perdait chaque année 20 % de sa valeur, des impôts qu'on payait avec un an de retard, et des stocks revalorisés d'autant, ça pouvait aller. Mais la stabilité décidée et obtenue par ce bonhomme au chapeau, c'est le drame. Des charges brutalement en hausse, des clients en déclin. On ne s'en sort plus. Beaucoup baissent les bras et les rideaux. D'aucuns, pris à la gorge, se suicident.

La veille de ce 22 juillet 1953, la propriétaire de la maison Neuvière à Saint-Céré n'est pas loin de cette extrémité. Elle vend un peu de tout dans sa boutique bleu marine bordée de noir, comme pour un deuil annoncé : des chaussures, de la lingerie, des lainages, de la mercerie. « Ça eut payé », comme le dit Fernand Raynaud, mais ça ne paie plus. Alors la dame ne peut plus s'acquitter de ses impôts. Les redoutables « polyvalents » ont donc annoncé leur visite pour le 22. Ce sont des agents fiscaux qui ont le droit de tout contrôler. Et malheur au « petit » qui ne peut se payer les services d'un conseiller fiscal. Car il faut pouvoir s'y retrouver dans cette jungle administrative obscurcie par 3 000 lois que les inspecteurs du fisc eux-mêmes seraient bien en peine de connaître – et de comprendre – dans leur intégralité. Les commerçants encore moins !

La maison Neuvière n'a pas de conseiller fiscal. Des « gros bras » vont y pourvoir. Le 21 au soir, un trio d'élus municipaux prépare la riposte. L'ébéniste Freizac, le pharmacien Dufour et le libraire-papetier Poujade se sont réunis et ont décidé que trop c'était trop, et que les « polyvoleurs » n'avaient pas intérêt à venir fourrer leur nez chez un de leurs confrères. Alors, le garde champêtre et son tambour ont été requis pour faire passer le message. Et la voiture de l'électricien, équipée d'un haut-parleur, a sillonné les alentours afin d'ameuter la population. Et de fait, le lendemain matin, lorsque arrivent ces messieurs du Trésor public, ils se voient barrer la route par 300 commerçants et artisans venus de tous les bourgs voisins. Que vouliez-vous qu'ils fissent, sinon déguerpir ?

Saint-Céré crie victoire. Saint-Céré a mis le fisc en déroute ! Saint-Céré devient, du jour au lendemain, la capitale de la révolte contre l'État, fossoyeur du petit commerce. Et le leader de cette jacquerie fiscale est incontestablement le propriétaire de la librairie-papeterie, Pierre Poujade, surnommé « Pépé », non en raison de son âge (il n'a que trente-quatre ans) mais à cause de ses initiales.

C'est une grande gueule, un costaud, demi-centre de l'équipe de football locale. Marié à la fin de la guerre à une Algéroise, quatre enfants. Un certain esprit d'initiative : les cahiers, les crayons, les cartes postales, c'est un peu juste pour faire vivre la tribu, aussi a-t-il l'idée de louer des romans d'amour, des « policiers ». Très tôt, il a une obsession : les « politiciens de Paris ». « Ils » ont refusé à Saint-Céré le titre de chef-lieu de canton ; « ils » ont fait passer le chemin de fer loin de « sa » ville. « Ils » seront la cible de sa campagne municipale. Élu conseiller municipal, il ne cessera de les fustiger. Avec succès auprès des administrés, car il a le génie des formules. Le « coup » du 22 juillet en fait une vedette. Et lui fait entrevoir un nouveau destin. C'est décidé, il sera désormais le « Robin des Bois » du petit commerce, le croisé antifisc.

Ce que les « durs » de Saint-Céré ont fait, tous peuvent le faire. Alors, il fait la tournée des communes, convainc, constitue un solide réseau de fidèles et met au point la lutte contre les percepteurs. « Vous avez des impôts en retard, payez à raison de 55 francs par jour, en réclamant un reçu. Si vous êtes 500 à faire ça dans le département, les percepteurs seront vite noyés sous la paperasse. » Dans son premier tract titré « Dictionnaire du contribuable », on lit : « Bénéfice : ce qui reste quand le fisc a tout pris ; contribuable : voir à accusé ; commerçant : espèce nuisible à faire disparaître ; direct : se dit d'un contrôleur, se dit aussi d'un coup de poing bien appliqué. » C'est à rapprocher du ton et des thèmes chers aux chansonniers. Et ça plaît. Un grand écriteau est à présent visible sur la devanture de son magasin : « Union de défense des commerçants et artisans » (UDCA), et un insigne représentant un coq gaulois, une patte sur Saint-Céré, l'autre sur Paris, symbolise le mouvement. « Saint-Céré va devenir le nombril de la France », proclame Poujade. Et de fait, il va enflammer tous les départements du « désert français », entre la Loire et la Garonne.

En dix-huit mois, il va prendre la parole (et quand il la prend, il la garde des heures) dans des centaines de meetings, recueillir plus d'un demi-million d'adhésions et lancer les appels à la croisade dans son journal *L'Union*, tiré à près de 400 000 exemplaires. « Pépé » est devenu « le chef ». Et ce chef inquiète sacrément les « gens de Paris ». « Il ne dépassera jamais la Loire », disaient-ils pour se rassurer. Un an après l'affaire de la « maison Neuvière », 30 000 personnes l'acclament au Vél' d'Hiv ! Et il a installé son QG parisien dans un bistrot du Kremlin-Bicêtre. Les « bougnats », ces petits cafetiers venus des régions du Centre s'installer dans la capitale, ne sont pas les derniers à applaudir aux actions commando des 2 000 « gros bras » de l'UDCA contre les polyvalents, huissiers, commissaires-priseurs. « Pour guérir de la contrôlite, une piqûre de Poujadine ! » Pour épingler les photos des nombreuses victimes de ces « piqûres » (il y a aussi les CRS), la place commence à manquer sur les murs de son bureau, au premier étage de la papeterie de Saint-Céré.

Il y a le fisc. Il y a aussi ces ogres insatiables, les Uniprix et Monoprix. De combien de petits commerces ont-ils chaque jour la peau, ceux-là ? Et puis, suivez mon regard, n'appartenaient-ils pas à des juifs ? Regardez Mendès France, sa femme, c'est bien l'héritière des Grands Magasins du Caire, non ?

En s'adressant à tous les mécontents, ceux qui vivent un vrai drame comme ceux qui sont toujours en quête d'un bouc émissaire, Poujade a contribué à réveiller le bon vieil antisémitisme des chaumières. Et Mendès (qui a le culot de s'appeler France !) est l'objet d'allusions, de plaisanteries et d'attaques répétées. Lorsque Poujade désire boire de l'eau à table, il désigne une cruche en forme de cochon et lance : « Passez-moi le Mendès ! »

Et il y a enfin les « intellectuels », ces esprits « supérieurs », tous ces professeurs, sorbonnards, polytechniciens, fonctionnaires qui fréquentent « les bars chics de la rive gauche ». « Ici, écrit Roland Barthes dans *Les Lettres nouvelles*, apparaît un thème cher à tous les régimes forts : l'assimilation de l'intellectualité à l'oisiveté : l'intellectuel est par définition un paresseux, il faudrait le mettre une bonne fois au boulot. » Si encore il n'était que paresseux. Mais l'intellectuel (dans la grille sémantique de Pierre Poujade, les fonctionnaires de la rue de Rivoli méritent ce label) est surtout un parasite nuisible et malsain. Les députés, ces « vendus », en font également partie.

Sauf s'ils sont poujadistes. 2 janvier 1956 : l'Assemblée a été dissoute fin décembre. Il faut revoter. Poujade, l'antiparlementaire, a décidé à la surprise de tous de présenter des listes dans tous les départements, parfois même trois : une au nom des commerçants, une à celui des agriculteurs, une autre pour les consommateurs. Il a installé son poste de commandement à Ablon, à 25 kilomètres de Paris. Là, il s'est complaisamment laissé photographier avec sa femme. Tous deux sont en robe de chambre et en pantoufles. Pendant qu'il trie les candidatures qui affluent, Yvette lui prépare son inhalation. « Il a tant crié depuis deux ans, dit la légende, qu'il ne peut plus parler. Avant chaque réunion (il en tient quatre par jour), il est obligé d'inhaler du soufre. » On le voit aussi brandir une des 250 000 affiches qu'il a fait tirer, avec son portrait : « Attention ! Cet homme est dangereux. »

Grand seigneur, le ministère de l'Intérieur lui accordait, dans ses pronostics, une dizaine de sièges. Il en remporte 52. C'est une immense surprise. Un choc. 2,5 millions de voix issues de (presque) tous les milieux. Le gros perdant est le RPF. Vases communicants ? Pendant des semaines, on ne parle que de Poujade, on soutient qu'une nouvelle force politique vient de naître. La presse anglaise, qui a surtout retenu ses slogans nationalistes, qui l'a entendu vitupérer violemment « Edgar Faure, lâcheur du Maroc », « Mendès, vendeur de la Tunisie et bradeur de l'Indochine », le surnomme « Poujadolf ». En revanche, la presse de droite, en France, s'inquiète plus des 52 sièges gagnés par les communistes que de ces 52-là : ce sont quand même des « nationaux ». Pendant la campagne électorale, les troupes de choc poujadistes n'ont d'ailleurs fait le coup de poing que dans les meetings de gauche. Et dans le combat pour l'Algérie française qui se profile, elles seront très actives. On sera alors loin, très loin de la maison Neuvière de Saint-Céré.

Les Coty, « grands-parents » des Français

« Dans le silence de l'Élysée, sur son écran de télévision, M. Vincent Auriol a assisté à la scène qui mettait un terme à son septennat. Il est exactement 22 h 20. Sur l'écran, M. Le Troquer est en train d'annoncer, à l'issue du treizième scrutin : "M. René Coty ayant obtenu la majorité des suffrages, je le proclame président de la République pour sept années à partir du jour où prendra fin l'exercice en cours." » Cette photo prise le 23 décembre 1953 par *Paris Match* (l'hebdomadaire a mobilisé vingt-deux reporters pour couvrir l'élection présidentielle) fixe la fin du feuilleton le plus abracadabrant de la IVe République, qui n'en est pourtant pas avare. Il a en effet fallu une semaine complète et treize tours de scrutin aux 946 parlementaires réunis en congrès à Versailles pour élire le nouveau chef de l'État. « Les Six Jours de Versailles », « Le cirque de Versailles »… : la presse s'est régalée. L'opinion, à la fois amusée et irritée, s'est elle aussi prise au jeu. En déclarant à la télévision : « Si cette histoire vous amuse, nous allons la recommencer. Mais il y a quelqu'un qu'elle n'amuse pas, c'est le peuple français », l'honorable sénateur (ils sont tous honorables) de Moro-Giafferi a fait montre de grandiloquence (ils sont tous grandiloquents) et d'exagération. Pour les 300 000 privilégiés possesseurs d'un récepteur de télévision, les reportages en direct de Pierre Sabbagh ont en effet été suivis comme s'il s'agissait d'une série de fiction. Les mélomanes, pour leur part, et pour l'anecdote, ont été trompés par le petit morceau de musique précédant l'émission : ils pensaient à Lully, il s'agissait en fait d'un air créé par Roger Roger, un musicien de variétés ! Feuilleton, variétés. Petit retour en arrière.

Ce 17 décembre, à Versailles, le soleil a devancé tout le monde. Tout le monde, c'est-à-dire le Tout-Paris. Car – c'est une grande tradition républicaine – tout commence par un banquet de 900 couverts dans l'immense salle à manger du Trianon Palace. Là même où, trente-quatre ans plus tôt, Clemenceau, Wilson et Lloyd George ont imposé à des Allemands blêmes les drastiques conditions du traité de Versailles. Pour le menu unique à 3 000 francs composé par le maître queux Achille Meyer, 50 cuisiniers ont accommodé 450 langoustes et 250 poulets de Bresse (au feu de bois). Dessert : ananas glacé. Le champagne est un Charles Heidsieck 1947, l'année de l'élection du président Auriol. Panachage de ministres, de journalistes, d'artistes, d'écrivains. Joseph Kessel évoque sans doute des souvenirs communs de la France libre avec Maurice Schumann, Paul Reynaud raconte à sa voisine son dernier voyage en Extrême-Orient, le ministre de l'Intérieur, Martinaud-Déplat, s'est entouré des chansonniers Jean Rigaux et Jean Marsac qui, d'ordinaire, le brocardent sur les ondes. Une bouteille d'eau minérale trône, solitaire, devant l'assiette de Pierre Mendès France… Les sénateurs, eux, ont retenu pour la durée du congrès la salle de restaurant du Pavillon de la Chasse, plus proche du château où va se dérouler le scrutin. Parmi eux, René Coty, élu de Seine-Inférieure. Aucune femme n'est là pour égayer cette assemblée d'hommes qui ignorent alors qu'ils en ont pour une semaine. À l'instar du personnel de l'intendance : les 300 poêles à catalyse n'ont en effet été pourvus en carburant que pour sept heures de chauffage. Bel optimisme.

Et que dire des 1 400 CRS, 1 500 gardes républicains, 500 agents de police et des soldats du 3e régiment d'infanterie ? Ils ont été rassemblés pour former la haie d'honneur du futur président. Par précaution, on leur avait donné deux jours de vivres, mais ils comptent bien que leur corvée ne durera qu'une journée. Comme les tambours et trompettes de la garde, répétant chaque après-midi, devant la pièce d'eau des Suisses, la sonnerie « Aux Champs ». Sur le qui-vive à chaque tour de scrutin, tout ce monde en uniforme de parade sera treize fois prêt à rendre les honneurs. La dernière sera la bonne, mais il se sera écoulé sept longs jours.

À 14 h 30 ce jeudi 17 décembre, députés et sénateurs pénètrent dans la salle des séances. La présidence du congrès sera assurée par

André Le Troquer, premier vice-président de l'Assemblée nationale. La télévision va faire une vedette de cet homme au visage rondelet, barré d'une moustache, réclamant constamment le silence en tapotant de sa main gauche (la droite est inerte suite à une blessure de guerre) une règle de maître d'école. Huit parlementaires ont posé leur candidature. Le socialiste Marcel-Edmond Naegelen (soixante et un ans), député des Basses-Alpes, le MRP Georges Bidault (cinquante-quatre ans), le radical Yvon Delbos (soixante-huit ans), le communiste Marcel Cachin (quatre-vingt-quatre ans), le benjamin, député indépendant des Hautes-Pyrénées, Jacques Fourcade (cinquante et un ans), le radical député-maire de Nice Jean Médecin (soixante-trois ans), le candidat gaulliste Paul-Jacques Kalb, sénateur du Haut-Rhin, et le grand favori, Joseph Laniel (soixante-quatre ans), Premier ministre en exercice. Un richissime élu du Calvados dont Mauriac a dit : « Il y a du lingot chez cet homme-là. » La diversité des sigles ne doit pas tromper : sur les huit candidats, six sont présentés par la droite.

Le feuilleton peut commencer. Ou devrait-on dire « le Tour de Versailles » ? Car les journées qui vont suivre vont évoquer les étapes quotidiennes du Tour de France, avec à chaque fois (le plus souvent) un nouveau vainqueur. « Huissier, veuillez commencer l'appel. » Ça y est, la course est lancée. Pour la gagner, il faut bénéficier au minimum de 436 sièges. La première étape est remportée par Naegelen. La deuxième aussi. Avec les voix communistes décidées à barrer le plus longtemps possible la route à Laniel. Un cadeau empoisonné pour le candidat socialiste, qui ne pourra plus compter sur des voix de droite. « Vous êtes ignobles, vous me cassez les reins », lance l'ancien gouverneur général de l'Algérie aux élus du PCF. Troisième étape, vendredi après-midi. Laniel est devant. Ballottage.

Quatrième étape, vendredi soir. Laniel de nouveau, mais toujours pas de majorité absolue. Et pourtant, ils n'étaient plus que deux en lice : lui et Naegelen. Seulement, des radicaux ont voté pour des « retirés », trouvant Laniel « trop à droite ». En montant ce soir-là dans sa voiture afin de regagner Paris, Georges Bidault confie à des amis : « Il est heureux qu'il y ait une coupure entre l'État et le pays. S'il n'y avait pas le drap de l'indifférence, il y a longtemps que nous serions arrêtés ! » Il se trompe : horripilés, rigolards, mais pas indifférents, les Français. Ils sont de plus en plus nombreux à écouter les informations « dans le poste ». Les chansonniers, quant à eux, les Rocca, Meunier, Grello, n'ont pas à se prendre la tête pour trouver l'inspiration.

Cinquième étape, samedi matin. Laniel a perdu son calme. Ce devait être, dès le début, dans la poche et ça vasouille depuis déjà trois jours ! « On les aura ! », éructe son frère René, sénateur de l'Orne et agent électoral bien encombrant avec ses manières de maquignon roublard harcelant les congressistes. Résultat : Laniel descend de 408 à 374 voix !

Sixième étape, samedi soir. Naegelen a commencé à y croire. Dans l'après-midi, il a tenté de se faire adouber par l'oracle de la République, Édouard Herriot, lui suggérant même, avec habileté, de se désister en sa faveur. « Je ne puis être candidat à rien, lui répond le vieux lion radical, sinon à la tombe. Je sortirais de l'Élysée avec des obsèques nationales. De plus, la présidence de la République m'irait comme des manchettes à un lapin. » La démarche ne changera rien (Laniel l'avait essayée lui aussi). Nouveau ballottage.

Septième étape, dimanche. Le Père Noël passe cinq jours plus tard. Devra-t-il se charger en plus de mettre un président dans les souliers de Marianne ?

Le congrès ne s'amuse pas. « On note les premiers absents, rapporte *Paris Match*. Les premiers malades. M. Montillot qui est pris de syncope à la tribune. Les premières lassitudes. Ce matin le MRP est allé à la messe, tandis qu'au Père-Lachaise, M. Le Troquer prononçait un discours sur la tombe d'un député socialiste, le docteur Cordonnier. M. Herriot s'amusait en regardant les clowns, à l'arbre de Noël de l'Assemblée. Deux députés apprenaient même qu'ils étaient devenus pères. » Eh oui, la vie, comme la mort, continue. Et il faudrait bien sortir de cette impasse. Ce ne sera pas pour ce dimanche : septième et huitième tours nuls. Médecin, qui s'était glissé dans la course, abandonne.

Neuvième étape, lundi. L'entêtement de Laniel pèse sur les congressistes. Lui n'en a cure : « Je suis capable de tenir jusqu'aux prochaines récoltes. » « Il faut voter pour tout le monde sauf pour Laniel », lui répond en écho Beylet, leader des élus radicaux du Sud-Ouest. Certains mettent d'ailleurs des bulletins au nom de De Gaulle, Ferdinand Lop, Martine Carol... On essaie alors autre chose en envoyant dans les pattes du « bœuf normand » un député indépendant de Lyon, Pierre Montel, « héros des deux guerres », un homme impulsif et un peu naïf. Pas au point, quand même, de ne pas voir clair dans la manœuvre : « Je fais une opération de commando. Tant pis si je me fais sauter sur la mine. »

Il n'obtient que 103 voix mais fait chuter Laniel de plusieurs. Neuvième et dixième tours encore négatifs. Laniel commence à flancher. Il pourrait se retirer si « les groupes de [sa] majorité s'accordaient sur un nom ». Autrement dit : « Si je ne suis pas président de la République, je veux être celui qui le désignera. »

Mardi 22 décembre. Ouf ! Pas de vote aujourd'hui. On réfléchit. Le jour porte conseil : à la fin de la journée, Laniel fait appeler Coty et le ministre de la France d'outre-mer, Jacquinot. Les deux noms suggérés par ses collaborateurs. « Je veux m'effacer. C'est un de vous deux qui doit relever le drapeau des modérés. »

Onzième étape, mercredi. Jacquinot a pris de l'avance sur Coty. Dans les coulisses, s'entend. Mais dans l'urne, le candidat officiel des Indépendants « bloque ». Il lui manque plus de 100 voix. Et il renonce : « J'ai fait le plein des voix, dit-il aux membres de son groupe. J'ai le devoir de me retirer. Il n'y a plus qu'un seul candidat, c'est Coty. Je vous demande de faire campagne et de voter pour lui. »

Douzième étape. Mercredi après-midi. Il n'a manqué que onze voix à Coty pour être élu. Ça commence à sentir l'Élysée et il téléphone à sa femme : « Germaine, je crois que je vais être élu. Prépare mon habit. » Et il remporte effectivement la treizième étape avec 477 voix. Il est 22 heures. La République a son cadeau de Noël avec deux jours d'avance. Et les Français découvrent un personnage totalement inconnu d'eux, un homme de soixante et onze ans que l'on dit d'expérience : deux fois député, sénateur du Havre, vice-président du Conseil de la République (c'est-à-dire le Sénat). Un homme politiquement modéré, comme on le dit des gens de centre droit. En fait, l'homme de la situation. À droite, il ne déplaît – modérément – qu'aux gaullistes, parce qu'il a voté les pleins pouvoirs à Pétain. Mais comme il avait ensuite refusé d'être nommé maire du Havre par Vichy… Et cet homme qui va conduire la France ne sait pas… conduire. Pas de permis, pas de voiture. Comme la majorité des Français.

Quel film ! Après la courte allocution convenue : « Je n'appartiens plus qu'à un parti, le grand parti républicain », le nouveau chef de l'État (il prendra ses fonctions le 17 janvier) quitte la salle du Congrès entre deux rangées de gardes forcément républicains, traverse la galerie où sont réunis les bustes de ses seize prédécesseurs, avant de monter dans l'étincelante Talbot présidentielle immatriculée « 1 H 75 », et franchir la grille du château de Versailles illuminé, escorté par des motards. Il lui faut d'abord – protocole oblige – passer par la préfecture de Seine-et-Oise, avant de regagner l'appartement parisien du quai aux Fleurs, où l'attend son épouse. Il y a été précédé par une foule de reporters que des agents de police déjà sur place tentent de contenir. « Qu'on les laisse monter ! », crie-t-elle. Elle est nature, Germaine Coty. Comme son mari, très simple également, elle va beaucoup plaire. Les photographes peuvent ainsi prendre cette forte femme de soixante-sept ans en train d'embrasser sa concierge ou de préparer une pâte feuilletée dans sa cuisine (comme si elle n'avait que ça à faire dans un tel moment ! Mais elle est comme ça, elle veut faire plaisir). Et elle n'est pas mécontente de devoir attendre le 17 janvier pour être projetée au milieu des 2 000 meubles, des 200 tapisseries, des 800 tapis, des 7 500 pièces d'argenterie et des 2 500 verres de baccarat de l'Élysée. Comme elle le confiera à Mme Auriol, future ex-première dame de France : « C'est dur pour une femme de mon âge de me trouver brusquement avec un rôle si écrasant. Une fille de roi est préparée à régner, mais me voilà lancée sans avertissement dans cette immense maison avec des quantités de châteaux pour y passer des vacances ! »

En lui offrant pour sa fête un tête-à-tête en porcelaine rose et or, ses deux filles diront : « Notre mère sera ravie de faire servir dans ces tasses. Elle a tellement peur de casser les services de Sèvres mis à sa disposition ! »

Les Français vont découvrir qu'ils ont élu un couple qui leur ressemble et que, dans ce couple, la première dame de France sera un peu leur « grand-maman ». Pendant que le(s) gouvernement(s) évolue(nt) au gré des affaires, des combines, des démissions, le président, pour sa part, préside gentiment (les pouvoirs limités que lui accorde la Constitution de la IVe République ne lui permettent pas d'être « méchant ». De plus, ce n'est pas dans sa nature). Animatrice du service social de l'Élysée, Mme Coty passe plusieurs heures à son bureau à examiner les demandes d'assistance que sa position et sa popularité font affluer. Presque obèse, coiffée et habillée sans chichi, elle est, au début, une aubaine pour les chansonniers, dont l'un l'a surnommée « Madame Sans-Gaine », et une cible pour certaines langues de vipère de la presse féminine, plus sensibles à l'apparence qu'aux qualités de cœur. Mais tous devront faire marche arrière. Radios et magazines sont submergés de lettres de protestation. La France aime sa première dame. Pas touche !

Comment en effet éreinter une première dame dont la principale préoccupation semble être de faire du bien, de faire plaisir tout en restant discrète ? Une première dame qui fait mettre du sable dans le parc de Rambouillet à la suite de la lettre d'une petite fille lui disant : « On ne peut pas faire de pâtés, dans votre parc. » Ou qui invite les gamines d'une colonie de vacances à dévaliser, avec son argent personnel, la pâtisserie du coin. Et tout cela sans démagogie. « Votre présidente sera aimée en France comme mamie Eisenhower l'est aux États-Unis », avait dit d'elle, après l'avoir interviewée, la journaliste américaine Margaret Biddle. 12 novembre 1955. « Deuil à l'Élysée », titre *Paris Match* en couverture. Au-dessus d'une photo de Mme Coty, debout, en grande robe, une étole de fourrure autour des épaules. Moins de deux ans après le triomphe de son mari, la préférée des Français vient de s'éteindre, foudroyée par une crise cardiaque, alors qu'elle passait une journée avec le chef de l'État à Rambouillet. C'était le jour de la Saint-René. « J'ai perdu ma meilleure amie », a dit ce dernier, effondré. Les Français ont perdu leur « grand-mère ». Elle avait déjà dix petits-enfants. Des millions de personnes la pleurent. La journaliste américaine avait vu juste. Pour le protocole, elle n'était pas un personnage officiel ; les Français partagent spontanément ce deuil privé, en lui rendant un hommage de reine. Pendant une journée et demie, 30 000 personnes défilent devant le catafalque dressé à côté de la grande nef de la Madeleine. *Paris Match*, pour l'occasion, refait sa une sur les obsèques. En photo, les pieds des colonnes de la Madeleine noyés sous les couronnes et Mgr Feltin, archevêque de Paris, gravissant les marches entre deux haies de gardiens de la paix en pèlerine.

Les dernières images du reportage montrent le convoi empruntant l'autoroute de l'Ouest, déserte dans les deux sens, et traversant « la Normandie sur un véritable chemin fleuri » par la population massée sur le bord de la route.

René Coty va continuer. Seul. Il sera le dernier président de la IVe République.

L'affaire des généraux

Mai 1949. « Allez donc en Indochine voir un peu ce qui s'y passe. » Cet ordre de son ministre de tutelle – le radical-socialiste Paul Ramadier –, le général Revers l'accueille d'abord avec réticence. En passe de recevoir sa cinquième étoile, le chef d'état-major de l'armée de terre a d'autres ambitions qu'une tournée d'inspection dans ces lointains territoires aux problèmes aussi inextricables que leurs jungles. Être arrivé jusque-là et s'enliser dans la boue des rizières et des trafics de cette Asie pleine de chausse-trapes, très peu pour lui. Des pièges, il en a eu son lot, l'ancien employé des postes de Saint-Malo. Ceux de deux guerres mondiales, ceux de l'Occupation, ceux de la Libération. Et il les a tous déjoués. N'étant passé ni par Saint-Cyr ni par Saint-Maixent, il a pourtant gravi, sans génie mais avec application, le long chemin qui conduit à ces étoiles généralement dévolues aux Leclerc de Hauteclocque et autres de Lattre de Tassigny.

Mauvaise inspiratrice, la débâcle de 1940 l'a en premier lieu entraîné sur une piste dangereuse : il accepte de travailler à Vichy avec l'amiral Darlan. Le sursaut surviendra avec la chance : le général Delestraint, chef de l'Ora (Organisation de la résistance armée), demande à son adjoint, le commandant Cogny, s'il connaît quelqu'un capable de le remplacer en cas de pépin. « Revers, répond l'officier.

— Mais c'est un salaud !

— Il est valable. »

Delestraint est arrêté, Revers lui succède en 1943. Les règles des combats clandestins ne sont pas celles de l'École de guerre, la Résistance n'est pas un corps monolithique. Des militaires de carrière côtoient des civils idéalistes, des antifascistes étrangers fraient avec des vichystes repentis, des gaullistes et des communistes font le coup de feu ensemble. Les maquis attirent également quelques personnages troubles, plus concernés par les affaires de droit commun que par l'engagement pur. Ce qui n'empêchera pas certains de devenir d'authentiques résistants.

Tout cela a créé des habitudes, des relations atypiques. Et dans l'après-guerre – époque de tous les possibles et donc de toutes les manœuvres –, Revers est à son aise. Au point d'éclipser, en devenant chef d'état-major général de l'armée de terre, des officiers supérieurs plus illustres. Doit-il, comme l'affirment les gaullistes, qui le surnomment « le connétable du parti socialiste », son ascension à ses relations ? En partie sans doute. Mais il n'en est pas moins un vrai patriote, un homme qui vénère l'armée, un homme qui a fait ses preuves sur le terrain.

Lorsque « papa Ramadier » lui enjoint, au printemps 1949, d'accepter cette mission en Indochine, il vient de rentrer des États-Unis, où il a représenté la France aux négociations sur la mise en place des structures du Pacte atlantique signé l'année précédente. La guerre – même froide –, c'est quand même un autre niveau que cette guérilla coloniale à 12 000 kilomètres de la France.

Mais, pressé par le Premier ministre Queuille, le ministre de la Défense insiste : « Votre expérience des combats clandestins fait de vous l'homme le plus qualifié pour comprendre la forme des luttes qui se déroulent là-bas et qui commencent à sentir mauvais. » En bon soldat, Revers finit par obtempérer. Il reçoit même la bénédiction du haut-commissaire en Indochine, Léon Pignon, de passage à Paris... Ce dernier dépend directement de Paul Coste-Floret, ministre (MRP) des États associés (Vietnam, Cambodge, Laos), favorable à la guerre et au *statu quo*, « au nom de la France et de la civilisation occidentale ».

16 mai. Revers débarque à Saigon avec son équipe de la mission officielle. Première entorse à la coutume, et donc première alerte pour l'establishment colonial : il exige d'être logé en dehors du Haut-Commissariat. Preuve qu'il désire agir en toute indépendance, hors de tout contrôle local. Et c'est ce qu'il fait. Il veut tout voir, tout écouter, rencontrer tout le monde, même les ennemis et

ceux qui sont en contact avec eux « pour préserver l'avenir ». Il reçoit ainsi deux envoyés du Viêt-minh munis du laissez-passer n° 910 octroyé par ses services. Installés dans la routine, les manœuvres de couloir, les trafics en tout genre, les principaux acteurs, civils et militaires, du marigot indochinois commencent à s'inquiéter. L'inauguration fastueuse du cercle de jeux Le Grand Monde, en présence du haut-commissaire et sa cour, n'est pas faite pour améliorer, aux yeux de Revers, l'image de Saigon.

Un mois plus tard, son opinion est faite : il faut presque tout changer ! Avec pour priorité la stratégie militaire. Le corps expéditionnaire français est trop dispersé, ses moyens tactiques insuffisants. Il faut donc réviser les ambitions à la baisse en « raccourcissant [nos] lignes, en utilisant le maximum de forces au Tonkin, en tenant solidement un périmètre utile ». Ce qui implique le redéploiement des postes répartis le long de la frontière chinoise (alors que se confirme la victoire de Mao et de ses forces, qui ne vont pas manquer d'aider les « Viets »), et notamment l'évacuation de Cao Bang et d'une portion de la RC 4 (route coloniale) trop exposés.

Et à la guerre comme à la guerre : fi de l'incohérence de ce double pouvoir paralysant. L'Indochine dépend du ministère des États associés, représenté sur place par un haut-commissaire civil, mais les forces armées sont sous les ordres d'un général nommé par le ministère de la Défense. Revers préconise donc la désignation par le ministre des États associés d'un homme – de préférence un militaire – qui concentrera les pouvoirs civil et militaire. Dans la foulée, il étrille la carte de l'empereur Bao Dai, « bébé » du MRP, et recommande, comme l'avait fait Leclerc en 1947, de négocier avec Hô Chi Minh. La mission du général Revers est une entreprise de démolition. La condamnation d'une politique qui est en train de faire faillite. Son rapport sera une bombe.

Il rentre le 21 juin à Paris et rend immédiatement compte de ses conclusions au président du Conseil. Mais étrangement, une feuille confidentielle, *La Lettre quotidienne* de Paul Dehème (vrai nom : Paul de Meritens, ancien collaborateur… du ministre Bichelonne à Vichy), donne, le lendemain même, des précisions sur les changements recommandés par Revers ! Alors que son rapport ne sera terminé que le 29 juin et que les cinquante exemplaires, tous numérotés, seront évidemment classés « très secrets ». Première fuite.

Une quinzaine de jours plus tard, ce n'est plus une fuite, c'est une inondation. Débarquant à Paris, le haut-commissaire Pignon confie que des « gens » paraissant bien en connaître le contenu ont évoqué devant lui le rapport. Le ministre Coste-Floret crie à la trahison et provoque une réunion du Comité de défense nationale. En coulisses s'agitent – et agissent – ses agents du BTLC (Bureau technique de liaison et de coordination), une officine de renseignement du ministère des États associés. Et pourtant… Un document capital ultrasecret est mystérieusement colporté et ni la Sécurité militaire, ni la DST du redoutable Roger Wybot, ni le Sdece ne sont mis en alerte. Pas même après ce télégramme envoyé de Saigon le 27 août à Coste-Floret : « Le texte du rapport Revers a été divulgué en graphie française par un émetteur, le poste VNA 2, décelé près de Rangoon en Birmanie. La voix du Vietnam l'a aussitôt rediffusé en tonkinois. » Hô Chi Minh et Giáp boivent du petit lait de soja en entendant que « personne ne sait pourquoi l'on se bat […]. Les cadres doutent de notre volonté de nous accrocher à l'Indochine ». C'est bon pour le moral… du Viêt-minh.

Et puis il y a ce coup fourré, cette barbouzerie du 17 septembre. Sur la plate-forme d'un autobus parisien, une rixe « spontanée » entre un soldat de l'infanterie de marine et deux Vietnamiens. Au poste de police, on découvre, dans la serviette d'un des deux Asiatiques, un carnet bourré d'adresses et… une copie du rapport Revers. Pire, trente-sept exemplaires du document sont trouvés lors d'une perquisition chez d'autres Vietnamiens ! La machination est en route.

Alors, de révélations – vraies et fausses – en rumeurs – plus fausses que vraies –, le scandale prend des proportions considérables. Trop contents d'avoir réussi à coincer l'homme qui menace toute leur politique indochinoise, Coste-Floret et le MRP accusent Revers d'avoir vendu le rapport. C'est faux, mais celui-ci, par ses imprudences, ses manœuvres osées et ses relations douteuses, leur a facilité la tâche. N'avait-il pas emmené avec lui à Saigon cet ancien collabo, Roger Peyré, à qui il avait évité une condamnation en échange de la dénonciation de ses « amis » ? Plus étonnant, Revers semble s'être entiché de ce personnage qui ne sera pas étranger à la prolifération des copies « très secrètes », avant de s'enfuir au Brésil.

Autre faute : Revers avait remis personnellement un des exemplaires en sa possession à son ami le général Mast en sa qualité de directeur de l'Institut des hautes études de défense nationale. Le hic : cet officier ne figurait pas sur la liste des destinataires. En revanche, il se voyait très bien – avec l'aide de Revers et des ministres socialistes – remplacer le haut-commissaire Pignon à Saigon !

L'affaire des généraux va occuper, des mois encore, les conversations, les unes des journaux et les débats parlementaires. La boue parisienne n'a rien à envier à celle des rizières. La violence verbale est sans limites. Extraits d'un débat à l'Assemblée, fin janvier 1950 :

Jeannette Vermeersch (communiste) : « Ce n'est pas le peuple vietnamien qui brûle les villages de France, mais vous qui brûlez les villages vietnamiens, reprenant à votre compte l'exemple effrayant d'Oradour-sur-Glane. »

Jean Catrice (MRP) : « Vous n'êtes pas digne d'être française. Allez-vous-en ! »

Sur les bancs de droite et du centre : « Assez ! Assez d'ordures ! Assez de saloperies ! Allez-vous-en ! »

Sur les bancs communistes : « Au banquet ! Au banquet, chéquards ! »

Aiguillons du quatuor byzantin de la IVe République (SFIO, PCF, MRP, RPF), les gaullistes, dans les colonnes de l'hebdomadaire *Carrefour*, ou par la voix vibrante de Jean Nocher, ne sont pas les derniers à mettre de l'huile sur le feu.

Queuille et Ramadier vont être obligés de lâcher le tortueux et naïf Revers. En compagnie du général Mast, il est déféré devant un tribunal disciplinaire « pour fréquentations insolites et correspondance avilissante ». Et le 21 juin, les deux hommes sont mis à la retraite d'office. Les partisans du bon vieux *statu quo* triomphent. Mais ce n'est pas à eux que les événements vont donner raison.

Cao Bang, le désastre

La route coloniale n° 4 (RC 4) longe la frontière chinoise, entre le golfe du Tonkin au sud et Cao Bang au nord-est. Voie mythique de la guerre d'Indochine, elle a subi tout au long de l'année 1949 les attaques des partisans du Viêt-minh, commandés par un ancien pion du lycée de Hanoi, féru des campagnes napoléoniennes : Vô Nguyên Giáp. Coupe-gorge « qu'un homme vivant ne parcourrait pas deux fois », cette route étroite serpentant dans les plis vert sombre de la jungle est un constant « salaire de la peur » pour les convois de ravitaillement. Situation absurde, constate Lucien Bodard, l'envoyé spécial de *France-Soir* : « Tout se réduisait à des postes pour protéger les convois, à des convois pour ravitailler les postes. Il ne restait plus d'effectifs pour faire des opérations, repousser l'ennemi un peu plus loin. Les Viets faisaient ce qu'ils voulaient. Et il devenait de plus en plus impossible de ravitailler Cao Bang par la route. » Le général Revers, lors de sa tournée d'inspection, l'avait bien compris en recommandant d'évacuer cette base quand il en était encore temps. Mais le haut commandement à Saigon s'entête et accumule – avec lenteur – les demi-mesures. OK pour la RC 4. Ce n'est plus viable. Alors on l'abandonne aux Viets sur une quarantaine de kilomètres trop « pourris ». Et l'on se maintient à Cao Bang et That Khé, deux « hérissons » fortifiés, uniquement reliés par air à partir de février 1950. « Rétractation du dispositif », jargonne un communiqué rassurant.

Stratèges et hauts fonctionnaires ont malheureusement occulté un événement pourtant énorme : la Chine est, depuis quelques mois, devenue « rouge ». Et la Chine a une longue frontière avec le Tonkin, à portée de canon des postes tenus par le corps expéditionnaire français. Et le mois de décembre a vu arriver les premières troupes communistes chinoises le long de cette même frontière. Et Mao Tsé-toung a diplomatiquement reconnu Hô Chi Minh. Et le maréchal Lin Piao va aider Giáp. Il va l'aider à faire de ses « *nhaqués* » (comme les Français les appellent avec mépris) une « armée populaire » composée de divisions de choc surentraînées et équipées d'armes aussi modernes, aussi puissantes (aviation exceptée) que celles des Français. Des dizaines de milliers de coolies construisent, à l'abri des grands arbres de la selve, des pistes qui permettent aux camions Molotova chargés de matériel de faire la navette entre la toute nouvelle République populaire et les bases de Giáp. Et ce alors que l'aide militaire américaine tant attendue par les Français commence à peine à arriver dans le port de Haiphong.

Sûr de lui, Giáp déclare : « Nous allons commencer la troisième phase de notre guerre. Il y a d'abord la guérilla spontanée, puis la guérilla organisée. Maintenant, nous allons passer à l'offensive par la guerre de mouvement. Dans la contre-offensive imminente, nos troupes auront à encercler l'adversaire et à le réduire à merci jusque dans ses centres vitaux ; il faut que dans quelques mois soient définitivement liquidées les dernières bases de la résistance coloniale. » Presque au même moment, le général Carpentier, patron du corps expéditionnaire, écrit : « La situation au Tonkin s'est nettement éclaircie depuis plusieurs mois. » Certes, mais hélas, pas comme il le pense.

Politique de l'autruche, négation de l'évidence, faille du renseignement, arrogance « blanche ». L'état-major continue de ne pas comprendre. Même quand il a la possibilité de voir. Comme au début du printemps, lorsque Giáp, voulant vraisemblablement tester ses forces new-look et ses nouvelles techniques de combat, lance sa première offensive massive sur le poste isolé de Pholu, dans la vallée du fleuve Rouge. C'est le baptême du feu pour sa division d'élite, la 308, qui va devenir l'épouvantail de la guerre d'Indochine. La position française est prise à l'issue d'assauts lents mais implacables. Et dès qu'ils s'en sont emparés, les *bo dois* l'abandonnent et s'en vont ! « Les Viets ne sont plus les mêmes », avertira un officier para largué avec ses hommes pour venir en aide – en vain – à la garnison.

Giáp va ainsi roder ses troupes, se payant même le luxe, fin mai, juste avant la mousson, d'attaquer et de prendre en quarante-huit heures la forteresse « imprenable » de Dong Khé sur la RC 4. Nouveau fait d'armes de la 308. Même si les assaillants finissent par battre en retraite après le largage d'un bataillon entier de parachutistes, le moral du corps expéditionnaire commence à être atteint. Pas celui du haut commandement, qui n'estime toujours pas utile d'évacuer immédiatement Cao Bang. La mousson est là. Attendons…

Hô Chi Minh et Giáp, eux, n'attendent pas. La puissance liquide de la mousson rend toute offensive impossible, alors ils renforcent le recrutement, l'entraînement et la logistique de leurs bataillons. Les responsables militaires français en profitent, eux, pour se tirer dans les pattes. D'un côté, le général en chef Carpentier, qui, de ses bureaux de Saigon, passe son temps à rassurer et, finalement, convainc Paris que la victoire sur les Viets impose d'évacuer Cao Bang. Ô général Revers ! De l'autre, son subalterne, le général Alessandri, responsable du Tonkin, dont il connaît chaque crête, chaque vallon, chaque chef des minorités hmongue, nungue, thaïe. Et qui s'est mis en tête non seulement de garder Cao Bang, mais de porter une guerre offensive dans les forêts et les montagnes tenues par le Viêt-minh.

Comble de la criminelle incohérence, les deux généraux iront successivement vendre leur camelote à Paris ! Carpentier avec la légitimité que lui confèrent ses fonctions. Alessandri « en pirate », un pirate qui sera tout de même reçu par le président de la République, Vincent Auriol, et qui le convaincra… presque. De passage, cet été 1950, dans la capitale, Bodard peut tester l'aveuglement des plus hautes autorités. Le recevant à l'Élysée, le chef de l'État lui demande : « Alors, cette victoire, c'est pour bientôt ? » En pesant ses mots, le journaliste répond qu'à son avis de graves menaces pèsent sur la frontière chinoise. Fureur à peine contenue de Vincent Auriol : « Je n'ai pas les mêmes renseignements que vous, monsieur, pas du tout les mêmes. »

Quand la saison des pluies touche à sa fin, que de temps perdu ! Carpentier ordonne enfin l'évacuation de Cao Bang. Par la RC 4 ! Dangereux ? « Nous bénéficierons de l'effet de surprise. » Et pour faire diversion, il monte une gigantesque opération contre Thai Nguyên, une bourgade proche du delta du fleuve Rouge et réputée être la « capitale » d'Hô Chi Minh. Pas l'ombre d'un Viêt-minh. Et pour cause : le 18 septembre, ils anéantissent – cette fois pour de bon – le poste de Dong Khé et coupent ainsi la route entre That Khé et Cao Bang, la route de l'évacuation. La suite est un engrenage catastrophique. De Lang Son, une colonne commandée par le lieutenant-colonel Lepage est envoyée, début octobre, à la rencontre de la colonne partie de Cao Bang et qui est dirigée par un « dur » de la légion, le lieutenant-colonel Charton. Mais le chaos calcaire de cette région difficile a été l'un des premiers repaires d'Hô Chi Minh et ses forces y sont chez elles. Les deux colonnes françaises, après des combats confus et héroïques, sont décimées. Les rescapés, dont Charton et Lepage, sont amenés dans des camps du Viêt-minh en direction de la Chine… Là, le légionnaire, blessé par balles et par des éclats de grenade, est conduit en civière dans un village.

« Notre général veut vous parler.

— Votre général ?

— Le général Giáp, votre vainqueur. Soyez très poli avec lui.

— S'il est poli avec moi. »

Giáp arrive : « Que pensez-vous des ordres que vous avez reçus, colonel Charton ?

— Je n'ai pas à discuter les ordres que je reçois. »

Alors Giáp se tourne vers un groupe de jeunes *bo dois* : « Vous avez entendu : dans les armées impérialistes, un officier supérieur n'est qu'une machine qui exécute les ordres, même si on lui ordonne d'assassiner des femmes et des enfants… »

La première bataille d'envergure qu'a dû affronter le corps expéditionnaire a tourné au désastre. Giáp vient de faire la démonstration de sa nouvelle puissance de feu et de son habileté. Les Français ont perdu 7 000 hommes, près de 500 véhicules et des milliers d'armes. À Saigon, comme à Paris, on ne peut plus ignorer à qui on a affaire.

À cette terrible mais héroïque déroute vient s'ajouter une atroce humiliation. La place forte de Lang Son, dont la situation est nettement plus favorable, va pourtant être précipitamment évacuée dans la nuit du 17 au 18 octobre. Sans combat. Quel contraste entre la morgue mondaine de son chef, le colonel Constans, entouré d'une garde de légionnaires choisis pour leur taille, assisté d'un sergent-major-maître d'hôtel, ancien dignitaire de Vichy, et la panique qui a saisi le même officier alors que Lang Son n'était pas attaquée ! La ville est abandonnée sans être détruite, avec ses énormes stocks de vivres, de matériel, ses 150 tonnes de produits pharmaceutiques, son usine électrique, sa forge.

« Jamais pareille chose ne s'est produite dans notre histoire militaire, confiera un officier désespéré. En une nuit, des milliers de soldats français parmi les meilleurs ont foutu le camp, sur ordre, face à rien. »

Après Cao Bang et Lang Son, le troisième verrou de la frontière chinoise tombe à son tour le 2 novembre. En dépit de la résistance du colonel Costes et de ses tabors marocains.

Ces défaites, en montrant la gravité de la situation, obligent au moins la classe politique à s'interroger sur l'engagement en Indochine. À Paris, le député de l'Eure Pierre Mendès France déborde du débat budgétaire programmé : « C'est la conception globale de notre action en Indochine qui est fausse, car elle repose à la fois sur un effort militaire qui est insuffisant pour assurer une solution de force et sur une politique qui est impuissante à nous assurer l'adhésion de la population. » Le 22 novembre, à l'occasion, cette fois, d'un véritable débat sur l'Indochine, il enfonce le clou : « Nous avons jusqu'à ce jour consacré à l'Indochine beaucoup plus qu'à la reconstruction [...]. Il faut choisir et ne pas laisser croire aux Français que tout est possible en même temps [...]. Hors la solution militaire, hors la solution de force, il n'est qu'une possibilité : la négociation. » Une grande partie de l'Assemblée est ébranlée. Mais la guerre va continuer.

De Lattre, « le Roi Jean »

Hanoi. 19 décembre 1950. Aérodrome de Gia Lâm. Froid et crachin. Roulements de canon continus dans le lointain. Les éléments avancés des divisions viets ne sont plus par endroits qu'à une trentaine de kilomètres de la capitale du Tonkin. Soudain, trouant le crépuscule, les feux de position d'un Dakota se présentent dans l'axe de la piste. L'avion se pose après une escale à Dalat, où le général de Lattre de Tassigny a en vain tenté de convaincre l'empereur Bao Dai de se joindre à lui. À sa descente d'avion, cérémonie écourtée : « Allez, vite ! » Le cortège de voitures officielles fonce à travers la ville. Direction le Petit Lac, où une estrade a été dressée dans l'urgence. « Que mes bataillons défilent ! » Surgissent alors des colonnes de militaires encore marqués par les combats du jour. Sales, couverts de poussière, pas rasés, leur treillis taché de graisse ou de sang. Tout ce que de Lattre abomine, lui qui s'est fait confectionner ses uniformes blancs par Lanvin. Et pourtant. Bien qu'il aurait trouvé cela inacceptable, deux jours auparavant, lors de son arrivée à Saigon, venant de Paris, devant ces troupes disparates et fatiguées, il s'écrie : « Voyez comme ils sont beaux ! » Légionnaires en chapeau de brousse, tirailleurs nord-africains, partisans vietnamiens… C'est sur l'ordre du général qu'ils ont été arrachés au front. Un risque insensé que lui seul pouvait prendre. Il a voulu provoquer un électrochoc afin de subjuguer des esprits démoralisés par les désastres de la frontière chinoise. Et dans Hanoi, paniquée par la menace de l'offensive générale promise par Vô Nguyên Giáp, la magie opère : « Le Roi Jean est là. Tout n'est donc pas foutu ! »

Et surtout, la magie opère chez les officiers, principalement les jeunes, écœurés par les « culottes de peau » incompétents et les galonnés stériles qui infestent inutilement les bureaux d'état-major.

Rassemblés dès la fin du défilé, ils l'écoutent, captivés : « Je suis venu pour les lieutenants et les capitaines. J'ai senti leur appel. Je leur dis que nous ferons ensemble de grandes choses. Je vous jure que vous serez désormais commandés. Nous ne céderons plus un pouce de terrain. Et, je vous jure, notre combat est désintéressé. C'est la civilisation tout entière que nous défendons dans ce Tonkin qui est la plaque tournante du monde. Nous ne nous battrons pas pour la domination mais pour la libération. Jamais guerre n'aura été plus noble. Je vous apporte la guerre mais aussi la fierté de cette guerre. »

« J'ai senti leur appel. » Sans doute pense-t-il à cet instant aux mots du lieutenant Bernard de Lattre, son propre fils, engagé depuis vingt mois dans les combats de l'Indo. Sa dernière lettre à sa mère se terminait ainsi : « Dis à papa qu'on a besoin de lui ici, sans cela ça ira mal. »

Une nouvelle aventure – et de quel tonneau ! – à soixante-trois ans ? D'autant qu'après les drames de Cao Bang et de Lang Son, ce n'est pas à lui qu'on a d'abord pensé. Les généraux Juin, icône de la campagne d'Italie, puis Kœnig, héros de Bir Hakeim, ont été pressentis et ont refusé. Un peu humiliant pour l'ancien chef de l'épopée Rhin et Danube qui avait en outre représenté la France à la reddition du IIIe Reich. Mais que ne ferait-il pas, en cette fin de l'année 1950, pour échapper à l'ennui doré du commandement des forces terrestres de l'Union occidentale (futur Otan) à Fontainebleau. Les politiques, cependant, se méfient de cet orgueilleux « faiseur de coups ». Et il a de ces exigences : les pleins pouvoirs, civils et militaires !

Eh bien, c'est ce qu'il obtient le 4 décembre. « Vous allez y remettre en cause votre réputation et votre santé… Vous n'aurez jamais les coudées franches », l'avertit le ministre de la France d'outre-mer, François Mitterrand. De Lattre est déjà loin. Dans ses rêves de gloire, ses rêves de sauveur. « DE LATTRE NOMMÉ EN INDOCHINE ! » Les énormes manchettes des quotidiens le transportent. Il existe !

Deux semaines plus tard, le voici donc sur cette terre « qui sent la défaite ».

Première victoire sans frais : Hô Chi Minh avait présomptueusement annoncé son entrée dans Hanoi, ce même 19 décembre, jour anniversaire de l'insurrection générale de 1946. Raté. C'est de Lattre qui « prend » Hanoi ce jour-là. Joli coup. Qu'il faut vite transformer. En premier lieu par des mesures spectaculaires. Coup d'arrêt à l'évacuation des femmes et des enfants de Hanoi décrétée par son prédécesseur : « Une ignominie. » Mise au pas et renvoi en France des défaitistes et des incapables, ces « genoux trop ronds ». En quelques semaines, il va faire du corps expéditionnaire, en dépit de ses effectifs insuffisants, une formidable machine à faire la guerre.

Et Giáp ? De Lattre est à Saigon, ce 12 janvier, lorsque survient la première attaque de nuit dans la région de Vinh Yên, au nord de Hanoi. Attaque massive dont l'objectif final est bien la prise de la capitale tonkinoise. « Il en sort de partout », câble le rugueux colonel Vanuxem. Accompagné du général Salan, de Lattre rentre précipitamment, survole le champ de bataille à bord d'un petit Morane, se pose, au milieu des explosions de mortier, à moins de 1 500 mètres des premières lignes ennemies, puis rentre à Hanoi dicter ses ordres. Rappel des réserves, pont aérien pour les meilleures unités de Cochinchine, envoi de tous les blindés disponibles, de tous les avions. 16 janvier. Giáp envoie la 308, sa division d'élite, et la 312, à l'assaut des collines de Vinh Yên. L'officier Ngô Van Chiêu y participe. « Soudain des avions. J'ordonne à mes hommes de se mettre à l'abri, mais les appareils piquent sans tirer. Et sans avertissement, c'est l'enfer devant moi ! Un enfer qui a pris un instant la forme de containers ovoïdes largués par le premier puis par le second avion. D'immenses rideaux de feu barrent d'un seul coup des centaines de mètres et terrorisent mes hommes. »

« Qu'est-ce que c'est, la bombe atomique ?

— Non, le napalm ! »

Lucien Bodard est au même instant avec les forces françaises. « Il n'a pas fallu une minute pour que la "chose" brûle la colline entière. Et alors je comprends. C'est le napalm. Je viens d'assister à son premier jet, à la première mousson du liquide incandescent en Indochine. De Lattre a donc osé. C'était là l'arme secrète dont il m'avait fait mention. » Quelques semaines plus tôt, la France s'était solennellement engagée à ne pas l'utiliser en Indochine…

Dans la nuit du 16 au 17, les troupes de Giáp se replient, laissant 1 500 cadavres sur le terrain. Il a suffi d'un mois au « patron » pour remporter une victoire. L'impact psychologique est considérable. Oublié Cao Bang. Oublié Lang Son. Oublié Lao Kay. À Hanoi, on reprend confiance. Auprès des Vietnamiens pro-français, de Lattre vient de se faire un surnom : « *Ông sau lua* », le « Général de feu ».

Pour appuyer ses exigences de crédits et de renforts, il lui fallait à tout prix un succès. Il n'est pourtant pas dupe. Faute d'effectifs et de moyens aériens conséquents, il n'a pu exploiter sa victoire et décimer les deux divisions viets. La « marée rouge » n'a été que contenue. Que représente pour l'oncle Hô quelques milliers de *bo dois* ?

« À quoi bon remporter des victoires si l'univers les ignore, si les gens n'en lisent pas les récits dans les journaux sur de grosses manchettes ? » De Lattre, qui, en 1944-1945, disposait déjà d'un service de presse « à l'américaine », n'a pas attendu l'Indochine pour connaître la puissance de l'information moderne. Dès son arrivée, il pulvérise le système mis en place par son prédécesseur : des « journalistes » en uniforme fabriquant des « articles » aseptisés, envoyés gratuitement et jamais lus. Il va certes créer un « service de presse et d'information », conserver la revue officielle *Caravelle*, mais en leur impulsant un tonus de commandos. Priorité à l'image avec ces baroudeurs de la bobine ou de la pellicule, Schoendoerffer, Péraud, Friang, Camus, Corcuff, Kowal… Il va surtout – et il y consacrera beaucoup de temps – amadouer les correspondants français et étrangers, ces « messieurs de la presse qui peuvent être si méchants si on les prend mal ».

« Quel est le journal français le plus important ? », demande-t-il à ses officiers. Tous de citer *Le Monde* ou *Le Figaro*. « Vous n'y êtes pas, c'est *France-Soir* et son million d'exemplaires. Dorénavant, je veux que l'envoyé de *France-Soir* soit à mes côtés partout où je vais. » Ce sera Bodard. Les « papiers » enlevés du chouchou, les images spectaculaires des photographes-baroudeurs de *Paris*

Match et les films des actualités diffusées dans les cinémas font découvrir à l'opinion française les exploits des « soldats de la boue ». C'est ce que visait de Lattre. Faire parler de lui et de ses « croisés », montrer cette guerre qui, de coloniale, est devenue une guerre idéologique, la guerre du « monde libre » contre celui du « rideau de bambou ».

Afin d'avoir tous « ses » journalistes sous la main, il leur fait même un « camp de presse » proche de la « maison de France » où il réside. Il s'agit d'un ancien dancing-bordel, Le Perroquet, détenu par l'un des rares Français de Hanoi à avoir, après le désastre de la frontière chinoise, poussé le sang-froid (l'inconscience ?) jusqu'à investir dans l'immobilier, alors bradé. Cette « maison des journalistes » devient vite une institution. Le bar surtout, où MM. Bong et Ming distribuent à la chaîne les cognacs-soda. Les teigneux envoyés spéciaux américains eux-mêmes tombent peu ou prou sous le charme de ce général « vieille Europe » qui joue de son anglais de cuisine pour les séduire : « *If I have no assez planes, it's your duty de dire to America de m'en giver more.* » De temps à autre – quand ça l'arrange, et pour l'heure, ça l'arrange –, il décide de les « emmener à la guerre ». En jeep ou en avion. « Je veux qu'ils aient du spectacle. Qu'on les mène aux premières loges. Je veux qu'ils entendent siffler les balles, mais qu'aucun d'eux ne soit blessé. » Angoisse des militaires chargés de la corvée schizophrénique…

Son fils Bernard est déjà sur place. De Lattre fait venir sa femme, qu'il appelle « Monette ». Deux poids, deux mesures ? Les épouses d'officiers, il n'en veut pas en Indochine. Mais avec Mme de Lattre, il ne s'agit pas que d'une affaire privée. Elle fait partie de son jeu indochinois. S'il n'était pas si sûr de lui et de la victoire, se disent les gens, laisserait-il sa femme le rejoindre dans ce Hanoi menacé ? De vingt ans sa cadette, dressée par ses origines aux règles austères du comme-il-faut, elle va faire exactement ce que son grand homme attend d'elle, l'aidant notamment à tenir cette maison de France qu'il a fait transformer à la hussarde, de la cave aux cuisines, du jardin au toit. Quand il en aura assez du dévouement de Monette, de ses remontrances morales à l'égard de son entourage, quand il commencera à sentir dans son corps les atteintes de la maladie, il finira par écouter les conseils de son « toubib » et ordonnera à « Mme la générale de Lattre » de rentrer à Paris. Dignement, elle se soumettra, mais posera une condition : « Veille sur Bernard. Garde-le-moi vivant. Promets-le-moi. » Il promet et il repart aussitôt en guerre. Dong Trieu, Mao Khé, autant de batailles ripolinées en Austerlitz pour les besoins de sa gloire.

Dans la nuit du 28 au 29 mai, nouvelle attaque surprise dans le sud du delta tonkinois. Sur 80 kilomètres, trois divisions viêt-minh ébranlent méchamment tout le système défensif français. L'ennemi est d'autant plus déterminé que l'un de ses objectifs principaux est la mainmise sur la récolte de riz, ce riz vital pour la survie de ses 150 000 combattants et de ses 150 000 coolies. Les combats les plus durs se déroulent dans Ninh Bình, où le commando François, composé d'une centaine de fusiliers marins, est décimé par les vagues d'assaillants hurlant « *Doc Lap ! Doc Lap !* » (« Indépendance ! Indépendance ! »).

Le lieutenant Bernard de Lattre est alors en permission à Hanoi. Ninh Bình, c'est dans sa zone. Il saute dans une jeep pour rejoindre son escadron, et le rattrape après une remontée du fleuve Day sur une barge. Son escadron et d'autres unités prennent position, le 29 au soir, sur deux rochers abrupts dominant le fleuve et les rizières convoitées par Giáp. À 2 h 45, il alerte le PC : « Les Viets sont dans la plaine. On les entend creuser leurs emplacements. » À 3 heures, précédés d'un tir de barrage dantesque, trois régiments de la 308 se lancent à l'assaut. À 3 h 20, Bernard de Lattre pousse un cri avant de s'affaisser. Mort. À vingt-trois ans. Son corps ne sera dégagé que vers midi, grâce à la contre-attaque des 200 « hommes noirs » du commando Vandenberghe, des anciens viêt-minh retournés par cet adjudant franc-tireur spécialiste des coups les plus fous.

Informé, le général de Lattre titube et s'enferme dans son bureau. Le corps de Bernard criblé d'éclats est ramené à Hanoi dans un Morane, puis conduit à la maison de France, où son père va le veiller toute la nuit. Après avoir rédigé ce télégramme déchirant à l'adresse de son épouse : « Pardonne-moi de n'avoir pas su protéger notre enfant. »

Avant de s'envoler vers Paris, avec les dépouilles de son fils et celles de deux de ses compagnons tués à ses côtés, il dira : « Bernard est mort pour le Vietnam. » Le 4 juin, trois cercueils recouverts d'un drapeau tricolore traversent Paris sur des automitrailleuses. Ce faste contraste avec la discrétion honteuse qui entoure d'ordinaire le retour des tués de l'Indo. Il est, bien sûr, à la mesure de la magnificence delattrienne, mais surtout à celle de l'émotion qui s'est emparée du pays. Comme si la France découvrait brutalement que des jeunes Français – rêvant, comme Bernard l'avait écrit à sa grand-mère une semaine avant sa disparition, « de peloter gentiment les fesses d'une jolie fille » – mouraient au bout du monde.

Le « gouvernement » vietnamien veut décorer à titre posthume Bernard de Lattre de l'Ordre national du Vietnam. « Il sera un exemple magistral pour les courageuses jeunesses des deux pays… » Le Roi Jean rugit « Deux jeunesses ! Les seuls Vietnamiens qui se battent sont dans les rangs du Viêt-minh. » Vietnamiser le conflit, c'est ce qu'il souhaite ardemment. Opposer à l'entreprise communiste une armée nationale valable. Mais il s'est jusqu'alors heurté à la passivité du gouvernement de Tran Van Huu et surtout à l'insaisissable empereur Bao Dai, remis en selle par la France l'année précédente, mais qui préfère à la mêlée du Tonkin sa « cité interdite » de Dalat, où il se livre à ses occupations récurrentes : le jeu (du poker aux discussions byzantines), le sexe et la chasse. Les premières victoires de De Lattre ont tout de même ébranlé la neutralité populaire et l'attentisme des « nationaux ». Le sacrifice de Bernard a accentué la tendance.

De Lattre flaire le bon moment. Le 11 juillet, à l'occasion de la distribution des prix du lycée Chasseloup-Laubat de Hanoi, il prononce un discours qui va faire date. « Vous êtes des privilégiés […]. Vos études et vos vacances ne sont possibles que parce qu'il y a beaucoup de jeunes hommes français et vietnamiens qui ont renoncé à l'étude comme au repos pour combattre et pour mourir […]. C'est là une constatation, non un reproche. » Le général s'en prend ensuite aux « quelques éléments impuissants et stériles de ce qu'il est convenu d'appeler l'élite [...], ces malheureux qui auraient voulu avoir l'indépendance sans la guerre ». Et c'est le feu d'artifice, du grand art delattrien : « Au nom des soldats de la France, au nom de l'avenir du Vietnam, au nom de la jeunesse même de ce pays qui se bat, devant ces petits calculs et cette honorable lâcheté, je dis à de tels gens, et vous leur direz avec moi : Non ! c'est la guerre : soyez des hommes ! Soyez des hommes, c'est-à-dire : si vous êtes communistes, rejoignez le Viêt-minh ; il y a là-bas des individus qui se battent bien pour une cause mauvaise. Mais si vous êtes des patriotes, combattez pour votre patrie, car cette guerre est la vôtre [...]. Cette guerre, que vous l'ayez voulu ou non, est la guerre du Vietnam pour le Vietnam. Et la France ne la fera pour vous que si vous la faites avec elle. »

Trois jours plus tard, à Hanoi, Bao Dai assiste à ses côtés au somptueux défilé du 14 Juillet. Gagné ? De Lattre a au moins réussi à mouiller l'« Empereur des casinos », comme il le surnomme en privé. À le faire sortir de sa tanière dorée au milieu de ses sapins, de ses fleurs, de ses millionnaires douteux, de ses généraux, ministres, prêtres caodaïstes et autres blondes platinées aux pare-chocs plus proéminents que ceux de ses nombreuses voitures américaines. Là-bas, dans ses collines de Dalat, le chef de l'État vietnamien tergiverse, ruse, fuit à Cannes lorsque la pression est trop rude. Car ce jouisseur, qui a tout connu – le pouvoir impérial, le premier gouvernement de Hô Chi Minh (conseiller spécial en 1945 !), l'exil difficile à Hong Kong –, est très lucide. Il y a la nouvelle Chine, il y a l'oncle Hô, il y a l'Amérique qui se voit déjà à la place de la France, il y a la France, son instabilité chronique, ses hésitations... Et puis il y a ce de Lattre qui, tout en respectant l'étiquette, a trop montré où il voulait en venir.

Cette fois, il semble avoir réussi. Au lendemain du défilé, Bao Dai signe l'ordonnance de mobilisation. C'est l'acte de naissance de l'armée vietnamienne.

De Lattre est de plus en plus inquiet. Des négociations de paix viennent de s'engager en Corée. Si elles aboutissent, l'armée de Mao ne va-t-elle pas voler au secours du Viêt-minh ? C'est à Paris, Londres et surtout Washington qu'il faut agir afin d'obtenir les aides vitales. À Paris – où son médecin, soucieux de son état de fatigue, lui a prescrit de se reposer –, il tombe en pleine crise gouvernementale. Classique, mais celle-ci dure, dure… Au cours d'une promenade, des douleurs fulgurantes à la hanche lui font croire qu'il a fait un faux pas… En septembre, accompagné de sa femme et de sa suite, il s'embarque pour les États-Unis à bord du paquebot *Ile-de-France*. Son traitement des correspondants américains à Hanoi n'a pas été vain : rappelant qu'un de ses surnoms est « DDT » (pour « de Lattre de Tassigny »), le *New York Times* dresse un portrait flatteur du vainqueur des « rouges ». Le Congrès, qui a depuis longtemps oublié le sort réservé aux « Peaux-Rouges », est plus réticent à l'égard du « colonialiste ». La bataille s'annonce rude. Accueil chaleureux du président Truman, compréhension du Pentagone. Cela ne suffit pas. Alors il accepte de participer à l'émission américaine la plus célèbre : « Meet the Press ». Un redoutable tribunal animé par une poignée de journalistes-procureurs. Le « *Fighting General* », comme le surnomme le *Washington Post*, gagne son pari. Dans son anglais rudimentaire, il réussit à faire entrer l'Indochine dans les foyers américains, à les convaincre que la perte de ce bout d'Asie serait une catastrophe pour le monde libre, donc l'Amérique. Le sondage Gallup réalisé après l'émission est formel : il faut aider ce « Mac-Arthur français » (*Time*), d'autant qu'il ne fait pas appel aux GI's. Il veut seulement du matériel, des armes, des avions. Le 1er octobre, un premier navire américain apporte à Saigon une cargaison d'armes et d'équipements.

À son retour à Paris, de Lattre apprend que ses douleurs à la hanche sont provoquées par un cancer. Peu d'espoir de guérison. Cela fait trois mois qu'il est absent d'Indochine. Sans lui, Salan a fait du bon boulot. Échec d'une offensive viet sur Nghia Lo, dans le Nord, grâce au largage de trois bataillons paras commandés par Bigeard. Amélioration de la situation dans le delta. Lorsqu'il s'envole, fin octobre, pour Hanoi, c'est un Roi Jean amoindri qui décide, malgré les risques, de reprendre l'offensive. Ce sera Hoa Binh, sur la rivière Noire. La ville est prise le 15 novembre. Sa dernière conquête.

Avant de quitter définitivement l'Indochine, il veut faire un dernier cadeau à « son » corps expéditionnaire. Convoquant le délégué général de la Croix-Rouge, des officiers sociaux, des médecins, des aumôniers, il leur dit : « Dans quelques semaines, c'est Noël. Pour tous ceux qui se battent, et jusque dans les postes les plus éloignés, je veux un arbre avec des lumières, du chocolat dans du papier doré et des cadeaux. Ne vous inquiétez pas. Nous ne puiserons pas dans les caisses publiques. Je trouverai l'argent. » Il envoie alors à Saigon un B-26 (un bombardier inconfortable) pour ramener à Hanoi le directeur général de la Banque d'Indochine ! « Les financiers, lui dit-il, tremblent rarement avec les soldats du front. Le plus souvent, ils tirent de substantiels profits des victoires que remporte l'armée. Les moyens de votre banque sont énormes. Je compte sur vous pour organiser une collecte. » Le banquier sait qu'il s'agit d'un ordre.

19 novembre : le Roi Jean fait ses adieux et s'envole pour la France.

12 janvier, 13 heures : Radio Hanoi retransmet le message du ministre de la Défense, Georges Bidault, aux armées de terre, de mer et de l'air : « Un héros est mort... » Avant les obsèques nationales, le cercueil du général de Lattre de Tassigny est exposé sous l'Arc de triomphe. Il côtoiera ensuite celui de Bernard, dans le tombeau familial de Mouilleron-en-Pareds.

Diên Biên Phù, la fin…

1947. « Mon cher général. Des circonstances qui ne sont pas de notre vouloir nous ont fait des adversaires. C'est bien regrettable. Je vous connais assez pour croire que si vous étiez ici, et si vous aviez les pouvoirs nécessaires, des événements douloureux auraient pu être évités. Mais amis nous avons été, amis nous resterons personnellement. » Signé : Hô Chi Minh.

Le « cher général », c'est Raoul Salan, surnommé « le Mandarin » en raison de ses années d'expérience asiatique, notamment au Tonkin, et de son goût pour les voluptés opiacées. Et cette déclaration d'amitié de la part du leader viêt-minh, il la doit au rôle qu'il a joué, en 1945 et 1946, dans les négociations avec lui. Rappelé en 1947 pour prendre le commandement des forces françaises dans ce Tonkin qu'il connaît si bien, le voilà de nouveau face à Hô Chi Minh. Mais cette fois pour se battre. Les « pouvoirs nécessaires », en qualité de grand patron du corps expéditionnaire, il ne les aura que beaucoup plus tard, le 6 janvier 1952, cinq jours avant la mort du général de Lattre. Nécessaires pour quoi ? Pour, sur la lancée du « Roi Jean », battre les Viets. Mission possible ?

Dans une série de neuf articles – qui font rugir *L'Aurore* et *Le Figaro* –, Robert Guillain « dépiaute » implacablement pour *Le Monde* l'après-de Lattre. « Il n'y a pas de solution immédiate au problème indochinois […]. Pas de renforts américains prévisibles ; pas de relève rapide par le Vietnam (de Bao Dai) ; pas de défaite décisive sur le Viêt-minh avec nos moyens militaires actuels ; pas de solution diplomatique sans délai. Ajoutons enfin que, si l'on en croit les experts, un rembarquement accéléré serait impossible, ne serait-ce que pour une très simple raison : nous n'avons pas les bateaux. Il faut donc durer… Nous n'avons pas de politique, ou plutôt, nous en avons deux à la fois. Nous louvoyons entre la première, qui pourrait avoir pour formule : durer pour rester, et l'autre : durer pour partir. »

Alors on va durer. Salan s'en sort d'ailleurs plutôt bien. Avec l'opération « Arc-en-ciel », il réussit l'évacuation de Hoa Binh et inflige de lourdes pertes au corps de bataille viêt-minh. À l'automne 1952, il envoie les paras de Bigeard arracher au massacre les garnisons de la région de Ngia Lo, brise les attaques sur Phat Diem et sur le camp retranché de Na San, que Giáp comptait bien enlever. C'est à Na San, ravitaillé par un pont aérien permanent de 1 500 Dakota et Bristol cargos, que le stratège viêt-minh a appris qu'il était impossible de réduire une place fortifiée de ce type sans arroser d'obus la piste d'atterrissage, avec une artillerie puissante. Si les Français prennent le risque de construire un tel camp ailleurs, il saura ce qu'il faut faire... En attendant, Giáp, désappointé, n'insiste pas, néglige Na San et prépare une offensive sur le Laos. C'est à cette nouvelle donne que va être confronté Henri Navarre, le successeur de Salan, qui débarque en mai 1953 avec pour vague directive gouvernementale de « créer les conditions militaires d'une solution politique honorable ». Il y a des missions plus stimulantes.

« Mon petit Henri, qu'est-ce que tu viens faire dans ce merdier ? », lui lance son camarade de promotion, le général de Linares. Et Salan, lors de la passation de pouvoirs : « Mon général, il faudra vous méfier car le Viêt-minh est en train d'organiser ses grandes unités et de leur donner une articulation à l'européenne. — Dans ce cas, il est fichu », réplique, péremptoire, ce cavalier de cinquante-cinq ans qui ne connaît de l'Indochine que les quelques livres lus avant son départ de Paris. « Vous pourrez ainsi regarder les événements avec des yeux neufs », lui a dit le chef du gouvernement, René Mayer... Dans son dernier rapport, Salan suggère également au nouveau commandant en chef de reprendre une localité du pays thaï et d'y installer un camp fortifié afin de barrer la route à l'offensive viêt-minh sur le Laos : Diên Biên Phù. 300 kilomètres de Hanoi (à vol d'avion). Une plaine d'une vingtaine de kilomètres de long sur 8 à 10 de large. Cerclée de collines et de montagnes couvertes de jungles. Des hameaux sur pilotis, des rizières, une rivière « où les femmes se baignent nues », note un officier au début du siècle. Dans les années 1920, la France y avait bâti une jolie résidence pour sa délégation. On y organisait des réceptions et des chasses au tigre. En 1945, les Japonais y ont laissé un terrain d'aviation.

Alors, on va se refaire un Na San ?

Avant de se décider, Navarre fait le tour de tous les points chauds (son avion est touché deux fois par la DCA). Diagnostic peu brillant. La guerre (officiellement, il n'y a pas de guerre !) a déjà tué plus de 30 000 hommes du corps expéditionnaire. A sacrifié tous les trois ans une promo de Saint-Cyr. Ces sept années ont plus usé qu'affûté la machine. Trop de coups durs, de succès à la Pyrrhus, de lourdeur face à la mobilité, à l'ubiquité, à la motivation de l'ennemi. Eh bien, ce constat, Navarre, ça a plutôt l'air de le stimuler : « Mon objectif n° 1 est de détruire les habitudes. Le corps expéditionnaire manque d'agressivité et de mobilité. Je vais m'attacher à les lui rendre. » À Paris, le Comité de défense nationale s'abstient de toute directive contraignante. Malgré la sortie du général Corniglion-Molinier, ministre d'État, qui s'était posé à Diên Biên Phù en 1946, avec Leclerc : « Diên Biên Phù ? Imaginez un aérodrome qui se trouverait au Champ-de-Mars, alors que l'ennemi occuperait la colline de Chaillot. »

Navarre garde le cap. Dans son entourage, ce n'est pourtant pas l'union sacrée. D'abord enthousiaste, le nouveau responsable du Tonkin, le général Cogny (surnommé « Coco la Sirène » à cause de son faible pour les escortes motocyclistes tapageuses), est gagné par le doute et craint que « Diên Biên Phù ne devienne un gouffre à bataillons ». Le général Lauzin, commandant de l'armée de l'air, est encore plus catégorique : « Si l'opération est envisagée, la garnison devrait être retirée avant le 1er février. Après, le vent venant du Yunnan chinois et chargé de latérite empêche toute visibilité. Donc tout trafic aérien. »

Septembre, à Paris. Le général Gallois fait à René Mayer un exposé pessimiste et préconise le repli des troupes sur la côte. « D'accord pour ce repli vers les ports, mais gardez-moi le Laos ! », répond le Premier ministre, qui ne se rend pas compte qu'il vient d'ordonner deux mesures contradictoires. Navarre retiendra qu'il faut sauver le petit royaume, ce qui justifie de réoccuper Diên Biên Phù tout proche et d'en faire une base aéroterrestre. On va enfin pouvoir « casser du Viet » en l'attirant dans la place…

20 novembre. 6 heures. Sous le Dakota n° 356 bourré de matériel de communications, la fourrure tropicale des crêtes domine et embrasse une sorte de cuvette allongée recouverte d'une brume épaisse. « Ça va se lever ? », demande le général Gilles. Un an plus tôt, à Na San, il a gagné ses étoiles en infligeant à Giáp un lourd revers. C'est donc lui, le para borgne que Navarre a choisi pour l'opération « Castor ». À une distance de Hanoi deux fois plus grande que Na San…

7 h 20. Le général Cogny reçoit ce message en provenance du Dakota : « À Diên Biên Phù, brume en voie de se dissiper. » 8 heures Sur les aérodromes hanoiens de Bach Mai et de Gia Lâm, une soixantaine de Dakota, flanqués de bombardiers B-26 *Invaders*, décollent en file indienne. Après le survol de forêts entièrement vietminhisées, ils larguent, une heure durant, 3 000 parachutistes sur les deux DZ (*dropping zones*) prévues, créant la panique parmi les paysans en train de moissonner l'unique récolte de l'année. Au nord-ouest, le 6e BPC (bataillon de parachutistes coloniaux) de Bigeard ; au sud, le 1er RCP (régiment de chasseurs parachutistes) de Bréchignac. Les deux unités se font sévèrement accrocher par les Viets, qui finissent par abandonner le terrain. Les jours suivants, d'autres bataillons et un groupe d'artillerie sont largués à leur tour. Le terrain d'aviation est ouvert.

En France, l'hiver approche. Le jour des premiers parachutages, l'aéroport d'Orly a été fermé pendant cinq heures pour cause de brouillard, le feuilleton Dominici continue de passionner, le débat sur la Communauté européenne de défense fait rage, Gérard Philipe triomphe au TNP avec *Lorenzaccio…* La routine. Brusquement secouée par la une de *France-Soir* : « Pluie de parachutes sur Diên Biên Phù. » Il faut toutefois attendre le numéro de Noël de *Paris Match* pour voir le premier reportage sur le camp retranché. « Les photos que nous présentons ne ressemblent pas à celles que transmettent ordinairement les services officiels. Nos reporters – Jean Mezerette et Ernst Haas – embarqués sur un Dakota du pont aérien, sont allés les prendre eux-mêmes dans Diên Biên Phù assourdie la nuit par le fracas des mortiers viets, et le jour, par le tonnerre de nos canons. » On y voit le général Gilles en tenue de combat et entouré de son staff, dont un Bigeard toujours souriant. Sur une table bricolée, un « régiment » de canettes de bière 33. Une photo montre des « *vims* » (prisonniers viêt-minh ralliés) apportant à dos d'homme des matériaux pour construire des abris ; une autre, des artilleurs sénégalais en action ; légende de la dernière : « Pour tenir sur les pitons, il faut aux hommes des trous contre les mortiers, des toits contre le soleil. »

12 000 soldats d'élite, paras, légionnaires, tabors, formés à l'offensive, reçoivent l'ordre de se terrer et de fortifier des points dont l'aspect martial sera adouci par des prénoms de femme : Éliane, Dominique, Béatrice, Gabrielle, Isabelle, Claudine, Françoise, Huguette, Junon, Anne-Marie... « Au lieu d'utiliser la brousse pour nous camoufler, s'inquiète un capitaine de Gabrielle, nous avons reçu pour consigne de débroussailler la colline. Le colonel voulait la voir comme un pubis thaï. » Tous les arbres y passent. Et dans les hameaux environnants, la moindre poutre, la moindre claie de bambou sont récupérées pour étayer les abris. Certains chefs d'unité, plus rompus au « crapahut » dans la nature qu'à la « spéléo », ne poussent pas à fond les travaux de retranchement : les Viets ne pourront pas venir jusqu'ici avec de l'artillerie lourde, alors...

Avec les chars Chaffee en pièces détachées et les bulldozers, le pont aérien déverse 3 500 tonnes de madriers et des centaines de rouleaux de fils de fer barbelés. « Hérisson » foré de cagnas, nervuré de boyaux, labyrinthé de souterrains, élagué de sa couverture tropicale, de ses grands aréquiers, de ses arbres à pain, de ses bambous, de ses ronces, de ses pavots, Diên Biên Phù, par sa puissance et sa nudité, est une proie bien provocante...

Le colonel Christian de Castries, un spahi au calot rouge, ancien champion du monde d'équitation, a remplacé le général Gilles. Comme ce dernier, il est fait pour l'attaque, pour les charges rapides, et ce camp défensif ne lui plaît guère. Navarre le convainc tant bien que mal : « Les Viets vont s'y casser les dents et vous pourrez lancer des raids de cavalerie dans les montagnes. »

Début 1954. La base est, selon le mot de Bigeard, devenue l'« endroit à la mode ». Hommes politiques, militaires de bureau et journalistes s'y précipitent. Sous le titre « Week-end à Diên Biên Phù », *Le Monde* publie un long reportage de Robert Guillain. « À l'atterrissage, on aimerait voir d'un peu moins près la pointe des pitons et surtout, on se dispenserait volontiers de frôler au passage le balcon des hauteurs d'alentour : au ras de nos ailes, ces forêts en dessous de nous, ces savanes où courent des pistes fraîchement ouvertes, abritent des milliers de Viets dont rien pourtant ne révèle la présence [...]. À terre, le mot "cuvette" donne une idée fausse. L'image juste serait plutôt celle d'un stade, mais d'un stade immense [...]. Le fond du stade est à nous ; les gradins des montagnes tout autour sont au Viêt-minh. »

En partie rassuré par le « formidable système défensif », l'envoyé spécial ne cache pas sa surprise devant la mosaïque de la garnison : « La surprenante armée ! À Paris ou en France, quand on parle de l'Indochine et de notre armée qui la défend, on pense à une armée de Français, une armée d'hommes blancs combattant un adversaire jaune. C'était le cas en 1947 [...]. Aujourd'hui, je surprendrais bien des gens en leur décrivant l'apparence de cette armée à Diên Biên Phù. On est maintenant devant le plus extraordinaire mélange de couleurs et de races : Marocains, Annamites, Algériens, Sénégalais, légionnaires, Méos, Tonkinois, Thaïs, Muongs. Si bien que dans cette foule bigarrée, le Français de France finit par faire figure de rareté tant le "jaunissement" du corps expéditionnaire, sa "coloration" par les troupes coloniales, son gonflement par le développement de l'armée vietnamienne ont noyé les Européens dans les troupes de couleur. »

« Alors, monsieur l'envoyé spécial du *Monde*, que pensez-vous de ce que vous voyez ? », demande de Castries. À Guillain qui évoque « une forteresse à l'envers » avec un ennemi sur les hauteurs, le visage du colonel vire à la couleur de son calot : « Qu'il descende le Viet, qu'il vienne dans la cuvette, il verra ce qui l'attend ! »

Il va descendre, « le Viet ». Le 13 mars. Ce jour-là, en fin d'après-midi, le tonnerre ininterrompu de son artillerie lourde sur le camp retranché est aussi un coup de tonnerre dans les têtes. Ce n'est pas possible ! Giáp ne peut avoir des canons de 105 ! Le lieutenant-colonel Piroth, un manchot patron de l'artillerie, s'était montré rassurant : « Nous les repérerions. De toute façon, leurs fameux canons, on les verra quand ils tireront et alors je les casserai en deux jours. » Comment, en effet, Giáp aurait-il pu les transporter, à travers jungles et montagnes, à plus de 400 kilomètres de ses bases ? Comment ? D'abord avec les 600 camions russes Molotova fournis par Moscou *via* la Chine, qui empruntent les routes dissimulées à la vue des avions, voies qui ont été spécialement tracées par des dizaines de milliers de *dan congs*. Et puis, pour les pièces détachées, les munitions, les vivres, les médicaments, il y a ces 20 000 vélos fabriqués à Sochaux ou à Saint-Étienne, pouvant porter près de 200 kilos, recouverts de branchages et poussés par autant de coolies. Il y a ces milliers de chevaux, il y a ces centaines de sampans surchargés, se glissant la nuit sur les eaux noires des rivières. Ce n'est pas le genre de scénario que l'on imagine chez les anciens « casoar et gants blancs » de l'École de guerre... Et pourtant, 50 000 Viets invisibles encerclent désormais le gratin du corps expéditionnaire.

« La France a les yeux fixés sur vous », avait proclamé le ministre de la Défense, René Pleven, lors de sa visite du camp retranché. Des semaines durant, l'attention de la France sera effectivement concentrée sur cette « cuvette » du pays thaï. À travers le prisme des communiqués officiels et des commentaires et reportages de la presse. Dans les journaux « conservateurs », l'héroïsme (bien réel) des assiégés est opposé à la sauvagerie et aux moyens des « communistes fanatiques déferlant en vagues hurlantes ». *L'Aurore*, 16 mars 1954 : « L'aide de la Chine communiste pèse actuellement de tout son poids dans la bataille [...]. Giáp, généralissime ennemi, a changé sa tactique. Renonçant à la guérilla, aux attaques surprise et sporadiques, il a engagé une bataille frontale, décidé à submerger sous le nombre les défenseurs de Diên Biên Phù. » *L'Aurore*, 19 mars : « Après s'être cassé les dents sur les premiers défenseurs, les Viets semblaient hier hésiter à prendre les risques d'un nouvel et sanglant assaut [...]. Giáp médite son échec. » Le 29 mars, alors que Béatrice, Dominique, Gabrielle, Anne-Marie sont déjà tombés, et que la piste d'aviation est inutilisable (le dernier avion s'est posé le 26 ; aucun homme, aucune photo ne sortira désormais du camp), la presse place beaucoup d'espoir dans la « colonne Crèvecœur » qui, venant du Laos, « vole au secours » de Diên Biên Phù. Guillain, dans *Le Monde*, ne se fait aucune illusion.

L'inquiétude est croissante, le ton dominant de la « grande presse » n'en reste pas moins épique. *Le Figaro*, 5 avril : « Depuis cent vingt heures, accrochés à leurs points d'appui, au milieu de la poussière et de la fumée des incendies, dans le fracas des explosions, ces hommes résistent magnifiquement aux assauts d'un ennemi cinq fois supérieur en nombre. Malgré la fatigue, l'insomnie, la chaleur, ils tiennent dans leurs tranchées, aux créneaux de leurs postes, les mains crispées sur leurs armes. » Et c'est vrai qu'ils résistent, les combattants de ce « Verdun tropical ». Ils vont encore se défendre pendant un mois. Un mois pendant lequel ils vont tenir en haleine une opinion incrédule, bouleversée, irritée, révoltée.

Cinq semaines d'affilée, *Paris Match* fait sa couverture sur Diên Biên Phù. Sur de Castries avec son calot de spahi, sur les anonymes en plein combat, sur Geneviève de Galard, l'infirmière qui restera jusqu'au bout et qui devient une icône de l'héroïsme, sur ces parachutistes à bord de leurs Dakota, les derniers, « tous volontaires pour sauter sur l'enfer de la jungle ».

Tout autre est le ton de la presse périodique intellectuelle. « On peut mourir bravement : on meurt en vain », assènent *Les Temps modernes*. *L'Observateur*, quant à lui, s'en prend à « la scandaleuse exploitation sentimentale à laquelle se livrent les journaux et le pouvoir ».

Que de sang, que de bravoure, que d'actions insensées, que d'angoisses, que de personnages ! Gaucher, le patron des légionnaires, tué dans les premières heures de l'attaque ; Piroth, l'artilleur, lançant « c'est ma faute ! » et se suicidant avec une grenade ;

Langlais, le colonel auquel de Castries a confié la défense du camp, Bigeard, « le fauve » craint et admiré par les *bo dois*, Lalande, héros de Bir Hakeim, défendant « Isabelle » jusqu'à sa dernière balle, Grauwin, le médecin-chef « stakhanoviste »... Et tous les anonymes. Des deux bords.

7 mai 1954. 17 heures. « Nous sommes submergés, téléphone de Castries à Cogny. Je n'ai plus aucune communication à l'intérieur du camp. La fin approche.

— Vous avez été magnifique. Surtout pas de drapeau blanc. Au revoir, Castries.

— Au revoir, mon général. »

Quelques minutes plus tard, le général de Castries (ses deux étoiles lui ont été parachutées) est amené en captivité avec les survivants de la « cuvette ». Un défenseur sur quatre est mort ou disparu. 4 000 ont été blessés. Chez les assaillants, les pertes sont estimées (par les services de renseignements français) entre 20 000 et 30 000.

C'est fini. « Diên Biên Phù est tombé », titre *France -oir*. Rien n'a pu sauver le camp retranché. Ni l'Américain Foster Dulles, qui avait fait cette effarante proposition à Georges Bidault : « Et si nous vous donnions deux bombes atomiques ? » Ni l'opération Vautour, un moment envisagée, puis annulée par le président Eisenhower : l'envoi de plusieurs centaines de bombardiers et de chasseurs américains pour anéantir, sous un déluge de bombes, de roquettes et de napalm, les bataillons de Giáp. Aux États-Unis, phénomène rare, l'opinion s'est passionnée pour les exploits des « *Frenchies* de la vallée des héros », cette « épopée aristocratique de la vieille France avec ses chevaliers à particule ». Le jour de la chute, commentaire du *New York Times* : « Ils furent submergés, ils ne furent pas vaincus. »

Hô Chi Minh a gagné. Le Viêt-minh peut participer en position de force à la conférence de Genève, dont les travaux sur l'Indochine débutent dès le... 8 mai.

Navarre rêvait d'une « bataille décisive ». Elle l'est. Il a beau répéter à présent que « la garnison de Diên Biên Phù ne représentait que 6 à 7 % du corps expéditionnaire en Indochine » (mais c'étaient les meilleurs !) et que « la guerre continue », le désastre de la « cuvette » thaïe est le début de la fin. Il y aura encore des combats et des drames, mais tout est joué.

21 juillet. Mendès France signe les accords entérinant la cessation des hostilités et le partage du Vietnam en deux. Communiste au nord, pro-occidental au sud.

9 octobre. Les derniers éléments du corps expéditionnaire quittent Hanoi. Cette journée historique, grosse d'émotion, est immortalisée par les envoyés spéciaux de *Paris Match*, Sylvère Galard et René Vital, sous le titre « Le drapeau français ne flotte plus sur Hanoi ». Sur la photo d'ouverture, à gauche, deux légionnaires amènent l'emblème tricolore. Sur celles de droite, passation de pouvoir entre l'ancien et le nouveau régime : le capitaine Fernand Salanie et deux officiers viêt-minh se saluent sur le pont des Rapides. Et sur le pont Doumer, un soldat viet hisse le drapeau rouge à l'étoile jaune. Pages suivantes : « Morte pour une nuit, la rue Paul-Bert s'éveille communiste aux applaudissements de la division 308. » Pour la première fois depuis le début de la guerre, des reporters occidentaux peuvent montrer l'armée des vainqueurs. Dernières pages : « Hanoi la tonkinoise prise dans la ronde des satellites. » Portraits de Hô Chi Minh, de Mao, de Malenkov. Cartes du Vietnam « réunifié », colombes de la paix de Picasso… Et une silhouette, de dos, marchant, une canne de bambou à la main derrière sa jeep : le colonel d'Argence, dernier militaire français à quitter la capitale du Tonkin. Quelques images pour signer la fin de la liaison entre la France et le Tonkin. Pour le point final de l'histoire quasi centenaire de la France en Indochine, il faut attendre encore un an et demi. Le 28 avril 1956, les ultimes soldats français quittent Saigon. Dans les rues, on voit de plus en plus d'Américains.

Il était une fois l'Algérie française

« Un moment secouée, l'opinion française se détourne des affaires d'Algérie. Elle s'en détourne et, profitant de cet assoupissement, des articles paraissent dans certains journaux qui tendent à démontrer que ce n'est pas si grave, que la crise politique n'est pas générale et qu'elle est due seulement à quelques agitateurs professionnels. » L'euphémisme n'est pas la tasse de thé à la menthe d'Albert Camus. Si, dans cet éditorial de *Combat* en mai 1945, il qualifie de « crise politique » les événements qui ensanglantent au même moment sa terre natale, c'est sans doute pour ne pas mettre de l'huile sur le feu qui s'y est dramatiquement propagé. Principalement dans le Constantinois.

Le 8 mai, jour de la victoire sur l'Allemagne hitlérienne, des drapeaux algériens vert et blanc, interdits, se sont mêlés aux emblèmes tricolores lors des défilés. Et les slogans « Algérie libre » ont concurrencé les « À bas le fascisme ». À Sétif et à Guelma, les policiers secondés par des civils européens ont tiré sur des manifestants musulmans. Ces derniers, en se dispersant, ont tué des Européens se trouvant sur leur route. L'incendie a gagné les campagnes. 103 Européens y laissent leur vie, 110 sont blessés. Jusqu'à la fin juin, les représailles seront féroces. Ratissages, exécutions sommaires, bombardements par l'aviation et la marine qui tirent sur les côtes. Entre 15 000 et 30 000 Algériens musulmans sont tués. « Je vous ai donné la paix pour dix ans, avertit le général Duval, responsable de la répression, mais il ne faut pas se leurrer. Tout doit changer en Algérie. » Cependant, « un moment secouée, l'opinion française se détourne des affaires d'Algérie »…

En ce début de la décennie 1950, rien n'a changé, ou presque. Les « Arabes-qui-ne-comprennent-que-la-force » ont, semble-t-il, compris. Le *statu quo*, c'est quand même bien agréable. C'est voluptueusement immobile, comme une bonne sieste. Ça endort. Si, dans l'ombre, les descendants d'Abd el-Kader leur concoctent un futur bien différent, les trois départements de l'Algérie française vivent, insouciants, au présent. Et les jours se suivent sous le soleil. Surtout dans les villes de la « grande bleue » : Bône, Philippeville, Bougie, Alger, Mostaganem, Oran. Dès le début d'avril, elles prennent leurs atours d'été. On va travailler en bus, en trolley, en voiture, à Vespa, mais on n'oublie jamais ses « affaires de bain ».

À midi, on « descend à la mer ». Un rituel, un culte que Camus célèbre avec exaltation : « Il me faut être nu et plonger dans la mer, encore tout parfumé des essences de la terre, laver celle-ci dans celle-là et nouer sur ma peau l'étreinte pour laquelle soupirent lèvre à lèvre depuis si longtemps la terre et la mer. » À 14 heures, on reprend le travail, ou les cours. En semaine, à Alger, on se contente d'aller « piquer une tête » dans le port ou dans les blocs des jetées aménagées en piscines hiérarchisées : les très snobs Yacht-Club et Rowing, le RUA (Racing universitaire algérois), ce paradis de la jeunesse, étudiante ou non, celle qui fréquente les cafés du centre-ville : l'Otomatic, le Coq-Hardi, la Cafetaria, le Bar des Facs, avec leurs terrasses piquetées de filles superbes, ces « cailles » gorgées de vie, dont « les cheveux de tempête et les genoux comme des petits soleils » avaient ému Montherlant. On va aussi « se taper un bain » chez Padovani, à la limite de Bab el-Oued.

Et le dimanche, plage ! Le grand, le bruyant et joyeux exode vers les kilomètres de sable blanc ourlés de dunes, comme au chic Club des Pins ou à Moretti, de criques ou de terrasses comme à Fort-de-l'Eau – ah ! les brochettes et les merguez de ce port de pêche ! – ou à la Madrague, qui rime avec drague.

De Bône à Oran, la moitié de l'année est ainsi rythmée par le soleil qui castagne, la *kémia* et ses ingrédients : anisette, olives, anchois, fenouil…, le rosé qui fait résonner encore plus fort les exclamations du *pataouète*, les rires et les engueulades théâtrales. Ceux qui n'ont pas la chance de vivre au bord de mer, par exemple les habitants de l'altière et sévère Constantine, désertent le *paseo* – la tradition espagnole de la promenade – et les terrasses de l'Alex ou de l'Excelsior pour estiver à Philippeville, à Bougie ou à La Calle.

Ils sont une minorité à passer des vacances de l'autre côté de la Méditerranée. Plus de 70 % du million d'Européens ont un revenu inférieur au niveau moyen de la métropole. Et le bateau et l'avion sont trop chers. Pour eux – comme d'ailleurs pour les « indigènes » –, les transports ne sont gratuits que lorsqu'il s'agit d'aller combattre les Allemands... La majorité ne connaît en fait l'Hexagone que par ces campagnes militaires, les récits de famille, les leçons de géographie et d'histoire apprises à l'école, les livres et les actualités cinématographiques.

Le reste de l'année, il y a la chasse au sanglier ou à la perdrix, la pêche aux oursins, le cinéma et les films « de cow-boy » (le Majestic d'Alger se proclame « le plus grand cinéma d'Afrique du Nord »). Il y a surtout le football ! Le foot roi joué dans les cours de récré, dans la rue et dans les nombreux clubs locaux. Une passion partagée par les deux communautés. Mais les équipes sont plutôt homogènes : Européens au Gallia, Arabes et Kabyles à l'Olympique musulman de Saint-Eugène... À l'image de la société algérienne : on se côtoie, on ne se mélange qu'exceptionnellement.

Si les pieds-noirs, produits des vagues d'immigration française, italienne, maltaise, espagnole, méconnaissent la France, la réciproque est vraie en ce début des années 1950. Grosso modo, aux yeux d'un métropolitain, les Français de là-bas sont des colons. Contrevérité : 90 % de la société européenne est citadine. Raccourci lourd de malentendus : un colon, c'est le « Blanc » richissime, dont les domaines s'étendent sur des dizaines de milliers d'hectares, et qui fait « suer le burnous ». Ceux-là existent. Mais à côté des Borgeaud (seigneur des vignobles de la Trappe), Blachette (roi de l'alfa, la plante « à papier ») et autres Gratien Faure, dont le poids n'est pas qu'économique, les trois quarts sont des petits propriétaires industrieux dispersés dans des fermes aux murs blancs bordées d'eucalyptus. Non loin du village créé par leurs ancêtres et qui comprend une place et son église, une mairie, une école, un monument aux morts, un marché. Quand, Pataugas aux pieds et manches retroussées, ils font « suer le burnous », ils suent souvent avec ceux qui le portent et ils s'adressent à eux en arabe. Cette coexistence quotidienne dans le travail, souvent taxée de paternalisme, ne signifie pas pour autant égalité dans les rapports. Le soir, le colon et sa famille se claquemurent dans leur ferme, les ouvriers agricoles musulmans s'entassent dans les *mechtas* environnantes.

Des « seigneurs », il y en a dans la communauté musulmane. D'origine berbère, la famille Tamzali possède la plupart des huileries et des savonneries. Les Benchicou ont le monopole du tabac dans l'Est algérien et font pendant à la famille européenne Bastos, qui fabrique, dans l'Ouest, les cigarettes éponymes. Commerçants et terriens, ces Algériens « de grande tente » du Nord sont plutôt émancipés et (un peu) ouverts aux idées libérales. Dans le Sud saharien, en revanche, féodalité sans fard. Un pacte esclavagiste régit les rapports des seigneurs « de grande tente » avec les *fellahs* et nomades qui travaillent pour eux. Si la liberté, l'égalité et la fraternité ont perdu quelques forces en traversant la Méditerranée, les premières dunes ont eu raison de leur dernier souffle...

Les 500 000 Algériens musulmans qui résident dans l'Hexagone ne sont pas des seigneurs. Plus de la moitié sont des ouvriers non spécialisés travaillant dans les grosses entreprises de terrassement, l'industrie automobile, les mines, un peu moins l'agriculture. On les croise dans les villes, sur les lieux de travail, dans certains cafés. Ils font partie du « paysage », mais ils vivent entre eux, regagnant, le soir, leur bidonville de banlieue ou leur quartier insalubre. À Paris, la « médina de la Goutte d'Or », comme l'ont surnommée certains journaux, est le centre de tous les fantasmes. « Depuis la Libération, écrit Pierre Joffroy dans un grand reportage de *Paris Match* illustré par Pierre Boulat, les gens d'Alger en avaient méthodiquement évincé la pègre plus ancienne de Toulon, de Marseille et d'Ajaccio. Après une série de rencontres sanglantes, les vaincus avaient dû se réfugier sur le haut de la butte. Oran et Alger en occupèrent définitivement le bas et reprirent à leur compte les "industries" locales : recel, stupéfiants, prostitution. » Mais la majorité est constituée de ceux qui « ne jouent pas du rasoir, ne font pas rouler les dés, ne vendent pas de Rolleiflex volé ». Et cependant, poursuit le journaliste, « ils ont peu à peu remplacé dans la mythologie populaire le romanichel voleur d'enfants qui passait de mode. Pareil au Jamaïcain de Londres ou au Portoricain de New York, expatrié et misérable comme eux, le Nord-Af' fait lever la peur, le mépris ou la haine [...]. Or il n'existe pas – c'est un fait que les policiers reconnaissent – de criminalité nord-africaine spécifique [...]. Quant à la Goutte d'Or, si on veut la comparer au Vieux-Port de Marseille avant guerre, il n'est pourtant venu à l'idée de personne de vouer tous les Corses à l'exécration publique ».

À Paris, ce sont surtout deux foyers d'un autre genre qui inquiètent les autorités. Le siège du MTLD (Mouvement pour le triomphe des libertés démocratiques) créé par Messali Hadj. Et le « 115 » (boulevard Saint-Michel), centre de l'Association des étudiants musulmans nord-africains. Leur « industrie » n'est ni le recel ni les stupéfiants. C'est la politique. Et eux n'ont pas l'intention de se détourner des affaires d'Algérie.

Une Toussaint explosive

« La situation est malsaine. J'ai peur qu'il nous faille, malgré les rapports rassurants, nous occuper rapidement du dossier algérien. » 24 octobre 1954. François Mitterrand, ministre de l'Intérieur, rend compte de son voyage au chef du gouvernement, Pierre Mendès France. Outre une visite de compassion à Orléansville, cette ville de l'Ouest algérois détruite début septembre par un tremblement de terre (1 400 morts), il a rencontré les principales personnalités de ces départements français d'Afrique du Nord. Exercice d'équilibriste. Il fallait à la fois faire comprendre aux Algériens musulmans que ce gouvernement était plein de bonnes intentions à leur égard et rassurer les croisés de l'ordre colonial inquiets de l'arrivée à Matignon du « bradeur de l'Indochine ». C'est que les Serigny, directeurs de *L'Écho d'Alger*, et les Borgeaud ont des hommes à eux au Palais-Bourbon. Un ordre d'Alger leur suffirait pour abattre la fragile majorité parlementaire.

Ambivalence naturelle ou cynisme calculé, Mitterrand réussit à séduire ces hommes crispés sur leurs privilèges et leurs préjugés, sur leur refus systématique de toute revendication venant des « ratons ». À l'exemple du président de l'Assemblée algérienne, Raymond Laquière, caricature de ce colonat borné, à qui il remet la cravate de commandeur de la Légion d'honneur. Et, langue de bois, langue de miel, le ministre déclare, avant de monter dans son avion pour Paris : « J'ai trouvé les trois départements français d'Algérie en état de calme et de prospérité. Je pars empli d'optimisme. » À Alger, Jean Vaujour, l'efficace directeur de la Sûreté, l'avait prévenu : « Les nationalistes bougent. Il faut s'attendre à quelque chose de grave. Dans trois ou quatre semaines. »

Quels nationalistes ? Il y a les fellaghas tunisiens qui grenouillent de plus en plus dans les Aurès et qui sont encouragés par Radio Le Caire à aider leurs « frères algériens » à se débarrasser des « colonialistes français ». Il y a évidemment le pratique épouvantail du MTLD, dont le leader, Messali Hadj, est en résidence surveillée aux Sables-d'Olonne. Cela n'empêche pas des messalistes d'occuper des postes de conseillers municipaux, mais d'autres, plus radicaux, auraient quitté le mouvement pour en créer un nouveau. On n'en sait guère plus. Frustrant : on est certain à Alger, le gouverneur Léonard en tête, que des commandos préparent « un truc », mais on ne peut mettre un nom sur aucun de leurs membres. Il y a bien ce Kabyle, Krim Belkacem, qui a pris le maquis depuis des années après avoir, entre autres, tué un garde champêtre. Il y a bien Ben Bella et Aït Ahmed, des anciens d'une organisation paramilitaire, l'OS (Organisation spéciale), qui ont braqué la poste d'Oran. Ils sont au Caire, sous la protection de Nasser, dont les « 70 millions d'Arabes dressés sur leurs chevaux n'attendent qu'un signal pour aider les rédempteurs algériens à chasser la France, pays valet des passions les plus basses » (la revue officielle *Al Ida'a al Misrryya*).

L'inquiétude du gouverneur de l'Algérie est d'autant plus vive qu'il connaît l'état des forces françaises, policières et militaires. 9 gendarmes à Arris, dans les Aurès, pour 100 000 habitants ; 108 pour les 600 000 de Kabylie. Quant à l'armée, « poh poh poh ! », s'écrieraient les pieds-noirs. La plus grande partie des éléments mobiles a été mise à la disposition du résident Boyer de La Tour, qui doit faire face aux troubles de Tunisie. Les 60 000 militaires présents sur le territoire algérien ? « Inutilisables, à l'exception de 3 000 à 4 000, assène leur patron, le général Cherrière, encasernés, incapables d'opérations dans le bled, faute d'entraînement, de moyens légers, de mulets d'arme indispensables sur de tels terrains. » Une grande partie de ces troupes est en outre en transit pour l'Indochine. Même après Diên Biên Phù. Comme la légion, qui a quasiment déserté les sables chauds de Sidi Bel Abbès pour les rizières tropicales. « Ne comptez sur aucun renforcement sérieux avant Pâques 1955 », avait prévenu le ministère de la

Guerre. L'Indo, la Tunisie, le Maroc... D'autres chats à fouetter que le matou algérien.

Dans les derniers jours d'octobre, il y a, à Paris, au moins un homme qui prend les choses au sérieux : Jacques Chevallier, maire d'Alger mais également... secrétaire d'État à la Guerre. Sa présence dans la capitale tombe plutôt bien. Il reçoit coup sur coup un rapport alarmiste de Cherrière, ainsi que la visite du chef de cabinet militaire de Léonard, qui implore un renforcement prélevé sur les unités basées en Allemagne. *Fissa !* Chevallier frappe à toutes les portes, obtient des officiers et sous-officiers ayant déjà servi en AFN et fait mettre sur le pied de guerre une division aéroportée prête à gagner l'Algérie à la première alerte.

À Alger, le chef de la Sûreté, qui possède depuis peu de nouvelles informations sur la formation d'un réseau terroriste algérois, voit son dossier s'enrichir d'une note envoyée par le responsable des RG de Constantine : ce dernier a localisé dans l'Aurès une imposante bande de fellaghas (des Tunisiens ?) qui a éclaté en plusieurs groupes. Vaujour se rend le 29 à Constantine, où il a convoqué les principaux responsables civils et militaires. Tous tempèrent l'alarmisme du directeur de la Sûreté. « Je sillonne les routes de l'Aurès depuis très longtemps. Je n'ai jamais vu un fellagha devant ma jeep ! », assure le colonel Blanche, qui commande à Batna. Seul Hirtz, l'administrateur de Biskra, a décelé une certaine nervosité chez les Chaouïas, les tribus berbères de la région.

30 octobre. L'ethnologue Jean Servier est heureux de retrouver le village de Teniet el-Abed et ses habitants. C'est le deuxième séjour de ce pied-noir de trente-six ans qui parle couramment l'arabe, le kabyle et le chaouïa et qui fait une thèse sur le monde berbérophone. Engoncés dans leurs *cachabias* brun foncé qui les caméléonisent pour la chasse ou la guérilla, ces montagnards ont de tout temps défendu, par les armes s'il le fallait, leur langue, leurs traditions et leurs trafics. À certains signes, après le désastre de Diên Biên Phù, le sous-préfet de Batna, Jean Deleplanque, lors de ses tournées, a cru déceler un effritement du prestige de la France... Jean Servier est lui aussi intrigué par d'impalpables

changements. Dans les regards, les attitudes de ces gens qui l'aiment bien, qui le respectent, mais... Surtout lorsqu'il découvre que ce hameau, réduit au nécessaire le plus frugal, possède un poste à piles sèches, autour duquel, chaque soir, se réunissent tous les hommes pour écouter les diatribes enflammées de Radio Le Caire contre les « impérialistes français » ! Le lendemain matin, le caïd lui dit : « Il faut que tu partes, que tu rentres à Arris. » Le jeune ethnologue ne lui arrache aucune explication et comprend qu'il doit obtempérer. Le « bon roumi » n'est plus le bienvenu chez « ses » Chaouïas.

Pour Jean Vaujour aussi, c'est un drôle de dimanche. Un commissaire est venu spécialement d'Oran lui apporter une boîte de conserve au couvercle soudé et percé d'une mèche. Une bombe. Du même modèle que celle que ses services ont déjà trouvée dans la Casbah. Alger, l'Aurès et à présent Oran ! Il s'agit à l'évidence d'un plan terroriste visant toute l'Algérie. C'est encore plus grave qu'il ne le pensait. Mais où vont-ils frapper ? Quand ?

Lorsque vers 0 h 45, le 1er novembre, une première explosion retentit et roule au-dessus d'Alger, véritable caisse de résonance avec ses quartiers en gradins sertissant la baie, Vaujour n'est pas encore couché. Le bruit de la première déflagration vient de l'usine à gaz, près du jardin d'Essai. Il est suivi presque simultanément de trois autres explosions : à l'immeuble de la Radio, rue Hoche, en plein quartier résidentiel européen ; près des vastes hangars et des cuves des pétroles Mory situés sur les quais du port ; au central téléphonique sur l'esplanade du Champ-de-Manœuvre.

Sur les éventuelles victimes et les dégâts, on est assez vite rassuré : les engins artisanaux n'étaient pas à la hauteur des objectifs. Mais, *via* le central du téléphone intact, commencent à affluer les appels en provenance des autres régions. Et s'il y avait encore un doute sur l'existence d'un mouvement clandestin assez puissant pour déclencher en quelques heures des attentats sur l'ensemble du territoire, il est d'ores et déjà balayé.

En Kabylie, un supplétif musulman a été tué, des coups de feu ont été tirés contre des gendarmeries et des dépôts de liège et de tabac incendiés. En Oranie, Laurent François, un colon français venu donner l'alerte, a été abattu devant une gendarmerie, et des fermes ont été attaquées. À Blida et Boufarik, un mauvais timing a apparemment fait échouer l'opération qui aurait dû permettre aux rebelles de s'emparer d'un important trésor de guerre.

Plus préoccupant, le Constantinois, en particulier l'Aurès. Les fellaghas fantômes que le colonel Blanche n'avait jamais vus devant sa jeep sont passés à l'action. Attaque, vers 3 heures du matin, contre le poste de police de Biskra : le commissaire appelle aussitôt à Batna le sous-préfet Deleplanque qui, au volant de sa 11 CV Citroën, vient juste de rentrer en pleine nuit de Constantine avec sa femme ! Lui a eu beaucoup de chance de ne pas voir des « fell's » dans le faisceau des phares. Encore au téléphone, il entend des rafales à l'extérieur : « Ça y est ! Ça commence ici ! » Et il déclenche immédiatement l'alarme : sonneries et projecteurs allumés. De garde devant la caserne du régiment de chasseurs, Pierre Audat et Eugène Cochet, vingt-deux ans, aperçoivent des silhouettes armées. Ils font instinctivement claquer la culasse de leurs fusils… qui ne sont pas chargés : on est en temps de paix et les chargeurs avec leurs balles sont réglementairement enfermés dans un sac de toile cousu ! Avant de s'enfuir, leur coup raté, les assaillants ne leur laissent aucune chance.

À Khenchela, une charge détruit le transformateur électrique, des hommes tirent et envahissent le commissariat, arrachent leurs pistolets aux agents et se replient. Réveillé, le lieutenant Darnault, commandant de la place défendue par un peloton de spahis, sort dans la cour de la caserne et tombe foudroyé par une rafale. Une sentinelle, André Marquet, est tuée à son tour.

À T'kout, village perdu dans la région des gorges de Tighanimine, il n'y a rien à l'exception d'une… gendarmerie. Dix fonctionnaires, quatre femmes et cinq enfants. Une déflagration les réveille en sursaut, les gendarmes sortent précipitamment dans la nuit mais sont accueillis par des tirs. Ils se barricadent aussitôt avec femmes et enfants, désormais assiégés et coupés du monde. Arris, que Jean Servier a pu rejoindre à temps, est également isolée. Toutes les communications ont été coupées.

Quand les premières pâleurs commencent à teindre de gris les villes, les plaines et les reliefs algériens, les commandos se sont évanouis. Sauf dans l'Aurès. Vers 7 heures, le vieux car Biskra-Arris aborde les premières courbes de la route qui s'engage dans les splendides gorges de Tighanimine. À bord, outre les habituels villageois chargés de couffins et de balluchons, le caïd Hadj Sadok est en train de bavarder avec un jeune couple d'instituteurs européens, les Monnerot, lorsque le chauffeur freine brutalement. Surgissent alors des bas-côtés des hommes armés. Pistolet au poing, celui qui semble être le chef ouvre la porte et bondit dans la cabine : « Armée de libération nationale ! Que personne ne bouge ! » Apercevant les deux jeunes gens et le caïd reconnaissable à son impeccable tenue blanche, il leur ordonne de descendre. « Tu as reçu hier notre proclamation, de quel côté es-tu ? demande-t-il, menaçant, au notable. — Je ne parle pas avec des bandits ! », répond cet ancien combattant d'Indochine, qui plonge la main dans son burnous comme s'il allait se saisir d'une arme. Une rafale de mitraillette l'atteint en plein ventre, touche Guy Monnerot à la poitrine, et sa femme à la hanche. Avant de s'enfuir avec ses hommes dans les rochers, le chef du commando ordonne au conducteur d'emmener à Arris le caïd mourant « pour que les autres comprennent ». Mais le couple blessé est abandonné sur le bord de la route.

Dans Arris isolée, la nuit a été longue. Servier l'ethnologue, qui craint de voir les Européens armés s'en prendre, en représailles, à la population chaouïa, a organisé lui-même la défense de la ville. Dès l'arrivée du car de l'embuscade, il s'élance avec une patrouille armée dans l'espoir de ramener les Monnerot. Mais lorsqu'ils arrivent sur les lieux, le jeune instituteur s'est vidé de son sang. Sa femme a survécu. Dans la soirée, une colonne d'automitrailleuses venue de Batna débloque Arris. L'institutrice est rapatriée par l'unique hélicoptère opérationnel en Algérie !

D'est en ouest, la Toussaint rouge, dont le bilan précis est annoncé par… la radio du Caire, a mobilisé quelques centaines d'insurgés et a fait huit victimes chez les « colonialistes ». Pas suffisant pour que les autorités et l'opinion, à Alger comme à Paris, prennent la juste mesure des événements. Les Algérois les découvrent le jour même par une édition spéciale de *Tam, Dernières Nouvelles* : « Flambée de terrorisme en Algérie. » Ce sera également le titre de *France-Soir* du 2 novembre. Dans *Le Monde*, qui privilégiera l'élection présidentielle aux États-Unis, l'Algérie n'occupera que deux colonnes : « Plusieurs tués au cours d'attaques simultanées de postes de police. » La presse algérienne est, comme à son habitude, beaucoup plus incitative : « Frapper vite et fort », commande *L'Écho d'Alger*. Une réunion extraordinaire de la Fédération des maires d'Algérie devient le procès de « cette politique d'abandon, de soumission, de prime au terrorisme » qui vise évidemment le gouvernement Mendès France et ses représentants. Quel beau prétexte pour bloquer les réformes ! « J'habite dans une ferme avec une centaine de musulmans qui sont mes amis, dont je caresse les enfants, déclare le maire de Koléa. Mais, pour l'indigène qui a du mal à nourrir ses cinq ou six enfants, est-ce voter pour des délégués à l'Assemblée algérienne qui est une préoccupation dominante ? Permettez-moi de vous dire qu'il s'en fout ! Qui s'en préoccupe ? Les agités, ceux à qui la France a donné l'instruction. Et là, je dirai à l'Assemblée algérienne qu'avec son problème de scolarisation horizontale qui amène des maîtres jusqu'à l'intérieur des forêts pour apprendre aux gosses qui gardent leurs chèvres à se réciter des vers de La Fontaine, je dis que c'est de la folie. Faites-lui à côté une école professionnelle. Vous en ferez un travailleur au lieu d'en faire un lecteur d'*Alger Républicain* ou de journaux communistes, car, comme vous l'avez dit, c'est la masse indigène qui lit le plus ces journaux. »

Frapper vite et fort… Persuadé que le MTLD, appuyé par « l'étranger » (c'est-à-dire l'Égypte), est le *deus ex machina* des attentats, on le dissout, on arrête ses militants. Et on part en chasse contre « les salopards » dans les djebels de l'Aurès. Il faudra aux responsables français encore un peu de temps pour apprendre que la revendication datée du 1er novembre et signée « Front de libération nationale » était l'œuvre de neuf hommes qui avaient décidé de déclencher l'insurrection « jusqu'à l'indépendance ». Trois se trouvent effectivement au Caire : Ben Bella, Aït Ahmed, Khider.

Mais ce sont les six autres – Boudiaf, Krim, Didouche, Ben M'hidi, Ben Boulaïd et Bitat – qui ont planifié les attaques de la Toussaint. Le 10 octobre, ils avaient scellé leur engagement en se faisant photographier tous les six dans la Casbah d'Alger.

Le temps des rappelés

Fin avril 1956. Des militaires portant l'écusson des « marsouins » du 11 / 9e RIC (régiment d'infanterie coloniale) quittent Maisons-Laffitte, où ils ont été rassemblés avant leur départ pour l'Algérie, *via* Marseille. Colère rentrée, résignation, inquiétude. Ils pensaient en avoir fini avec l'armée, ils avaient déjà effectué leurs dix-huit mois de service et, à moins de vingt-cinq ans, étaient entrés dans l'engrenage de la « vie active ». 15 d'entre eux étaient déjà pères de famille. Faux départ. Trois semaines plus tôt, le gouvernement de Guy Mollet a décidé de mobiliser par décret 70 000 « rappelés » et de porter de dix-huit à vingt-sept mois le service sous les drapeaux. Et ces garçons de la région parisienne sont les premiers à « bénéficier » de ces mesures destinées à renforcer les 200 000 soldats français – contingent et militaires de carrière – déjà présents sur le terrain des « événements ».

On mobilise, on obtient du parlement des « pouvoirs spéciaux » qui vont permettre à l'armée de mener à sa main les « actions de police », on utilise des chars, des avions, des paras, des légionnaires, mais on ne fait pas la guerre. Le mot est tabou. D'ailleurs, « l'Algérie, c'est la France » et l'on ne fait pas la guerre à la France. Certains, dans le groupe parti de Maisons-Laffitte, y ont déjà « rempli leurs obligations militaires » et ne sont pas dupes. Pour les autres, qui ont servi en métropole ou en Allemagne, rébellion, fellaghas, attentats ne sont que des mots distraitement lus dans les journaux ou entendus à la radio.

Quelques jours plus tard et 1 800 kilomètres plus loin, les voilà dans le décor de ces mots : le bled algérien. Leur section, sous les ordres du sous-lieutenant Artur, trente ans, rappelé à sa demande alors qu'il préparait son agrégation de philo, prend ses quartiers dans une maison forestière près des époustouflantes gorges de Palestro, aux portes de la Kabylie. Mission : surveillance et sécurisation de la route Alger-Constantine.

Le 16 mai, Hervé Artur écrit à ses parents : « Quelle vie passionnante et merveilleuse. Seul à la tête d'une section et d'un poste [...]. Mon travail consiste surtout, à l'aide de patrouilles et prise de contact avec les douars, à faire renaître la confiance... Les Kabyles viennent me voir, et mes hommes, de braves Parisiens, découvrent un monde nouveau, un monde que j'aime beaucoup [...]. Travail de nuit pour protéger ceux que j'ai ralliés. C'est éreintant, mais c'est la nuit que les fellaghas visitent les douars. Je me suis juré d'en abattre et je multiplie les embuscades de nuit. J'adore ce travail de nuit, genre petit commando, a) parce que le silence y règne et que le sang-froid y est maître, b) parce que l'opération est infiniment rentable. »

Le 17 au soir, l'officier convoque son groupe : « Demain à l'aube, mission de reconnaissance au douar Amal, 7 kilomètres au nord-ouest de Palestro. Retour vers midi. » Le 18, au petit matin, les 21 hommes de la patrouille se mettent en route. Équipement léger sauf pour le deuxième classe Dumas, qui a hérité du lourd fusil-mitrailleur. Vers 8 heures, ils atteignent le douar, cassent la croûte et boivent « un bon *caoua* » offert par les villageois. Artur décide alors de pousser plus loin.

Sait-il que cette zone est le repaire d'Ali Khodja, cet ancien sergent de l'armée française qui a déserté en emportant une dizaine de pistolets-mitrailleurs Mat, des mousquetons et 4 000 cartouches ? Combattant d'élite, il est à la tête d'une centaine d'hommes répartis en petits commandos bien équipés et très mobiles.

Lors du seul mois d'avril, ils ont abattu sept colons européens de la région de Palestro, détruit un viaduc, dévasté vignobles et orangeraies. Un efficace système de *choufs* (« guetteurs ») leur permet d'être informés de tous les mouvements des roumis en uniforme.

Le sous-lieutenant français†est confiant. Il n'a pas engagé sa section dans l'ombre inquiétante des gorges mais sur une piste qui les surplombe, au flanc d'une ligne de gros rochers. Il est près de

11 heures lorsque des rafales surprennent les « marsouins », ne leur laissant quasiment pas le temps de riposter. Hervé Artur, qui s'était juré « d'en abattre », s'écroule le premier. Tous, à l'exception des soldats Dumas et David-Nillet, sont tués ou gravement blessés. Les fellaghas s'emparent de toutes les armes, abandonnent les blessés aux habitants de l'accueillant douar voisin… qui vont les achever et les mutiler, et emmènent avec eux les deux survivants. Cinq jours durant, 3 000 parachutistes dirigés par le général Massu traquent le commando d'Ali Khodja, l'accrochent, le déciment et libèrent Dumas. Son camarade de captivité est tué lors de l'assaut.

En France métropolitaine, le choc est énorme. « Quoi ? Depuis un an et demi, on nous parle d'"événements", de "pacification", de "rebelles" armés de pétoires, et ces mêmes rebelles anéantissent en quelques minutes une vingtaine de nos jeunes ! Mais c'est une vraie guerre ! » L'embuscade-tombeau des « braves Parisiens » sort brutalement les Français de leur indifférence face au drame algérien. Ils se sentent désormais concernés. Parents, épouses, fiancées, frères ou sœurs, amis : tous ont un proche appelé, maintenu ou rappelé. Tous comprennent à présent qu'il pourrait ne pas revenir.

La mobilisation des rappelés ne va pas sans mal. Elle accroît la colère de ceux qui étaient déjà opposés à l'envoi du contingent et qui dénoncent la « sale guerre ». *L'Express* et *France Observateur* – dont l'éditorialiste Claude Bourdet est inculpé d'« entreprise de démoralisation de l'armée » – sont leurs principaux porte-voix. Elle provoque surtout des débuts de mutinerie chez les premiers concernés, qui débarquent dans les gares en hurlant : « Mollet au poteau ! Lacoste [gouverneur de l'Algérie] aux chiottes ! La quille, bordel ! » L'encadrement militaire est dépassé. Insuffisant : les forces vives sont engagées en AFN et les saignées de l'Indo, notamment celles de sept promotions de saint-cyriens, sont encore fraîches. Alors ce sont 2 000 bidasses en folie qui manifestent à Mourmelon. C'est, à Dreux, un bataillon entier qui met à sac la gare avant son départ pour Marseille. C'est la municipalité communiste d'Eymoutiers qui fait barrage aux camions militaires hérissés de poings tendus.

À Tarbes, garnison du 1er hussards parachutistes, le capitaine Jean Pouget participe à la mise sur pied de guerre de deux régiments de réserve lorsqu'il reçoit un appel tendu du colonel commandant la base aérienne de Mont-de-Marsan : « Depuis ce matin, j'ai 900 forcenés sur les bras. Vous pouvez peut-être entendre leurs hurlements dans l'écouteur. Ils se sont retranchés dans un coin et refusent d'embarquer dans les Noratlas pour l'Algérie. Ça peut tourner à l'émeute. Envoyez-moi d'urgence des officiers et des sous-offs pour les encadrer ! » Mais à Tarbes, seuls quatre adjudants sont disponibles. Et aucun officier ! Pouget se souvient qu'un vieux capitaine du rang est sur le point de prendre sa retraite. Anselme, un Pyrénéen dur à cuire, plus ours que ceux de ses montagnes, mais qui se laisse convaincre pour sa dernière « mission ». Son autorité faussement bonasse et son paternalisme auront raison des « forcenés » qui finiront par prendre, dans le calme, les avions de la guerre.

Quelques mois plus tard, sur le sol algérien, Jean Pouget se trouve confronté à une aventure encore plus délicate. Nommé commandant du 584e bataillon de marche du train, il se rend à l'état-major d'Alger afin de consulter le fichier de sa nouvelle unité. « Il n'est pas à jour, avoue l'adjudant comptable. Depuis plus de six mois, malgré les notes impératives, ce bataillon de rappelés ne nous envoie plus ni compte-rendu, ni état des effectifs, ni rapports… Rien ! »

De fait, cette unité, personne n'en veut ! Refoulés de secteur en secteur sur un haut plateau désertique de l'Atlas saharien, ses hommes vivent dans une semi-anarchie. On les ravitaille par parachutages.

Il a fallu que le général Malaguti subisse « la plus grande honte de sa vie militaire en trente-cinq ans de service » pour que l'état-major se décide à prendre des mesures. Son Piper ayant dû se poser sur le petit terrain proche de l'unité frondeuse, le « quatre étoiles » a en effet aussitôt été entouré d'un groupe de types gouailleurs et familiers, pas rasés, aux tenues panachées : « Dis-nous, grand-père, tu dois savoir quand c'est la quille… » Et ce sont ces mêmes hommes que le « quatre galons » Pouget doit rejoindre et mettre au pas. Comme patate chaude… Largué par un hélicoptère dont le pilote redécolle aussitôt, il va pourtant s'en sortir « à la Anselme » et transformer ce millier de fortes têtes en combattants présentables, sinon convaincus.

En métropole, ce sont les gendarmes et les CRS que l'on fait intervenir. Les camions bâchés, transportant appelés et rappelés, empruntent, au milieu de la nuit, des voies détournées afin d'éviter les manifestations. Et par télégramme, la SNCF reçoit l'ordre de supprimer le signal d'alarme dans les trains qui les conduisent à Marseille. Quel moyen commode pour perturber le trafic !

Apathiques ou révoltés, sceptiques (ils l'emportent largement sur ceux qui « y croient »), résignés en fin de compte : chez les jeunes Français qui traversent en masse la Méditerranée, l'absence d'entrain est un euphémisme. On est loin des soldats de l'an II ou des volontaires de la France libre. « Au moment où le gouvernement exhorte les rappelés à défendre en Algérie la cause de la France, déclare le colonel Barberot, rien n'est fait pour exalter leur moral et leur donner l'enthousiasme nécessaire. » « Ce matin, écrit à ses parents un rappelé de Melun, le colonel est venu nous dire au revoir et nous a demandé de partir avec le sourire. Il nous a avoué ne pas savoir si nous allions faire la guerre ou rétablir la paix. »

Incompréhension partagée par la société française : un sondage de juillet 1956 indique qu'une majorité de métropolitains est opposée à cette guerre sans nom et que 49 % sont hostiles à l'envoi du contingent. 45 % se prononcent pour l'ouverture de négociations en vue d'accorder l'indépendance, 23 % seulement étant partisans de l'« écrasement des rebelles ».

Mesquinerie gouvernementale ou traitement égalitaire ? Jean-Jacques Servan-Schreiber, dont les éditoriaux dans *L'Express* sont autant d'attaques contre cette politique, est lui aussi rappelé sous les drapeaux. Il signe, le 13 juillet 1956, son dernier « papier » de civil. « En répondant le mois dernier à nos jeunes lecteurs "rappelés" qui s'insurgeaient contre le principe d'obéissance au gouvernement légal de la République, quoi qu'on pense de sa politique […], je ne savais pas que je serais expédié moi-même très peu de temps après de l'autre côté de la barrière, du côté des mobilisés pour l'armée d'Algérie [...]. Les services officiels m'ont demandé si, comme officier, j'étais volontaire. J'ai répondu que non. Je ne peux pas être volontaire pour une guerre dont le parti même du président du Conseil vient de montrer avec éclat qu'elle n'a pas de sens et qu'elle compromet, davantage de mois en mois, les chances de la France en Algérie. Je ne suis donc pas volontaire mais mobilisé. Il ne s'agit plus alors de l'opinion qu'on a de la guerre d'Algérie et de la politique du gouvernement, il s'agit du respect de la nation. Elle n'existe que si l'on obéit à ses lois, elle ne pourra un jour négocier, en sauvegardant peut-être l'essentiel, que si sa jeunesse, même pour un combat douteux, répond à son appel. »

Jamais la France n'a consenti un tel déploiement de forces hors de ses frontières depuis 1830. Et c'était alors pour la conquête... de l'Algérie !

Des centaines de milliers de jeunes Français vont donc, plus ou moins docilement, suivre le même circuit. Convoi de GMC, gare, camions de nouveau, jusqu'au camp Sainte-Marthe à Marseille, le centre de transit pour les troupes d'Afrique du Nord. Puis entassement à bord de rafiots. Vieux paquebots ou cargos aménagés, *Sidi-Ferruch*, *Athos*, *Sidi-Okba*, *Ville-de-Marseille*. Sur certains bâtiments, les plus fortunés se paient une cabine. Mais la grande majorité est empilée sur le pont avant ou, pire, ensardinée dans la cale vite transformée en cloaque par la sueur, les relents d'huile, les détritus et les vomis.

De cette Algérie, que connaissent-ils ? À l'exception de ceux qui y retournent pour la seconde fois, le plus grand nombre n'en a qu'une appréhension floue, quelques clichés récurrents, usés au tamis de l'exotisme : soleil, palmiers, moukères... Quant aux « événements »... « On va là-bas que pour défendre les gros colons », « Les fellaghas, c'est des sauvages », c'est selon, mais cela ne va pas loin. En revanche, l'arrivée et les premiers contacts avec ce territoire sont pour beaucoup une surprise. « À la descente du bateau, des jeunes filles nous ont distribué des bonbons et des cigarettes. » « Je ne m'attendais pas à trouver une ville si grande, si moderne. »

« Dans la Mitidja, les fermiers ont en grand nombre des machines dernier cri, comme dans les documentaires sur l'Amérique. »

Les embouteillages d'Alger ou d'Oran, les routes, les écoles, les clochers, les monuments aux morts, autant d'images familières qu'ils n'avaient pas imaginé retrouver ici. L'Algérie est « physiquement » française. « Mais ils constatent aussi, remarque un sous-lieutenant d'infanterie, que des bandes de jeunes gens accoudés au comptoir des bars à la mode ne donnent pas l'impression de contribuer à l'effort de guerre du pays. » « Trop souvent, ajoute un autre officier, nous avons eu l'impression que pour beaucoup d'Européens, notre mission était d'assurer une sécurité leur permettant de mener une vie normale. » « Les rappelés de la métropole, renchérit le colonel Barberot, ont l'impression d'être en Algérie des étrangers. Ils croyaient être accueillis en libérateurs. Ils sont reçus comme des policiers chargés de mater la rébellion. »

Il s'agit là principalement des villes de la façade méditerranéenne. Mais dans les régions agricoles où la garde des grands domaines, comme celle des petites exploitations, est assurée par des militaires du contingent ? Les expériences y sont plus nuancées. La grande découverte, pour les jeunes soldats, est d'abord qu'il y a colon et colon. Un « Chti » d'une compagnie de transmissions cantonnée dans un village de la région d'Oran écrit : « Les Français d'ici sont tous de petits propriétaires et ils travaillent tous de leurs mains, dans les champs, avec les Arabes. Si leurs grands-pères arrivés là en 1870, leurs pères, avaient été des "colonialistes", croyez-vous que leurs fils, actuellement, devraient encore travailler de cette façon. Je voudrais aussi insister sur le chaleureux accueil qu'ils nous ont réservé. Toutes les fermes et même les petites maisons d'ouvriers ont quelques soldats à leur table du dimanche. »

Autre est apparemment l'expérience vécue par ce rappelé de retour en métropole : « Je garde un très mauvais souvenir d'eux qui ne reconnaissaient pas l'effort des militaires, croyant que nous étions là-bas pour notre plaisir. Si les colons avaient mieux traité leurs employés indigènes et cherché à leur élever leur niveau de vie comme chaque être humain le souhaite, nous n'en serions sans doute pas où nous sommes. Plusieurs fois, nous avons eu l'idée de régler le compte d'un de ces propriétaires de ferme ou gérant, avant d'aller détruire les bandes rebelles. »

Et les rapports avec les populations arabes et berbères ? Elles varient d'un endroit à l'autre, d'une situation à l'autre, d'un jour à l'autre, d'un officier à l'autre, d'un simple soldat à l'autre. Un hameau « pacifié » peut devenir le lendemain un piège mortel, la mort d'un copain peut soudainement transformer de braves pères de famille en bourreaux déchaînés, un honnête civil peut se métamorphoser en pillard. À l'inverse, le contact d'une réalité locale va convertir un « fana mili » très « Algérie française » en libéral révolté. Et vice versa. Dans leurs lettres, les témoignages sont donc aussi divers que contrastés :

« La façon dont nous pacifions ne me plaît pas outre mesure et je m'aperçois que je ne suis pas le seul, mais que pouvons-nous faire ? Rien. C'est dommage. »

« Aujourd'hui, les travailleurs kabyles avaient terminé la route et comptaient se voir payer leur dû. On leur a imposé de reprendre le travail demain, alors qu'ils demandaient deux ou trois jours pour travailler leurs champs. S'ils ne viennent pas, ils risquent de voir leurs *mechtas* rasées au mortier et ce sont des *gebs* qui ont refusé d'aider les fellaghas !!! Si on se fait mettre à la porte de l'Algérie, on l'aura un peu cherché… »

« Question prisonniers, il se peut que quelques-uns aient été traités avec une certaine rigueur, mais il faut se mettre à la place de ces militaires ayant vu leurs camarades complètement défigurés ou mutilés. »

Opération de ratissage après l'embuscade de Palestro : « Pour un dimanche et un lundi de Pentecôte, ça a été choisi. Faire flamber des maisons n'est vraiment pas très agréable. Sans doute les journaux ne vous diront pas les représailles auxquelles nous nous sommes livrés ces jours de fête. Malheureusement, des innocents ont payé… Cette fois, nous avions affaire à autre chose que des nationalistes. Répondre à la sauvagerie par une autre sauvagerie ne me paraît cependant pas être la bonne solution. »

« Nous nous sommes réveillés tout gelés. Faisons du feu pour le café. Restons en batterie et en bouclage toute la journée. Je tire deux rafales sur des femmes. Vers 5 heures, nous prenons les camions et nous couchons aux Ouadhis. Opération sans un coup de feu. »

« L'application stricte de certains ordres nous a gênés... Ne pas dévoiler les femmes : un chef rebelle local, déguisé en fatma, nous échappa lors de la perquisition d'une *mechta.* »

« Non, on ne pourra pas faire croire aux mères que leurs fils à peine débarqués sur le sol algérien se sont transformés, et soudain, se sont mis à torturer, à piller, à massacrer et à violer. »

Pour être moins confronté aux dilemmes et aux états d'âme de la « pacification », il faut avoir la chance de dénicher – même si l'uniforme est obligatoire – des fonctions de non-combattant. C'est le cas notamment des militaires qui suppléent les instituteurs manquants. À l'instar de celui-ci en Grande Kabylie : « Le grand jour est arrivé. Ce matin l'école entre en fonction. Habituellement, l'instituteur s'avance vers ses élèves, sa serviette bourrée de livres. Moi je vais vers eux, des grenades dans les poches, un pistolet-mitrailleur en bandoulière remplace le cartable. S'il ne tenait qu'à moi, je n'aurais pas d'arme. Mais je suis accueilli par une explosion de joie en arrivant sur la place du village. Une nuée d'enfants, certains accompagnés de leur mère, vêtus comme pour une fête carillonnée, crient mon nom, m'interpellent dans leur dialecte, veulent à toute force me toucher. »

Cet autre, toujours en Kabylie, découvre une école saccagée et incendiée par les « fell's », et qu'il faut d'abord remettre en état. Et des enfants – des garçons uniquement – qu'il faut (re)mettre en forme : « Le corps aussi avait besoin de recevoir un peu d'éducation. Ils étaient vite devenus experts en football. Mais ils étaient sous-alimentés et ne faisaient qu'un maigre repas par jour... Ensemble, nous avons découvert les légendes arabes, *Poil de Carotte,* Courteline, dans les extraits de leur livre de lecture. Ils aiment à en lire tous les rôles, excepté les rôles féminins : "C'est vexant", pensent-ils. La lecture du *Petit Prince* les a beaucoup émus. »

Pour la grande masse, c'est la vie de poste dans le djebel. Souvent dans des zones à l'accès si difficile que le ravitaillement doit se faire par hélicoptère ou… par mulet. Murs de pierre sèche, baraquements, fortins « western », barbelés, miradors. Routine des travaux de fortification, des gardes, des patrouilles, entrecoupée d'attaques et de ripostes. Et la mort comme une loterie. « Nous allons faire une quête dans le peloton pour la plaque de marbre de notre camarade de piaule qui est mort… Son corps est parti de suite sur Alger. Là, ils attendent qu'il y ait 300 cercueils pour les embarquer sur le bateau. À Marseille, ils les débarquent la nuit comme les munitions et les armes. »

L'autre grande affaire c'est, avec le courrier, la « bouffe ». Les « bons p'tits gars » du contingent ont la fringale ! Et les boîtes de ration individuelles, dont les dates indiquent qu'elles nourrissaient le corps expéditionnaire d'Indochine, ont un faible potentiel gastronomique… Quant aux produits – payants – du foyer, ils améliorent à peine l'ordinaire : conserves, biscuits, Gauloises « Troupe ».

Si l'unité n'est pas trop isolée et que la situation est calme, on se fournit de temps à autre en fruits, légumes et œufs chez les villageois. Mais le principal fournisseur, celui qui fait saliver, c'est le colis ! Des millions de paquets envoyés par les familles et venant de tous les coins et recoins de métropole franchissent la Méditerranée, attendus par des dizaines et des dizaines de milliers de bouches affamées et gourmandes.

Dans le courrier, les requêtes alimentaires relèvent de l'obsession. Saucisson, pâté, fromage, beurre, boîtes de sardines, moutarde, lait condensé, Nescafé, biscuits Chamonix à l'orange, Chocovo, confiture, friandises, rhum. Tous ces ingrédients familiers de la « vie d'avant » ont, dans le bled, l'attrait de cadeaux de Noël. Des cadeaux parfois mal arrimés à la hotte. « Merci pour le colis. Il est bien arrivé. Mais peux-tu la prochaine fois mettre le beurre dans une boîte métallique ? Remarque que seul le chiffon qui enveloppait la boîte et le paquet d'Omo ont été tachés de beurre fondu. Ça ne fait rien, je me suis bien régalé. Il y avait un sacré bout de temps que je n'avais pas mangé de beurre. »

Avec le temps, les proches apprennent. La bouteille de pastis est enveloppée dans des sous-vêtements, le lait, coincé dans des paires de chaussettes, n'humectera plus la cartouche de cigarettes américaines… Plus surprenante est la demande récurrente de savon et de lessive. L'hygiène, en temps de guerre, n'est apparemment pas la priorité de l'état-major. Sauf quand il s'agit de donner le change à un général en tournée d'inspection. Alors, les ordres fusent, on se récure comme on peut, on brique, on repeint à la hâte. En vingt-quatre heures, le gourbi devient, sur le cahier de marche, « poste impeccable ». Et sitôt l'hélico du ponte étoilé reparti, « nous retournons à notre crasse », écrit un rappelé.

Entre isolement et qui-vive, y a-t-il place pour les distractions ? Le transistor diffuse les chansons à la mode qui nourrissent le mal du pays. Certains ont un tourne-disque à piles et se font envoyer des 45 tours de Gloria Lasso, de Bécaud, des Platters… On lit, surtout des illustrés, *Le Hérisson*, *Paris-Hollywood*, on joue à la belote, au baby-foot, à la pétanque. On fait du sport, parfois (quand les « *fellouzes* » ne sont pas trop actifs), on organise un match de football entre deux postes pas trop éloignés l'un de l'autre. Une ou deux fois par mois, on projette des – vieux – films. Et puis il y a ces remèdes à l'ennui, au spleen, à l'angoisse : le Ricard, le Martini, la bière. Flot jamais tari… Les femmes ? Elles sont dans les rêves, dans les lettres des aimées, ou sur papier glacé, épinglées sur les murs de la chambrée. Ou alors… tarifées et fugitives, dans les maisons closes des petites villes, quand ce n'est pas l'attentionnée armée française qui les fournit, avec ses BMC (bordels militaires de campagne).

Outre la musique et les informations, France Inter et Radio Luxembourg véhiculent l'appétit de consommation que se découvre la société française. Les privations alimentaires des années d'après guerre ne sont plus qu'un mauvais souvenir. Le nécessaire est désormais – peu ou prou – assuré. Place au superflu. Le rêve du militaire en campagne est l'appareil photo Foca Sport, le rasoir électrique Remington, le briquet Silver Match. Alors on écrit timidement aux parents d'envoyer, « si ça ne fait pas trop », un mandat, « parce que, avec la réduction militaire, c'est vraiment moins cher de les commander au foyer ». Même chose pour les – futurs – vêtements civils à l'approche de la libération, la fameuse « quille ». « Je pourrais m'acheter ici, si j'avais les moyens, une chemise en popeline, nylon ou les deux associés, et un pantalon en tergal pour la moitié du prix en France. Vous voyez que c'est intéressant pour s'habiller au retour de l'armée. »

La quille ! Au bout de ce « service à rallonges » de vingt-sept mois, on l'attend, on compte les jours (… 87, 86, 85, « au jus »), on a peur de la voir repoussée (et s'ils nous faisaient le coup de nous prolonger encore de plusieurs mois ?), mais finalement, elle arrive ! On va enfin rentrer à la maison ! Avec le petit pécule de la solde de libérable, plus l'indemnité exceptionnelle (qui a remplacé l'indemnité de maintien de l'ordre : aveu involontaire du passage de l'opération de police à la guerre !). Et peu importe le voyage dans les camions et les wagons à bestiaux jusqu'aux ports d'Alger, d'Oran, de Bougie. Les bateaux du retour sont les mêmes qu'à l'aller, mais ils vont cette fois dans le bon sens ! Ce sont les bonshommes qui ne sont plus les mêmes. Vingt-sept mois ! « C'est fini, écrit l'un des libérés. Pour moi, le temps de l'oubli va commencer, mais peut-on détruire ses souvenirs ou les choisir ? »

Pour lui, la guerre est finie. Pour des centaines de milliers de jeunes Français, elle va encore se poursuivre au-delà de ces années 1950. Qui, des rizières de l'Indochine au djebel algérien, n'auront pas connu un seul jour de paix.

Bibliographie

Si la grande majorité des sources de cet ouvrage appartient à la presse – quotidienne et périodique – de l'époque, certains livres ont joué un rôle d'appoint fort utile.

BANTIGNY Ludivine, *Le Plus Bel Âge ? Jeunes et jeunesse en France, de l'aube des « Trente Glorieuses » à la guerre d'Algérie*, Fayard, 2007.

CHEBEL D'APOLLONIA Ariane, *Histoire politique des intellectuels en France, 1944-1954*, Complexe, 1990.

GIROUD Françoise, *La Nouvelle Vague. Portraits de jeunesse*, « L'air du temps », Gallimard, 1958.

KARNOW Stanley, *Paris années 50*, Exils, 1999.

KESSEL Joseph, *Le Procès des enfants perdus*, Julliard, 1951.

LEMALET Martine, *Lettres d'Algérie, 1954-1962. La Guerre des appelés, la mémoire d'une génération*, Jean-Claude Lattès, 1992.

LOUBET Jean-Louis, *Citroën, Peugeot, Renault… et les autres. Histoires de stratégies d'entreprises*, ETAI, 1999.

SAINT-PIERRE Michel de, *La Nouvelle Race*, La Table ronde, 1961.

WERTH Alexander, *La France depuis la guerre, 1944-1957*, préface de Pierre Lazareff, « L'air du temps », Gallimard, 1957.

Ceux d'Algérie. Lettres de rappelés, « Les débats de tribune libre », Plon, 1957.

L'auteur tient en outre à remercier la rédaction de *Paris Match* de lui avoir laissé tout loisir pour consulter la collection de l'hebdomadaire dans la salle de conférences Roger-Thérond.

Table

INDEX

Cet ouvrage a été composé
***par** Atlant'Communication*
au Bernard (Vendée)

Impression réalisée par

CPI
BRODARD & TAUPIN

La Flèche
en septembre 2010

pour le compte des Éditions de l'Archipel
département éditorial de la S.A.S. Écriture-Communication.

Imprimé en France
N° d'impression : 60324
Dépôt légal : octobre 2010